William Watts

The Swedish Intelligencer
Der zweite Teil

Worin aus den wahrhaftigsten und auserlesensten
Informationen die berühmten Aktionen dieses kriegerischen
Fürsten entlang geführt wird: Vom Sieg bei Leipzig bis zur
Eroberung Bayerns. Die Zeitpunkte und die Orte jeder
Aktion so genügend beachtet und beschrieben, dass der
Leser darin sowohl Wahrheit als auch Ursache finden mag.

Aus dem Englischen übersetzt, kommentiert
und illustriert von Raphael Achternbusch

Reihe 'Zeitzeugen des Dreißigjährigen Krieges'

Bibliografische Information der Deutschen Nationalbibliothek:
Die Deutsche Nationalbibliothek verzeichnet diese Publikation
in der Deutschen Nationalbibliografie; detaillierte bibliografische Daten sind im Internet über http://www.dnb.de abrufbar.

©2018 Dr. Raphael Achternbusch
Herstellung und Verlag:
BoD – Books on Demand, Norderstedt

ISBN: 978-3-7460-4361-6

Doctissimus et clarissimus Watsius, qui
optime de historia meruit.[1]

---

[1] Gerhard Johann Voss [1577-1649] über William Watts

1

Inhalt und Vorgehen im Ganzen

3

II. Gustav Horns Vorgehen. Ab der Zeit, als der König ihn um Würzburg herum beließ, bis zu der vorherigen Angelegenheit zwischen ihm und Tilly

III. General Tillys Vorbereitungen und Vorgehen, von seiner Niederlage bei Leipzig bis zu seinem Vertreiben des Gustav Horn aus Bamberg. Am Ende die Geschichte des Herzogs von Bayern

IIII. Des Königs Marsch gegen Tilly nach Bayern hinein mit der Eroberung dieses Herzogtums und endgültigem Umsturz mit Tillys Tod. Angefügt sind die Aktionen des Sir Patrick Ruthven und anderer um Ulm herum .. 173

V. Das Manifest des Herzogs von Bayern zugunsten der katholischen Seite 237

VI. Des Herzogs von Sachsens Einnahme und darauffolgender Verlust Böhmens 253

VII. Die Aktionen des Albrecht Wallenstein, Herzog von Friedland, sowohl gegen den Herzog von Sachsen als auch gegen den König von Schweden bis zu seinem Lager vor Nürnberg 281

Vorwort

An den geneigten und urteilsfähigen Leser.

Ein Buch ist dann sorgfältig gestattet, wenn es wahrgenommen wird und statthaft ist: Wenn also die Leser ihm genauso zugestimmt haben wie der Zensor. Mit dieser Gunst (wie ich dankbar anerkennen muss) wurden meine vorherigen Bücher in Erwägung gezogen. Ja, mit höchstem Wohlwollen von den höchst Urteilsfähigen. In einer demütigen Hoffnung auf eine entsprechende Akzeptanz gibt daher meine Widmung auf die gleiche Weise wieder ihren alten generellen Förderern den Vorzug: Den wohlgesinnten und besonnenen Lesern. Der König von Schweden (obwohl hier mit nichts anderem als Papier bewaffnet) konnte nicht anders als erobern – dabei meine ich die Zuneigung. Seitdem konnte ich in keiner Weise annehmen, dass mein Stil oder einfache Darbietung in jeglicher Weise Euer Urteilsvermögen verleiten würde. Wenn auch diese Geschichte dürftig genug und schwach endend aus meinen Händen gehen sollte, ergab sich mein Ansporn nur daraus, dass dennoch das andauernde Glück des Königs von Schweden so mächtig helfen und mit ihr in Einklang gehen würde. So dass sie zu der Zeit, als sie in Eure Hände kam, so mit Euren Gewogenheiten in Einklang stehen und beim Lesen so sanft die Aufmerksamkeiten der Gönner seiner Aktionen faszinieren würde. So sehr, dass ihre Beurteilungen sich (erst einmal) eines Teils ihrer geschuldeten Freiheiten entziehen sollten: Sie verzichteten immerhin auf die Macht, meine Fehler zu sehen oder zu tadeln.

Den *Ersten Teil* nahm ich in Angriff, um die lange gehegten Erwartungen solch wohlgesinnter Engländer aufleben zu lassen, wie sie in ihren Tagen wünschten, etwas Erleichterung und Trost für die jämmerlich geplagten Kirchen Deutschlands zu sehen. In diesem bescheidenen Buch las unsere Nation zum ersten Mal, dass Gott begonnen hatte, seinen Leuten einen Befreier zu schicken. Dies (denke ich) war in einer Zeit meiner Muße ein Werk nicht unter meiner Würde. Und das Bringen der frohe Botschaften war dem Predigen des Evangeliums gleichzusetzen. Die vereinten und wiederholten Wünsche wohlgesinnter Leute haben mich veranlasst, mit diesem *Zweiten Teil* weiterzumachen. Ich konnte so viele Erwartungen der Leute von – verglichen mit mir – höherem Rang nicht weniger als ein Gebot ansehen – und es war mir eine Pflicht, sie zufriedenzustellen.

Mein Buch enthält die Geschichten vieler Männer. Doch ich habe mich am meisten mit denen des Königs befasst. Beim Verfassen des Ganzen hatte ich diese zwei Maßgaben: Die *Wahrheit* und die *Schlichtheit*. Das Umfassen des Ersteren (neben der Beschwerlichkeit der Beschaffung von Informationen aus den Armeen und von sonstwo) hat mich viel mehr Schmerzen gekostet als das reine Schreiben. Meine Sorgfalt war, aus solch klugen Ehrenmännern, wie sie persönlich in den Aktionen anwesend waren, zu lernen und mich mit ihnen vertraut zu machen. Einigen von diesen habe ich in meinen Randanmerkungen bereits Dankbarkeit gezeigt. Hier bin ich insbesondere wiederum diesem Ehrenmann von wissbegieriger Beobachtung *[Robert Marsham]* dankbar, den Ihr am Rand von Seite 77 findet. Ich werde nicht sehr unglücklich sein, falls Gallobelgicus *[4]* irgendwo von mir abweichen sollte. Aus seinen früheren Büchern ersehe ich, dass er nur wenige Dinge verwendet hat, welche ich vor seinem Druck noch nicht kannte. Und meine Sorgfalt (glaube ich) stand nicht hinter der seinen. Zudem weiß ich von meinen Informationen, dass sie weit besser sind. Wahrheit ist die Perle, die ich suchte. Diese zog ich noch stets der Gefälligkeit vor. Und hätten die Kaiserlichen die Schwedischen wohl hin und wieder geschlagen, dann hätte ich das nicht ausgelassen. Vielfalt ist eine Zier für ein Buch – einen Teil davon bräuchte nun das meinige, da es alles in allem an den Siegen des Königs von Schweden entlangläuft. Falls dann irgendwelche gegenteilig Gesinnte vernehmen lassen sollten, dass ich deren Siege vernachlässigt habe, dann würde ich ihnen antworten, dass sie besser getan hätten, mir ihre Informationen zu senden. Und daneben würde ich sie weiterhin fragen, was für Siege das denn waren, die es dem König von Schweden erlaubten, so viele hundert Meilen in Deutschland hoch und runter zu marschieren. Und dass ich (im Umfeld der Zeit dieser Geschichte) niemals von irgendeinem von ihm gewagten Unterfangen las, außer dass er sich dabei durchsetzte. Dabei wurde sein Kriegsglück niemals irgendeinem erwähnenswerten Test unterzogen, außer einzig bei Ingolstadt. Ich denke wirklich, dass all ihre vermeintlichen Siege, welche sie so oft hier haben vernehmen lassen, nur schwerlich noch einen zweiten Teil der 'Laurea Austriaca' *[20]* ausmachen werden. Fehler werde ich sicherlich gemacht haben, aber sie sind von flüchtiger und nicht von erheuchelter Art. Sie sind Ausdruck meiner Unwissenheit und nicht meiner Absicht. Wenn diejenigen, die es besser wissen (und seid Euch gewiss, dass sie das tun werden), diesem etwas hinzufügen oder es nachprüfen werden, dann soll ich ihnen dafür danken, meine Leser zufriedenzustellen – in der gleichen Art, wie ich ihnen gedient hätte, wenn ich entweder mehr an Wahrheit oder an Umständen gewusst hätte.

Was mein zweites Anliegen, die *Schlichtheit*, betrifft: Auch daran habe ich gearbeitet. Ich strebte an, nicht zu kurzgefasst zu sein und nicht zu sentenziös. Meine Sorgfalt war, nicht Belobigung zu suchen durch ein Verderben unserer edlen Sprache mit schönen, neuen Redewendungen und unglücklich geprägten Worten – den Anmaßungen einer tollkühnen Fantasie. Einige militärische Ausdrücke mögen vielleicht unverständlich, weil sehr speziell sein. Da das eher eine Belobigung für sie ist, mag ich nicht (in dieser Ausführung hier) zu jedem Niveau der Verständnisfähigkeit herabsteigen. In vielen von diesen mag der Leser durch die Lektüre meiner 'Swedish Discipline' *[33]* sich selbst Genüge tun. Und zum Verständnis des Restlichen muss mein Buch die Verbesserungen aus der Emsigkeit der Leser abwarten. Um alles klarer zu machen, habe ich die Orte jeder Aktion angegeben. Der König von Schweden kann nicht fliegen. Deshalb habe ich die Abstände und die Ortsangaben der Städte vermerkt, auf dass Sie die Reihenfolge und die Wahrscheinlichkeiten in des Königs Fortschreiten erkennen mögen – und dass es da keinerlei Unmöglichkeiten in seinen Eroberungen gab. Ich war in diesem Punkt sorgfältig (wenn nicht allzu wissbegierig). Und ich habe jene Leser, die Karten besitzen, gelehrt, wie sie zu drehen sind. Diese vorteilhafte Sache auch, weil nicht alle eine solche Landkarte besitzen und weil es in derselben Karte dort viele Städte des gleichen Namens geben mag. Deshalb bin ich in meinen Beschreibungen so peinlich genau gewesen.

Diese eine Ergänzung hatte ich eigentlich vorgehabt, zu meiner Geschichte hinzuzufügen: Nämlich das Journal oder Tagebuch der Aktionen in Niedersachsen. Und das zwischen den Armeen und Generälen der beiden feindlichen Ligen, den Protestanten und Katholiken. Nämlich zwischen dem Herrn Markgraf von Hamilton, Herzog Wilhelm von Sachsen-Weimar, dem Herrn Achatius Todt, Sir Johan Banér und Baudissin – allesamt Generäle für den König von Schweden, den Kopf der Liga. Zusammen mit den Herzögen von Lüneburg und Sachsen-Lauenburg, dem Landgrafen von Hessen und dem Bischof von Bremen – alles Generäle für sich selbst und, beziehungsweise, die Protestantische Liga *[Union]* auf der einen Seite. Und auf der kaiserlichen Seite die Grafen von Pappenheim und Mansfeld, die Barone von Gronsfelt und Virmont mit Reinacher, Boenickhausen sowie anderen Statthaltern und Befehlshabern. Aber ich war gezwungen, das auszulassen – aus Mangel an Unterredungen mit solchen Ehrenmännern, die persönlich in den Aktionen eingesetzt worden waren: Eine Art der Unterweisung, die ich allen geschriebenen Informationen sehr vorziehe. Mein Vorwort war nur dazu da, den Leser meinen Zweck verstehen zu lassen. Und ich hoffe, dass ich das getan habe. Den Lesern muss die Freiheit ihrer unterschiedlichen Urteile gewährt werden. Und obwohl sich diese unterscheiden sollten, müssen sie alle zur Bewertung antreten. Die Zufriedenstellung dieser Leser muss versucht werden. Wenn aber jemand von mir denken würde, dass das nicht auch teilweise zu meiner eigenen *[Zufriedenstellung]* geschehen sollte, dann würde ich frei genug zugeben, dass ich mir, weil ich in diesem dreimal mehr Mühen auf mich genommen habe als in meinem vorigen Buch, in diesem selbst so viel mehr Befriedigung gegeben habe als in dem Vorigen. Mit dem Trost, dass ich noch nicht in eine vereitelte Geschichte eingetreten bin, starte ich jetzt mit meinem Buch. Gott wende die Kriege in eine glückliche Angelegenheit. Ich hätte lieber vom Frieden als vom Sieg geschrieben.

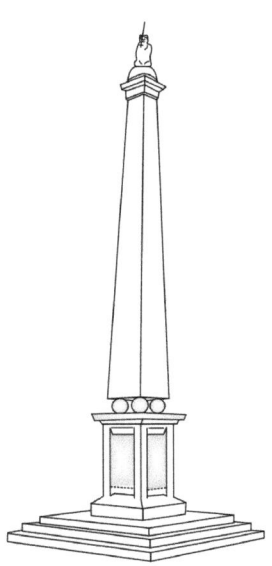

Anmerkungen des Übersetzers

In den frühen 1630er Jahren erreichten die beiden Londoner Verleger Nathaniel Butter und Nicholas Bourne den Höhepunkt ihres Erfolgs. Er wurde befeuert durch den Verkauf von Nachrichtenblättern zu den in Deutschland tobenden Kriegen – ein Ergebnis des englischen Interesses an den Erfolgen des Schwedenkönigs Gustav Adolf. Im Jahr 1631 begannen sie mit der Nachrichtenzeitschrift 'The Swedish Intelligencer', die etwa halbjährlich, später unter abgeändertem Titel bis 1635 lief. Die ersten sechs Bände werden gemeinhin William Watts [*ca.1590,†1649] zugeschrieben.

Watts, Magister Artium und Absolvent des Caius College in Cambridge, reiste nach seinem Studium in mehrere Länder – unter anderem Ende 1620 mit Sir Albertus Morton zu den vereinten protestantischen Fürsten Deutschlands – und wurde dort zum Meister verschiedener Sprachen. Nach seiner Rückkehr wurde er 1624 zum Vikar von Barwick, Norfolk, und Rektor von St. Alban, London, im Dienste Königs Charles I. ernannt. Bereits Ende der 1630er Jahre nahm er Aufgaben als Armeeseelsorger an. Nach der Rückkehr des Prinzen Ruprecht von der Pfalz nach England, 1642, schloss er sich diesem an und begleitete ihn auf mehreren Feldzügen. Watts starb 1649 auf einem Kriegsschiff bei der Blockade des Hafens von Kinsale, Irland. Eine Würdigung der verfasserischen Leistungen des William Watts und eine Auflistung seiner Arbeiten findet sich in [5, S.143ff].

Im Siebzehnten Jahrhundert bezogen sich nahezu alle englischen Gazetten auf ihr Ziel, 'intelligence, both foreign and domestic' anzubieten. Speziell warben Butter und Bourne mit dem aufreißerischen Motto 'News, old news, and such news as you never heard of'.

Ein 'Intelligencer' war dabei die Bezeichnung für eine Sammlung von Neuigkeiten oder für ein Klatschblatt. Der 'Swedish Intelligencer' als Nachfolger des 'German Intelligencers' und Wegbereiter des nach-revolutionären 'Orange Intelligencers' war dabei vielleicht die erste wirklich illustrierte Zeitschrift: Der erste Band zeigte nämlich ein Porträt des schwedischen Königs und die Belagerung Magdeburgs. So wie das später eingeflossene Bild der Schlacht von Lützen waren die zugehörigen Vorlagen Kupferstiche. Bemerkenswerterweise ist hingegen die Brücke am Lech aus diesem Band 2 (siehe Seite 201) ein Holzschnitt. Es war wohl auch das erste Blatt, in dem das englische Wort 'to plunder', abgeleitet vom deutschen 'plündern' geprägt wurde. Der Inhalt des Intelligencers war im Wesentlichen abgeleitet aus kursierenden Flugschriften und Pamphleten, Briefen, sowie Berichten von englischen und schottischen Offizieren.

Dabei ist der 'Swedish Intelligencer' alles andere als ein Klatschverbreiter oder eine bloße Zusammenstellung von Neuigkeiten. William Watts achtete sorgfältigst darauf, dem Leser die Sachverhalte umfassend und in ihren kausalen und chronologischen Kontexten darzustellen: Durch dieses Werk moderner Prägung zieht sich ein roter Faden, den man in den kontemporären Zeitschriften des Kontinents vergeblich sucht. Zudem sind Watts Darlegungen exakt, wenig ausschmückend und (meist) frei von Wertungen – wenn sich auch seine politische und religiöse Gesinnung an einigen bissigen Kommentaren über die Jesuiten offenbart. Vertrauenswürdig macht die Darstellung zudem, dass seine englischen Übersetzungen von Verträgen und Vereinbarungen inhaltlich mit den entsprechenden Fassungen aus anderen Quellen übereinstimmen. Wo verfügbar, sind diese vom Übersetzer als Referenz angegeben.

Die hier vorliegende Übertragung des englischen Textes ins Deutsche hält sich absichtlich sehr nahe an das Original. Zweck ist, den Erzählstil des William Watts zu erhalten und keine Deutungen des Übersetzers in des Autors Wortwahl mit dessen (manchmal wohl beabsichtigten) Ambiguitäten einzubringen. Zur einfacheren Lesbarkeit sind jedoch in dieser deutschen Ausgabe die langen englischen Sätze in kürzere zerbrochen. Absichtlich sind Zahlwörter genauso wie im Original wiedergegeben: Ausgeschrieben oder mit Ziffern, an manchen Stellen auch in einer Mischform. Namen von Orten oder Handelnden wurden, wo nötig, durch deren deutsche Schreibweise ersetzt. Ergänzungen und Anmerkungen des Übersetzer sind jeweils in eckigen Klammern in Kursivschrift *[...]* kenntlich gemacht. Weil diese Übersetzung als Taschenbuch erscheint, sind die Randbemerkungen des Originals hier als Fußnoten beziehungsweise im Inhaltsverzeichnis mit Randreferenzen [AA], [AB] u.s.w. wiedergegeben.

Wo nicht anders angegeben, verwendete William Watts die bis zum Jahr 1752 in den Königreichen England und Schweden übliche Julianische Kalenderdarstellung. In dieser Zeit des Dreißigjährigen Krieges unterschied er sich damit von den vom Übersetzer in den Anmerkungen *[...]* verwendeten, modernen gregorianischen Datumsangaben um genau zehn Tage.

Der Schwedische Berichterstatter

Vom *Sieg* zur *Eroberung*. Dies sind die beiden Schlagworte für den Verlauf der (bislang) glücklichen Errungenschaften des Königs von Schweden. Den *Sieg* von Leipzig[2] zu beschreiben, haben wir uns den kuriosen Fakten zuliebe in unserem Buch über die schwedische Disziplin [33] ein zweites Mal Mühe gegeben. Hierin ist diese berühmte Aktion weit breiter und punktgenauer niedergelegt als unsere Informationen uns beim Fortschreiben des vorigen Teils dieser Geschichte zunächst zu tun erlaubt hatten. Die *Eroberung* Bayerns ist der abschließende Begriff. Unsere Absicht ist, diesen zweiten Teil unseres Nachrichtenblatts damit abzurunden.

In unserem vorherigen Teil verließen wir den König von Schweden dort, wo hin und wieder anwesend zu sein selbst der fähigste General (insbesondere vor dem Beginn jeder großen Aktion) nicht verschmähen darf: Bei einem Kriegsrat nämlich, zusammen mit Seiner Hoheit, dem Herzog von Sachsen. Einfacher Ratschlag endet in doppelter Gefahr – angesichts dessen, dass auch die Kriegshandlungen an sich genauso viel Verschärfung erfahren durch eine *Vereinigung der Köpfe* wie durch eine *Vereinigung der Hände*. Was die Schlussfolgerungen dieser militärischen Konsultation waren, kennen wir zwar als ausdrückliche Weisungen nicht. Doch aus den nächsten Aktionen des Krieges mögen wir so viel aus dem Restlichen erfahren, auf was man sich damals in Halle verständigt hatte:

1. Dass der fliehende Feind, da er schon so weit entkommen war, zu dieser Zeit nicht weiter verfolgt werden sollte. [**AA**]

---

[2]*1. Schlacht von Breitenfeld, $\frac{7}{17}$. September 1631]*

2. Dass, da die Hauptarmee der katholischen Ligisten nun zerbrochen war, auf die Ländereien genau derjenigen Ligisten abgezielt werden sollte, die es ablehnten, ihren Frieden zu schließen – und zwar in der Reihenfolge, in der sie am nächsten lagen: Damit durch ein solches einzelnes Ausschalten der Ligisten nach einiger Zeit die Liga selbst durchgängig erschüttert sein sollte.

3. Dass der Kaiser sofort noch ausgiebiger alle Hände voll zu tun haben sollte. Sachsen sollte, nachdem es seine eigene Lausitz *[vom Feind]* gereinigt hatte, ebenso in das Königreich von Böhmen einfallen.

4. Dass auch Fürsorge gehalten werden sollte für den ruinierten Besitz der Stadt und des Bistums Magdeburg. In dieser Diözese, zusammen mit der von Halberstadt, benannte der König von Schweden jetzt auch Ludwig *[von Anhalt-Cöthen]*, den Prinzen von Anhalt, als seinen Statthalter. Der militärische Befehl in diesen Teilen wurde Oberst Schneidewind anvertraut – ein Mann, der sowohl das Land gut genug kannte und darüber hinaus seinem vorherigen Herrn, dem unglücklichen Administrator *[Christian Wilhelm von Brandenburg]*, treu und vorausschauend gewesen war.

Nachdem über diese Dinge Einigung erzielt worden und die Armee des Königs gegen Mitte September wieder zusammengekommen war, erhielt seine Majestät Nachricht von Aldringens und Fuggers (zwei der Generäle des Kaisers) jüngster Anwesenheit um Erfurt herum. Er plante seinen ersten Weg hin zu dieser Stadt, welche die nächste gute Kleinstadt auf dieser Seite war, die zu einem der Katholi-

[AB] schen Ligisten gehörte. Deshalb richtete er seinen Marsch in Richtung Süd-Westen, überquerte den Fluss Saale und trat in das Land Thüringen ein, wobei er eine Armee von 20000 Mann (einige schreiben von mehr) mit sich an seiner Seite anführte. Den Fluss Unstrut dann dicht auf seiner rechten Seite haltend kam er bis zur Stadt Großensömmern *[heute: Sömmerda]* (am östlichen Ufer des vorher genannten Flusses), wo er sich für diese Nacht (17. September) mit seiner

Armee niedersetzte. Von dieser Stadt aus sandte er umge- [AC]
hend seine Briefe[3] ab an die große Stadt Erfurt, fordernd,
dass man sie ihm unverzüglich ausliefern möge. Diese Stadt,
gelegen am Fluss Gera, ist im Umfang eine der größten
Deutschlands, obendrein geadelt mit einer Universität. Beide gehörten zu dieser Zeit dem Erzbischof-Kurfürsten von
Mainz (die führende geistliche Person der katholischen Ligisten). An dessen Stadt Mainz war das alte Bistum von
Erfurt und überdies die weltliche Herrschaft seit langem
übertragen worden. Am nächsten Tag kamen die Boten des
Königs zurück mit der Antwort der Bürger, dass diese zu
dem Kurfürsten von Mainz hielten, welchem sie den Eid der
Treue geleistet hätten. Der König, der dies nicht zur Zufriedenheit hinnahm, rückte umgehend mit seiner Armee an die
Stadt heran. Gleichwohl wurden in der Zwischenzeit seine
zweiten Aufforderungen zu ihnen geschickt, entweder die
Stadt unverzüglich zu übergeben oder zu den Gefahren des
Krieges zu stehen. Die Vertreter der Stadt kamen heraus,
um zu verhandeln. Sie wünschten nichts außer 3 Tagen Bedenkzeit, um es in Erwägung zu ziehen. Als ihnen das verweigert wurde und sie anboten, in die Stadt zurückzukehren, sandte der König zusammen mit ihnen den Herzog Wilhelm von Sachsen Weimar. Dieser trat mit einigen Truppen- [AB]
teilen an Reitern zusammen mit den Gesandten durch das
äußere Tor. Sofort machte er den Ort wett, indem er seine
Pferde und Wagen zwischen den beiden Pforten aufstellte.
Nachdem er die Soldaten des dahinterliegenden Wachhofs
entwaffnet hatte und als neun andere Trupps schwedischer
Reiter zu dieser Zeit auch vom anderen Tor Besitz ergriffen
hatten, ritt er sodann mit seiner ersten Kompanie postwendend hoch auf den Marktplatz. Nun ließ er die wichtigsten
Bürger vor sich treten. Nach einigem Argumentieren dafür
und dagegen zwang er die Stadtschlüssel aus ihren Händen.
Statt diesen bot er ihnen im Namen des Königs von Schweden an, diese zwölf Vorschläge sogleich zu unterzeichnen:

---

[3][Durch Generalkommissar Sigismund Häußner, siehe [24, S.238]]

[AE] 1. Dass sie dem Bischof von Mainz ihre Gefolgschaft abschwören sollten.

2. Dass sie einen Schwur der Treue leisteten auf den König von Schweden, die Kurfürsten und die Herzöge von Sachsen.

3. Dass sie eine schwedische Garnison akzeptierten von mindestens 1500 Mann.

4. Dass sie veranlassten, dass diese Garnison auf gemeinsame Kosten der Untertanen der Grafschaften von Schwarzburg und Gleichen unterhalten werde.

5. Dass sie tolerierten, dass ihre Stadt an geeigneten Stellen neu befestigt werde.

6. Dass die Kosten dieser Befestigungen, die sie auslegten, ihnen von den Fürsten des Hauses von Sachsen erstattet werden sollten.

7. Dass im Fall einer Notwendigkeit die Stadt weiterhin offen sein solle für das Haus Sachsen, um sich dort hinein zurückzuziehen.

8. Dass statt des Gerichtshofs des Kurfürsten von Mainz das Kanzleigericht des Kurfürsten von Sachsen in der Stadt empfangen werden solle, welches unterhalten werden solle aus den Einnahmen der Klöster.

9. Dass die Leitung der Stadt immer noch ihrem eigenen Senat belassen bleiben solle, welcher an Anzahl in Zukunft vergrößert werden solle, so wie die Notwendigkeiten es forderten.

10. Dass die Römisch-Katholischen entweder ihre Religion ändern oder die Stadt verlassen sollen, und dass sie, indem sie ihr Vermögen zurücklassen, den Freibrief für ihre Abreise verlangen sollen.

11. Zur besseren Versicherung der Treue der Bürger solle die Königin von Schweden kommen und unter ihnen residieren.

12. Dass die Kosten für die Anpassung des Palasts von Stotternheim [*Stotternheimsches Palais*] als Residenz Ihrer Majestät aus den Gütern der Römisch-Katholischen aufge-

bracht werden sollen, welche die Stadt verlassen hatten.

So traf Erfurt am 18. September 1631 diese Übereinkunft mit dem König – ohne jegliches Blutvergießen. Am nächsten Tag kam seine Majestät selbst in die Stadt. Hinter ihm folgten etwa 10000 seiner Männer, die er im Dom Petersberg *[Peterskirche mit Peterskloster]* und dem Jesuitenkloster einquartierte. Den Priestern und Jesuiten gewährte der König – wie gesagt wird – einige Treffen: Er versprach diesen und tat ihnen kund, dass sie, falls sie ihn als ihren Lehnsherrn anerkannten, in keiner Weise belästigt werden sollten, sowohl in Bezug auf ihre Güter als auch auf ihr Gewissen. Den Magistraten versprach er, dass er ihnen für den ihm gewährten, ruhigen und ehrwürdigen Empfang ihre vormaligen Privilegien weiterhin gestatten werde, sowie seinen eigenen, königlichen Schutz. Der Statthalter, den er bestimmte, bei ihnen zu bleiben, war jener vorgenannte Herzog Wilhelm von Sachsen-Weimar, der die Stadt so hübsch eingenommen hatte und deren enger Nachbar er war. Bei diesem ließ er zwei Regimenter an Fußsoldaten und eines an Reitern – teils als Garnison, teils als Anfang für eine Armee. In dieser Stadt *[Erfurt]* blieb der König eine ganze Woche lang. Während dieser Zeit warf er einen Blick auf jene Stellen, wo es am nötigsten war, die Stadt zu befestigen. Von dieser Arbeit wurde angenommen, dass sie sich wahrscheinlich auf bis zu zwei Millionen Taler belaufen werde.

Und jetzt entschied seine Majestät auf einen Feldzug [**AF**] nach Franken. Die zwei hauptsächlichen geistlichen Mitglieder der Katholischen Liga in diesem Land waren die Bischöfe von Würzburg und Bamberg. Entweder während der Zeit, als er in Erfurt weilte, oder ein bisschen später sandte der König zu diesen seine Einladungs- oder Vorladungsbriefe, um sie – wenn es ihnen geruhte – von der Liga wegzuziehen und dadurch deren Länder vor einer Invasion zu verschonen. Und dies mochte ihnen als 'Herauld at Armes' *[Kriegsherold]* dienen, um entweder deren Freundschaft zu erbitten oder, wenn dieses *[Angebot]* zurückge-

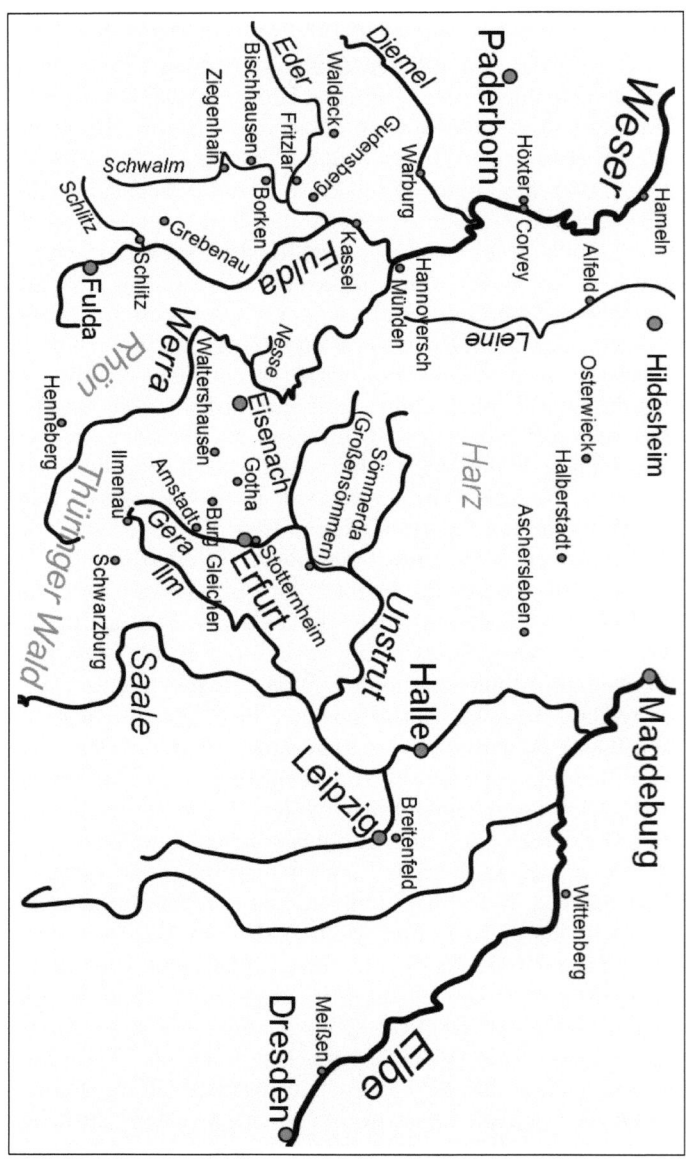

wiesen würde, sie vor seinem Kommen zu warnen. Und dass er so fair mit ihnen umging, das finde ich in seiner Majestäts eigener Deklaration erwähnt, die hinterher in Würzburg veröffentlicht wurde. Er verließ daher Erfurt am 26. September (alter Stil) und richtete von dort aus seinen Weg genau südwärts und entlang des Westufers des erwähnten Flusses Gera. Er marschierte in Richtung Arnstadt in der kleinen Grafschaft Schwarzburg, die Nacht dort in der hübschen Burg *[Renaissanceschloss Neideck]* logierend, welche zu Günther Graf von Schwarzburg gehörte. Am folgenden Tag, den 27. September, kam er bis Ilmenau, eine Stadt am Fluss Ilm, am äußersten Rand des Thüringer Walds. Dort ließ er seine Armee wieder bis zum nächsten Tag gegen Abend rasten. Von hier wurde der ritterliche [AG] Feldmarschall Gustav Horn zusammen mit dem Generalleutnant der Reiter Baudissen losgeschickt. Man sagt, dass sie acht oder 10000 Mann mit sich führten. Wie berichtet wird, war ein Teil ihres Plans, Aldringen und Fugger ausfindig zu machen, mit denen nun auch einer der Grafen von Mansfeld seine Kräfte vereinigt hatte. Da man von diesen dreien gehört hatte, dass sie jenseits von Eisenach an der Grenze zu Hessen zusammen waren (zwischen den Flüssen Nesse und Werra), gingen die zwei schwedischen Generäle auf der Suche nach ihnen zunächst bis nach Waltershausen und so weiter bis Eisenach, beide westlich der Stadt Erfurt gelegen. Aber Aldringen war gleichwohl nicht zu sprechen: Seine Männer hatten Angst vor dem bloßen Namen oder Schatten eines Schweden. Welche zu treffen sie obendrein nicht so sehr gesinnt waren, wie sich mit Tilly zu vereinigen. Zu diesem Zweck waren sie schon von Eisenach nach Münden marschiert, wohin zu kommen Tilly sie kurz danach bestellt hatte. Aber da Horn und Baudissen keinen langen Aufenthalt machten, so waren nicht all ihre Mühen vergebens – angesichts dessen, dass sie bei ihrer Rückkehr zuerst die Stadt Gotha einnahmen (etwa 4 Leugen westlich [AH] von Erfurt) und hinterher jenen Teil der kleinen Grafschaft

Henneberg (auf der Südwestseite des Thüringer Walds), welche der König bislang unberührt gelassen hatte. Ihre Kräfte wurden ganz zuletzt wieder bei Königshofen der Armee des Königs angeschlossen. Welchen Weges gehend wir seine Majestät zuvor verlassen hatten.

[AI]   Am 28. September, gegen Abend, machte er sich von Ilmenau wieder auf, eben in das Dickicht des Thüringer Walds. Und damit die Soldaten ihren Weg zur Nachtzeit besser sahen, wurden in Pfannen hergerichtete Strohbüschel- und Fackellichter etc. in den Bäumen aufgehängt, zusammen mit anderen solchartigen Vorkehrungen. Nachdem sie diesen Wald auf einer geraden Linie durchquert hatten, kam die Armee in Schleusingen in Franken an, von wo aus sie direkt in Richtung Königshofen marschierten. Vor dieser Stadt ließen sie am nächsten Tag (als sie 4 und eine halbe Leuge entfernt waren) 4 Regimenter sehen – zu einem Zeitpunkt, als man am wenigsten Ausschau nach ihnen hielt. Diese starke Stadt Königshofen war die Hauptfestung und das Speicherhaus dieses üppigen Landes, sowie (meistens) der Sitz und Hof des großen Bischofs von Würzburg. Sie ist auf dieser Seite *[Frankens]* einer der Hauptschlüssel zu den Bistümern von Würzburg und Bamberg. Als die Schweden in des Königs Namen Aufforderungen an die Stadt überbrachten, wurde ihnen keine andere Antwort gewährt als das, was ihnen durch den Widerhall der Kanonen entgegnet wurde. Weil diese Vorladungen abgewiesen worden wa-

[AJ] ren, wurde belagert. Nachdem der König seine Linien gezogen und seine Batterien vor der Stadt aufgestellt hatte, hämmerte er am stärksten auf einen gewissen starken und hohen Turm, von wo aus die Stadt-Artillerie ihn am meisten störte. Als dieser empfindlich erschüttert war und bereit zum Sturmangriff, gab der König ihnen als Nächstes durch einen in die Stadt gesandten Trompeter den redlichen Ratschlag, all ihre Frauen und Kinder wegzuschicken. Angesichts dessen, dass, wenn er gezwungen wäre, den Ort durch Erstürmung zu nehmen, er ihre Häuser unter den Soldaten

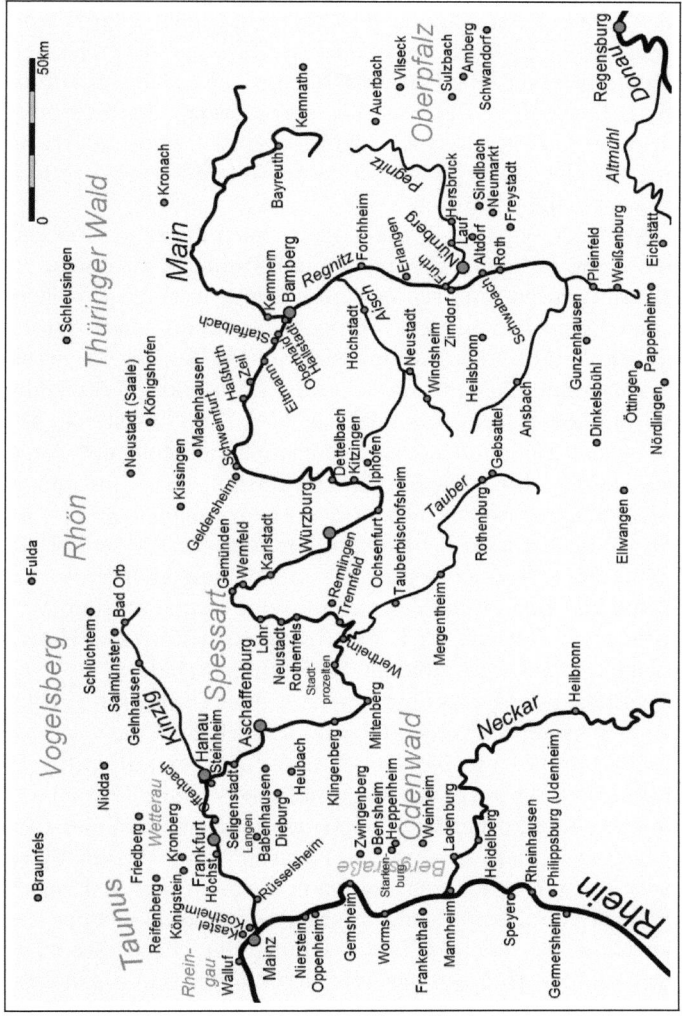

zur Plünderung frei geben, alle Leute mit dem Schwert richten, die Stadt um sie herum niederschlagen und danach alles in Asche verwandeln würde. Erkennend, dass vom Bischof (den es am meisten betraf) keine Hilfe zu ihrem Entsatz [AK] bereitstand, gab die Garnison nach und kapitulierte um ihrer Leben willen. Sie traten diesen starken Ort umgehend an seine Majestät ab. Hier wurden große Lager an Artillerie gefunden und eine wundervolle Fülle an Lebensmitteln, Proviant und Munition jeder Art.

Als Ende September der Zugang nach Franken so erfreulich gewonnen war, verbreitete der Ruhm des Königs, der ein so wichtiges und starkes Fort eingenommen hatte, solch einen Schrecken in dem umliegenden Land, dass daraufhin die katholischen Kommissionsmitglieder, die in diesem Moment bei einer Zusammenkunft in Frankfurt am Main[4] versammelt waren, mit höchster Geschwindigkeit den Ort verließen. Sie blieben nicht, um auch nur eine der Angelegenheiten des Kaisers oder der katholischen Ligisten zu erledigen, für welche sie dorthin gekommen waren. Dieses Königshofen, das bereits zuvor sehr stark war, ließ der König (wie es seine Gepflogenheit war, mit allen eroberten Orten von Bedeutung zu tun) auf seine eigene Art und Weise weiter befestigen. Er ließ darin eine Garnison und Herzog Ernst von Sachsen-Weimar als deren Statthalter.

Von diesem Ort aus bewegte sich unser Eroberer in Richtung Schweinfurt, eine hübsche kaiserliche Stadt, etwa 6 Leugen südlich von Königshofen und gelegen am nordwest-
[AL] lichen Ufer des vorher erwähnten Flusses Main. Hier (damit den Monat Oktober beginnend) wurde er ohne Widerstand eingelassen. Dabei rückte die Garnison von dort nach Würzburg ab, einen Marsch von zwei Tagen (oder 6 Leugen) entfernt von diesem Schweinfurt. Am zweiten Oktober kam der König mit etwa 18 Truppen an Reitern in die Stadt, wo ihm von den Bürgern der Treueeid dargebracht wurde. Bei

---

[4] ['Kompositionstag', 15.9. bis 13.10.1631 (Abbruch), einberufen durch den Kurfürstentag 1630]

seinem Blick auf die Stadt (wo er insgesamt nicht mehr als eine Stunde blieb) wahrnehmend, wie vorteilhaft sie für eine Überquerung des Mains gelegen war, gab er Befehle, sie neu zu befestigen. Drei Kompanien Fußsoldaten und zwei Truppen an Dragonern ließ er als Garnison darin zurück. Seine Streitkräfte zum gleichen Zeitpunkt jetzt verschie- [AM] dene Wege rundherum schickend, bekam er unter leichten Bedingungen diverse Orte im Bistum Bamberg auf einmal ausgehändigt. So wie Haßfurt, Gemünden, Lohr, Volkach, Kitzingen, Ochsenfurt, Remlingen und Karlstadt, allesamt am Main gelegen. Seine Majestät war nun sehr begierig, [AN] sich zum Herren über diesen Fluss zu machen. Sehr gut erkannte jener weise König, dass das Vorgehen des Krieges (in dieser Hinsicht) das gleiche ist wie das Vorgehen der Natur, und wie ein Land mit den gleichen Methoden und Schritten erobert werden muss, mit welchen es anfänglich bevölkert wurde: Das geschah nämlich über die großen und schiffbaren Flüsse. Und weil außerdem die reichsten und stärksten Städte stets an deren Ufern gelegen sind und da bei solchen Städten immer noch die Brücken und Querungen hinüber in andere Länder führen. Auch werden über die Ströme herauf und herab die Reichtümer und Kräfte des Königreichs befördert, welche denjenigen Landeseroberer schnell aus dem Feld schlagen werden, der nicht der Herr über all diese Gewässer ist. Diese zusammen mit anderen Überlegungen zu den exzellenten Vorteilen, einen guten Fluss als Freund zu haben, wie etwa die Nähe zum frischen Wasser für beide, Pferd und Mann, die Vorteilhaftigkeit der Transporte, die natürliche Befestigung für die Armee auf derjenigen Seite, wo dadurch urplötzliche Camisados[5] und Überfälle durch den Feind verunmöglicht sind, sind einige der Hauptgründe, warum kein weiser Krieger sich als Eroberer erachten sollte, bis zu der Zeit, dass er das Gebot über das Wasser wie über das Land hat. Und deshalb hat sich der König von Schweden (wenn man die Planmäßigkeit seines

---

[5] *[Nächtliche Überfälle]*

Vorgehens auflistet) immer noch entlang der Flüsse fortbewegt. Als er bei seinem ersten Eintreten nach Deutschland gedachte, an der Mündung der Oder anzulanden, folgte er somit so lange dem Lauf jenes Flusses, bis dieser ihn an den Fluss Havel brachte und jener wiederum an die Elbe. Als er deren Ufer kürzlich dem Herzog von Sachsen überlassen hatte, strebte er zum Main, so wie danach zum Rhein und zur Donau hin.

[AO] Am selben ersten Oktober, als Schweinfurt dem König übergeben wurde, schickte seine Majestät (wie es scheint) seine Briefe mit generellen Aufforderungen ab in das Land. Deren Datierung lautet auf Madenhausen, ein Dorf nahe Schweinfurt, wo seiner Majestäts Hauptquartier zufällig lag. Die Anweisung richtete sich an alle Städte des Kreises Franken und darum herum[6]. Die Absicht war: In Anbetracht der Tatsache, dass die Protestanten überall von den Papisten unterdrückt waren und dass sein *[des Königs]* Kommen hauptsächlich deren Befreiung diente, sollten daher diese protestantischen Städte und andere, die irgendwelche kaiserlichen oder ligistischen Garnisonen aufgenommen hatten, diese heraustreiben und ihre Tore den schwedischen Kräften öffnen. Die, die das taten, würde er beschützen. Die, die es ablehnten oder verzögerten, würde er mit dem Gesetz der Waffe verfolgen – reklamierend, dass er selbst unschuldig sei an welchem Unheil auch immer, das auf ihre Ablehnung hin geschehen könnte. Ihre Antwort würde er bis zum nächsten Morgen erwarten. Und jetzt wurde der König genauso siegreich mit der Feder, wie er zuvor mit seiner Pike gewesen war. Denn auf das Versprechen von Schutz, Freiheit des Gewissens und von Garnisonen hin vertrauten sich viele Kleinstädte und Großstädte zu dieser Zeit sei-
[AP] ner Gnade an. Aus der starken Stadt Forchheim, wohin sie sich zurückgezogen hatten, sandten der große Bischof von Bamberg selbst mit seinem Kapitel von Domherren oder

---

[6]Das Kaiserreich war aufgeteilt in 10 Kreise, von denen der Kreis Franken der erste war.

Benefiziaten der Kirche (mit so hoher Geschwindigkeit, wie möglich war) ihre Botschafter zum König. Der Preis ihres Friedens musste ihre Einwilligung zu diesen vier Artikeln sein[7].

1. Dem König drei Tonnen Gold zu zahlen mit sofortiger Begleichung.

2. Und ihm unverzüglich ihre 2 starken Festungen Forchheim und Kronach zu übertragen.

3. Und zu seinen Kriegen mit so viel Geld beizutragen, wie sie es vorher mit den katholischen Ligisten gemacht hatten.

4. Alle ihre Streitkräfte aus der katholischen Armee abzuberufen – sich gänzlich von diesem Bündnis lossagend.

Um seines Friedens willen fand sich der Bischof zwar damit ab, sich zunächst diesen Bedingungen zu unterwerfen. Dennoch, so bald als dass er selbst und seine Leute in größe- [AQ] ren Kräften zusammengekommen waren und ihre Befestigungen gemacht hatten, brachen sie diese Artikel trotz alledem wieder. Dies bewirkte, dass ihr Bischof danach loslief, um Tilly in ihr Land einzuladen. Dem König wurde dies hernach zu einem großen Hindernis, denn es zwang ihn, Gustav Horn mit einer Armee nach Bamberg zu schicken, für den er woanders eine bessere Beschäftigung hätte finden können.

Des Königs nächster Plan zielte auf Würzburg ab, wovon Franz von Hatzfeld, der *[seit dem 7. August 1631]* neu erwählte Bischof des Ortes und Herzog von Franken (denn so lautete sein Titel), hörte. Da dieser ein besserer Redner denn ein Soldat war, packte er in höchster Geschwindigkeit seine besten Juwelen und Schätze, begab sich selbst zunächst nach Frankfurt am Main und sonach zum Rhein nach Mainz. Von diesem Ort aus ging er den Strom hinab nach Bonn zum Kurfürsten von Köln, von wo aus er im Namen aller katholischen, geistlichen Ligisten im folgenden Januar als Botschafter zum französischen König geschickt

---

[7] *[Vgl. [9, S.448]]*

wurde.

[AR]   Die Einnahme Würzburgs sollte durchaus der Mühe eines Königs von Schweden wert sein. Hierzu stellte er jetzt deshalb seine Waffen um. Seine Stärke wurde angegeben mit siebzehn Regimentern an Fußsoldaten und 8000 Reitern, von welchen, glaube ich, er nicht mehr als zwei Drittel hatte. Seine Macht präsentierte er erstmals vor der Stadt am Dienstag, den 4. Oktober 1631, um neun Uhr am Morgen. Die Stadt selbst liegt am Fluss Main. Ihre Form war ein genauer Halbkreis, und der Fluss bildete den daran liegenden Durchmesser. In der Stadt gab es eine Universität und zwei Kollegien. Jenseits des Flusses (gegen Westen und auf einem sehr steilen Hügel) stand dort eine stattliche Burg. Einige Gebäude und Mauern befanden sich an deren Fuß der Stadt zugewandt entlang des Flussufers, wie es die Bankside[8] gegenüber London macht. Die Ostseite der Stadt war an drei ihrer Teile von einer hübschen Vorstadt umschlossen. Und diese war auch ummauert und leidlich befestigt. Das mittlere Tor dieser Vorstadt fand der König ihm gegenüber verschlossen vor. Er ließ es mit Pulver auffliegen, indem er (wie man sagte) mit einer Petarde statt mit ei-
[AS]   nem Schlüssels daran klatschte. Als die Stadt innerhalb der Mauern erkannte, dass der König so verwegen geklopft hatte und ohne Geheiß hereingekommen war, sandten sie aus, um von seiner Majestät Bedenkzeit bis acht Uhr am nächsten Morgen zu erbitten. Das war nichts als ein Trick der Bürger, um Zeit zu gewinnen und die Dunkelheit obendrein. Davon nutzten sie den ganzen Tag und die ganze Nacht für das Hinüberbringen ihrer besten Männer und al-
[AT]   lerwichtigsten Schätze hoch auf die Burg. Als der Mittwochmorgen gekommen war, wurden die Tore geöffnet. Und die Bauernflegel *[Landwehr oder Ausschuss]* (welche die Stadt zur ihrer Verteidigung eingelassen hatte) wurden durch die Hintertür hinausgebracht, während die Schweden zur Vordertür eingelassen wurden. Als der König somit friedlich

---

[8]*[Londoner Stadtbezirk 'Borough of Southwalk', südlich der Themse]*

eingetreten war, beschwerte sich kein einziger über seine Soldaten, dass auch nur einer sich gegenüber den Bürgern etwas hätte zuschulden kommen lassen. Auch nicht so viel, als dass irgendetwas erfragt oder erbettelt worden war. Alle *[Soldaten]* erwarteten die Gefälligkeit der Stadtbewohner zur Wohltätigkeit. Hier wurde dem König, der den Bürgern ein Angebot über den Treueschwur machte, dieser nicht verweigert. Seine eigene Unterkunft nahm er im Palast des Herzog-Bischofs ein, hinter der Kathedrale.

Der König, somit im Besitz der Stadt, konnte sich noch nicht als deren Gebieter erachten, solange die Burg Marienberg (denn so wird sie genannt) nach Gefallen um seine Ohren herum *[mit der Artillerie]* hämmern konnte. Dieses Objekt war auf einem so hohen Hügel errichtet, dass es von keinem anderen Boden aus beherrscht werden konnte, wobei es die Stadt unterhalb zu seinen Füßen hatte. Und genauso stark war es befestigt durch die *[Ingenieurs-]* Kunst, wie es vorteilhaft gelegen war durch die Natur. Der Hügel war ein Haupt-Fels, dessen eine Seite zerklüftet und karg war und die andere bedeckt von Weinreben. Die gesamte Spitze des kleinen Berges war gekrönt von der Burg und deren Gräben und Außenwerken. Es waren hier auch keinerlei inwärtige Befestigungen nötig. 800 oder 1000 kämpfende Mann waren dort in Garnison. Und in Bezug auf Lebensmittel, Geld und Munition war selbst Troja für seine zehnjährige Belagerung nicht besser versorgt als es diese Festung war. Der Kastellan oder Statthalter war ein gewisser *[Adam Heinrich]* Keller. Er war bis dahin geschätzt als ein guter, tapferer Bursche und gemeinhin bekannt durch sein Markenzeichen, dass er alle Protestanten und deren Religion bis auf den Tod hasste. Alles zusammen machte den Ort schließlich so uneinnehmbar, dass des Königs Vorbereitungen, einen Versuch darauf zu starten, von der Garnison eher verachtet denn gefürchtet waren. Diese glaubten fürwahr, dass die Schweden niemals da hinaufkommen könnten, wenn sie nicht ebenso Flügel hätten wie Waffen. Solche Schwierigkeiten, die den Trägen

[AU]

als Zügel dienen, werden zu Sporen für die Tüchtigen. Je unüberwindlicher der Ort daher zu sein schien, umso begieriger war der König, ihn zu bezwingen. Nebenbei wusste er sehr gut, dass die Konsequenzen ihm genauso helfen würden wie die Eroberung an sich: Denn was sollte danach unmöglich sein für ihn, der durch ausgezeichnete Kraft die (vermeintlich) unbezwingbare Burg von Würzburg eingenommen hatte?

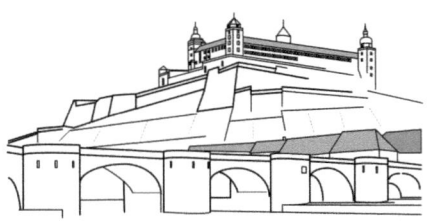

Nachdem der König so entschieden hatte, gab er Befehl, die Burg aufzufordern – was natürlich die einzige Ehrenbezeugung oder Werbung ist, welche die Kriege erlauben.[9] Da dies abgelehnt wurde, bereitete er als Nächstes den Sturmangriff vor. Die Garnison selbst hatte, bevor sie sich aus der Stadt in die Festung zurückzog, einen oder zwei Bögen der Brücke über den Main zwischen Stadt und Burg herausgebrochen: Es blieb nur eine Planke über die zerbrochene Stelle für ihre eigene, gemächliche Überquerung. Ebenso hatten sie alle ihre Boote hinüber an das andere Ufer des Flusses gezogen. Das war also die erste Schwierigkeit: Wie über das Wasser gelangen und wie an die Burg kommen? Der König hatte dort einen schottischen Ehrenmann, der exzellent gutes Deutsch sprach (ein gewisser Herr Robert Ramsay, ein Leutnant in Sir James Ramsays Regiment). Ihm übertrug der König die Angelegenheit, über die Planke hinüberzugehen (als ein Deutscher und einer der Ihrigen) und mit einem Bauern oder Soldaten zu verhandeln,

[AV]

---

[9] *[Zur Aufforderung & Erstürmung der Festung, vgl. [9, S.432ff]]*

ihm eines dieser Boote zu bringen. Der Leutnant erfüllte diesen Auftrag zur Bestimmung. Aber da er sich hinterher durch seinen langen Rock verriet, wurde er als Spion wahrgenommen und zum Gefangenen gemacht, woraus er bei der späteren Einnahme der Burg errettet wurde. Als der König sich so ein Boot beschafft hatte, sandte er darin Männer, um mehr davon herüberzubringen, durch die er letztendlich so viele Soldaten übersetzen konnte, wie ihm gefiel. Keller, der Statthalter, stand am Fuß des Hügels bereit, um sie zu unterhalten. Denn gerne hätte er sie dort zurückgeschlagen und die Schotten – angeführt von Sir James Ramsay und Sir John Hamilton – davon abgehalten, näherzukommen. Hier begann das erste Scharmützel, welches sich in der Tat nur als Scharmützel herausstellte. Die Verteidiger wurden nach einer Weile den Hügel hoch geschlagen bis zu einem großen Halbmond, den sie vor der Burg hatten. Dort beließen es die Schotten für diese Nacht. Diese Basis, welche sie am ersten Tag durch den Aufstieg auf den Hügel erreicht hatten, hielten sie und brachten somit unter deren Hilfestellung ihre eigenen Gräben nach vorne, noch näher und näher zum Bollwerk. Die ganze Nacht und die nächsten zwei Tage donnerte die Artillerie von der Burg. Und für eine genauso lange Zeit wurde die Garnison in ständigen Aktionen und Alarmen gehalten. Denn ein belagerter Feind muss, weil er wie ein nicht abgerichteter Falke ist, durch ständige Beobachtung gezähmt werden. Als die Gräben oder Linien fertig [AW] waren, befahl der König Sir John Hamilton und Sir James Ramsay, mit ihren Regimentern vorauszustürzen. Denn immer wenn ein Fort erstürmt werden musste oder irgendein äußerst ernster und gefährlicher Dienst zu verrichten war, dann hatten die Schottischen bis jetzt die Ehre und die Gefahr, die ersten Männer zu sein, die auf so ein Unternehmen angesetzt wurden. Über folglich diesen Halbmond auf der Seite des Weinbergs, kurz vor der Brücke (welche über den Festungsgraben der Burg führte) fielen die Schottischen nun voll entschlossen her. Die Verteidiger kämpften zusammen für zwei Stunden (wie gesagt wird) genauso beherzt um ihr Befestigungswerk. Hier wurde Sir James Ramsay in den Arm geschossen und viele seiner und Sir John Hamiltons Männer erschlagen oder im Sturmangriff verwundet. Indem sie aber schließlich durch ausgezeichnete Stärke standhielten, trieben sie die Verteidiger zum Rückzug. Der König hatte zur gleichen Zeit daran gedacht, von der vorher erwähnten, steinernen Burgbrücke Besitz zu ergreifen und folglich von dem Tor *[Scherenbergtor]*, auf das sie zu führte. Andere seiner Männer befal er zu diesem Zweck in den eigentlichen Graben oder Festungsgraben. Aber von diesem Plan wurden sie zu dieser Zeit durch die Verteidiger abgeschreckt. Gegen fünf Uhr am nächsten Morgen (Samstag, 8. Oktober) wurde ein Generalangriff versucht. Zu dieser Zeit kam ein gewisser Leutnant aus Livland (geboren von schottischen Eltern) in der Dunkelheit (mit nur 7 Mann in diesem Augenblick hinter ihm) zu der Zugbrücke, die in den Vorhof oder Außenhof der Burg führte. Er war von denen überhört worden, die auf der Innenseite Wache hatten (was nahe bei 200 Mann waren). Von einem von diesen wurde er in der unter Soldaten üblichen Form gefragt: *"Was für Volk? Für wen seid Ihr, Männer?" "Schweden!"* schrie der Leutnant. Als die Feinde das hörten, erfassten sie sofort die [AX] Ketten, um die Zugbrücke hochzuziehen. Der Leutnant erkannte, dass sie im Begriff waren, das zu tun, und hüpfte mit einer seltsamen Courage und Entschiedenheit leicht auf die Brücke – seine 7 Mann ihm nachfolgend. Durch dieses Mittel hielten sie diese unten. Diejenigen innerhalb glaubten jetzt fürwahr, dass alle Schweden bereits an der Brücke waren, und liefen höchst niederträchtig weg, hinein in die Burg. Als die Schwedischen zu dieser Zeit davon Kenntnis erlangten, drangen sie sofort in den Vorhof ein, selbst bis nahe unter die Burg. Und hier (wie geschrieben wurde) bot der barmherzige König noch einmal angemessene Bedingungen an für alle, die ihre Waffen niederlegten. Aber weil das abgelehnt wurde und die Kanonen die ganze Zeit gegen seine Männer donnerten, ließ der König die Artillerie, die er eben jetzt auf dem eroberten Bollwerk fand, gegen das innere Tor drehen, welches genau in die Burg selbst führte. Zugleich brach er dieses damit dort umgehend auf. Sir John Hamilton, der zuvor so viele gute Dienste geleistet hatte, war jetzt wieder bereit, in die Burg einzufallen. Aber von diesem berief ihn der König ab, wobei er die Schonung von dessen Männern vorschützte, welche im vorherigen Dienst so zerschmettert worden waren. Aber der ritterliche Oberst gab eine andere Interpretation davon, wie der Königs das meinte. Die Schwedischen drangen jetzt mit [AY] voller Geschwindigkeit durch das zerbrochene Tor ein und überrannten die Verteidiger dort gänzlich. Und jetzt begann das Töten – und jetzt begannen die Eroberten nach *Quartier* zu rufen. Aber die wutentbrannten Schweden – nun in der Hitze des Blutes – geboten ihnen, Ausschau zu halten für kein anderes Quartier als das, welches die Protestanten in Magdeburg gefunden hatten. All diejenigen, die Widerstand leisteten, litten. Unter den Toten waren dort einige zwanzig hochmütige, standhafte Ordensbrüder bewaffnet gefunden worden. Diese hatten ihre Scheitel (arme Männer!) frisch rasiert durch ein Schwert statt durch ein Rasiermesser. Und hier ihre *ultimam tonsuram* erhaltend, hatten sie kein anderes Zubehör, das Haupt zu salben, als ihr eigenes Blut. *Denn das Schwert frisst bald diesen, bald jenen*[10], sagte jener berühmte General früherer Tage. Dennoch sind diese Männer nicht unstatthaft gestorben, war es eben nur in Verteidigung ihres Fürsten und ihres Landes – und nicht etwa basierend auf einem abwegigen Bewusstsein für ihre Religion oder einer über-wagemutigen Einbildung von Verdienst und Märtyrertum. Verschiedene aus der Garnison hüpften über die Befestigungswälle in die Weinberge. Sie verbesserten sich dadurch nicht mehr als andere Davonlaufende es üblicherweise machen, die dann nur weiter entfernt von ihren Kameraden getötet werden. Die

---

[10] *[König David zu einem Boten in 2 Samuel 11:25 (Lutherbibel)]*

Damen, Nonnen und Frauen wurden wohlbehalten in die
Stadt geschickt. Der Statthalter (wie gesagt wurde) rettete
sein eigenes Leben, indem er zu Füßen des Königs bettelte.
Die Gewährung dieses Gefallens mag vielleicht bewirkt haben, dass er seitdem einen Protestanten von nun an mehr
liebte. Da gab es einen Rittmeister (oder Hauptmann einer Truppe von Reitern), der sein eigenes Leben errettete
gegen eines Königs Lösegeld. Indem er nämlich eine uner-
messliche Masse von Schätzen zeigte, die verborgen in einer Höhle oder Spalte des Felsens lag. Die Anführer der
Erschlagenen und Gefangenen wurden von den Eroberern
[AZ] ausgeplündert und entblößt. Und die Burg wurde für eine
Stunde zur Plünderung freigegeben. Dabei erzielten die Soldaten eine unschätzbare Kriegsbeute. Hier wurden etwa 34
Stück Messing-Artilleriegeschütze gefunden, von denen einige die Wappen des Pfalzgrafen Friedrich auf sich trugen.
Viele hundert Wagenladungen an Wein gab es da, zusammen mit der Munition und einigen Arten von Lebensmit-
teln für den Hofstaat des Bischofs – genug (wenn es sich
gehalten hätte) für 20 Jahre Proviant für so eine Garnison.
Einige 200 der Schwedischen verloren ihre Leben in dem
Dienst. Alle Verteidiger wurden entweder erschlagen oder
gefangen genommen.

General Tilly, der von dieser Belagerung gehört hatte,
kam so weit wie Fulda, um sie aufzuheben (wie zu vernehmen war). Aber als er hörte, dass die Burg eingenommen
war, sputete er sich noch mehr, sich durch die Vereinigung
mit den Lothringern zu verstärken. Und so war diese gute,
reiche, starke und hübsche Festung von Würzburg eingenommen worden, um acht Uhr am Samstagmorgen, dem
achten Oktober, an welchem der König zu einem Frühstück
kam, das niemals zuvor reichhaltiger gewesen war. Ein Palast war es für egal welchen Fürsten in der Christenheit.
Weil die Burg aber von den Kanonen auch etwas beschädigt
war, ließ sie der König sogleich reparieren und mit neuen
Befestigungen viel stärker machen. Die Stadt erlöste sich

von der Plünderung durch die Zahlung von 4 Tonnen Gold oder 300000 Florentiner-Münzen[11], wie andere schätzten, so dass der König und seine Soldaten niemals so reich von irgendeinem Ort weggingen. Hier fand man einen fürstlichen Stall mit ansehnlichen Pferden, über die der König sehr viel erfreut war. Und hier blieb seine Majestät bis Anfang November. In dieser Zeit ließ er sich auch zum Herzog von Franken einsetzen, einen Eid von Huldigung und Treue sowohl von der Stadt als auch vom Land entgegennehmend. In Rechtfertigung seines Vorgehens veröffentlichte er am 26. Oktober seine Erklärung oder Manifest, welches wir hier zur Bequemlichkeit der Leser gekürzt haben.

In Anbetracht dessen, dass letztes Jahr sein eigenes Kommen ins Kaiserreich der Befreiung der unterdrückten, protestantischen Fürsten Deutschlands diente und dass Gott ihn – jenseits seiner eigenen Kraft und jeder menschlichen Erwartung – bereits so weit dahingehend gesegnet hatte, als dass er zunächst die zwei Herzogtümer von Pommern und Mecklenburg zusammen mit dem Kurfürstentum von Brandenburg *[vom Feind]* gesäubert hatte und ihm danach – auf die innige Anfrage des Herzogs von Sachsen hin – dieser denkwürdige Sieg von Leipzig zuteil wurde, hatte er angenommen, dass selbst die Feinde anerkannt hätten, dass die Hand Gottes mit ihm gewesen war. Und dass die katholischen Fürsten der Liga nicht bloß Verzögerer eines angemessenen Friedens sein würden, sondern ebenso dessen Förderer – zum Wohl ihrer eigenen, angeborenen Länder. Aber dahingegen erkannte der König jetzt, dass bei alledem die katholischen Ligisten trotzdem weiterhin mit ihren bösartigen Verquickungen gegen ihn fortfuhren, obwohl beim vergangenen Reichstag[12] in Regensburg bestätigt worden war, dass der vom Kaiser in Deutschland gegen ihn geführte Krieg ohne das Wissen und gegen den Willen der Fürsten und Kurfürsten zustande gekommen war. Und ja, obwohl [BA]

---

[11]Ein Florentiner ist etwa 3 englische Schilling.
[12]*[Kurfürstentag in Regensburg, 3. Juli bis 12. November 1630]*

das durchaus gegen die Gesetze und Privilegien des Kaiserreichs war. Ja, nachdem sie sich sogar in ihren eigenen Briefen (mehr als einmal) offen bekannt hatten, seine festen Freunde zu werden. Und dass er daraufhin dem französischen König sein Versprechen gegeben hatte, dass, wenn sie sich nur in Neutralität niedersetzten, er ihnen überhaupt keine Beeinträchtigung bieten würde. Und wohingegen er den Sieg von Leipzig mit keinem anderen Zweck betrieben hatte, als die Störer des Friedens unter gleiche Konditionen und Bedingungen zu bringen. Und er hatte, bevor er seine Armee nach Franken hineinbrachte, diese seine Absicht den beiden Bischöfen von Bamberg und Würzburg sowohl offen als auch rechtzeitig kundgetan – mit dem Wunsch einer im Gegenzug freundlichen Behandlung durch jene. Nun, als diese Angebote verschmäht worden waren und seinen Boten vom Bischof von Würzburg durch die Mündung einer Kanone geantwortet worden war: Hatte er da keinen Grund, sich auf dessen Land zu reparieren und dessen Burg von ihm zu nehmen? Wo ihm zudem sowohl die Möglichkeit als auch die Kraft in seine Hände gelegt war, dessen Untertanen so schwerlich zu dienen, wie die harmlosen Protestanten andernorts von den Ligisten benutzt worden waren. Im Gegenteil, da sein fürstliches Gemüt jeden Wunsch auf Rache sehr verachtete, hatte er sich lediglich auf die Mittel zum Schaffen eines nochmaligen guten Friedens überall im Kaiserreich eingerichtet. Dass er zu dieser Zeit den größten Teil des Bistums von Würzburg und des Herzogtums Franken nicht durch Eid an einen Herrn gebunden fand[13]. Und dass jene Untertanen, die dazu genötigt worden waren, jetzt ohne Grund von ihrem Bischof Franz verlassen wurden, welcher immer noch die Möglichkeit zur Auswahl hatte, sich redlich mit ihm *[dem schwedischen König]* zusammenzusetzen. Daher war er nun bereit (wie die Notwendigkeit es for-

---

[13]Weil der Bischof gerade neu gewählt und möglicherweise bis jetzt noch nicht voll eingesetzt war. Und da der Adel und die gebildeten Stände Frankens (sehr groß) keinen Höheren anerkannten, als dass sie nur Untertanen des Kaiserreichs waren.

derte), das Land und die Leute in seine Obhut zu nehmen und sie alle wieder in eine so gute Verfassung zurückzubringen, wie er nur konnte. Kürzlich habe er zu diesem Zweck eine Art von Regierung für sie eingerichtet und über dieser passende Offiziere benannt. Weshalb seiner Majestäts ausdrücklicher Wunsch zu dieser Zeit war, dass sich alle Offiziere und Bürger auf die erste ihnen gegebene Kundmachung dieses seines Mandats hin zu dem darin zugewiesenen Ort begeben, dort den Eid auf diese seine Form der Regierung leisten und ihn hernach pflichtbewusst befolgen sollten. Auf die Hoffnung hin, dass sie es so tun würden, würde er sie somit von da an gnädig in seinen Schutz nehmen, ihnen die Freiheit des Gewissens erlauben und – mittels seiner zu diesem Zweck berufenen Richter – sie in all ihren verschiedenen Gesetzen und Privilegien behalten. Diejenigen, die demütig seine Hilfe einklagten, sollten diese gnädigerweise haben. Und über diejenigen, die sie missachteten oder verschmähten, würde er das Gesetz ausüben.

Während der König hier in Würzburg weilte, waren einige Kräfte seiner für ihn um das Land herum neu Ausgehobenen nach Karlstadt gekommen, an den für ihr Treffen angedachten Ort. Es wurde befürchtet, dass es passieren könnte, dass der sich damals auf der Flucht befindende Tilly – obwohl oder gerade weil er nicht fähig war, Würzburg zu entsetzen, und damit er nicht garnichts tun würde – diese unerfahrenen Soldaten in die Flucht schlagen wollte. Und Neuigkeiten wurden gebracht, dass sogar einige von den Seinigen so nahe wie Neustadt *[am Main]* und Rothenfels (im Spessart-Wald, auf der anderen Seite des Mains) ihnen auf Karlstadt entgegengekommen waren. Als der König gegen Ende Oktober davon Nachricht erhielt, ging er von Würzburg aus mit einigen 33 Kornetts an Reitern in seinem Dienst dorthin. Aber Tilly kam nicht.

Einige seiner Truppenteile waren zuvor in Richtung Wertheim in der kleinen Grafschaft desselben Namens abgeschickt worden, genau westlich von Würzburg peilend, an

einer weiteren Schleife des Mains, wo die Tauber mündet. Sie gehörte den Grafen von Löwenstein. Die Stadt wurde gehalten vom italienischen Oberst Piccolomini, der in der Schlacht von Leipzig gewesen war[14]. Er kam jetzt aus der Stadt heraus und leistete dort den besten Widerstand, den er konnte. Alle seine Männer, die nicht durch Flucht entkamen, wurden entweder vor Ort erschlagen oder als Gefange-
[BD] ne weggeführt. Der König ließ 14 Kompanien seiner eigenen Männer in die Stadt legen. General Tilly, der gesinnt war, sich an ihm zu rächen, sandte auf Samstagmorgen, den 16. Oktober, 3000 Reiter und Fußsoldaten aus seinem eigenen Hauptquartier aus (damals nahe Seligenstadt und Babenhausen, jenseits des Mains), um einen Ansturm oder eine Unternehmung auf den Ort zu machen. Der König, der auch ein Interesse an diesem Treffen hatte, sandte – entgegen der verabredeten Zeit – einige seiner Reiter aus, um am Weg
[BE] dieser Tillyschen auf der Lauer zu liegen. Als die Schweden an ein Tal am Fluss Tauber kamen, genannt der Tauber-Grund, bereiteten sie dort einen doppelten Hinterhalt für den Feind vor. Der Statthalter der Stadt hatte ebenso seine Anweisungen, den Ort zu verlassen und sich rechtzeitig zurückzuziehen, falls er erkennen sollte, dass die Feinde zu stark für ihn waren. Aber bevor es dazu kam, waren die Tillyschen bereits in den Hinterhalt geraten. Daraus entkamen sie nicht, außer durch den Verlust von 2700 Mann, 800 Pferden, 14 Fähnrichen und Kornetts, 10 Säumer-Maultieren und all ihrem Gepäck, welches zusammen mit den Waffen und der Plünderung der Toten half, die Schwedischen dafür zu bezahlen, dass sie diese derart schlugen.

Gegen den 21. Oktober (alter Stil) flogen andere von des Königs Truppen so weit aus bis nach Rothenburg, eine kaiserliche Stadt nahe der Quelle des Flusses Tauber, einige 8 oder 9 Leugen südlich von Würzburg. Hierher war der kaiserliche Kriegskommissar Masen *[Alessandro Massoni]* (ein großartiger Offizier) entweder vor den Schwedischen

---

[14]*[Bei Breitenfeld nahm Piccolomini selbst nicht teil, siehe [6, S.33]]*

geflohen oder hatte sich zurückgezogen. Und doch konnte er hier nicht lange vor ihnen sicher sein. Da beide, die Stadt und er, in Gefahr waren, sandte Tilly um derentwillen drei seiner Regimenter aus, um den Schwedischen entgegenzutreten. Aber die Geschicke des Krieges waren nun vollends unglücklich für die Tillyschen. Ihre ganzen 3 Re- [BF] gimenter wurden entweder in die Flucht geschlagen oder abgeschlachtet. Als die Garnison der Stadt diese Niederlage erkannte, verfielen sie umgehend in eine Meuterei gegen den Kriegskommissar, dessen Büro ihnen ihren Lohn zahlen musste. Weil er ihnen gegenüber jetzt für einige Zeit in Bezug auf ihre Mittel rückständig war, begannen sie *"Geld, Geld, Geld"* zu schreien. Und die Fahnen von den Stäben [BG] reißend, öffneten sie sofort den Schweden die Tore, wobei die meisten auch in den Dienst des Königs eintraten. Etwa um diese Zeit auch stießen einige schwedische Kräfte [BH] an einem anderen Ort auf eine Gruppe von 3 Trupps der Lothringer. Sie nahmen zwei Standarten weg und brachten einen Oberstwachtmeister als Gefangenen mit sich. Dazu, wie diese Lothringer dorthin kamen, siehe man nach in unserer speziellen Geschichte *[S.84ff]* über das gesamte Fortschreiten ihrer Armee, welche vor Kurzem gegen den König nach Deutschland hereingekommen war.

Nun waren die Schweden auf einmal in mehrere kleine funktionierende Armeen über das Land verstreut. Aus rei- [BI] ner Angst trieben einige von ihnen die Kaiserlichen aus Nördlingen (eine kaiserliche Stadt in Schwaben an der Ostgrenze Württembergs) nach Donauwörth nahe Bayern. Einige berichten, dass die Bürger gegen sie und für den König von Schweden aufstanden. Die von Schorndorf am kleinen Fluss Rems im Herzogtum Württemberg, die auch zur gleichen Zeit verängstigt waren, brachten 100000 Taler Bargeld weg, welches aus den Kontributionen dieses Landes erhoben worden war und dem Kommissar *[Johann Adolph von]* Wolfstirn gehörte, damals zu München in Bayern. Während nun der Konvoi von 100 Reitern und genauso vielen Musketieren ein bisschen vor dem Geld lief, fielen die Schweden plötzlich dazwischen ein, griffen begierig nach dem Schatz und trugen ihn gänzlich mit sich weg. Das passierte innerhalb einer deutschen Meile Abstand von der Stadt Ulm an der Donau.

[BJ] Diejenigen, die näher an Zuhause *[d.h. nordöstlicher]* waren, überraschten nach der Einnahme von Rothenburg die Stadt Bischofsheim an der Tauber, nahe dem Ort, wo sie in den Main fließt. Und Mergentheim oder Mergenthall danach, eine Stadt etwa in der Mitte des Laufs jener Tauber. Diese gehörte dem Hochmeister des Deutschen Ordens, der ein großer Mann in Deutschland war.

Seine Majestät von Schweden war den ganzen Monat Oktober größtenteils in Wirtenburg *[Würzburg]*, obwohl auch hin und wieder in Karlstadt mit der neuen Armee. Ihr könntet bemerken, dass er aussandte, um die Städte am Main einzunehmen. Sowohl diejenigen, die ostwärts in Richtung Nürnberg an ihm liegen, als auch diejenigen westwärts, in Richtung Frankfurt. Diese beiden großen Städte waren Pässe von mächtiger Wichtigkeit. Und die katholischen Ligisten hatten Ländereien in beiden Richtungen. Die weltlichen Fürsten lagen meist um Nürnberg, und die drei geistlichen [BK] Kurfürsten lagen alle jenseits von Frankfurt. Also stellte der König so viele Überlegungen mit sich selbst an, gegen welche dieser beiden Örtlichkeiten er zuerst seine Waffen richten solle. Beide waren jetzt (auf den Punkt) von ihm fast gleich weit entfernt. Die Wichtigkeit dieser zwei Durchgänge zeigte sich auch sehr gut an Tilly: Als dieser annahm, dass der König wahrscheinlich nach Nürnberg gehen würde, wendete er sich erst hinunter nach Hanau und Frankfurt und bedrängte sie, seine Garnisonen aufzunehmen. Aber als er wiederum erkannte, dass der König sich in Richtung Frankfurt aufmachte, da ging er mit höchster Geschwindigkeit und riegelte Nürnberg ab. Aber jetzt wurde Gott zum Berater des Königs. Er half ihm sofort heraus aus seinen Zweifeln. Da die Nürnberger vom König nachgesucht worden waren, sandten sie ihre Botschafter, um mit ihm übereinzukommen. So dass er jetzt nicht nach Nürnberg gehen musste. Aber wie sollte er nach Frankfurt kommen? Die mächtige, starke Stadt Hanau lag voll in seinem Weg und war der Durchgang nach Frankfurt. Ja, und auch Tilly lag jetzt mit seiner gesamten Armee um Hanau herum. Man darf den Feind nicht in seinem Rücken lassen. So dass, selbst wenn Tilly aus seinem Weg wäre, immer noch Hanau besessen werden musste – ansonsten kein Kommen nach Frankfurt. Und was es noch schwieriger machte, von Hanau Zeit genug zu erhalten, um seinen Belangen dienlich zu sein, war vor allem die große Stärke des Ortes. Auf diese war die Stadt vormals derart voll Vertrauen, dass, seit sie einige Differenzen mit dem Kaiser gehabt hatten, sie diesem niemals (wie das Sprichwort lautet) *ein gutes Wort gegeben* hätte. Ja, als einige 3 Jahre zuvor einer seiner Leutnants es blockiert hatte, war er nach 17 Wochen froh, aufzustehen und ohne es abzuziehen. Die zweite Schwierigkeit war, dass der Feind bereits eine Gruppe in der Stadt hatte: 6 Kompanien von kaiserlichen Soldaten (einige 1200 insgesamt). Und *[Hauptmann]* Brandeis *[16, S.255]*, der den Oberbefehl über sie führte, hatte sogar schon eine Verschwörung mit Tilly angezettelt zur plötzlichen Überraschung der Stadt. Des Königs Eile und Art der Kriegsführung bedeutete, nicht lange mit einer Belagerung zu liegen. Deshalb wurde Hanau, welches so schwer mittels Stärke zu besiegen war, durch vertrauliche Freundschaft ganz plötzlich zu dem Seinigen gemacht. Und dem langsamen Feind (im Augenblick zwischen einem *es umwerben* oder *es zwingen* stehend) wurde Hanau unter der Nase weggeschnappt. Zuerst übte der Herzog von Sachsen-Lauenburg Druck auf die Stadt aus, mehr kaiserliche Kräfte aufzunehmen. Und Tilly war ernst entschlossen, 4 Kompanien (in welche er 1000 Mann gesteckt hätte) in die Stadt nehmen zu lassen. Als das abgeschlagen wurde, wurden Drohungen hinzugefügt. Und weil der Weg des Erzwingens von sich aus zu mühsam gewesen wäre und bei der Nähe des Königs von Schweden auch nicht weniger gefährlich, wurde Hauptmann Brandeis obendrein instruiert, Tilly bei Nacht in die Stadt zu lassen. Philipp Ludwig *[Moritz]*, Graf von Hanau (ein Protestant), war nicht unwissend von alledem und war obendrein im Moment sogar verärgert über Tilly, weil der die Stadt und die Burg von Babenhausen (eine den Grafen von Hanau-Buchsweiler gehörende, aber ihm jetzt verpfändete Nachbarstadt) genommen hatte. Er sandte vertrauliche Nachricht an den König von Schweden, dass er einverstanden sein könnte, wenn seine Stadt hübsch durch seine Majestät statt durch Tilly überrascht würde. So dass, wenn er auf eine solche Nacht schicken würde, er das Burgtor für sich geöffnet finden solle.

[BL] Diese stattliche Stadt Hanau, in einer Ebene gelegen (und deshalb stark), wurde von dem kleinen Fluss Kinzig durchflossen.[15] Eine Geh-Viertelstunde weit weg lag der große Fluss Main, in den ein bisschen von der Stadt entfernt die Kinzig mündete. Hanau war geteilt in die Alt- und die Neustadt. In der Altstadt (in welcher sich die Burg befand) gab es zwei Kompanien kaiserlicher Soldaten. Vier weitere waren in der Neustadt, in allem rund 1200. General Tilly lag mit seiner ganzen Armee auch herum um Aschaffenburg, Seligenstadt und Steinheim auf beiden Seiten des Mains. Nach den mit Brandeis ausgetauschten Geheiminformationen erwarteten diese, innerhalb von 3 oder 4 Nächten danach in die Stadt gelassen zu werden. Oder, falls dieser Komplott versagte, es ohne solchen zu erstürmen, während Brandeis sowohl durch Gewalt als auch durch Kriegslist die Bürger innerhalb beschäftigen und ablenken sollte. All dies wurde somit durch des Grafen und des Königs Sorgfalt vereitelt.

[BM] Am Montag, den letzten Oktober, wurde Christoph Hau-

---

[15]Und hier warne ich meine Leser vor zwei Fehlern in allen gewöhnlichen Karten zu diesem Fluss. 1. Dass er 'Bintz' geschrieben wird, statt 'Kintz'. 2. Dass man ihn bei Höchst in den Main münden lässt, obwohl er das gleich bei Steinheim macht.

bald[16], einer der Obersten des Königs (ein weiser und tapferer Ehrenmann), mit dem Angriff beauftragt. Seine Kräfte waren etwa 600 ausgewählte Reiter und Dragoner – und nicht mehr, was auch immer *Gallobelgicus [4]* schreibt. Mit diesen eilte er in einem Tag und einer Nacht ununterbrochenen fliegenden Marsches von Karlstadt nach Hanau, wobei die 2 Städte volle 12 gemeine deutsche Leugen voneinander entfernt waren und wobei jede Leuge, hier und überall in der Geschichte, vier englische Meilen meint. Mit diesen hatte er um vier oder fünf Uhr am Dienstagmorgen, den 1. November 1631, die Tore Hanaus erreicht, bevor seine Feinde davon träumten. Sein Weg, zur Stadt zu gelangen, führte ihn durch den Wald jenseits der Kinzig. Er überquerte das Gewässer sowohl geräuschlos als auch kurzerhand, indem er in diesem Wald Pfosten niederhieb, diese auf beiden Seiten des schmalen Flusses einschlug, mit zwei Stricken verband und Bretter sowie Sparren über diese Stricke legte. An das an die Kinzig grenzende Burgtor gelangt wurde ihm dieses auf des Grafen Anordnung (nachdem die Losung gegeben war) sofort geöffnet. Hier hindurch trat er in die Altstadt ein. Das erste Werk, das er verrichtete, war, das Tor zuzuklappen, das aus der Altstadt in die neue führte. Wodurch diejenigen aus der Neustadt davon ausgesperrt waren, ihren Nachbarn in der Altstadt zur Hilfe zu kommen. Einige der Schwedischen stiegen augenblicklich auf die Oberseiten der Mauern oder Bollwerke auf und liefen sofort gleichzeitig in zwei verschiedene Richtungen, um sich selbst zu den Herren über die beiden anderen Tore auf jeder Seite des Burgtors zu machen. Diese drei waren allesamt Tore, die zur Altstadt gehörten. Die Reiter nahmen zur selben Zeit vom Marktplatz Besitz und hinderten dadurch die Stadtleute daran, in einen Zustand der Vorbereitung zu kommen. Durch diese Maßnahmen war ihnen die ganze Stadt (sowohl innen als auch außen) im Handumdrehen gesichert. Die zwei Kompa-

---

[16] *[Alleine W. Harte [11, S.18] argumentiert, dass es sich um Dewbatel (Taupadel) gehandelt habe]*

nien an kaiserlichen Soldaten, in dieser Weise als Schlafende genommen, konnten sich nicht so bald bewaffnen. Und einige der Bürger (die nicht mit der Verschwörung vertraut gemacht worden waren) gerieten jetzt in Angst und boten Widerstand – 8 aus ihrer Gruppe wurden niedergemetzelt. Die Schwedischen auf den Mauern rannten in jeder Richtung hoch und runter. Sie schossen aufs Geradewohl in die Dunkelheit, um hierdurch wen auch immer abzuschrecken, der es wagte, ihnen näherzukommen. Auch der Graf von Hanau (dessen Gräfin zur selben Zeit ausschlief) wurde umgehend zum Gefangenen genommen und eine Wache auf seine Burg und ihn angesetzt. Das wurde in scheinbar vollem Ernst gemacht, um jeglichen Verdacht einer Verschwörung von ihm zu nehmen.

Bis zu dieser Zeit – es war gegen Tagesanbruch – waren die 4 Kompanien in der Neustadt auch auf und unter Waffen, obwohl sie die ganze Zeit über nichts zur Rettung der Altstadt versucht hatten. Es wurde gesagt, dass Brandeis in der Nacht zuvor angesäuselt ins Bett gegangen war. Und dass, als er morgens um fünf geweckt wurde und ihm von einem der Bürger gesagt wurde, dass die Schweden in der Altstadt seien, er so weit davon weg war, es zu glauben, dass er verbat, den Alarm zu läuten. Und als einer seiner eigenen Offiziere ihm ein bisschen danach dasselbe Märchen erzählte, sagte er: "Das sind nicht die Schweden, das sind unsere eigenen Freunde aus Aschaffenburg, zu denen ich gestern schrieb", nicht erlaubend, dass der Alarm jetzt schon geschlagen wurde. Aber als er bei Tagesanbruch seinen Fehler erkannte: "Die Schweden müssen Teufel sein" (sprach er) "wie war es für sie möglich, so bald hier hereinzukommen?" Alsdann sprang er sofort auf. Mit offenen Knöpfen – so wie er eben war – kam er heraus auf die Straße, hoch und herunter um das Leben laufend. Und um seine Männer aufzustellen, so lange bis er an diesem frostigen Morgen sogar wieder schwitzte. Zweitausend bewaffnete Männer (gerechnet mit Soldaten, Bauern und Bürgern) hatte er bei Tageslicht zusammenbekommen. Als Haubald diese jetzt wahrnahm, reihte er seine Schweden auf derjenigen Mauer entlang auf, die in die Neustadt schaute. Von dort aus ließ er sowohl mit Pistolen wie auch mit Karabinern zwischen sie losballern. Hierdurch wurden zwei Mann sowie eine Frau sofort getötet und einige andere verwundet. Bis dahin hatten die Schweden ein kleines Stück Artillerie zu dem Platz gebracht. Auch das richteten sie auf die Neustadt und forderten von ihnen, sich postwendend zu ergeben. Die Einwohner antworteten entschieden, dass sie die Stadt nicht aufgeben würden, bevor sie nicht wüssten, dass ihre Fürsten zustimmten. Zuerst lehnte Haubald das ab, ihnen mitteilend, dass er ihr Graf sei. Sie forderten es nochmals, ihm mitteilend, dass sie bis dahin nichts anderes als Kugeln für ihn hätten. Daraufhin wurde der Graf mit einer Wache bei ihm auf die Mauer gebracht. Er sagte ihnen, dass er, da er jetzt Gefangener war, ihnen nun keinen besseren Rat geben könne, als sich auf so gute Konditionen hin zu ergeben, wie sie bekommen könnten. Das bewegte Hauptmann Brandeis kein bisschen. Stattdessen wollte er zuerst, dass die Bürger gegen die Schweden weitergemacht hätten. Sie luden ihn ein, das doch als Erster zu tun – aber er wagte es nicht. Dann wollte er haben, dass die Artillerie von den Mauern hier herunter gebracht und auf die Schweden entladen würde. Aber die Bürger wollten das genauso wenig tolerieren – aus Angst, ihre Freunde und die Häuser der Freunde in der Neustadt zu beschädigen. Dann wollte er einen seiner eigenen Diener über den Stadtgraben senden, um nach Steinheim zu enteilen, wo herum Oberst Eynot *[Eynatten]* einige gute Kräfte hatte. Aber auch das wurde von den Einwohnern durchkreuzt, denn das hätte Tillys gesamte Armee auf sie gezogen. Da diese zu jener Zeit in der Nähe lag, hätte das die Plünderung der ganzen Stadt riskieren können – eine gerechtfertigte Befürchtung in Anbetracht dessen, dass Tilly das in rechtmäßiger Weise hätte tun können, da er die Stadt vor seinem Feind errettet hätte. Haubald forderte die Stadt nochmals auf – und das sofort. Es wurde damit beantwortet, dass der Magistrat nicht so bald zusammenkommen könne, um darüber zu beraten. Er räumte ihnen daraufhin eine halbe Stunde ein. In der Zwischenzeit hörten seine Männer mit dem Schießen auf. Danach dauerte es volle drei Stunden, bis die Städter entschieden hatten. Als das gegen 11 Uhr getan war (die Stadt blieb immer noch in Waffen), wurden der Bürgermeister der Stadt und Daniel de Latre[17] (einer der Haupt-Ratsherren oder Magistrate) gesandt, um mit dem schwedischen Oberst zu verhandeln. Haubald, der sie nun zwischen den beiden Toren der Altstadt traf, sagte ihnen, dass er nichts gegen die Bürger zu sagen habe. Und wenn es ihnen passe, sich friedvoll zurückzuziehen, dann sollten sie ihn mit den Soldaten alleine lassen. Hier wurde nach einer Weile auf die Aufgabe entschieden.

Hauptmann Brandeis, der jetzt keine Abhilfe mehr sah, erbat für sich und für seine Männer, dass sie Soldaten-Bedingungen haben sollten und auszögen mit vollen Waffen etc. Nein (sagte Haubald), Ihr selbst sollt Euch mit all Euren Offizieren und Soldaten in der Stadt sofort zu den Galgen begeben vor dem Tor zwischen den beiden Städten, Eure Waffen und Fahnen dorthin schleppen, sie dort ablegen und Euch vollständig unter meinen Gefallen begeben. Entweder für Leben oder für Tod, Gunst oder Ungunst. Das, welchem man keinen Widerstand entgegensetzen kann, darf man nicht ablehnen. Sie legten also ihre Waffen nieder. Haubald gab ihnen aus Höflichkeit ihre Schwerter wieder zurück. Da ihre Fahnen weg waren, war durch diese Maßnahme ihr militärischer Eid gegenüber dem Kaiser folglich nichtig. Hieraus Vorteil ziehend, lud sie Haubald ein in seinen Sold. Von diesen akzeptierten unversehens alle bis auf dreißig oder vierzig (diese waren papistischer als der Rest).

---

[17]Der Sohn dieses Daniel de Latre, ein jetzt in London wohnender Händler, war zu dieser Zeit mit seinem Vater in Hanau. Von dessen zuvorkommender Berichterstattung habe ich die sichersten Teile dieser Geschichte erhalten.

Da Brandeis, der Hauptmann, ablehnte, wurde er zum Gefangenen gemacht. Und so auch *[Franz Freiherr von]* Mercy, Oberstwachtmeister unter Piccolomini, zwei Rittmeister mit etlichen mehr von Tillys Befehlshabern, die sich in die Stadt zurückgezogen hatten, um von ihren in der Schlacht von Leipzig erhaltenen Wunden geheilt zu werden. Brandeis wurde unter einer Wache von etwa 5 oder 6 Soldaten in seinem eigenen Haus gehalten. Die anderen hatten die Freiheit der Stadt, durften aber nicht aus der Festung herausgehen.

Haubald, der so die Stadt durch seinen *Heldenmut* überwältigt hatte, sah nun vor, sie durch seine *Weisheit* zu behalten. Erst schickte er zwei Kompanien in die Burg. Dann nahm er Befehle für einige neue Befestigungen, von denen er, da er selbst ein geschickter Ingenieur war, den Unterbau zeichnete. Als Nächstes plante er, 5 oder 6 neue Kompanien zu erheben, welche aufgestellt waren aus denen, die sich kürzlich ergeben hatten, und einigen anderen, gezogen aus dem Umland. Im letztgenannten Ort suchte er danach, wie all diese unterhalten werden könnten. Kaum war Tilly aus dem Land abgezogen (was er umgehend tat, nachdem er sich bezüglich beiden, dieser Stadt und Frankfurt, in seinen Hoffnungen beraubt sah), schickte Haubald für diesen letzteren Zweck mit Geschwindigkeit seine Briefe (in einem ausreichend befehlshaberischen Stil) herum an seine verwunderten Nachbarn des Landes Darmstadt und der Wetterau, so wie auch zu den Städten Steinheim, Seligenstadt, Dieburg, Höchst, Königstein, Orb, Hausen *[heute: Obertshausen]* und anderen. Diese gehörten teilweise dem Kurfürsten von Mainz und teilweise anderen Herrschern. Inhalt der Briefe war, dass sie ohne Verweigerung oder Verzögerung all das Kontributionsgeld, Getreide, Heu und Hafer zu ihm nach Hanau hinein bringen sollten, welches sie zuvor den katholischen Ligisten bezahlt hatten. Und dass sie den Feinden des Königs, seines Herren, niemals danach weder etwas bezahlen noch helfen dürften. Jene, die anders taten, sollten von ihm auf eine andere Art und Weise hören.

So war diese holde Stadt Hanau von diesem wach-beherzten Oberst hübsch überrascht worden. Und das selbst vor Tillys eigener Nase (wie man sagt), der erneut den Main überquert hatte. Seine Armee lag zu genau dieser Zeit in all den angrenzenden Ländern dort herum. Einige von ihnen waren schon im Land von Darmstadt. Andere waren weiter vorangeschritten, sogar so weit wie bis in die Bergstraße, so etwa gegenüber von Oppenheim in der Pfalz. Es wurde wahrlich geglaubt, dass er *[Tilly]* jetzt in dieses Land gehen und dort zu dessen Verteidigung bleiben würde. Andere der Seinen waren hoch nach Frankfurt gekommen. Diese kaiserliche Stadt bedrängte er hauptsächlich, eine Garnison von ihm zu akzeptieren. Dass das verweigert wurde, war einer der Hauptgründe, dass Tilly nicht in der Pfalz blieb. Was er in der Tat nicht gefahrlos hätte tun können, sofern diese Stadt ihm gegenüber nicht freundschaftlich gesinnt oder neutral war.

General Tilly erkannte jetzt durch die Einnahme Hanaus, dass die Absicht des Königs von Schweden war, den Main hinab in jene Gegenden zu fahren. Und angesichts dessen, dass dort herum viele protestantische Fürsten waren, war es ausreichend wahrscheinlich, dass andere das tun würden, [BN] was der Graf von Hanau getan hatte. Daher marschierte er – sofort kehrtmachend – direkt zurück nach Franken. Ohne jemals den Main zu überqueren, ging er dafür zuerst nach Miltenberg und Bischofsheim, wo herum die lothrin- [BO] gische Armee jetzt lag. Die Stadt Mergentheim nahm er noch einmal im Vorbeigehen ein, da sich die Schwedischen [BP] zurückgezogen hatten. Von hier ging er direkt weiter nach Ochsenfurt, eine Stadt des Bischofs von Mainz an einem Ellbogen oder einer Schleife des Mains, einige 3 oder 4 Leugen südlich von Würzburg. Von der Einnahme dieser Stadt durch des Königs Kräfte Anfang Oktober haben wir Euch vorher erzählt. Es war Sir John Hepburn, der das gemacht hatte und der sie – obwohl seine Streitkräfte schwach waren – immer noch hielt. Als der König fürchtete, dass Tilly über die Stadt herfallen würde (welche ihre Lage zu einem Übergang von einiger Wichtigkeit machte), kam er mit aller Geschwindigkeit selbst in eigener Person *[vgl. [9, S.461]]* da hin. Gegen das Kommen des Grafen Tilly (welcher mit seiner gesamten Armee war) hatte Sir John Hepburn seine Außenwachen um die Stadt herum gelegt. Schottische Männer waren es aus Oberst Lumsdens Regiment, und es gab da von ihnen einige 6 Rotten oder 36 Musketiere. Diese wurden nun angeführt von Oberstwachtmeister Monipenny (während Oberstleutnant Muschamp den Rest des Regiments innerhalb der Stadt befehligte). Die 36 gaben eine Salve oder einen Gewehrhagel auf jene Gruppe ab, der Tilly befohlen hatte, als Erste über die Stadt herzufallen. Weil er [BQ] dadurch deren Bereitschaft und Entschlossenheit zur Verteidigung erkannte und sich vorstellte, dass die Garnison viel stärker sei, als sie in der Tat war, machte er sofort kehrt nach rechts herum und marschierte direkt in Richtung Nürnberg. Vor dieser Stadt sollen wir ihn als Nächstes liegen finden, am folgenden 18. November. Davon und was sonst unsere Geschichte betreffen mag, sprechen wir mehr in unserem Bericht über General Tillys spezielles Vorgehen *[siehe S.149ff]*. Hätte Graf Tilly damals gewusst, dass sich der König in Ochsenfurt befand und wie schwach der Ort war, wäre er (nehme ich an) nicht so bald verängstigt weg gewesen. Und hätte er sich mit seiner ganzen Armee auf Ochsenfurt gestürzt, dann hatte der König für diesen Fall die Überlegung, den Ort zu verlassen und sich wieder über die Brücke nach Würzburg zurückzuziehen. Aber der Feind blieb niemals, um ihm das anheim zu stellen.

Als General Tilly sich so vom König trennte, auf dessen Bewegungen er bis dahin gewartet zu haben schien (wenn auch aus einer sicheren Entfernung), ließ der König von Schweden nun Gustav Horn mit einem Teil der Armee in Franken, um dort nach dem Bischof von Bamberg, Kommissar Ossa und General Tilly zu schauen. Und um nebenbei einige Aufträge in den neu eroberten Orten zu erledigen. General Banér war zuvor mit anderen Kräften in Richtung Magdeburg ausgeschickt worden. Von beiden sollen wir Euch an den ihnen gebührenden Stellen erzählen.

[BR] Mit dem Rest seiner Armee rückte der König vorwärts in
[BS] Richtung Hanau. Die Kräfte, die er zu dieser Zeit mit sich brachte, waren nichts als fünf Brigaden an Fußsoldaten, neben einigen aus General Banérs Regiment, die nachher in Aschaffenburg gelassen wurden. Es sollten 1800 Mann in jeder Brigade sein. Aber die des Königs waren jetzt (glaube ich) nicht ganz vollständig. Mehrere Teile von zerbrochenen und noch nicht rekrutierten oder verstärkten Regimentern mit ihren Obersten wurden in eine Brigade gesteckt.[18] Diese Brigaden des Königs hatten ihre Namen von den allerwichtigsten Flaggen, die zu den ältesten Obersten der Brigade gehörten. Davon gab es jetzt nur fünf. Und das waren sie: Zuerst das Leibregiment, oder die Wachen von des Königs Leib, seit Baron *[Maximilian]* Teuffels Tod befehligt von Graf Neles *[Nils Brahe]*, einem Schweden. Zweitens das Grüne Regiment, angeführt von Sir John Hepburn (normalerweise Hebron genannt), ein schottischer Ehrenmann und der älteste Oberst. Drittens das Blaue Regiment, von dem *[Johann Georg aus dem]* Winkel der Oberst war. Viertens das Weiße Regiment, geführt von Oberst *[Johann]* Vitzthum. Und fünftens das Rote Regiment, von dem Oberst *[Gijsbrecht van]* Hogendorp die Führung hatte. Unter all diesen waren da nur wenige (kaum überhaupt welche) von Geburt Schwedische: Diese waren mit Gustav Horn und General Banér woandershin gegangen. Seine Reiterei (welche er seit der Schlacht von Leipzig deutlich vergrößert hatte)[19] mögen einige 4000 gewesen sein – oder vielleicht einige

---

[18]Was eine Brigade ist, schlage man in unserem Buch über die Schwedische Disziplin *[33]* nach.

[19]Der König war in der Leipziger Schlacht so schwach an Reiterei, dass er für das Hintertreffen seines linken Flügels, welchen *[Adolf Theodor von Efferen-]* Hall befehligte, keine hatte. Man siehe in unserem Schaubild der Schlacht in 'Swedish Discipline', wie licht dieser Teil war.

mehr. Und dass er bei seinem Heranrücken an die Pfalz keine größere Armee als diese hatte, konnte bei seinem Passieren durch Frankfurt deutlich gesehen werden: Dort wurden nur 74 Flaggen an Fußsoldaten und 71 Kornetts an Reitern genannt. Wenn wir jeder Fußkompanie volle 100 zugestehen und 60 jeder Reitertruppe (was eine gut bemessene Menge ist für eine so zerschmetterte Armee), dann werdet Ihr nicht über 7500 Fußtruppen und 4000 Reiter in der Armee finden. *[Georg Kastriota]* Scanderbeg begehrte niemals mehr als 9000 Mann in einer einzigen Armee. Und das sind die Zahlen, mit denen Gustav Adolph die katholischen Ligisten zwang, von ihm entweder Frieden oder Neutralität zu erbitten.

Mit solch wenigen Reitern, aber großer Stärke, schritt seine Majestät vorwärts nach Hanau. Für deren Unterhalt stellte Haubald jetzt etwas von der Burg bereit. Etwa zwei Tage nach dessen erster Einnahme und während Tillys Armee sich noch in der Umgebung befand, zeigten sich zwei Trupps von kaiserlichen Reitern vor der Stadt. Zwischen die ließ Haubald seine Artillerie fliegen. Sie zogen sich sofort zurück. Einige fünf Tage nach diesem Ereignis (am achten [BT] November in der Nacht) begann die kaiserliche Garnison der Steinheimer Burg (welche etwa eine Dreiviertelstunde Marsch von Hanau entfernt ist) die Erde aufzuwerfen und ein Schanzwerk zu errichten – gerade auf der Seite des Kanals, welcher vom Fluss Main ausgeschnitten war, um kleinere Schiffe hoch nach Hanau zu tragen. Ihre Absicht war, die Hanau-Boote und die Schweden daran zu hindern, in diesen zu kommen, um ihre Burg zu bestürmen. Gegen dieses ihr Verteidigungswerk errichtete Haubald am nächsten Tag zwei Brustwehren in den zwei Friedhöfen, die zur Altstadt gehörten. Ein Werk war an der Seite des Kanals. Das andere war an jenem Winkel, wo die Kinzig in den Main mündet. In diese brachte er drei Stücke an Artillerie, zwei in ein Werk und eines in das andere. Zwischen diesen Befestigungen entfaltete sich ein Scharmützel von insgesamt drei Stunden. Aber Haubalds Artillerie trieb die Kaiserlichen beim Niedergehen heraus. Er fiel mit seinen Männern in deren Werk ein, zerstörte es halb und ließ es so. Die Kaiserlichen waren begehrlich, ihr Werk zu erneuern, aber abgeneigt, unter die Herrschaft von Haubalds Artillerie aus dessen zwei Brustwehren zu kommen. Sie ersannen, wieder in das Fort zu kommen – diesmal unter der Erde und durch Minierarbeiten. Ihr Schaffen konnte mit Leichtigkeit von den Mauern Hanaus aus erkannt werden. Und sicherlich hätten sie es zur Vollendung geführt, wären sie nicht durch des Königs Ankunft innerhalb einiger Tage danach gezwungen gewesen, es aufzugeben.

[BU] Seine Majestät, der bis zu dieser Zeit seine Wagen den Main hinab geschifft und seine Kräfte auf dessen beiden Ufern aufgeteilt hatte (er selbst in Person auf der Südseite marschierend), kam auf diese Weise den ganzen Weg entlang. [BV] Und damit er keine Zeit verlieren möge und um obendrein das Land vor ihm zu durchstöbern, nahm er Prozelten, Miltenberg, Klingenberg und Trennfeld im Vorbeigehen, wobei einige *[dieser Ortschaften]* auf einer Seite des Flusses waren und einige auf der anderen. Bei Aschaffenburg (oder Aschiburg) am nördlichen Ufer des Flusses hatte der Kurfürst von Mainz einen sehr prächtigen Palast, wo er meist gewohnt war, zu residieren. Der Ort wurde von einem Regiment der Tillyschen und zwei eigenen Bürgerwehr-Regimentern des Kurfürsten gehalten. Als diese allesamt in der Nacht den Ort verließen, legte der König Banérs Regiment hinein, um die Stadt zu halten.

Dort passierte er die Brücke zu seiner sich auf der anderen Seite des Flusses befindenden Armee. Diejenigen seiner Männer, die noch das südliche Ufer hielten, fielen über das vorgenannte Steinheim her. Diese Stadt war eigentlich nichts als ein Dorf. Die Burg war dessen Stärke. Sie hatte eine Garnison von 850 in sich, welche am Abend des 14. November durch vier Stück Kanonen gründlich durch[BW]gerüttelt wurde. 600 der 850 ergaben sich am nächsten Tag den Soldaten des Königs und sich selbst in die Dienste seiner Majestät. Die anderen 250, die es ablehnten, wurden nach einer Übereinkunft von den Schweden in den Frankfurter Wald geführt, eine oder zwei Leugen westlich von ihnen. Der König schenkte die Burg der Mutter des Grafen von Hanau, deren Familie sie vormals gehört hatte. Dieser Graf stand danach stets fest an des Königs Seite. Er warb hernach Soldaten für seine Dienste, mit denen er Drusenheim einnahm und im folgenden Januar für den König andere Städte um Straßburg und Hagenau. Die erste von denen schenkte ihm der König ebenfalls. Als erster der siebzehn Herrscher der Wetterau stellte der Graf sich selbst unter den Schutz des Königs. Danach folgte er dem Hof bei Mainz die ganzen Weihnachten über, wo er bei einer Maskerade zusammen mit dem König einer der Maskierten war. All das zeigt, welchen guten Dienst er im Geheimen geleistet hatte, dass er ihm einen so hohen Grad in seiner Majestäts Gunst und Vertrautheit gewann. Und dass die andere Seite auch diese Übereinstimmung verstand, welche der Graf mit dem König bezüglich dessen Freigabe zur Überrumpelung Hanaus hielt, wird durch Tillys Wegnahme der Stadt Babenhausen von ihm deutlich.

Am 15. November, nachdem Steinheim eingenommen war, [BX] zog der König in Hanau ein. In dieser Stadt erlaubte er seiner Armee nicht störender zu sein, als zu bleiben, um dort Abendbrot zu essen. An diesem Abend noch schritt seine [BY] Majestät wieder voran nach Frankfurt, welches der allerwichtigste Pass zu all seinen zukünftigen großen Aktionen in diesen Gebieten sein sollte. Gegen 12 in der Nacht ging er in Richtung Offenbach (nahe Frankfurt), eineinhalb Leugen von Hanau, wo für ihn in der Burg eine Unterkunft bereitgestellt wurde. In alter Zeit gehörte diese den Grafen von Isenburg und war kürzlich durch den Bischof von Mainz von ihnen weggenommen worden. Hier in Offenbach blieb er den ganzen Tag, den 16. Oktober *[November]*. Der Grund war, dass er bis jetzt einige Unterredungen mit den Gesandten des Städtebunds von Frankfurt gehabt hatte (welche zuvor mit ihm auf dem Weg gewesen waren) und dass der Graf von Solms von ihm jetzt seit etwa drei Tagen zu ihnen geschickt [BZ] worden war. Hier erwartete er deren Antwort. Des Königs Nachricht war, ob die Stadt, um die Sache der Heilsbotschaft zu fördern, friedlich und zügig ihre Tore für ihn öffnen und rechtmäßig seine Garnison akzeptieren würde oder ob sie sich den Gefahren einer Belagerung stellen würde? Die Stadt war abgeneigt, nachzugeben. Und doch waren die Städter ängstlich, Widerstand zu leisten. So dass ihre Post hin und zurück ging (womit einige 2 oder 3 Tage verbracht wurden), stets ein und dieselbe Entscheidung des Königs [CA] bringend. Ihre Gesandten waren willens, am selbigen 16. November nach dem Abendessen in die Burg Offenbach zu kommen und sich dort mit diesen drei Angeboten zufrieden zu geben:

1. Dass der König freien Durchgang durch die Stadt haben soll für seine Armee, hin und zurück.

2. Dass zu des Königs besserer Versicherung der Stadt 600 seiner Männer als Garnison nach Sachsenhausen empfangen werden sollen (welches die starke Vorstadt zur Stadt ist und welche auf der anderen Seite des Gewässers liegt).

3. Dass beide, der Magistrat und die Menschen, einen Eid auf seine Majestät leisten sollen.

Und so war diese stattliche, kaiserliche Stadt Frankfurt am Main für des Königs Seite gewonnen – durch gute Wor-[CB] te und nur den Anblick einer Armee. Am nächsten Tag, der Donnerstag, der 17. November, war, passierte des Königs Armee durch Sachsenhausen über die Brücke und marschierte vollständig durch die Stadt und genauso wieder am Bockenheimer Tor heraus. Es wurde von sechsundfünfzig Stück Kanonen berichtet, vierundsiebzig Fahnen an Fußsoldaten, fünfundvierzig Kornetts Reitern und noch einmal sechsundzwanzig Kornetts am nächsten Tag gleichermaßen nachfolgend. Solch eine ordentliche Zucht wurde von den Soldaten eingehalten, als sie da entlanggingen, dass sich niemand über ein Unrecht beschwerte. Und obgleich zwei von denen nur in eine Straße enteilten, wurden sie sofort vor das Kriegsgericht gestellt und dafür gehängt. Und genauso wenig Beschwerden gab es da über die Garnison in den Vorstädten, für die Oberst Vitzthum (ein sehr fähiger Ehrenmann für so eine Aufgabe) als Statthalter belassen wurde. Der König selbst ritt barhäuptig durch die Straßen. Mit der Anmut einer majestätischen Persönlichkeit und der Höflichkeit eines vornehmen Verhaltens zog er gemeinhin die Zuneigung der Betrachter ihm gegenüber an. Er blieb nicht lange in der Stadt, sondern nahm Abschied vom Adel und der Oberschicht des Landes, die gekommen waren, um ihn zu sehen und auf ihn zu warten. Er ging zu seiner Unterkunft bei Nidda[20], um näher an seiner Armee zu sein. Seine [CC] Männer wurden um zehn Uhr in derselben Nacht zur Belagerung von Höchst abgestellt – eine gute Stadt, die dem Kurfürsten von Mainz gehörte und etwa eine Leuge von Frankfurt entfernt war. Das ist die Stadt, in der am Pfingstmontag 1621[21] General Tilly den seligen Herzog *[Christian]* von Braunschweig besiegt hatte. Am 19. November übergab [CD] die Garnison von Höchst, welche aus etwa 400 Mann bestand, den Ort an den König. Ihre eigenen Ängste zusammen mit den Überzeugungskräften der Städter hatten sie dazu bewegt. Letztere waren besorgt ob der Plünderung ihrer Häuser. Nachdem der König verschiedene Kompanien dort hinüber auf die andere Seite des Mains gebracht hatte (denn nicht alle marschierten durch Frankfurt), füllte er umgehend die nächsten kleineren Städte am Rhein mit seinen Streitkräften.

Am nächsten Tag, der Sonntag, der 20. November, war, kehrte seine Majestät nach Frankfurt zurück. Er war in Begleitung der zwei Landgrafen von Hessen – einer von Hessen-Kassel, welcher aus der älteren Familie stammte und gewöhnlich Landgraf von Hessen genannt wird, und

---

[20]*[Vermutlich nicht Nidda, sondern Frankfurt-Nied an der Nidda]*
[21]*[Schlacht von Höchst, 20. Juni 1622]*

der andere von Hessen-Darmstadt, landläufig aufgeführt als Landgraf von Darmstadt. Hierhin kamen ebenso die 17 Grafen der Wetterau und des Westerwalds, um ihre Pflichten gegenüber dem König zu erbringen, der jetzt zu Frankfurt in genau demselben Raum Platz genommen hatte, wo die Kaiser für gewöhnlich bei ihrer Krönung bewirtet wurden. Darin konnte ein Zeichen von Glück liegen. Und vielleicht mochte das nicht das letzte Mal sein, dass er da sitzen sollte.

[CE] Der Landgraf von Hessen (dessen Land jetzt von General Tilly, Fugger und den Kaiserlichen gereinigt war) brachte seine Armee (von 12000 Mann, wie einige sagen, immerhin mit den meisten), um sich mit des Königs Kräften zu vereinigen. Jene waren gegenwärtig im Rheingau, innerhalb von 3 Leugen von Frankfurt. Aber als der König nun hörte, wie Graf Tilly ununterbrochen seit dem achtzehnten November Nürnberg belagert hatte, wurde die hessische Armee sofort dorthin dirigiert. Der König selbst hatte (um nicht zu scheitern) ebenfalls die Absicht, zu Nürnbergs Entsetzung zu gehen. Die hessische Armee, die bereits auf ihrem Marsch jenseits von Hanau war, hörte dort, dass sich Tilly entfernt hatte, und kehrte wieder zurück in ihre vormaligen Quartiere im Land genannt Rheingau, welches zum größten Teil zum Kurfürsten von Mainz gehörte und an das Land Hessen grenzte, zu welchem es gezählt wurde.

[CF]   Am Dienstag (was sein üblicher Predigt-Tag war) ging seine Majestät wieder nach Höchst, wo er in einer Kapelle der Burg ein feierliches Erntedankfest dafür bereiten ließ, dass er die stattliche Stadt Frankfurt ohne Blutvergießen für sich gewonnen hatte. Und wahrhaft war es Gottes Werk, die Herzen der Magistrate dieser Stadt zu neigen, um dem König zu lauschen. Inbesondere, da sie sogar Tilly denselben Gefallen eines anderen Tags abgeschlagen hatten. Als Spinola im Jahr 1620 in Richtung Pfalz kam, warb er sehr respektvoll sowohl durch Briefe als auch durch Botschafter um den Städtebund von Frankfurt. So dass der König jetzt mehr Erfolg mit ihnen hatte als diese zwei großen Ge-

neräle jemals vermochten. Und fürwahr war die Erlangung
dieses mächtigen Passes eines Erntedanks wert. Zu diesem
Gegenstand lautet ein Sprichwort in Deutschland:

> *"Er, der liegt vor Frankfurt ein Jahr und ein Tag,*
> *ist Herr des Kaiserreichs für ewig und immer."*

Sofort danach schritten die Kräfte des Landgrafen aus dem
Rheingau heraus in die Nachbarregion Wetterau (weiter
östlich und näher an Hanau), welche auch ein Teil von Hessen ist. Hier nahm er im Namen des Königs Falkenstein
und Reifenberg ein mit den zwei Burgen Kronberg und Ernfelt[22]. Die starke Burg von Königstein (etwa zwei deutsche
Meilen von Frankfurt) hielt noch für den Bischof von Mainz
aus. Die anderen Städte der Wetterau und ihre Grafen verpflichteten sich bereitwillig dem König. So taten es auch die
Grafen des Westerwalds, welche westlich von ihnen liegen
und nördlich des Rheingaus.

Diese zwei kleinen Landstriche der Wetterau und des
Westerwalds enthalten viele unbedeutendere Grafschaften
in sich. Sie selbst sind ebenso enthalten in der Karte der
Grafschaft von Nassau, welche auch ein Teil von Hessen
ist. Sie gehören (im Wesentlichen) 17 Grafen, der Rest zur
Diözese Mainz.[23] Die Grafen waren in der letzten Zeit von
Mainz und anderen Katholiken stark unterdrückt – und daher froh über jeden Befreier. Weil sie von ihrer Religion
her Protestanten waren (einer der Gründe für ihre Unterdrückung), wurden sie umso leichter hingezogen, den König

---

[22] *[Möglicherweise ist Eppstein gemeint. Die Burg Ehrenfels am Rhein
wurde 1631 von Herzog Bernhard von Sachsen Weimar genommen]*

[23] Die meisten der Städte, aus denen diese Grafen ihre Ehren hatten,
lagen in diesen beiden Landstrichen. Es gab insgesamt 17 kleine
Grafschaften, wovon eine Familie manchmal 2 oder 3 hatte. So wie
auch mehrere Grafen zugleich aus derselben Familie waren. Der
Graf von Hanau hatte 5 Grafschaften und 700 Dörfer unter sich. Der
ganze Rest hatte auch seine Städte und Dörfer mit ihren Bauern
unter sich – einige mehr, andere weniger. Die Wetterau ist jener Teil,
der am Wasser liegt, zwischen der Lahn und dem Main. Westerwald
bedeutet *westlicher Wald*, wobei es ein waldreiches Land im Westen
der Wetterau ist und abseits vom alten Wald der Arduenna *[Silva]*.

als ihren Beschützer zu akzeptieren. Und zu guter Letzt hatten sie ihre eigene Unfähigkeit zum Widerstand als eine angemessene Entschuldigung für ihr Nachgeben. Diese verhandelten und beschlossen in Frankfurt etwa zu dieser Zeit eine volle Übereinkunft mit dem König. Das waren die Herrscher, die das machten: Zuerst 3 Grafen von Nassau und Katzenelnbogen mit ihren Brüdern. 1 Graf von Nassau, Warburg, Idstein und Wiesbaden. 2 Grafen von Hanau und Herren von Münzenberg. 4 Grafen von Solms und Herren von Münzenberg. 2 Grafen von Stolberg und Königstein. 3 Grafen von Isenburg und Büdingen. 3 Grafen von Sayn und Wittgenstein. 1 Graf von Wied. 2 Grafen von Leiningen und Westerburg. 2 Grafen von Waldeck. Neben diversen aus der Aristokratie, Oberschicht und der Zünfte, die alle zustimmten und die hier folgenden Bedingungen unterschrieben.

Das Abkommen begann mit einem Vorwort zu seinem Zweck: Dass, angesichts dessen, dass der König von Schweden niemals verdient hatte, vom Kaiser oder dem Kaiserreich zu diesem Krieg provoziert zu werden, in welchen einzutreten der König zu seiner eigenen Verteidigung gezwungen war, wie die Kurfürsten selbst ihm vordem insofern eingeräumt haben. Und dass diese Grafen auch – als Bestandteil des Kaiserreichs – immer achtsam waren auf ihre Pflichten gegenüber dem Kaiser, ihrem Oberhaupt. Dass sie bis dato je weder irgendeine Handlung zu dessen Nachteil getan oder vorgehabt haben. Nichtsdestotrotz hat dennoch der besagte Kaiser – ohne jemals Krieg zu erklären – auf verschiedene Weise Uns, den König von Schweden, angegriffen, unsere Vettern und Verbündeten unterdrückt, viele Fürsten von Familien aus alter Zeit annulliert (deren Ländereien und Ehren an neue Männer weggebend), alle Privilegien des Kaiserreichs verletzt. Er hatte vor, zunächst eine absolute Obrigkeit in Deutschland einzuführen und danach mit deren Hilfe leichter die Nachbar-Fürsten zu unterjochen. Auch dafür (sagte der König) sind Wir zwecks Prävention und für unsere eigene Sicherheit gezwungen gewesen, derart bewaffnet in das Kaiserreich zu kommen. Wohingegen sich die Fürsten der Katholischen Liga entgegen unserer Erwartung und unserem Verlangen – sowohl vor der Schlacht von Leipzig als auch danach – obendrein mit einer bewaffneten Hand fortwährend gegen unser Vorgehen gestellt haben. Auch dafür haben Wir mit der Hilfe Gottes und mit dem Recht zur Kriegsführung das Land Franken und alle diesen Ligisten gehörende Städte am Main selbst bis nach Frankfurt eingenommen. Und in Anbetracht dessen, dass auf der anderen Seite Wir, die vorgenannten Grafen, in bedauerlicher Erfahrung entdeckten, wie im Namen des Kaisers die protestantischen Fürsten immer noch malträtiert wurden. Und dass – ungeachtet ihrer oftmals eigenen Unterwerfung und des Kaisers Widerruf des Vorgehens – immer noch unter dem Vorwand einer Gerechtigkeit oder anderem ihre Überzeugung unterdrückt, in ihre Ländereien und Hoheitsgebiete eingefallen, ihre Untertanen geplündert wurden und keine Abhilfe davon zu finden war. Deshalb erkennen wir jetzt, dass kein anderer Weg eingeschlagen werden kann, als sich der Gewalt mit Gewalt entgegenzustellen. Und im Stich gelassen von jedem anderen Beistand (die Katholiken haben oftmals alle Bündnisse und Versprechen mit uns gebrochen) uns dann selbst unter den Schutz der königlichen Majestät von Schweden zu stellen, von dem wir zweifelsfrei wahrnehmen, dass er mit vielen königlichen und unvergleichbaren Tugenden ausgewiesen ist – bloß aus einem heiligen Eifer für die Befreiung der notleidenden Fürsten der Religion in die Angelegenheit hineingeraten und offenbar (ohne Zweifel) unterstützt durch die Hand des allmächtigen Gottes. Deshalb haben Wir zur Ehre Gottes, für die Sache der Religion, die Wiedereinführung des Laufs der Gerechtigkeit und die Erhaltung unseres Landes nach guter und reiflicher Überlegung seinen königlichen Schutz angenommen, wobei beide Parteien diesen folgenden Artikeln frei zustimmen:

1.

Wir, der König von Schweden, empfangen hiermit die

vorgenannten Grafen etc. (ob Lutheraner oder Calvinisten) in unseren königlichen Schutz. Versprechend, als unsere Feinde zu verfolgen, wer auch immer sie für diese ihre Vereinbarung mit Uns stören sollte. Sie alle zu erhalten in ihren gebührenden Privilegien. Niemals Frieden zu schließen, außer unter Bedingungen, in denen sie mit einbegriffen sind und zunächst Genugtuung erhalten haben.

2.

Angesichts dessen, dass diese Grafen für jene lange Zeit durch die katholischen Fürsten vom meisten Teil ihrer Besitzungen enteignet standen, versprechen Wir unseren Beistand zu deren Wiederaneignung – in Hinsicht auf beides, deren Religion und deren viele Dienste, die sie bislang für das Evangelium geleistet haben. Und falls sie mit ihren Nachbarn durch irgendeine Unterlassung bezüglich speziellen Interessen in Rechtsstreitigkeiten fallen sollten, dann sollen Wir unser Bestes tun, die Kontroverse beizulegen.

3.

Falls während dieser Kriege der Feind irgendeinen dieser Grafen berauben oder auf anderem Wege ihre Herrschaftsgebiete ruinieren sollte, dann sollen Wir ihn, so gut Wir können, wiedergutmachen und ihre Feinde zur Entschädigung zwingen.

4.

Wenn irgendwer von ihnen gefangen genommen werden sollte, dann sollen Wir für die Rückgewinnung seiner Freiheit unser Bestes tun.

5.

Wir werden unser Äußerstes tun, um ihre Häuser und Festungen zu bewahren.

6.

Und falls Wir es erforderlich finden, irgendwelche Kräfte in ihren Festungen oder Pässen zu platzieren, dann werden Wir Acht geben, dass die Soldaten nicht störend sein werden.

7.

Auch wenn die üblichen Kontributionen von einigen von ihnen nicht unverzüglich voll bezahlt werden können, solange diese ihre Besitzungen, die gegenwärtig in den Händen des Feindes sind, nicht geräumt sind, so werden Wir sie sobald möglich zurückgewinnen und sie ohne jedes andere Hemmnis oder Bedingung dem rechtmäßigen Besitzer zurückgeben.

8.

Damit die vorgenannten Grafen die gemeinsame Sache besser voranbringen mögen und dennoch ihre Untertanen nicht so sehr mit Kontributionen belegt werden, sind Wir damit einverstanden, dass auch die kirchlichen Güter zur Beitragung veranschlagt werden. Und dass auf eine Weigerung hin so viel durch die Grafen gepfändet werden möge, wie der Kontribution Genüge tut.

9.

Wir erlauben ihnen auch, all die Klöster und Ordenshäuser, die ihnen kürzlicher Tage von den Katholiken genommen wurden, zurück in ihre eigenen Hände zu nehmen.

10.

Wir werden so viel wie möglich unterlassen, Zusammentreffen jeglicher Art, Einquartierungen oder Märsche in oder durch ihre Länder zu unternehmen. Aber wenn die Notwendigkeit es erfordert, dann werden wir durchsetzen, dass unsere Kriegsbefehle[24] sehr strikt befolgt werden. Und dass für die ganze Zeit, die unsere Streitkräfte unter ihnen sind, Reiter der Unsrigen nicht mehr als zweieinhalb Taler pro Tag mit einer gewissen Zuteilung an Heu und Stroh etc. erhalten sollen und jeder Mann zu Fuß zwei Taler monatlicher Bezahlung bis zur Musterung. All dies soll hinterher von der Kontribution abgezogen werden.

11.

Dieses Bündnis zielt in keinster Weise auf eine Vorein-

---

[24]Was diese Befehle waren, siehe unser Buch über die Schwedische Disziplin *[33]*.

genommenheit gegenüber den genannten Grafen und ihren Besitztümern ab, sondern vielmehr auf ihre Verteidigung gegen die gemeinsamen Feinde.

Und wir, die vorher benannten Grafen etc. erklären uns für unseren Teil wie folgt.

1.

Erstens, angesichts dessen, dass es klar wie der Tag ist, dass Gott der Allmächtige durch die Waffen seiner Majestät von Schweden (über dessen christliche und gerechte Absichten wir keinen Zweifel hegen) die Feinde des Evangeliums von ihren scheußlichen Absichten abgehalten hat, erkennen wir deshalb hier mit aller Dankbarkeit an, dass der König von Schweden unser Erlöser und Beschützer ist, nächster unter Gott. Wir stellen uns selbst von nun an unter seinen Schutz, ohne irgendwelche Achtung vor dem gemeinsamen Feind, wie auch immer der genannt wird. Und hiermit binden wir uns, mit unserem Leib und unseren Gütern für ihn einzustehen bis zum Äußersten unserer Macht, niemals von ihm abzufallen, nichts zu seinem Nachteil zu tun, niemals Abkommen zu schließen oder Frieden zu machen mit seiner Majestäts Feinden (welche wir als die unsrigen anerkennen), außer mit seinem königlichen Einverständnis und falls seine Krone darin nicht eingeschlossen ist und er selbst vollständig zufriedengestellt.

2.

Daher versprechen wir nunmehr, durch all unsere besten Anstrengungen sein Leid zu verhindern, seinen Nutzen zu fördern und weder durch Rat noch durch Tat, direkt oder indirekt, etwas gegen seine Person, Krone oder Würde zu tun, sondern ihm stattdessen treu beizustehen.

3.

Und obgleich nichts mehr erforderlich ist, als dass seine Majestät die absolute Herrschaft über den Krieg hat, ersuchen wir ihn höchst demütig so, wie es seine anderen Verbündeten gemacht haben, diese Sorge ganz auf sich zu nehmen, was wir ohne Widerspruch gänzlich ihm überlassen.

4.

Daher haben wir in seiner Majestäts Hände alle unsere Städte, Festungen und Pässe übergeben. Und ich, der Graf von Hanau, habe freiwillig meine Stadt und die Burg Hanau in seine Macht gegeben, um dieselbige zu verstärken, zu bewaffnen und darüber zu verfügen, wie die Gründe des Krieges erfordern mögen.

5.

Wer versprechen weiterhin, unsere Vesten und Pässe nicht dem Feind zu öffnen oder irgendwelche von den Ihrigen zu empfangen, sondern sie stattdessen zum Äußersten draußen zu halten und andererseits diese seiner Majestät zu öffnen, seine Truppen zu beherbergen und einzuquartieren.

6.

Wir werden auch seine Zusammenkünfte in unseren Ländern tolerieren, vorausgesetzt, dass die Kosten von unseren Kontributionen abgezogen werden.

7.

Und für die Zeit dieser Kriege versprechen wir gemeinsam, 25000 Florentiner pro Monat zu kontribuieren, beginnend am nächsten 1. Dezember, alter Stil, 1631, welche in Frankfurt zu zahlen sind. Und falls irgendeiner von uns säumig sein sollte in der Zahlung seines Anteils (entsprechen der hierzu angehängten Rolle mit der Einschätzung eines jeden Mannes), versprechen wir, dafür durch militärische Vollstreckung zu pfänden.

8.

Wir verpflichten uns ebenso, falls Erfordernis besteht, unsere Untertanen für den Dienst an seiner Majestät zu bewaffnen und alle die heimzurufen, die zu dieser Zeit dem Feinde dienen – die Güter derer konfiszierend, die verweigern, uns zu gehorchen.

9.

Wir erlauben alle Vorkehrungen und Ausfuhren von Lebensmitteln, Artillerie und Munition für die Dienste seiner

Majestät.

10.

Und dieselben Dinge vom Feind fern zu halten, den wir
versprechen, für seiner Majestäts Dienst überall zu verfolgen als der gemeinsame Widersacher gegen Uns und gegen
das Evangelium.

11.

Und im Fall, dass da irgendein Mann in unseren Ho-
heitsgebieten entdeckt werden sollte, der die Fahnen seiner
Majestät im Stich gelassen oder anderweitig verstoßen hat,
werden wir diesem weder Bewirtung geben, noch Passage.
Stattdessen werden wir ihn selbst bestrafen oder ihn an die
nächste seiner Majestäts Garnisonen ausliefern.

In Zeugnis wovon Wir, der König und die Grafen, gegenseitig unsere Handschrift und Siegel gesetzt haben. Gegeben
in Frankfurt etc.

Durch dieses Abkommen wurden die Hoffnungen des kaiserlichen Kommissars Ossa gänzlich zunichte gemacht, der
ein bisschen zuvor von diesen wetterauischen Grafen verlangt hatte, dass eine große Anzahl an Verpflegung und
viele hundert Karren und Wagen zu ihm nach Seligenstadt
[CG] in die Grafschaft Darmstadt gesandt würden. Der Landgraf von Darmstadt (ihr Nachbar) machte etwa um diese
Zeit (was etwa Mitte November gewesen zu sein scheint)
gleichermaßen sein Abkommen mit seiner Majestät. Hier-
aufhin übergab der Landgraf seine hauptsächlichsten Festungen und Durchgänge in die Hand des Königs, ebenso wie
erstens die starke Stadt Rüsselsheim am Main, einige fünf
englische Meilen von Mainz, (in welche der König sofort
Sir John Hamiltons Regiment steckte, welches von Oberstwachtmeister Magdugall befehligt wurde) und Darmstadt
danach, die Stadt seines eigenen Wohnsitzes, wobei er seinen Hof daraufhin in die Burg von Hessen verlegte.

Zu dieser Zeit war die schwedische Armee über Höchst
hinaus fortgeschritten. Ein stehendes Lager bildete sich bei
den Dörfern von Kostheim und Kastel, gerade gegenüber

von Mainz, wenn auch auf der anderen Seite der Flüsse. Bei Walluf, einem kleine Dorf am Rhein (eine Leuge oder [CH] weniger von Kastel), gab es einen so engen Durchgang *[der 'Backofen']* in den Landstrich des Rheingaus hinein, dass 1000 Spanier von den Männern des Bischofs von Mainz glaubten, dass sie genügend wären für dessen Bewachung. Sie wehten deshalb über den Rhein hinüber und riefen die Land-Bauern herbei, damit jene beim Aufwerfen einiger Verteidigungswerke ihre Pioniere waren. Umgehend hatten sie sich dort verschanzt. Gegen jene sandte der König jetzt aus. Und die Schweden stürzten über die Spanier her mit einer für diese zu großen Gewalt. Nach einer schweren Attacke oder zwei trieben sie diese weg von ihrer Artillerie und den neu errichteten Batterien, legten etwa 500 von diesen tot auf die Erde und zwangen den Rest in den Fluss. Obwohl sie dort nicht (wie ihre Kameraden) einen *blutigen Tod* starben, kann auch nicht gesagt werden, dass sie einen *trockenen Tod* starben.

Die sich sofort daraufhin ergebenden nächsten Leute des Landvolks wurden vom König mit der Geldstrafe belegt, ihm die gleiche Kontribution zu zahlen und ihm dieselbe Gefolgschaft zu schwören, wie sie zuvor ihrem Herren, dem Kurfürsten von Mainz, gegenüber getan hatten. Und ihr Land durch ein Lösegeld in bar[25] von augenblicklicher Plünderung freizukaufen.

Als der Durchgang so gewonnen war, war des Königs Vorsatz, einige starke Gruppen auszusenden, um das Land in Bewegung und Alarm zu halten, während er selbst ungestört beim besagten Walluf eine Brücke über den Rhein legen und direkt zur Belagerung von Mainz übergehen könnte. Die somit weggesandten Schwedischen streiften entlang des Flussufers so weit wie Bingen, wo sie auf das Zollhaus trafen, welches gerade gegenüber der Stadt, auf der anderen Seite des Gewässers stand. An diesem mussten solche Boote, wie sie den Rhein und die Nahe (die hier in den Rhein

---

[25] *[45 000 Reichstaler, siehe [8, S.31]]*

mündet) passierten, Maut und Zoll bezahlen. Dort töteten sie 150 der Garnison und trugen einen Bestand an Bargeld weg, welchen sie dort *in Banco* fanden. Und dies (obwohl keine Aktion von großer Tragweite) möchte ich trotzdem hier nicht auslassen, denn es war obendrein der weiteste Ort auf dieser Seite des Rheins, an dem sich die Leute des Königs zu schaffen machten. Da des Königs Brücke bei Walluf nicht nach seinen Vorstellungen gelang (der Kurfürst von Mainz trat ihm mit zu großen Kräften auf der anderen Seite des Flusses entgegen), berief er die Armee von diesen Teilen ab. Und der Landgraf von Hessen wurde in diesen Gegenden belassen, um einerseits dieses Ufer des Rheins zu sichern und um überdies zu behalten, was bereits im Rheingau und in der Wetterau erobert worden war. Und, zu guter Letzt, damit er bei allen Eventualitäten nahe zu seinem eigenen Land sein mochte. Der König ersann eine andere Richtung: Obwohl diese im Hinblick auf das Erreichen von Mainz der weiteste Weg herum war, erwies sie sich nichtsdestotrotz letztendlich als der naheste Weg 'heim'.

[CI] Und jetzt begann die Armee, sich um Frankfurt herum zu

[CJ] sammeln. Über die Brücke von Sachsenhausen querten sie am 1. Dezember mit einer Entscheidung (wie seine Majestät selbst gegenüber meinem Herrn Botschafter Sir Henry Vane bekräftigte), zur Belagerung von Heidelberg zu schreiten. Seine Streitkräfte waren zur Bergstraße hin gerichtet. Er selbst folgte einigermaßen dahinter, in der gleichen Nacht in Langen logierend, eine Stadt, die dem Landgrafen von Darmstadt gehörte. Diese Bergstraße ist (wie es das Wort sagt) eine Straße oder ein Zug von Hügeln. Das ganze Land ist ein kontinuierliches Felsband von gleich hohen und ebenen Bergen, das selbst fast von der Stadt Frankfurt aus ziemlich durch den Staat des Landgrafen von Darmstadt entlang läuft, durch Teile des Bistums Mainz und das Herrschaftsgebiet des Pfalzgrafen, selbst bis man genau vor den Toren Heidelbergs steht. Zwischen diesen Bergen und dem stattlichen Fluss Rhein (welcher an diesen fast in einer ge-

raden Linie entlang läuft) lag da ein schmaler, langer Land-
streifen mit vielen hübschen Städtchen (und einigen schwachen, spanischen Garnisonen darin), welche im Vorüberge-
hen zu säubern waren. Ihre Namen (wie sie in einer Reihe [CK]
liegen) waren Gernsheim, (Burg) Stein, Zwingenberg, Bens-
heim, Heppenheim, Weinheim, (Burg) Starkenburg und La-
denburg. All jene wurden auf diesem Marsch eingenommen,
wobei die spanischen Garnisonen mit Leichtigkeit die Orte
verließen, da sie zu schwach waren, um verteidigt zu werden. Der König war nun fast bis nach Heidelberg gelangt,
als er bei seinen Überlegungen über eine gewisse starke Festung, die er passiert hatte (welche am Rhein auf der Seite
der Bergstraße liegend als Fort diente, um Oppenheim zu
verteidigen, das ihr auf der anderen Seite des Gewässers
genau gegenüber lag), ziemlich plötzlich seinen Entschluss
änderte. Er zog dabei in Betracht, dass, wenn er sich mit
der Belagerung von Heidelberg beschäftigen und das Fort
mit dem Feind in seinem Rücken lassen würde, die spanischen Kräfte unter Hilfestellung dieses Forts mit Leichtigkeit den Rhein passieren könnten. Sie hätten ihn dann
nach eigenem Belieben von all seinen Vorräten abschneiden
und außerdem auch seinen Rückzug zurück nach Frankfurt
behindern können.

Dies änderte folglich seine Entscheidung ziemlich (und [CL]
das mit Recht), welche nun voll auf die Einnahme dieses
Forts gerichtet war. Das Stück[26] wurde gehalten von 1000
Italienern oder Burgundern. Und dies waren so alte Haude-
gen, wie solche, mit denen sich der König seit der Schlacht
von Leipzig nicht mehr getroffen hatte. Sie hatten keine
Fahnen mit sich – diese hatten sie bei ihren Kameraden in
Oppenheim gelassen. Am Sonntag, den 4. Dezember, leg-
te sich Graf Nils *[Brahe]* mit des Königs Leibgarde vor die
Schanze. Er wurde am nächsten Tag abgelöst von Sir John
Hepburn und Oberst Winkel mit ihren beiden Brigaden.
Dann erhob er sich und ließ sie ihrer Aufgabe weiter nach-

---

[26] *[Sternenschanze auf dem 'Kuhkopf', siehe [8, S.11f, S.47ff]]*

gehen.

[CM]   Das Fort war umfasst von einem doppelten Festungs-
oder Wassergraben. Hepburn und Winkel hatten ihren zugewiesenen Platz eingenommen und sofort begonnen, sich
in ihre Arbeit mit dem Spaten zu stürzen. Sie waren bis
Mittwoch Nacht damit fertig, ihre Annäherungslinien und
schlingernden Gräben zu ziehen, um sich an dem äußersten Graben zu treffen. Sobald das vollbracht war, gab der
König gegen 5 Uhr am Abend an Sir John Hepburn (der
als ältester Oberst dort den Oberbefehl führte) Befehl, zu
stürmen oder vor dem Morgen einen Überfall auf das Fort
zu machen. Kaum hatte sich der König von Hepburn wegbe-
geben, da wurde aber von einem Ehrenmann aus der Pfalz,
der oberhalb am Fluss lebte, ein Brief zu ihm gebracht, dass
er ihm genau an diesem Morgen einige Boote schicken werde. Daraufhin wurde die Erstürmung der Schanze widerru-
[CN]   fen. Und in der Tat kamen die Boote gegen 9 oder 10 in der
Nacht. Ein gewisser Hild, ein armer Fischer aus Gernsheim,
war der Mann, den der Ehrenmann beauftragt hatte.[27] Dieser brachte nicht nur zwei große Boote etwa von Worms mit
sich den Strom hinunter, sondern zeigte dem König auch,
wo die Spanischen ein weiteres, sehr großes Rhein-Schiff auf
[CO]   dem Grund des Flusses versenkt hatten. In diesen drei Booten sandte der König zuerst (mit so viel Geräuschlosigkeit,
wie nur sein konnte) seine eigene Garde oder Leib-Regiment
hinüber. All das, was bis dato so hoffnungsvoll ausgefal-
len war, wäre beinahe durch ein sonderbares Missgeschick
ziemlich zerschmettert worden: Ein gewisser Soldat (ein in
Schweden Geborener), der selbst in ein kleines Boot gestie-
gen war (die auf diesem Fluss nur aus 3 Brettern gemacht
sind), glitt zur gleichen Zeit auch alleine hinüber. Aber der
Strom trug ihn etwa 12 oder 20 Stiegen zu tief in Richtung
Stadt, wo er auf etwa 500 spanische Reiter stieß, die ihre
Wachen an diesem Ort hatten. Diese gaben beim Eintreffen

---

[27] *[Nach Pfarrer Kromm: Johann Warter aus Gernsheim und ein Un-
bekannter aus Nierstein, siehe [8, S.59ff]]*

des Schweden ob seiner fremdartigen Sprache Alarm und marschierten umgehend zu dem Ort, wo die Leibgardisten gerade eben frisch angelandet waren. Aber die Schweden waren dort zufällig auf einen Vorteil des Geländes getroffen, wie Hecken, Büsche und dergleichen. Die spanischen Reiter wurden durch diese Dinge so lange ferngehalten, bis sich die Schweden in Schlachtordnung wohl aufstellen konnten. Die Spanier, die daraufhin mit ihren Pistolen angriffen, wurden wieder mit solch einer Musketensalve begrüßt, dass sie zum Rückzug gezwungen waren, um besser ihre Ordnung wiederzuerlangen. Es war mittlerweile gegen Mitternacht, als, nachdem die Boote nun zurückgekehrt waren, der König auch Oberst Hogendorp mit dem Roten Regiment darin hinübergeschifft hatte. Seine Majestät selbst setzte mit diesem ebenfalls über. Zur Zeit, als der König angelandet war, erneuerten die Spanier, die mehr Kräfte zusammengezogen hatten, wieder ihren Angriff mit größerer Heftigkeit – jedoch nicht mit besserem Erfolg, da sie auch ein zweites Mal wieder zurückgeschlagen wurden. Inzwischen war Oberst Vitzthum mit dem weißen Regiment oder Brigade herübergekommen. Und die Spanier, nun wie- [CP] der verstärkt, unternahmen einen dritten Angriff auf den König. Sie wurden nun mit einem noch größeren Gemetzel zurückgestoßen, erkannten, dass ihre Feinde zu stark für sie waren, und fielen nicht wieder über sie her. Als somit der König 3 seiner Brigaden sicher angelandet hatte und die Spanier sich schließlich zurückgezogen hatten, marschierte er umgehend in Richtung der Stadt Oppenheim, wo wir ihn für ein Weilchen an diesem Erntedank verlassen, als da er somit den Rhein überquert hatte.

Hepburn, der die ganze Zeit vor dem Fort war (sein Befehl zur Erstürmung war ja widerrufen worden), ertrug fortwährende Ausfälle und Alarme von den tapferen Belagerten. Gegen 11 in der Nacht brachen 200 von diesen mit großem Heldenmut aus und fielen in Hepburns Quartier ein. Und einen sehr heißen Dienst machten sie daraus, bis sie letztendlich mit viel beharrlichem Bedrängen und unter einigen Verlusten überredet wurden, sich wieder zurückzuziehen. Etwa eine halbe Stunde danach fielen sie ebenso über Winkels Quartier her, der sie nach einiger Zeit ebenfalls in das Fort zurückschlug. Der Zweck dieser starken und häufigen Ausfälle – erst gegen den einen, dann gegen den anderen – war, das Zusammentreffen von deren Annäherungsreihen zu verhindern. Diese waren jetzt bereit, fertiggestellt zu werden. Aber als sie etwas danach von des Königs drittem Kugelhagel auf der anderen Seite des Gewässers hörten und dass Er seinen Boden gut gemacht hatte und dass – da die Spanier jetzt nicht mehr anrannten – der König nach Oppenheim marschiert sein musste, hatten sie keine Annehmlichkeit mehr, auszufallen. Weil sie fürchteten, dass ihre Passage für den Rückzug über den Rhein gänzlich abgeschnitten sein könnte, sandten sie gegen 7 Uhr am Morgen einen Trommler heraus zu Sir John Hepburn, um zu verhandeln. Mit diesem einigten sie sich letztendlich auf diese Bedingungen.

[CQ]

[CR]

Seitens der Spanier.

1.

Sie müssen um 7 Uhr am Abend (Donnerstag, 8. Dezember) mit Sack und Pack ausmarschieren, mit fliegenden Fahnen, geschlagenen Trommeln, Zündschnüre angezündet und Bandelieren gefüllt.

2.

Sie sollen vom König versichert sein, auf ihrem Weg nicht belästigt zu werden, von keinem seiner Kräfte, auch nicht von den Männern des Landgrafen von Hessen oder irgendwelchen anderen.

3.

Ein Hauptmann solle ihnen als Geisel gegeben werden (während sie für diesen einen anderen beim König lassen). Und ihre Garnison soll in derselben Nacht von 1000 Musketieren zu einer Ortschaft eine halbe Leuge von dort entfernt und am nächsten Morgen zu den Ufern des Mains eskortiert werden.

4.

Seine Majestät habe sie ihren ganzen Marsch lang mit Lebensmitteln etc. zu versorgen.

Seitens des Königs.

1.

Alle aus dem Fort sollen ihren Weg nach Bingen einschlagen.

2.

Sie sollen erst den Main, danach den Rhein überqueren.

3.

Sie sollen nicht nach Mainz hineingehen, sondern zu einem anderen Ort, an dem sich eine spanische Garnison befindet.

4.

Sie sollen keines ihrer Artilleriegeschütze wegtragen.

5.

Weder dürfen sie irgendeine Stadt oder Ortschaft im Weg plündern, noch irgendeinem Soldaten Leid zufügen, der zu dieser Zeit seiner Majestät dient.

Sobald die Spanier hinausgegangen waren, wurden zweihundert Schotten von meines Lord Reayes und Oberst Lumsdens Männern (welche zu Hepburns Brigade gehörten) in das Fort gesteckt.

Wir hatten den König *[in dieser Erzählung]* verlassen, als er kürzlich in Richtung Oppenheim marschierte. Dort lag er jetzt (fast) genau in Kanonenschussweite von deren Mauern. Aufforderungen waren schon an die Stadt gesandt worden. Nach der Einnahme des Forts schickte diese ihre [CS] Schlüssel und fügte sich genügend freiwillig seiner Majestät. Und dafür, dass sie wussten, dass er ein Freund des Kurfürsten war, ihres Herrn und Meisters, nahmen sie eine ihnen auferlegte Garnison von 200 Schotten auf. Diese 200 waren alle (oder fast alle) die, welche aus Sir James Ramsays Regiment übriggeblieben waren. Er selbst lag jedoch in Würzburg, um von seiner Verwundung geheilt zu werden, welche er dort (wie wir Euch erzählten) erlitten hatte. Auf einem Hügel, ein bisschen oberhalb des Stadtrands, gab es da eine große, gewaltige Burg mit einer Garnison von 600 oder 700 Mann darin, welche noch gegen den König aushielt. Da 107 Boote am Fluss unterhalb der Stadtmauer gefunden worden waren, sandte der König von diesen nun genug hinüber, um zuerst Winkels Regiment und dann nach ihm Hepburns[28] herüberzuholen mit den Kanonen, Gepäckwagen und zuletzt der Kavallerie. Der Strom trug Hepburn und Winkel etwas tiefer hinunter als die Stadt. Auf ihre Landung hin schritten sie den Hügel hoch, um des Königs Kräfte zu treffen. Diesen sahen sie jetzt in ordentlicher Battaglia *[Schlachtordnung]* stehen und bereit, einen Generalangriff auf die Burg zu beginnen. Jetzt gingen diese 200 Schotten, die in die Stadt gesteckt worden waren, als sie sich ergab, daraufhin sofort dazu über, die besagte Burg am Tor zur Stadt zu stürmen, welches sich zwischen der [CT] Burg und der Stadt befand. Die Schotten fielen mit solchem Sturmwind und solcher Entschiedenheit ein, dass sie die Garnison augenblicklich in das innere Tor zwangen. Sie stürmten mit ihnen zusammen hinein, so dass zu der Zeit, als der König bereit war, von einer Seite her anzugreifen, und Hepburn auf der anderen, sie (zu ihrer großen Verwunderung) verschiedene aus der Garnison trafen, die bereits über die Mauern gesprungen waren, ihre Waffen weggeworfen hatten und 'Quartier!' riefen. So wie es der Rest jetzt auch machte, nämlich die, welche noch nicht aus der Burg [CU] herausgekommen waren. In diesen beiden Aktionen (um das Fort und die Burg) wurden einige 200 Spanische (wenn auch wenige von denen Spanier waren) niedergehauen und 8 Fahnen genommen. Das waren die ersten Fahnen, die der König je von den Spaniern nahm. Es war auch das erste Mal, dass er je mit ihnen zu tun hatte.

---

[28]Für diesen Bericht über Oppenheim wie auch für jene über Mainz, den Lech und andere Aktionen in der Pfalz und in Bayern haben wir einige Instruktionen von Herrn Robert Marsham erhalten, der persönlich Oberst Hepburn bei all diesen Aktionen begleitete.

Hier geschah auch eine hübsche Belustigung, an welcher einige Leser vielleicht ebenso ihren Wohlgefallen finden mögen. Während die meisten der Spanischen um Quartier flehten, schnellte ein gewisser Offizier mit einigen seiner Männer – nicht wagend, der Verbindlichkeit eines Feindes zu trauen – recht schnell hinweg von den Schotten, die sie so überrannt hatten. Sie rannten aus der Stadt heraus um ihr Leben, selbst nahe an des Königs Armee vorbei. Es traf sich, dass ein Hase, der aus den Büschen um den Graben heraus startete, direkt vor den Spaniern rannte. Und innerhalb weniger Schritte hinterher rannten zwei andere Hasen ebenfalls auf diese Weise direkt hinter ihnen. Die Schwedischen lachten herzlich, als sie sahen, was für eine Eskorte die Spanier erhalten hatten. Es bringt Pech (sagte einer der Soldaten) wenn eines Mannes Weg von einem Hasen gekreuzt wird. Und dieses Pech ist jetzt das Unsrige, denn wir werden wahrscheinlich nur wenig Ehre von ihnen erhalten, sollten alle ihre Landsleute in derselben Manier wegrennen.

Am nächsten Tag trug der König die Absicht, in Richtung Mainz zu gehen. Als die Armee bis zur Spitze des Hügels vorgerückt war, wurde das Wetter bitterlich kalt, schneereich und windig, so dass sie sogar geneigt waren, wieder zurückzukehren, ihre Artillerie auf dem Gipfel des Hügels zurücklassend. Am folgenden Morgen setzten sie sich wieder in Marsch. Und da die Städte nicht mehr als 3 deutsche Meilen voneinander entfernt waren, zeigte sich die Armee um 5 Uhr am Abend vor dem Blick aus der Stadt. Die aus [CV] Mainz hatten aus einem Fort, das sie hatten, ihre Artillerie mit voller Kraft auf des Königs Volk fliegen lassen. Aber es wurde jetzt dunkel, und der König machte mit dem Großteil seiner Kräfte seine Annäherungen entlang des Flussufers. Er schickte Hepburn, um seine Annäherung am Galgentor zu machen. Hepburn, der seine Brigade an einem genügend bequemen Ort in Musketenschussweite vom Tor unterbrachte, ließ in genau dieser Nacht (ungeachtet dessen, dass er extrem beschossen wurde) seinen Linien sogar bis

direkt an den Graben oder Stadtgraben laufen. Auf seiner
Seite traf der König auf viel erbitterteren Widerstand. Die
Garnison fiel noch auf ihn aus, um seine Arbeiten zu behindern. Sobald er unter Verlust von 100 Mann (oder so etwa)
trotz alledem die Überlegenheit über die Vorstadt erreicht
hatte, brachte jener seine Annäherungsgräben ebenfalls bis
nahe unter die Mauern. Am zweiten Tag gab die Stadt hei-
ßes Feuer auf die Seite des Königs. Und die Artillerie auf
der Burg donnerte genauso laut gegen Hepburn. Axel *[Graf]*
Lille, der nun kam, um ihn zu besuchen, wurde sein Bein am
Schienbein weggeschossen. Am nächsten Tag – es war ein
Sonntag – setzte sich das Schießen auf beiden Seiten sehr
heftig fort. Der König hatte bei dieser Zeit einige Batteri-
en in einem Garten aufgestellt und seine Artillerie darauf
montiert. Am Montagmorgen, als der König mit seinen 4
Brigaden auf einer Seite und Hepburn mit seiner auf der anderen dicht unter die Mauern gelangt waren, wünschte die
Stadt zu verhandeln, was der König ihnen verweigerte, es
sei denn, dass die Zitadelle ebenfalls verhandelte. Die Burg
lehnte diesen Vorstoß zuerst ab. Aber sie dachten ein bisschen besser darüber nach: Nichtsdestotrotz, dass sie sich auf
der Seite der Burg in Richtung des Feindes selbst als stark
genug befanden, waren sie sich ebenso ihrer Schwäche auf
dem der Stadt zugewandten Teil (sollte der König diesen
[CW] zuerst einnehmen) bewusst. Sie stimmten einer Verhandlung zu.

Das waren die Hauptbedingungen.

1. Am nächsten Tag abzuziehen mit fliegenden Fahnen,
Sack und Pack und 2 Stück Kanonen.

2. Die Erlaubnis zu haben, dass einige nach Frankenthal
hineingehen, einige nach Kreuznach, und dass einige nach
Luxemburg übersandt werden.

3. Dass diese Letzteren für die nächsten drei Monate nicht
gegen den König dienten.

Somit marschierte die Garnison am nächsten Tag, Dienstag, den 13. Dezember, gegen 4 Uhr aus, nachdem sie ein

zweites Mal die Städter und die Klöster gänzlich geplündert hatten. Einige der Deutschen wurden zu des Königs Soldaten. Sie ließen ein sehr großes Lager an Artillerie zurück und 120 Last[29] an Pulver mit einer wundervollen Fülle an Vorräten. Die Stadt erlöste sich selbst von der Plünderung, indem sie dem König ein Lösegeld von 80000 Talern gaben. 220000 mehr wurden von der Geistlichkeit und den Juden eingezogen. Die letztgenannten Leute zahlten 180000 Taler des Geldes für die Ablösung ihrer Häuser und Synagogen.

Und so wurde diese hübsche Stadt Mainz erobert, welche dort am südlichen Ufer des Rheins gelegen ist, wo der Fluss Main hineinfließt. Durch die Einnahme der Stadt hatte der König alles entlang des Mains gewonnen – selbst bis genau zum äußersten Ort, wo der Main sich verliert. Die Stadt Mainz war geehrt mit einer Universität und einem Erzbischof-Sitz. Und Er mit einem Kurfürstentum und einer Kanzlerwürde von Deutschland. Diese Ehren, zusammen mit den zu ihnen gehörenden, großen Besitztümern, hatten den Kurfürst-Bischof von Mainz zu einem sehr wesentlichen und mächtigen Fürsten unter den katholischen Ligisten gemacht. Die ganze Zeit waren weder seine zwei Vorgänger noch er Freunde des Kurfürsten von der Pfalz gewesen, wie auch nicht ihrer Nachbarn, der Grafen der Wetterau. Das waren einige der Gründe des Königs gewesen, sich gegen ihn zu bewegen. Dieser gegenwärtige Kurfürst (mit Namen Wambolt), der im Oktober zuvor von des Königs Errungenschaften am Main gehört hatte, hatte damals 2000 dieser Spanischen als Gäste in seine Stadt und Ländereien herum aufgenommen (obwohl sehr entgegen den Gemütern seiner Untertanen), welche unter der Führung der Grafen von Solms, Roverot und Wittenhorst einige Wallonen und Burgunder aus den Niederlanden geholt hatten, um die Spanier in der Pfalz zu verstärken. Als Wittenhorsts Regiment in die Stadt aufgenommen wurde, hatten sie sehr niederträchtig geplündert und die Stadtbürger malträtiert.

---

[29] *[1 Last = 24 Fässer von jeweils 100 Avoirdupois Pfund]*

Der Kurfürst fragte sie damals, ob sie sich bereits selbst für stark genug hielten, seine Stadt gegen den König von [CX] Schweden zu halten? Durch Eure angstvolle Frage zeigtet Ihr Euch selbst (antwortete ein spanischer Befehlshaber), dass ihr nichts als ein Kirchenmann seid – angesichts dessen, dass wir stark genug sind, drei solche Könige wie den König von Schweden zurückzuschlagen.

Trotz all deren Zuversicht erkannte der Kurfürst durch das Bereitmachen der Pferde, durch das Beladen der Wagen mit Gepäck und dadurch, dass sie alles zum Gehen fertig machten, sobald sie von der Einnahme Oppenheims gehört hatten, dass da seinerseits wenig Vertrauen in sie zu legen war. Er erklärte mit Tränen in den Augen, *dass die Spanier ihn missbraucht hatten.* Sofort daraufhin packte er seine Schätze und Juwelen zusammen und schiffte sich hinweg den Rhein hinunter nach Köln, was in diesen ausgehenden Kriegen der gemeinsame Zufluchtsort und Aufnahmebehälter für die vertriebenen katholischen Fürsten war. Gerade so wie die Papisten bis zu diesem Zeitpunkt spotteten, dass Den Haag[30] das Gleiche für die Protestanten gewesen sei. Mit anzusehen, was Gott schaffen kann! Es ist wunderbar zu beobachten, wie sehr die Bedeutung des Kurfürsten von Mainz in diesen wenigen Jahren abgeklungen war. Bischof Schweikhard veranstaltete damals ein Festessen für *[Ambrosio]* Spinola, als dieser in die Pfalz kam. Seit welcher Zeit er und seine nächsten zwei Nachfolger auf den Kurfürsten von der Pfalz und andere Protestanten eingewirkt hatten. Und jetzt war Bischof Wambolt beim Kommen des Königs in die Pfalz froh, alles wieder aufzugeben, um sein teures Leben zu retten.

[CY] Am nächsten Tag, den 14. Dezember, welcher der Geburtstag des Königs von Schweden war (der ihn 37 vollständige Jahre alt machte und sein 38stes Jahr begann), mochte seine Majestät seine eigene Herkunft ehren, indem er feier-

---

[30] *[Friedrich V. von der Pfalz floh im Jahr 1620 nach der Niederlage am Weißen Berg nach Den Haag]*

lich in die Stadt eintrat. Auf ihn wartete im Triumph der Landgraf Wilhelm von Hessen zusammen mit sehr vielen anderen Herren und Fürsten. Seine Unterkunft wurde in der ansehnlichen Burg bereitet, die manchmal der Palast des Bischofs gewesen war.

Der darauffolgende Freitag war der Tag, der für die Danksagungen benannt worden war. Das war eine Pflicht, die der fromme König nach einer denkwürdigen Errungenschaft niemals auszulassen pflegte. Die Kanzelrede wurde gepredigt von seinem eigenen Kaplan. Und es wurde angeordnet, danach jenen Psalm oder Hymne Luthers zu singen, der begann mit: *Erhalt uns, Herr, bei Deinem Wort*. Der Rest davon war hauptsächlich gegen Papismus und papistische Praktiken gerichtet. Durch das mag der Leser des Königs Eifer und Festigkeit in der Religion erkennen. Die Güter der geflohenen Bürger wurden umgehend konfisziert. Diejenigen, die unter des Königs Schutz blieben, erhielten sowohl die Freiheit ihrer Güter als auch ihres Gewissens, wobei überhaupt nichts von ihnen weggenommen wurde.

Der König wählte diese Stadt als seinen Ort der Residenz aus, um Weihnachten zu halten, wobei er dort den größten Teil des folgenden Winters blieb. Hier hielt seine Majestät einen so royalen und prachtvollen, dauerhaften Hof ab, wie vielleicht kein Fürst in der Christenheit solch ein Staatswesen und so ein Auftreten hatte. Hier wurden gleichzeitig gesehen: 6 souveräne Fürsten (das heißt Haupt-Fürsten) des Kaiserreichs, 12 oder 13 Botschafter von Königen, Staaten, Kurfürsten und Fürsten. Daneben Herzöge und Herrscher zweitrangiger Häuser und die soldatischen Männer seiner eigenen Armee, welche nicht gerade die schlechteste Schau waren, als da sie diejenigen Männer waren, die all den Rest dieser Herrlichkeit verschafften. Des Königs nächste Sor- [CZ] ge war um die Befestigung des Ortes, was so schnell wie möglich in dieser Reihenfolge durchgeführt wurde: In Anbetracht dessen, dass da einige Hügel ganz in der Nähe waren, welche die Stadt beherrschten, ordnete der König an, dass sie in seine neuen Befestigungswerke einbezogen werden sollten, welche vom Umfang groß genug waren, darin eine Armee von 20000 Mann zu beherbergen. Ebenso wurden zwei Brücken über die zwei Flüsse gelegt. Die über den Rhein war errichtet auf 61 großen, plattbodigen Booten, jedes in einem Abstand eines Brückenbogens vom anderen liegend. In manchen Fällen lebten viele Familien von Menschen in den Booten unter der Brücke, so wie in den Niederlanden. Jenseits der Brücke in Richtung des Landes Hessen wurde ein weiteres, großes Befestigungswerk aufgeworfen. Es war fähig, darin 10000 Mann zur Sicherung dieser Passage zu beherbergen. Die andere Brücke über den Main war errichtet auf fünfzehn großen, flachbodigen Booten, dort wo nämlich der Strom am stärksten lief. Der Rest wurde auf großen Holzpfählen gebaut. Auf jenem Winkel oder Eck des Grunds, wo der Main in den Rhein fällt, war da eine königliche Festung zu errichten mit 6 Bollwerken daran, welche den Übergang aus den Ländereien Darmstadts bewachen und darüber hinaus das Gesetz auf beiden Flüssen geben sollten.

Als die Lothringer in der kaiserlichen Stadt Worms in der Pfalz zwischen Oppenheim und Frankenthal von den Neuigkeiten zu Oppenheim und Mainz hörten, sahen sie unverzüglich vor, zu packen. Osseland, ihr Oberst, wollte den Stadtbürgern unter folgenden Bedingungen die Hand schütteln: 3000 Taler mussten sie ihm zu seinem Abschied sofort geben. Und da diese relativ leicht kamen, verlangte er 10000 mehr. Einen Sack voll mit Silberwerk nahm er ebenso an sich. Bis ihm diese 10000 Taler hinterhergeschickt worden waren, führte er zwei Bürger[31] mit sich. In einem Gewölbe hinter der Kirche Sankt Andreas waren 50 Tonnen mit Pulver gelagert, welches seine Männer nicht in der Lage waren, wegzubringen. Die Soldaten drohten, daran Feuer zu legen, falls sie nicht haben sollten, was ihnen

---

[31] *[Theatrum Europæum: Die Geiseln waren Bürgermeister Danner, Ratsherr Hartmann Seydenbinder, siehe [3, S.493]]*

gefiel. Ja, sie taten es – zur elendigen Zerstörung der unschuldigen Nachbarn und deren Häuser. Ähnliche Gräueltaten verübten andere ihrer Landsleute, als sie sich zu dieser Zeit angsterfüllt aus anderen Orten der Pfalz davonmachten. Als Worms aufgegeben war, schickte der König nach [DA] ihnen, und die Stadt akzeptierte seinen Schutz. Weil wir bis jetzt oft diese Lothringer erwähnt haben, lasst uns, während der König sich in Mainz auffrischte, ein wenig abschweifen, um Euch mehr von deren einige Monate zuvor gegen den König von Schweden unternommenen, unglücklichen Feldzug zu erzählen. Wobei das jetzt genau die Zeit war, dass sie davon wieder nach Hause kehrten.

Der Herzog von Lothringen (ein großer Fürst, der zwi- [DB] schen Frankreich und Deutschland lag) war durch den Kaiser in die Aktionen hineingezogen worden. Es wurde berichtet, dass die Belohnung für seinen Dienst ein Kurfürstentum (von Sachsen oder Brandenburg) sein sollte, wofür der Lothringer als Fürst des Kaiserreichs sehr geeignet war. Eine andere Veranlassung könnte auch eine scharfe Grenzlinie gewesen sein, die er gegenüber dem französischen König innehatte – Mitstreiter des Königs von Schweden und derjenige, der ihn hinein nach Deutschland gezogen hatte. Der Herzog von Lothringen[32] war auf der Seite des Rheins, die zu ihm hin lag, zum kaiserlichen General ernannt worden. Gegen Juli oder August 1631 gab er Aufträge aus über 4000 Reiter und 14000 Fußsoldaten. Sein Schwager *[Louis de Guise]*, der Fürst oder Herzog von Pfalzburg, akzeptierte ebenfalls, sein Generalleutnant zu werden. Und *[Henri]* Hareaucourt wurde zu einem der Haupt-Anführer des Feldzugs benannt. Als die Kräfte erhoben waren, sandte der Herzog Nachricht nach Zabern im Elsass (die erste Stadt Deutsch-

---

[32] Der Herzog von Lothringen war durch Geburt Graf von Vaudemont in Lothringen und durch Heirat der Tochter und Erbfolgerin des alten Herzogs von Lothringen Herzog von Lothringen. Der Fürst oder Herzog von Lothringen-Pfalzburg (ein kleines Land in dem Wald zwischen Lothringen und Elsass) hatte die Schwester dieses Grafen von Vaudemont geheiratet. Und so war er sein Schwager.

lands jenseits des Waldes von Pfalzburg und etwa neun englische Meilen abseits von Straßburg), um mit Wagen und Fuhrwerken versorgt zu werden. Zumal das sein Weg in die Pfalz war. Er forderte ebenso, die 4000 Reiter für einen Monat in der Grafschaft Mömpelgard *[Montbéliard]* einquartiert zu haben, welche einem Herzog von Württemberg gehörte. Um das zu verhindern, wurde Ascanio, Statthalter von Germersheim, etwa Anfang September mit ausreichend Kräften dorthin befohlen.

Gegen Mitte September setzten sich diese Lothringer in Marsch. Und als General Tillys Armee nun bei Leipzig besiegt war, wurde Ossa (der im Elsass und diesen Teilen zu tun hatte) ausgeschickt, um Generalkriegskommissar bei den Lothringern zu sein. Das heißt, die Kriegsaktionen zu steuern, mit dem General abzusprechen, in welche Richtung zu marschieren und was zu tun war, sowie die Armee zu versorgen und zu zahlen – aus den Kontributionen in des Kaisers Namen, eingetrieben aus dem Land. Das war die Aufgabe eines kaiserlichen Kommissars. Mit Rücksicht darauf, dass diese Lothringer zuerst hoch zu Tilly marschieren sollten, war nun Ossas Wunsch, sie (zuerst) mit Aldringen und Fugger zu vereinigen. Aus diesem Grund marschierten sie jetzt direkt durch die Pfalz in Richtung des Landes [DC] Hessen. Bis Ende September waren sie bis Worms und die Bergstraße gekommen. Und um den ersten Oktober herum (alter Stil) marschierte der Graf von Sultz mit 26 Kompanien an kaiserlichen Fußsoldaten und einigen wenigen Reitern aus Gelnhausen und Fulda (in Hessen) kommend – den Schwedischen aus Furcht aus dem Wege gehend – mit großer Geschwindigkeit durch Schlüchtern und Salmünster in die Grafschaft Hanau. Und so weiter durch den Spessart-Wald nach Aschaffenburg. Er beabsichtigte, von hier aus durch Frankfurt in die Wetterau zu gehen, wohin er hoffte, dass die Lothringer innerhalb eines Tages oder zwei zu ihm kommen würden. Aber diese seine Reise wurde abgekürzt, da die Lothringer ihn in Babenhausen nahe des besagten

Aschaffenburg trafen. Ihr Vorsatz war, den Main an dessen Brücke nach Franken hinein zu überqueren.

Am vierten Oktober, führte Hareaucourt seine Reiter [DD] über den Rhein bei Worms, um in Richtung Stein in der Bergstraße zu gehen und so vorwärts durch Frankfurt nach Franken. Hierher nach Worms kam der Herzog von Lothringen. Und jetzt begann er, seine Kräfte zu teilen. Zwei Truppen an Reitern und drei Kompanien an Fußsoldaten wurden nach Heidelberg geschickt, einige wurden nach Stein hineingesteckt, 5 andere nach Worms. 10 Fahnen wurden von Ossa nach Heilbronn übersandt. 1500 wurden nach Kreuznach gesteckt und so ungefähr 4000 von ihnen waren bis dahin weggelaufen. 8000 wurden in Richtung Franken geschickt. Da Tilly nach Aschaffenburg gekommen war, ging der Herzog von Lothringen um den zehnten Oktober herum persönlich dorthin. Deren Beratung ging über des Kaisers Aufnahme dieser Kräfte und wie er Bezahlung für sie bekommen könnte. Um das erste zu tun, wurde Aldringen von Tilly geschickt, der am 11. Oktober den Main zu ihnen hin überquerte. Aber in Bezug auf das zweite, da war Tilly mit Geld nicht so reichlich versehen. Der Herzog bekam nur gute Worte und die Hoffnung auf Bezahlung innerhalb von 14 Tagen. Die lothringische Armee folgte ihrem Herzog vorsichtig und ängstlich durch den Odenwald. Sie waren so skeptisch ob der schwedischen Herumstreifer, dass sie jede Nacht Bäume fällten, um den Weg gegen jene zu barrikadieren. Als sie so weit nach Franken hineingekommen waren [DE] wie Heubach und Miltenberg *[zur Mildenburg]* an einem Knie des Flusses Main (auf halbem Weg zwischen Worms und Würzburg), kam General Tilly aus Aschaffenburg dorthin (um den 17. Oktober). Er wollte sowohl den vorherigen Besuch des Herzogs bei ihm vergelten als auch nebenbei der Armee einige Befehle geben. Und jetzt waren die kaiserliche und die lothringische Armee so nahe beieinander, dass gesagt werden könnte, dass sie vereint waren. Zwischen den Zweien wurde entschieden, dass, während er in Richtung

Pfalz ging, sie im Wind liegen sollten, zwischen dem Kreis von Schwaben und den Schwedischen. Aber auf keinen Fall sollten sie wagen, jene anzugreifen.

Diese letzte Bestimmung gefiel den Lothringern zu Genüge. Und Tilly hätte das nicht eingeben brauchen. Denn die Schwedischen suchten alle Möglichkeiten, als Erste zu [DF] beginnen und ihnen noch voraus zu sein. Um die erste Woche im November (Tilly war jetzt gegangen und die Lothringer waren alleine gelassen) wurden 4 ihrer Regimenter von den Schweden bei Gutterish nahe Mergentheim und Buttell besiegt.[33] Wenige Tage danach fielen die Schwedischen zwischen Mergentheim und *[Tauber-]* Bischofsheim in deren Quartiere ein, hieben 26 Truppenteile von deren Reitern in Stücke, schlugen ihr ganzes Lager zusammen, versetzten sie in einen undisziplinierten Rückzug und folgten so dicht an ihrer Nachhut, dass die Seite des Weges am [DG] Fluss Tauber mit deren toten Körpern bestreut war. Und so wurden die Lothringer aus Franken herausgetrieben – und gegen Ende November wieder über den Rhein in die Pfalz gezwungen. Wo der Herzog, als er hörte, dass die Franzosen in sein Land eingefallen waren, die Überbleibsel seiner Armee zusammensammelte (welche in mehreren Garnisonen der Pfalz gelassen worden waren) und nach Hause zurückkehrte. Dabei führte er den toten Körper seines besagten Schwagers, des Prinzen von Pfalzburg, mit sich, der kürzlich zu München in Bayern verstorben war. Daher kam er (mit kaum 8000 Mann) entlang des Ostufers des Rheins marschierend bis Drusenheim (nahe Straßburg und Hagenau). [DH] Wo er (nachdem er erst bei den Straßburgern um Erlaubnis gebeten hatte) den Rhein über die zwei neuen Schanzen in Richtung seines eigenen Landes überquerte. Etwa gegen den Weihnachtstag fand er sich zuhause wieder, in seiner Heimatstadt Nancy. Einige dieser Lothringer, die sich hinterher ungefügig verhielten (denn sie alle gingen nicht sofort mit ihrem Herzog nach Hause), wurden von den Straßbur-

---

[33] *[Möglicherweise sind gemeint: Guttenberger Wald und Bütthard]*

gern abgeschnitten. Andere wurden von den misshandelten Bauern des Landes von Hagenau zusammengehauen und wieder andere von den neuen, im Elsass für den König von Schweden ausgehobenen Kräften. Denn in all den Landesteilen waren einige von denen für eine Zeit zurückgelassen. Und das war das Ende des unglücklichen Feldzugs dieses [DI] Fürsten: Der Verlust des größten Teils seiner Armee außer Landes – sowie eines Teils seines eigenen Landes zu Hause und seines Schwagers dazu. So inniglich hatte dieser Fürst seine Hoffnungen auf die Gunst des Kaisers, das Versprechen auf die Haut des lebendigen Löwen, auf das Herzogtum und den Anblick eines kleinen Teils von Deutschland abgekauft. *Und das ist das Kriegsglück, dass nicht jedermann im Kriege glücklich sein kann.*[34]

Kehren wir nun zu dem Günstling des Mars zurück, den (bis dato) stets siegreichen König von Schweden, den wir am Freitag, den 16. Dezember, in Mainz bei seinen Andachten gelassen haben. Innerhalb von zwei Tagen war er mit einem neuen Sieg gesegnet. Eine starke kaiserliche Stadt in den entfernteren Teilen der Wetterau (gleichermaßen an Hessen und Hanau angrenzend) gab es da, Friedberg beim Namen, welche bis jetzt ausgelassen war und von einer spanischen Garnison gehalten wurde. Sie war in des Königs [DJ] Namen zuvor vorgeladen worden, und Bedingungen wurde angeboten. Dass sie nämlich, wenn die Spanier die Stadt im selben Zustand verlassen würden, in dem jene sie zuerst vorgefunden hatten, dann mit vollen Waffen, Sack und Pack herauskommen sollten – in jeder Hinsicht wie Soldaten. Sie sollten über den Rhein eskortiert werden, in welchen Ort auch immer sie wünschten. Den Bürgern wurde ebenso befohlen, sie für ihren Abzug mit Gespannen und anderen Notwendigkeiten auszustatten. Aber Louis de Verreicken, der Statthalter, schickte seine Antwort auf des Königs Trompete, dass er bezüglich einer Aufgabe der Stadt von

---

[34] *[Original: And this is the fortune of the wars, that every man cannot be fortunate in the wars]*

seinem General Don Felipe da Silva keinerlei Anweisungen erhalten habe. Da dieser nun in Kreuznach weile, möge die Trompete doch bitte dorthin gehen, um dessen Belieben zu verstehen. Bis dahin, dass dies bekannt sei, habe er vor, sich zu verteidigen und nicht auf solch einfache Konditionen hin herauszugehen. Eine redliche Antwort. Aber die Bürger, die wussten, dass die Stärke des Ortes nicht den hohen Worten der Spanier unterstand, setzten sich dem Statthalter gegenüber so weit durch, als eine weitere und finale Antwort zu versprechen, die dem König innerhalb von 10 Tagen danach zugeschickt werden sollte. Und dass in der Zwischenzeit einige ihrer Stadt zu Don Felipe geschickt werden sollten. Der Statthalter willigte ein, und die Bürger wurden zum General losgeschickt. Von dort kehrten sie mit einem kategorischen Befehl an Verreicken zurück, den Ort bis zum letzten Tropfen Blut zu verteidigen. Wie verschwenderisch Menschen mit den Leben anderer Menschen sind! Und wie heldenhaft, wenn sie selbst nicht in Gefahr sind! Erkennend, dass der Ort nicht gegen solche Kräfte zu halten war, wie sie so schnell Oppenheim und Mainz eingenommen hatten, schickte Verreicken in der Nacht des 18. Dezember seine Soldaten trotz alledem aus Friedberg heraus nach Braunfels, eine Stadt und Burg auf einem Hügel in der Wetterau, nicht weit von Friedberg und von sehr großer Wichtigkeit. Er selbst und seine Familie blieben weiterhin in der Stadt. Oberst Haubald, der Eroberer und Statthalter von Hanau, der eine Ahnung von der Sache bekam, wehte gleich am nächsten Tag mit einer erhabenen Gruppe an Dragonern [DK] auf ihn ein. Er konfiszierte die Stadt für den König, teilte eine Garnison in die Burg ein, verhaftete Verreicken und inhaftierte ihn. Die Festnahme geschah deshalb, weil er mit dem König gebrochen hatte, indem er zum Ende der 10 Tage keine Nachricht sandte, was er auf die vorherigen Aufforderungen hin versprochen hatte. Getan, wie Haubald *[so etwas tut]*.

[DL]   Drei Tage danach (21. Dezember) kapitulierte die star-

ke Burg Königstein in der Wetterau (etwa zwei deutsche
Meilen nördlich von Frankfurt) gegenüber Wilhelm *[V.]*,
dem Landgrafen von Hessen. Sie hatte bis jetzt auf den
Kurfürsten von Mainz ausgeharrt. Deren hoch gelegene und
hügelige Lage und das wundervolle Lager an Proviant darin hatten bewirkt, dass sie (von einigen) als unbezwingbar
eingeschätzt wurde. Das führte dazu, dass man sich über
die Garnison wunderte: In der Burg hatten sie 30 Stück
guter Artillerie mit Proviant für ein Belagerung von einem Jahr. Warum hatten sie einen solchen Ort, der das
ganze Land herum beherrschte, so leicht aufgegeben? Aber
vielleicht mochten sie ihre Sache nicht mehr, jetzt, da der
Kurfürst geflohen war. Oder sie hätten lieber dem König
von Schweden gedient. In dessen Bezahlung begaben sich
sofort 3 von den 4 Fahnen, die darin waren. Einige sagen,
dass einer der Brüder des Landgrafen durch einen Schuss
getötet wurde. Was (falls das wahr ist) die Zufriedenheit
ziemlich minderte, die er ansonsten an einem so bemerkenswerten Stück Dienst gefunden haben könnte. So nahm der [DM]
Landgraf brav Abschied vom König, von dem er sich sofort
danach verabschiedete. Er ging mit seiner Armee zuerst in
sein eigenes Land und so weiter zum Fluss Weser hin, wie
wir Euch hiernach erzählen sollen.

Die Stadt Bingen am Rhein (wo der Fluss Nahe in ihn [DN]
mündet) war etwa zu dieser Zeit von der Garnison aufgegeben worden. Dadurch wurde die starke, an der gleichen
Nahe liegende Stadt Kreuznach umso entblößter gelassen.
Und um nicht zu viel Mühe beim Schreiben der Geschichte
aufzuwenden, da wo nicht viel Mühe beim Ausführen der
Aktionen aufgewendet wurde: Die Städte Alzey, Neustadt [DO]
an der Weinstraße, Kaiserslautern und andere wurden etwa um diese Zeit ebenso von ihren spanischen Garnisonen
aufgegeben, die jetzt fast überall eine panische Angst über-
mannte.

Vor dieser Zeit und ein bisschen nach der Einnahme von [DP]
Mainz wurde der Rheingraf Otto *[Ludwig]* Philipp (aus der

Familie der Pfalz-Fürsten) mit 20 Truppenteilen an Reitern in Richtung des Flusses Mosel ausgeschickt. Der Plan war, die Spanier fernzuhalten, die damals im Bistum Trier lagen oder die hiernach aus den Niederlanden kommen könnten. Von wo aus (wie die Neuigkeit lautete) einige drauf und dran waren, unter dem Befehl des Fürsten Barbançon zu marschieren. Diese Spanier, die gegen die Weihnachtszeit die Mosel bei Trier überquert hatten, nahmen ihren Weg durch den Hunsrück[35]. Sie marschierten zunächst nach

[DQ] Trarbach und so in die Pfalz. Hier (bei Trarbach) traf sich der Rheingraf mit ihnen, zerschlug sie, wobei das meiste Verderben auf Wittenhorsts Regiment fiel. Der war bei seinem vereinbarten Auszug aus Mainz, um nach Luxemburg hineinzugehen und 3 Monate lang nicht gegen den König zu dienen, jetzt nebenbei von den anderen Spaniern angetroffen und überzeugt worden, wieder mit ihnen zurückzukehren. Und so war seine Verletzung der Bestimmungen jetzt verdientermaßen vergolten. Er verlor bei diesem Zusammentreffen all jene Beute, die er so unrechtmäßig denjenigen aus Mainz abgegaunert hatte. Drei Fahnen wurden hier vom Rheingrafen genommen und in Mainz dem König präsentiert.

Als die Spanier somit wieder über die Mosel gezwungen waren, stellte der Rheingraf seine Armee in Richtung des nordwestlichen Teils der Pfalz um, in die Grafschaft Simmern. Von dort hatte nämlich Prinz Ludwig Philipp, Bruder des Königs von Böhmen, seinen Titel Herzog von Sim-

[DR] mern. In dieser Gegend nahm er die Stadt Simmern zuerst ein. Und Bacharach als nächste (woher der gute rheinische Wein seinen Namen hat), wie auch Kaub, Boppard und Oberwesel, alle in dieser Ecke. Einige von denen lagen im Herzogtum Simmern, andere im Bistum Trier und alle waren bis zu dieser Zeit von spanischen Garnisonen gehalten.

---

[35]Der Hunsrück ist keine Stadt, sondern ein Band von Bergen, etwas knollig auf den Gipfeln, wie der Rücken oder das Rückgrat eines Windhunds, daher der Name des Landes, Hunsrück, der 'eines Hundes Rücken' bedeutet.

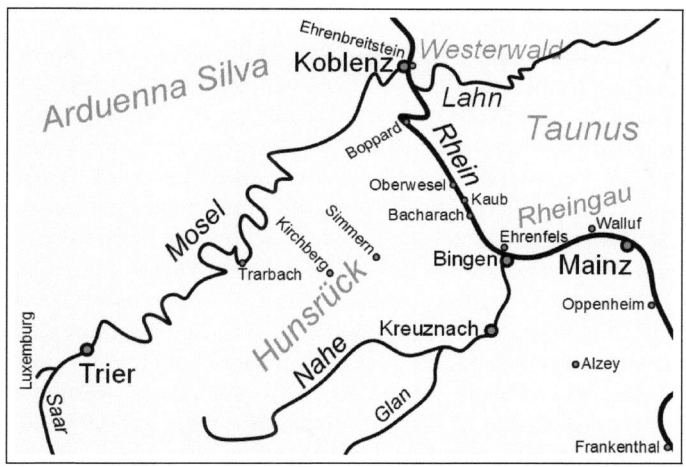

Der Rheingraf, der sofort darauf in Richtung Frankenthal marschierte, traf zufällig auf eine Partei von 9 Truppen von Don Felipe da Silvas[36] Reitern, die von einem Beutezug kamen. Diesen brachte er nach einem langen Kampf eine vernichtende Niederlage bei und vernichtete sie, wobei er 5 Fahnen von ihnen wegnahm. Die angrenzenden Bauern rotteten sich beim Lärm des Kampfes zusammen, legten sich an den Weg und nahmen die Verfolgung derjenigen Spanier auf, die zuvor entkommen waren. Mit Keulen, Flegeln und Mistgabeln und einige mit besseren Waffen zeigten sie diesen ihren alten Nachbarn auf jene Weise ihre Liebe. Ihre Auseinandersetzung mit ihnen war dieselbe, die ihre Frauen mit den Wölfen und Füchsen hatten für das Reißen ihrer Lämmer und ihres Federviehs.

So viel Zuvorkommenheit des Landvolks zeigten andere Bauern gleichermaßen der Garnison von Heidelberg, die nun auch heraus floh. Von denen wurde gesagt, dass sie am Freitag vor dem Weihnachtstag den besten Teil von 200

---

[36] Dieser Don Felipe war General aller Spanischen in der Pfalz und in den Bistümern Mainz und Trier.

niedergestreckt hatten.

[DS] Vor dieser Zeit hatte die holde, kaiserliche Stadt Speyer (am Südrand der Pfalz und am Rhein, wo die kaiserliche Kammer und die Prozessschriftsätze der Krone aufbewahrt wurden) sich mit dem König verständigt und seine Garnison angenommen – so wie es die kaiserliche Stadt Worms zuvor getan hatte. Die Bürger, die nun 3 neue Kompanien für des Königs Dienst aushoben, machten die Schwedischen in diesen Landesteilen hübsch und stark. Woraufhin sie am 21. Dezember ausflogen und Eyserstal[37] überraschten, das zum Kurfürsten der Pfalz gehörte. Als die spanische Garnison von Germersheim (etwa 2 Leugen südlich von Speyer und auf derselben Seite des Rheins) bemerkte, dass die Gefahr nahe war und ihre Freunde weit weg, gaben sie die Stadt freiwillig auf. Das Gleiche taten ihre Landsmänner (mehr südlich) in Landau, Weißenburg *[Wissembourg]* und Sultz *[Soultz-sous-Fôret]*, alles hübsche Städte. Und alle

[DT] nahe am Rhein und in Richtung Straßburg. Die Garnison der starken Stadt Udenheim (von den Spaniern neuerdings Philippsburg genannt), fast gleich gegenüber von Germersheim auf der anderen Seite des Gewässers liegend, dachte umgehend daran, Speyer wiederzugewinnen. Zweihundert von ihnen wehten in aller Stille in der letzten Nacht des Jahres bei Rheinhausen über den Fluss hinüber. Dort lagen sie in nahem Hinterhalt für solche Truppenteile, wie sie aus der Stadt heraus oder in sie hinein kommen sollten. Aber Oberst Horneck (der schwedische Statthalter von Speyer), der von ihren Kräften und ihrer Position eine Ahnung hatte, ging unversehens zuerst auf sie los. Er tötete acht, verwundete zehn und nahm 18 Gefangene, trieb sehr viele in den Fluss und zwang sie alle, ihre Koffer zu packen.

[DU] Um überdies das neue Jahr zu beginnen, wurde die starke Stadt Mannheim (ja, die stärkste von allen in der Pfalz), dort gelegen am Rhein, wo der Fluss Neckar hineinfließt, auf

---

[37] *[Eußerthal: Ehemaliges Kloster des Zisterzienserordens im Bistum Speyer]*

folgende Weise von einer hübschen Kriegslist überrascht: Herzog Bernhard von Sachsen-Weimar zog am Abend des Neujahrstags mit nahezu gut 500 Männern hinter ihm aus. Der Plot wurde so angelegt, dass er am nächsten Morgen zu den Toren Mannheims kommen sollte – eine oder zwei Stunden vor Tagesanbruch. Dort gab er vor, in größter Eile zu kommen. Sich selbst bezeichnete er als einen Befehlshaber über eine Stadt auf ihrer Seite, der diese Nacht auf einem Erkundungstrupp draußen gewesen sei. Er sei somit von den Schwedischen da geschlagen worden, die, wie er befürchte, jetzt sogar bereit wären, über ihre Nachhut herzufallen. Das war das Märchen, das er den Wachen und Posten am Tor erzählte, bittend, doch um Gottes Willen sofort eingelassen zu werden. Als ihm geglaubt und er eingelassen wurde, hieb er den nächsten Hof mit Wachen in Stücke. Und er tötete, um es kurz zu machen, nahezu 300 der Garnison. Er ergriff Maraval, den Statthalter, und seinen Oberstleutnant. Niemandem gewährte er Quartier, außer den Deutschen. Maraval, der (nach einiger Zeit) sein Lösegeld gezahlt hatte, musste notwendigerweise für seine Torheit auch zahlen. Das tat er, nachdem er nach Heidelberg gegangen war: Er hatte dort seinen gesamten Kopf abgeschlagen für den Fehler, den nur seine Ohren begangen hatten. Welche in der Tat zu leichtgläubig gewesen waren in einem Vertrauen mit so großen Auswirkungen.[38]

Und so passierte es, dass Heidelberg und Frankenthal blockiert wurden: Die Städte rund um sie herum waren zu dieser Zeit eingenommen. Und des Königs Reiter lagen überall auf den Passagen. Die Garnisonen in beiden von diesen waren in der Tat aus diesem Grund sehr stark, dass so viele dort hineingedrängt waren, die aus anderen Orten vertrieben worden waren. Und dennoch, da diese Blockade nicht strikt genug war, stahlen sich diese 2 Garnisonen zusammen mit der von Udenheim manchmal nach draußen und [DV]

---

[38] *[Oberst Maraval wurde zwar von Metternich wegen 'Verwahrlosung der Festung Mannheim' angeklagt, aber nicht hingerichtet]*

richteten dann und wann unter den benachbarten Ortschaften viel Unheil an. Es gibt Berichte, dass da in Heidelberg eine Uneinigkeit zwischen den spanischen und den bayerischen Soldaten war. Sicher ist, dass viele Fahnen der Bayern kurz danach ihre Garnison verließen, weggingen und sich nach Udenheim hineinsteckten. Um diese Zeit herum wurde ebenfalls ein großer Teil dieses ansehnlichen Schlosses von Heidelberg in Brand gesetzt, entweder durch den Mutwillen der Soldaten oder aufgrund deren Fahrlässigkeit.

Um mich kurz zu halten, muss ich hier die Einnahme der starken Burg Braunfels (welche in der Tat etwas abgelegen liegt) auslassen. Dorthin war, wie ich Euch sagte, die Garnison von Friedberg gegangen. Die Einnahme der starken Burg Stein in der Bergstraße muss auch übersprungen werden, genauso wie einige andere Aktionen um Straßburg und Zabern herum. Denn ich nehme mir vor, nicht jeden Sieg des Königs zu erzählen, sondern nur die namhaftesten.

Und hier sind wir – um die Szenerie zu wechseln – nun angelangt, unseren Diskurs über die Kriege für eine Weile zu verlassen und Euch mit den von den Katholiken gewünschten Abkommen und Vorschlägen über einen Frieden vertraut zu machen.

Seine Majestät, mögt Ihr bemerken, war seit seinem Kommen nach Mainz nicht persönlich (oder nicht so oft) draußen im Feld. Dort wurde seine Zeit hauptsächlich genommen durch das Geben von Audienzen und Antworten an diese vielen Botschafter, die dort auf ihn warteten. Da gab es diese mehreren Botschafter Frankreichs und der 3 geistlichen Kurfürsten (den Bischöfen von Mainz, Trier und Köln), sowie auch der Botschafter von ihm, der sich selbst Kurfürst, [DW] Herzog von Bayern, schreibt. Die Hauptaufgabe all dieser Botschafter war aber ein und dieselbe Verhandlung: Nämlich den König zu einer angemessenen Neutralität für die katholischen Ligisten zu drängen. Und falls ein Waffenfrieden nicht erreicht werden könnte, dann wenigstens eine Waffenruhe (oder Stillstand), während sich die Bedingungen für die Ligisten verbesserten. Die mächtigsten Vermittler (und in der Tat die ernsthaftesten) waren die zwei französischen Botschafter. Von einem (Charnacé, *[der andere war der Marquis de Brezé, Richelieus Schwager]*) wird berichtet, den König in einer hohen Sprache angesprochen und die Großartigkeit und Macht seines Herren zusammen mit der Armee, die dieser jetzt auf den Beinen hatte, erwähnt zu haben. Vom König wird gesagt, dass er auf dieses hin eine genauso mutige Antwort gegeben habe: Dass er die Größe von dessen Herrn eingestehe, und doch, wenn der französische König ihm nur einen vor ihm liegenden Tagesmarsch zugestehe, dann würde er ihn in Paris treffen.[39] Es wurde auch gesprochen, dass einer der Botschafter dem König dessen Bruch der Liga zwischen seinem Herrn und Ihm durch sein nämliches Kommen über den Rhein vorgeworfen haben soll. Und dass der König von Schweden das wiederum beantwortet haben soll mit dem Bruch von Klauseln von Seiten der Franzosen durch das Ausbleiben von einigen deren Zahlungen, auf die man sich verständigt hatte.

Aber angesichts dessen (sagte der König), dass zwei Armeen niemals zusammen in Deutschland gut auskommen werden, wäre es deshalb besser, wenn seine Majestät von Frankreich sich damit zufrieden geben würde, seine Waffen irgendwo anders gegen die Spanier zu richten und die Korrektur dessen, was im Kaiserreich verfehlt ist, mir selbst zu überlassen. Und so (oder auf etwa diese Weise) wurde diese Kontroverse beigelegt. Der französischen König sandte in der Tat die Hälfte seiner Armee (welche zu dieser Zeit um Metz in Lothringen lag) in das Land des Kurfürsten von Trier, um die Spanier davon abzuhalten, über die Mosel zu schreiten oder auf dieses Kurfürstentum überzugreifen. Und so, nachdem das vormalige Aufrauen wieder ziemlich geglättet war, kehrten die Botschafter mit mehr

---

[39] *[Der Kriegsteilnehmer Robert Monro [26, Teil II, S.100] beschreibt diese Drohung drastischer: 'Er [der König] kenne den Weg nach Paris sehr gut, und er habe hungrige Soldaten, die genauso gerne in Frankreich wie in Deutschland Wein trinken und essen würden.']*

Milde zurück zu ihrem Ersuchen in Bezug auf ihre vorherigen Angelegenheiten. Somit wurde der König von Schweden um seines Kollegen und Bruders von Frankreich willen dazu gelenkt, der Neutralität zuzustimmen auf Basis dieser folgenden Bedingungen, die er selbst in Weisheit veröffentlichen ließ, aus Furcht, dass einige gerissene Gegner zu ihrer Ehrung und Vorteil falsche Kopien und Gerüchte darüber hätten nach draußen verteilen können. Was trotz alledem nichtsdestotrotz gemacht wurde. Von der wahren Kopie liefern wir Euch hier in der Gesamtheit, so wie wir sie aus dem Lateinischen haben.

Hier folgen die wahren Artikel der Neutralität.[40]

Mit welchen ich meine Leser ebenso vorher warne, keinen anderen Kopien dieser Artikel Glauben zu schenken, von denen viele verbreitet wurden – speziell vor jenen 2 Kopien in *Gallobelgicus*, Seiten 91 und 92, welche beide fehlerhaft sind. Genauso wie diese seine auf Seite 105 bezüglich der Neutralität Kölns.

Seine heilige Majestät von Schweden nimmt besondere Notiz vom Wunsch des Herzogs von Bayern und der katholischen Ligisten auf ein Erreichen einer Neutralität – obgleich sie dadurch, dass sie sich selbst mit dem Kaiser zu Beteiligten an den Kriegen gemacht hatten, von ihm nichts anderes als Feindseligkeit verdient hätten. Auf die aufrichtige Fürsprache durch den höchst christlichen König hin, vorgelegt von seinen Botschaftern, und um außerdem seine eigene brüderliche Zuneigung zu ihm zu bezeugen, ist Er dennoch geneigt, die Neutralität unter den folgenden Bedingungen abzuschließen:

1.

[DX] Vom Herzog von Bayern und seinen Bundesgenossen, den

---

[40] *[Vgl. [25, Anhang zum Leben S.128f], bzw. [19, S.148ff] (deutsch)*

katholischen Fürsten und Staaten Deutschlands, werde die Neutralität peinlich genau und unantastbar eingehalten gegenüber seiner heiligen Majestät von Schweden, seinen Königreichen, Herrschaftsgebieten und Untertanen, genauso wie mit denen, die ihm angestammt sind und auch denen, die von ihm in Deutschland[41] erobert wurden. Wie auch gegenüber seinen Konföderierten, den Kurfürsten, Fürsten, Adligen, Städten, Staatenbünden, Gemeinschaftlichkeiten und Staaten und insbesondere gegenüber dem Kurfürsten von Sachsen. Ebenso sollen jene Seiner Majestät gegenüber zu deren sicheren Einhaltung genügend Sorgfalt walten lassen.

2.

Der besagte Herzog von Bayern und die katholischen Fürsten Deutschlands, seine Bundesgenossen, unterlassen alle Aktionen von Unbill und Feindseligkeit, sowohl gegenüber Seiner heiligen Majestät von Schweden, seiner Armee und den nun in seinem Besitz befindlichen Herrschaftsgebieten, wie auch gegenüber seinen Verbündeten, den evangelischen Kurfürsten, Fürsten, Grafen, Adligen, Städten, Gemeinschaftlichkeiten, Staaten und allen anderen evangelisch Bekennenden – von welcher Stellung auch immer. Und sie sollen nicht zulassen, dass diese hiernach in ihren Herrschaftsgebieten – unter welchem Vorwand auch immer – von deren Soldaten belästigt werden, noch dass sie behelligt werden von irgendwelchen Kräften des Kaisers.

3.

Der Herzog von Bayern und die besagten katholischen Fürsten Deutschlands, insofern sie von der Liga sind, sollen den evangelischen Fürsten und Staaten – von welcher Stellung auch immer – alle einzelnen Vesten, Festungen, Burgen, Städte, Territorien und Ländereien – wie viele auch im-

---

und [11, S.525ff] (identisch zum Swedish Intelligencer)]
[41]Der König meint insbesondere (nehme ich an) Franken, welches er selbst einverleibt und zu einem Herzogtum gemacht hatte. Ja, seine Soldaten bezeichneten auch Mainz mit 'Das Herzogtum Mainz', noch häufiger als mit 'Das Bistum Mainz'.

mer – zurückgeben, welche sie in all den Zeiten des Krieges, begonnen im Jahr 1618, von den Evangelischen in Niedersachsen weggenommen und behalten haben. Und sie sollen sie in demselben Zustand belassen, in dem sie vor Kriegsbeginn waren.

4.

So bald es sein kann, soll der Herzog von Bayern mit den katholischen Fürsten Deutschlands, seinen Verbündeten, all ihre Armeen aus den Ländern der evangelischen Kurfürsten, Fürsten und Staaten abziehen, wobei sie die Soldaten in ihre eigenen Territorien zurückschicken.

5.

Die Armee des Herzogs von Bayern und der katholischen Fürsten von Deutschland, seinen Verbündeten, soll auf die Anzahl von 10000 oder 12000 Mann reduziert werden. All der Rest soll sofort entlassen werden. Diese Armee soll verteilt, hier und da in den Städten und eigenen Herrschaftsbereichen der erwähnten Fürsten einquartiert, aber nicht in einem einzigen Truppenkörper gehalten werden.

6.

Der Herzog von Bayern und seine Bundesgenossen, die besagten Fürsten von Deutschland, sollen niemandem mit den besagten Soldaten (die entweder entlassen oder in ihren Territorien verteilt sind) Hilfestellung geben – weder offen, noch unter der Hand, weder dem Kaiser, noch irgendeinem anderen Fürsten, der ein Feind Seiner heiligen Majestät von Schweden ist.

7.

Noch soll der Herzog von Bayern und seine Verbündeten, die katholischen Fürsten von Deutschland, dem Haus Österreich oder irgendeinem anderen Feind Seiner heiligen Majestät von Schweden die Erlaubnis geben, innerhalb ihrer Herrschaftsgebiete Soldaten zu erheben, Orte für Appelle oder Zusammentreffen zuzuweisen, Waffen einzukaufen oder irgendwelche anderen militärischen Vorkehrungen zu treffen. Stattdessen sollen sie überall eine unangetastete und aufrichtige Neutralität einhalten.

8.

Sie sollen ohne Hinterlist alle Pässe entweder für alle Parteien offen oder geschlossen halten – so, wie man sich darauf verständigt. Voraussetzung ist, dass das ohne jegliches Unrecht oder Schaden gegenüber dem Eigentümer geschieht.

9.

In gleicher Weise soll Seine heilige Majestät von Schweden mit seinen Verbündeten auf keine Weise den Herzog von Bayern noch irgendeinen Fürsten oder Staat der Katholischen Liga, von dessen Herrschaftsbereich er jetzt noch nicht Gebieter ist, angreifen – mit Ausnahme des Bischofs [DY] von Bamberg. Noch soll er ihnen irgendwelche andere Arten von militärischen Aufbürdungen auferlegen, sondern soll mit ihnen eine aufrichtige Neutralität erhalten und einhalten.

10.

Alle diese Orte der Unteren Pfalz, welche auch immer, die nun dem Herzog von Bayern weggenommen worden sind, wird Seine heilige Majestät dem genannten Herzog von Bayern wieder zurückgeben. Bis dort unter Vermittlung der Könige Großbritanniens und Frankreichs eine freundliche, einvernehmliche Regelung getroffen wird zwischen dem Herzog und dem Fürsten der Pfalz, für welche ein kurzer Versammlungstag verabredet werden soll. So wird ebenso seine Majestät den Erzbischöfen von Trier und Köln welche Orte auch immer zurückgeben, die von ihnen genommen wurden.[42] Die Stadt Speyer und die dazu gehörigen Orte sollen vollständig sich selbst belassen werden.[43]

11.

Alle anderen Länder und Orte der katholischen Fürsten und Staaten (neben den zuvor genannten), die bereits im Besitz Seiner Majestät sind, sollen weder vom Herzog von Bayern noch von den katholischen Fürsten Deutschlands,

---

[42]Durch den Landgrafen von Hessen in Kölns Bistum Paderborn.
[43]Salvam civitate Spirensi, sibique redicto.

seinen Verbündeten, auf irgendeine Weise beansprucht werden, weder von ihnen selbst noch von anderen. Stattdessen sollen sie diese bis zu einem Generalabkommen in den Händen Seiner Majestät belassen.

12.

Es mögen alle evangelischen Staaten, Fürsten, Grafen, Adligen, Städte und Gemeinschaftlichkeiten, ganz gleich wer, unter dem Schutz Seiner heiligen Majestät von Schweden sein. Sie sollen auch nicht zum Schaden des erwähnten Schutzes durch die genannten katholischen Fürsten Deutschlands in jeglicher Art und Weise gestört werden – weder unmittelbar noch mittelbar.

13.

Aller Handel mit seiner heiligen Majestät von Schweden, seinen Untertanen und evangelischen Verbündeten auf der einen Seite und mit dem Herzog von Bayern und den katholischen Fürsten Deutschlands, seinen Verbündeten, auf der anderen Seite soll frei und überall offen sein und in keiner Weise gehindert.

14.

Alle Gefangenen auf beiden Seiten sollen ohne Lösegeld ausgeliefert werden. Insbesondere soll der Verwalter von Magdeburg, der von Tilly genommen worden war *[10, S.314]*, umgehend ohne Schaden in Freiheit gesetzt werden.

15.

Zur besseren Garantie soll der höchst christliche König von Frankreich sein königliches Wort einlegen, damit der Herzog von Bayern und alle anderen katholischen Fürsten, Staaten und Städte Deutschlands, seine Verbündeten, diese Neutralität in all ihren Artikeln peinlich genau einhalten. Falls sie diese welche übertreten sollten, dann soll er sich selbst zu seiner heiligen Majestät von Schweden erklären und mit all seiner Kraft über die Übertreter herfallen, bis er sie zur Genugtuung gezwungen hat.

Als die Artikel den Botschaftern übergeben waren, sollten sie mit aller schnellen Eile hinweg an die verschiedenen

Fürsten verteilt werden, die davon betroffen waren. Und bis zu jener Zeit, dass ihre Antworten wieder zurückgebracht werden konnten (vorausgesetzt, es wäre innerhalb von 14 Tagen), wurde ihnen auch durch den König für dessen Seite eine Waffenruhe zugesagt – und verbürgt durch die Botschafter für die Fürsten und Armeen auf ihrer Seite. Um seine aufrichtige Gesinnung zu zeigen, tat daher der König seinen Gefallen jedweden seiner Generäle und Stellvertreter kund:[44]

Gustavus Adolphus aus Gottes Gnade
König von Schweden etc.

Rechter Verwalter und Vielgeliebter etc. Wir werden Euch [DZ] nicht verschweigen, wie der König von Frankreich Uns durch seine Botschafter ein gütiges, brüderliches Gesuch um eine Neutralität zwischen Uns und dem Herzog von Bayern und der katholischen Liga gemacht hat. Insofern haben Wir daraufhin gewisse Artikel formuliert und dieselbigen an die vorgenannten Botschafter ausgehändigt, die versprochen haben, Uns im Zeitraum von vierzehn Tagen sodann eine eindeutige Aussage und Bestätigung zu bringen. Und vermöge ihrer Macht, Befehle zu erteilen, soll in der Zwischenzeit dieser Pappenheim sich umgehend mit seinen Truppen aus Westfalen und dem Bistum Magdeburg zurückziehen. Und ebenso, dass die Streitkräfte des Kurfürsten von Bayern und der katholischen Liga sofort zusammengerufen und aus Böhmen abgezogen werden sollen, falls es da welche geben sollte. Aus diesem Grund und zur Förderung eines solchen Werks und um ebenso unseren erwähnten König von Frankreich zufriedenzustellen, haben Wir wohl überlegt, ihnen eine so kurze Zeit zu gewähren und während der besagten vierzehn Tage auf alle Feindseligkeiten gegen die besagte Katholische Liga und den Herzog von Bayern zu verzichten. Wenn es so ist, dass sie sich (entsprechend des erwähnten Versprechens) ebenso verhal-

---

[44] *[Vgl. [25, Anhang zum Leben S.131f] und [11, S.528f] (identisch zum Swedish Intelligencer)]*

ten, ihre Streitkräfte abziehen und keine Feindschaft gegen Uns anwenden, wovon Wir Euch hiermit benachrichtigen und ebenso tun werden und euch befehlen, sogleich diese besagte Waffenruhe von vierzehn Tagen in der ganzen von euch befehligten Armee bekannt zu machen (wozu Wir diese Trompete zu Euch geschickt haben). Und daraufhin zu ruhen, sowie allen Feindseligkeiten, Plünderungen, Räubereien und anderen Taten der Feindschaft gegen den besagten Kurfürsten von Bayern und die Katholische Liga zu entsagen und während der genannten Zeit still zu bleiben. Aber dennoch haben Wir (wie die besagten Botschafter wissen) ausdrücklich solche Städte, Orte und Burgen, welche im Moment von Uns belagert werden und blockiert sind, ausgenommen. Und Wir beabsichtigen, dass sie so belagert und blockiert bleiben sollen. Und dass die Belagerten in der erwähnten Zeit die Freiheit haben sollen, mit uns zu verhandeln, zu beschließen und Übereinkünfte zu treffen, die betreffenden Orte zu übergeben und von dort abzuziehen – entsprechend den Vereinbarungen, die mit ihnen getroffen werden sollen. Das habt Ihr zu überwachen und entsprechend selbst zu regeln. Und falls jemand oder ein anderer Ort in diesem Augenblick von Euch belagert oder blockiert wird, dürft Ihr Euch auf keinen Fall von demselbigen zurückziehen oder abziehen, sondern müsst eher Euren Plan fortführen und mit all Euren höchsten Anstrengungen vollenden, alsda diese Sache in keiner Weise konträr zu der erwähnten, von Uns gewährten Waffenruhe ist, etc. Gegeben in Höchst, den 10. Januar 1631.

Diese Briefe des Königs waren (wie Sie erkennen mögen) in Höchst datiert, zwischen Mainz und Frankfurt. Durch diese Stadt ging seine Majestät jetzt auf dem Weg nach Hanau, um sich dort mit seinem königlichen Trost, der Königin von Schweden, zu treffen. Diese hatte er zuvor für zwanzig Monate nicht gesehen, das heißt, nicht seit er Schweden verlassen hatte. Von ihrer Majestäts Ankunft in Wolgast in Pommern haben wir Euch in unserem ersten Teil erzählt.

Ihre Majestät, die deshalb zu Beginn des Winters von die- [EA] sem Ort aufgebrochen war, um ihrem Herrn zu folgen, und seither die Zeit in Leipzig, Dresden, Erfurt (an welchem letztgenannten Ort sie nach Vereinbarung ihren ständigen Aufenthaltsort haben sollte) verbracht hatte, kam diesen Dienstagabend, den 10. Januar, im besagten Hanau an. Die Königin nahm (wie gesagt wird) beim ersten Treffen ihren Herrn in die Arme und sagte: 'Nun seid Ihr mein Gefangener'. Diese Freundlichkeit von ihr wurde in Ernst gewandelt, zu der Zeit, als das nach England kam: Verschiedene von denen, die es so haben wollten, verteilten hier vertraulich, *dass der König von Schweden gefangen genommen wurde.*

Aber lasst uns dem Beachtung schenken, wie der Waf- [EB] fenstillstand in diesen 14 Tagen zwischenzeitlich von denen befolgt wurde, die ihn so sehr gewünscht hatten: Gewiss, der König wurde nicht wohlwollend wahrgenommen – nicht von Bayern, Pappenheim, dem Herzog von Neuburg oder den Untertanen des Erzbischofs von Trier.

Was den gerissenen Herzog von Bayern angeht, wird für- [EC] wahr angenommen, dass er lediglich von der Autorität und dem Wohlwollen des französischen Königs in dessen Vermittlung Gebrauch gemacht hatte – niemals vorhabend, solche Bedingungen zu akzeptieren, wie der französische Botschafter als für ihn genehm angenommen hatte. Das [ED] Hauptsächliche seiner Politik war, dadurch Zeit zu gewinnen und daraus (unter anderen) diese drei Vorteile zu ziehen.

1. Seine eigenen Vorbereitungen voranzutreiben (welche er niemals unterbrochen hatte), während der König sein Betreiben einstellen sollte.

2. Dass des Erzherzogs Streitkräfte (von denen er jetzt Nachricht hatte, dass sie auf dem Marsch waren) in dieser Zeit über die Mosel in die Pfalz gelangen mögen, um den König dort zu unterhalten, so dass man sich nicht so viel wie bis jetzt um ihn selbst kümmern möge.

3. Dass er in der Zwischenzeit durch den Kaiser die bes-

seren Konditionen bekommen könnte aus der Befürchtung, er fiele ab oder würde neutral. Zu welchem er zu genau dieser Stunde einen Botschafter geschickt hatte. Den Inhalt dessen Botschaft werden wir Euch (so wie wir sie erhalten) hinterher berichten, wo wir des Herzogs eigene Geschichte am Ende der Geschehnisse um Tilly erzählen *[siehe S.167ff]*.

Der Kaiser, der schätzte, dass ihm wahrscheinlicher mit Bayern als mit Wallenstein gedient wäre, stellte diesen Herzog so sehr zufrieden, alsda er umgehend aufgenommen wurde. Und Wallensteins Anstellung ging für eine Weile langsamer voran. Die Zeit mag dahinterkommen, wie ein solch gewaltiger und hochmütiger Geist wie der Wallensteins diesen Affront hinnehmen wird. Das war der Nutzen, den Bayern aus diesem Neutralitätsabkommen zog.

[EE]   Und was den Grafen von Pappenheim betrifft: Entweder hatte er überhaupt keine Kenntnis von diesem Waffenstillstand oder es war ihm nicht zweckhaft, diesem Beachtung zu schenken. Denn obwohl er (in der Tat) seine Truppen aus Magdeburg abzog, geschah das dennoch nicht, bevor er es ein zweites Mal zerstört hatte. Genauso wenig wurden seine Truppen gänzlich aus Westfalen abgezogen, wobei er um das letzte Ende des Waffenstillstands herum *Rex* spielte im Herzogtum Lüneburg, dem äußersten Rand Westfalens. Ja, so spät war es, bevor er sich aus dem Bistum Magdeburg wegbewegte, dass der König auf seinem Marsch schon so weit wie Gelnhausen (einige 5 Leugen nordöstlich von Hanau) gekommen war, um – wie berichtet wurde – gegen ihn vorzugehen.

[EF]   Auch im Erzbistum Trier wurde da keine aufrichtige Neutralität eingehalten, in Anbetracht dessen, dass die Spanier in der Zeit der Waffenruhe eine bereite Passage durch dieses Land hatten. Der Erzbischof-Kurfürst *[Philipp Christoph von Sötern]* selbst schien – und war es auch – höchst glücklich über diese Neutralität. Womöglich willigte er für seinen Teil in keinster Weise dieser Passage der Spanier ein, zumal er sich selbst zuvor unter den Schutz des französischen

Königs gestellt hatte. Diese beiden Beobachtungen mögen wir aus diesem seinem folgenden Erklärungsbrief entnehmen – geschrieben aus seiner starken Burg Hermannstein *[Ehrenbreitstein]* an die Stadt Trier und den Rest seiner Untertanen, wie hier folgt:

Ich kann nicht vor Euer Ehren verschweigen, wie gnädig [EG] es dem allmächtigen Gott seit neuestem zum Gefallen war, sowohl uns selbst als auch das Bistum von unserem augenscheinlichen, grausamen und schrecklichen Feind, dem König von Schweden, zu erlösen – so wie in gleicher Weise auch von dieser höchst beklagenswerten und unchristlichen, von den Spaniern auf uns ausgeübten Verfolgung. Diese Erlösung wurde über den Herzog von Bayern durch die wohlmeinende und heroische Vermittlung seiner Majestät von Frankreich veranlasst, der nicht nur einer Neutralität mit dem besagten König von Schweden für den besagten Herzog zugestimmt hat, sondern auch für andere. In dieser Angelegenheit waren wir nicht gleichgültig, sondern haben durch die Vermittlung des besagten Königs erreicht, dass sowohl Wir als auch unser Erzbistum nunmehr als neutral erklärt sind, wodurch die Fürsten des Kaiserreichs im Allgemeinen und wir selbst im Speziellen sowohl von den Schwedischen als auch den Spanischen befreit sein mögen. Damit diese Neutralität daher unantastbar eingehalten werden möge, für Unsere Güter wie auch für Unsere Untertanen, hat der besagte König von Frankreich (als Zwischengeschalteter) seinen königlichen Beistand angeboten. Und zur Beseitigung aller Belastungen von uns hat er versprochen, (falls Notwendigkeit bestünde) seine Armee ins Kaiserreich zu bringen. Lasst Euch deshalb trösten, dankt Gott und betet zu ihm, dass das Versprechen durch die Ausführung unterstützt wird. Und dass diese schwere Strafe, die jetzt auf uns liegt, dadurch entfernt werden möge. Eure Sorge muss in der Zwischenzeit auch sein, dass diese täglichen Unverfrorenheiten und Verfolgungen, die durch die Spanier an uns begangen werden, zukünftig entschlossen beiseite gelegt und ihr Joch wirksam abgeschüttelt werden möge. Zu diesem Zweck sollt Ihr diese Neutralität an allen Orten ausrufen lassen. Nach welchem, falls uns irgendwelche trotzdem verfolgen sollten (wie es in der Diözese Mainz passiert ist) oder falls bei gegebenem Fall und unter Vorwand einer spanischen Hilfestellung unser Erzbistum in die Hände der Schwedischen fallen sollte, Wir selbst schuldlos an der Sache bleiben sollen. Und die Verursacher sollen verpflichtet sein, dafür Rechenschaft abzulegen, gegenüber Gott, dem Papst und allen christlichen Potentaten.

Hermannstein, 14. Januar 1631 *[1632]*.

Darunter gezeichnet

Philippus Christofer.

[EH] Zusammen mit dieser Erklärung wurden diese 4 folgenden Artikel der Stadt Trier vorgelegt als die Bedingungen, unter welchen die Neutralität vom König von Schweden erlangt werden sollte.[45]

1.

Dem König muss bei der Brücke von Koblenz die Passage über den Rhein erlaubt werden.

2.

Ebenfalls soll ihm die starke Festung Hermannstein[46] mit all der Artillerie etc. übergeben werden.

3.

Die sich dort in Garnison befindlichen Soldaten sollen der besagten Majestät den Treueeid leisten.

4.

Eine angemessene, passable Summe an Geld soll vom Land zur Bezahlung der Soldaten des Königs beigesteuert werden.

Aber die Stadt Trier wollte diese Bedingungen in keinster

---

[45]*[Vgl. [19, S.160f], [36, S.684 (52. Buch)]]*

[46]Diese Festung (welche der Palast des Erzbischofs ist) steht auf der anderen Seite des Rheins, genau gegenüber von Koblenz, gerade so wie Lambeth Palace *[die Residenz des Erzbischofs von Canterbury]* gegenüber von Westminster steht.

Weise akzeptieren, sondern rief daraufhin sofort die Spanier zu ihrem Beistand herbei. Nebenbei bewilligte sie für so viele, wie wollten, die Passage über die Brücke, um in die Pfalz einzumarschieren. So begannen die Spanier, sich die hauptsächlichen Städte des Erzbistums einzuverleiben, wobei die Menschen für sie Partei ergriffen gegen ihren eigenen Fürsten, den Kurfürsten. Das geschah somit ungeachtet dessen, dass der vorige Brief mit Bedacht an sie geschrieben war, um ihnen sowohl die spanischen Unverschämtheiten (wie er sie nennt) bewusst zu machen als auch sie ebenso darauf vorzubereiten, die französischen Streitkräfte als Gäste zu haben. Noch hatten die Spanier eine so große Macht und Interessengruppe im Land und genauso im erzbischöflichen Kapitel der Kirche Triers, dass sie so viel Hin- und Herstreiten innerhalb der Geistlichkeit gegen ihren Erzbischof aufbrachten. Genauso weit gingen sie hinterher damit, ihn abzuerkennen. Und wäre nicht sofort darauf die französische Armee (unter dem Befehl von Marschall De la Force) hineingestoßen, wären beide, Bischof und Bistum, in Gefahr gewesen, gleichzeitig von den Spaniern verschluckt zu werden.

Als der Kurfürst erkannte, dass sein vormaliger Brief unter seinen Untertanen nichts Gutes stiftete, schickte er seine zweite Verlautbarung ab, um die Spanier aus seinem Land loszuwerden. Sie war datiert auf den folgenden vierzehnten Februar:

In Anbetracht dessen, dass zu dieser Zeit so weit offenbar [EI] ist – wie auch der höchst ehrwürdige und erlauchte Fürst Philippus Christofer, Kurfürst etc., rechtzeitig genug bislang den Verdacht hegte –, dass die Einquartierungen der Spanier und das Angebot ihrer Dienste in seinem Erzbistum dem König von Schweden zur Gelegenheit reichen würden, dem Land näher und näher zu ziehen (einige von diesen waren in der Tat schon sehr nahe an die Stadt Koblenz herangerückt[47]), und dass seine kurfürstliche Hoheit sich

---

[47] Als nämlich der Rheingraf Boppard einnahm, welches innerhalb von

fürchtete, damit von zweckdienlichen Hilfen für seine Burg Ehrenbreitstein[48] beraubt zu sein. Nämlich hinsichtlich dessen, dass sich auf der einen Seite die Spanier bereits zu den Herren der Hauptgegenden und Passagen gemacht hatten und dass auf der anderen Seite die Schwedischen hierdurch in diese Orte eingeladen waren. Um deshalb alles weitere Unheil zu verhindern, wurde zu dieser Zeit durch besagte kurfürstliche Hoheit verlangt, dass alle und jede spanischen Offiziere – von welcher Stellung auch immer – sofort mit all ihren Truppen aus seinem Erzbistum ausmarschieren sollen. Wobei jene seinen Untertanen eine angemessene Wiedergutmachung leisten sollen für die durch jene erlittenen Beeinträchtigungen. Seine Hoheit kann keine Ursache oder Grund sehen, warum er hiernach irgendwelche Befehle oder Befehlshaber (entgegen den Satzungen des Kaiserreichs) annehmen solle, weder von den Spaniern noch den kaiserlichen Kommissaren. Denn er vertraue wohl darauf, jetzt so fähig zu sein, wie er es bislang war, seine Festungen und Passagen aufrechtzuerhalten und zu behaupten, vorausgesetzt, dass seine Mittel nicht länger abgezogen, seine notwendigen Hilfen nicht gehemmt und seine Passagen nicht behindert werden. Falls daher nach all diesen Warnungen die schwedische Seite (jetzt täglich stärker werdend, sowohl an Reitern wie Fußsoldaten) kommen sollte, um die besagten spanischen oder kaiserlichen Kräfte anzugreifen, oder seine eigenen Untertanen in Verzweiflung getrieben werden sollten, dann möge die Schuld auf sie fallen. Seine kurfürstliche Erhabenheit beteuert sich selbst unschuldig in der Angelegenheit. Und er steht dafür entschuldigt durch diese seine angemessene und freundliche Ermahnung. Und seine Hoheit hat gut überlegt, so viel zu veröffentlichen – für jeden Mannes Geleit.

Was den Herzog von Neuburg angeht: Obwohl der bis jetzt persönlich nichts gegen diese Neutralität tat, tolerierte

---

zwei Leugen von Koblenz liegt.

[48] Die Burg Ehrenbreitstein ist dieselbe wie Burg Hermannstein.

er danach dennoch, dass Tilly seine Stadt Neuburg in Bayern einnahm. Dann sandte er seine Botschafter zum König, um zu rechtfertigen, dass das nicht gegen die Neutralität war.

Somit haben wir gesehen, wie schlecht diese Neutralität gewahrt wurde. Und wäre sie nicht dem König durch viel [EJ] beharrliches Bedrängen abgetrotzt worden, dann wären Heidelberg und Frankenthal (wie fürwahr geglaubt wird) sein Eigen gewesen. Und danach vielleicht auch Köln. Gustav Horn hätte sich zu dieser Zeit gleichermaßen zum Herrn über Forchheim gemacht. Und dann hätte Tilly seinen Hut auf ihn geworfen. Weder würden Hessen, Lüneburg, Todt, Bremen und Banér erlaubt haben, dass Pappenheim so frei nach seinem eigenem Belieben rauf und runter umhergestrichen wäre. Noch wären schließlich die Spanier so ruhig über die Mosel vorangeschritten. Aber die Ehre des französischen Königs lag damals darauf. Um die Meinung aufrechtzuerhalten, dass er immer noch ein Katholik war, musste er notwendigerweise etwas für diese Religion tun. Und der König von Schweden – von Natur aus von reichlicher Herzensgüte – wusste nicht, wie er dessen solchartige Aufdringlichkeit zurückweisen sollte. Weise Männer erdulden manchmal, dass solche Unannehmlichkeiten von ihren Freunden auferlegt werden. Selbst nachdem sie diese Freunde über ihre Voraussicht dieser Unannehmlichkeiten gewarnt haben. Somit wurde dieses Neutralitätsabkommen zu einem schieren Nichts. Den einzigen Vorteil, den der König von Schweden daraus zog, war das Ausruhen und Auffrischen seiner Armee – eine Schuldigkeit der Natur, die alle Männer ihren Körpern schulden. Denn obwohl die Neigungen und Bewegungen der Seele (so wie die Seele selbst) rastlos und geistig sind, war es die Extremität der Ungerechtigkeit, so viel Anstrengung und Beharren von einem korpulenten und widerspenstigen Körper abzuverlangen, der nur sterblich ist. So wie die Seele willens war, zu jeder Zeit von ihr abzuverlangen, denn sie war unermüdlich durch ihre Unsterblichkeit.

Wenden wir uns nun von den Worten ab und wieder den Taten zu.

[EK]   Am 20. Januar gegen Abend kehrte seine Majestät von Schweden mit seiner Königin nach Frankfurt zurück. Das war etwa 4 Tage vor dem Auslaufen des Waffenstillstands. Kaum waren diese abgelaufen, fiel der Rheingraf über Kirchberg im Hunsrück her und nahm es im Sturmangriff, wobei 147 Italiener und Burgunder mit dem Schwert gerichtet wurden. 100 Deutsche vergolten die Rettung ihre Lebens, indem sie zu Soldaten des Königs wurden. Mit den Deutschen (wie wir wissen müssen) wurde überall Gnade walten lassen. Die Befreiung ihrer Nation war der Gegenstand, wofür der König bekundete, nach Deutschland gekommen zu sein.

[EL]   Zu dieser Zeit des Waffenstillstands waren 10000 Spanier in langen und kontinuierlichen Märschen aus den Niederlanden bis zum Fluss Mosel gekommen und hatten bereits zwischen drei- und 4000 Mann übergesetzt. Nämlich die zwei Regimenter des Grafen von Nassau und des Torquato.

[EM] Der Rheingraf zog daraufhin all seine Kräfte aus Boppard, Oberwesel und anderen Orten im Herzogtum Simmern und der Grafschaft Trier ab und ging mit voller Geschwindigkeit auf diese 2 Regimenter los, von denen er eines vollständig niederwarf. Das andere zwang er, sich in die Feste eines Waldes zurückzuziehen. Hier wurden 7 Fahnen erbeutet und nachher dem König in Mainz präsentiert. Etwa 3 Tage später brachte Rittmeister *[Thomas]* Hume, ein schottischer Mann, die achte herein. Die Spanier, die entschieden hatten, das nicht hinzunehmen, setzten plötzlich 1800 Reiter über und lockten – ein Fußregiment in einen nahen Hinterhalt legend – mit dem Rest ihrer Macht den Rheingrafen zum Gefecht. Obwohl er nicht mehr als zusammen 600 Reiter mit sich hatte, verlor er – auf das vormalige Glück hoffend –

[EN] am Ende des Unternehmens einige 300 Mann. Er selbst und der ganze Rest wurden zum Rückzug gezwungen. Der junge Graf von Nassau-Saarbrücken blieb hinter ihm zurück, wurde verwundet und gefangen genommen. Nach diesem schritten die Spanier noch kühner durch den Hunsrück voran – und so weiter in Richtung Frankenthal. Aber als am 4. Februar die Neuigkeit von der zweiten Mosel-Überquerung der Spanier und der Niederlage des Rheingrafen zum König nach Frankfurt gebracht wurde, begab sich seine Majestät mit höchster Geschwindigkeit nach Mainz, um seiner Armee zu folgen, die nach dem ersten Hören vom Kommen der Spanier vorwärts in Richtung Mosel geschickt worden war. Die Reiterei, welche entlang der Bergstraße einquartiert lag, war bei Oppenheim über den Rhein gesetzt worden. Einige Regimenter an Fußsoldaten hatten Befehl, sich umgehend den Strom desselben Flusses hinab in Richtung Bacharach zu begeben. Als die Spanier nun von der bal- [EO] digen Annäherung dieser Kräfte hörten sowie davon, dass der König hinter ihnen her war, zogen sie sich freiwillig über die Mosel zurück, wieder heim nach Luxemburg. Und hier hielten sie sich davor zurück, wieder hinüberzukommen. Zumindest bis zum folgenden Ostern, zu welcher Zeit sie hörten, dass der König gänzlich aus der Pfalz gegangen war.

Und nun begann der ritterliche Herzog Bernhard von [EP] Sachsen-Weimar, seine Zeit und Streitkräfte gegen die Überbleibsel des Kurfürstentums von Mainz einzusetzen, durch wessen Einnahme das ganze Land durchgängig dem König von Schweden untertan wurde.

Am Donnerstag, den 9. Februar, wurde der Graf von Isen- [EQ] burg (wie ich es vernehme) ausgesandt, um Babenhausen zurückzugewinnen, eine Stadt und Burg, die Tilly zuvor vom Grafen von Hanau genommen hatte. Auf den Anblick von 50 schwedischen Reitern oder Berittenen hin und der Gewissheit von mehr Kräften im Anmarsch, kam die Garnison jetzt zu einer einvernehmlichen Regelung und ergab sich dem Grafen von Isenburg. Der König gab die Stadt dem Grafen von Hanau zurück.

Um hiernach das Land besser in Richtung Mosel hal-

ten zu können, entschied der König, Kreuznach einzunehmen, eine hübsche Stadt der Pfalz am Fluss Nahe, genau
an der Grenze des Herzogtums Simmern. Es gehörte dem
Fürsten Ludwig Philipp Herzog von Simmern, dem Bruder
[ER] des Pfälzer Kurfürsten. Während der König es vorbereitete, kam seine Majestät von Böhmen, Friedrich Kurfürst von
der Pfalz, rechtzeitig und sicher an. Seine Majestät wurde
erwartet von meinem Herrn Lord Craven. Er war für so eine Reise von den Gebietern der Generalstände treu ergeben
beherbergt und auf deren Befehl von 2500 Reitern ehrenvoll eskortiert, welche seiner Majestät ab den Niederlanden
ihre Aufwartung machten, bis er die Gefahr durchstanden
hatte. Nachdem dieser Fürst Hessen, Hanau und die Wetterau passiert hatte, fand er sich am Freitag, den 10. Februar, um 10 Uhr in Frankfurt ein. Am nächsten Tag ging
er zum König von Schweden, zu dieser Zeit in Höchst. Zwischen diesen gab es eine höchst zugetane Unterredung. Die
2 Könige und die Königin von Schweden kehrten am selben Abend in höchst billiger Weise nach Frankfurt zurück.
Am nächsten Sonntag (welcher der letzte Sonntag vor der
Fastenzeit war) wurde er von beiden ihren Majestäten von
Schweden königlich-festlich bewirtet, welche ihm mit jedem Wort die Anrede 'König von Böhmen' darbrachten.
Als der junge Landgraf von Darmstadt (dessen Vater kein
guter Nachbar dieses Kurfürsten gewesen war) diesen Respekt einmal ausließ, drückte der König von Schweden ihm
[ES] gegenüber großes Missfallen darüber aus. Wunderbar willkommen war jener Fürst von seinen eigenen Untertanen aus
der Pfalz, die von überall herausrannten, um seine Majestät
zu sehen – mit unendlichen Bekundungen der Freude und
Zufriedenheit, mit vielen herzlichen Gebeten und Tränen
und hochgründigen Ausrufen. Der König von Schweden (so
wird gesagt) erzählte dem König von Böhmen in einem ihrer ersten Diskurse von des Feindes großer Stärke und den
Schwierigkeiten, die er selbst demzufolge hatte, die Länder
zu halten, die er bereits überrannt hatte. Und dass er des-

wegen gezwungen war, viele und starke Garnisonen in den Städten der Pfalz zu halten. Aber dies versicherte er seiner Majestät nebenbei, dass er nichts mehr wünsche, als in der Lage zu sein, ihm diese vollständig zurückzugeben und ihn einmal wieder darin sesshaft zu sehen.

Als er dieses Unterhaltungsprogramm hinter sich gebracht hatte, war der König bemüht, den Frühling zu verhindern, indem er ein frühzeitigeres Zeigen der Farben[49] ins Feld brachte, als Flora diese bislang vorgebracht hatte. Am Donnerstag, den 16. Februar, rückte er aus Frankfurt ab nach Mainz und so vorwärts nach Kreuznach. Der König von Böhmen folgte ihm und lag in Oppenheim. Vor des Königs Ankunft in Kreuznach hatten die Bauern des Landes alle Übergänge auf den Hügeln eingenommen und hielten eine sehr geordnete Wache gegenüber den Feinden in der Stadt. So zeigten sie ihre Liebe und ihren Eifer, einige Dienste für ihren neu angekommen Fürsten zu leisten. Am Samstag, [ET] den 18. Februar, präsentierte der König zunächst eine kleine Armee aus 1800 Fußsoldaten, einigen wenigen Truppen an Reitern und 4 Halbkanonen vor der Stadt. Denn er nahm an, daran nichts als leichte Arbeit zu haben. Diese Stadt lag 5 deutsche Meilen von Mainz entfernt und 10 von Frankfurt, in einer so angenehmen und reichen Erde, wie sonst keine in der Pfalz. Der Fluss Nahe floss mitten hindurch. Sie wurde zwischen zwei Marktplätzen von einer Brücke gekreuzt, was der Stadt ihren Namen gab – Kreuznach, bedeutend 'Kreuzen der Nahe'. Sie besaß eine redliche Burg auf dem Hügel. Vor diesen Kriegen war jene nur ein Wohnhaus. Ihre erhabene Lage gab ihr jetzt den Befehl über die Stadt.[50] Beide, Stadt und Burg, hatten einige 600 Mann als Garnison, wovon fast die Hälfte Deutsche waren und der Rest Wallonen und Burgunder. Sie hatten ein Magazin mit Brot und Wein

---

[49] *[Wortspiel: Farben = Fahnen]*

[50] Die Geschichte darüber haben wir teils aus einem Brief erhalten, geschrieben von einem schottischen Befehlshaber an meinen Gebieter Lord Reay, und teils aus der mündlichen Erzählung durch Sir Jacob Ashlye *[Astley]*, bis heute in England.

als Proviant für zwölf Monate. Den ersten Blick auf die Stadt warf der König auf die tiefer gelegene Seite, wo er sich gedacht hatte, anzufangen. Aber er fand diese so wohl-befestigt mit Außenwerken, Zweiten Werken und Rückzugs-orten – ein Befestigungswerk im anderen – so dass er sie *Teufelswerke* nannte. Er erkannte schnell, dass ein Versuch auf diesem Weg unmöglich war. Ja, von den besten Solda-ten wurde geschätzt, dass es keine Aufgabe von weniger als vierzehn Tagen oder drei Wochen gewesen wäre, all diese Werke zu meistern und so zu der Stadt zu kommen. Sei-ne Richtung daher ändernd und seine kleine Armee in zwei Teile aufspaltend brachte er sie bei hellem Tageslicht an ei-ne andere Seite heran und legte sie in Musketenschussweite oder 150 Schritt von den eigentlichen Mauern. Ja, Oberst-leutnant George Douglas (ein tapferer Soldat, damals neu beim König angekommen), der seine Linien als Erster gezo-gen hatte, setzte sich selbst mit etwa dreihundert Mann (die meisten von denen waren dieselben Schottischen, welche die Burg von Oppenheim gestürmt hatten) genau in der Pforte nieder. Hier lag Douglas die ganze folgende Nacht, unge-achtet dessen, dass der Ort so heiß war, dass der Feind ihm einige 47 Mann tötete, indem sie sowohl von den Mauern wie auch von der Pforte über ihm auf ihn schossen.

Am Sonntag nahm der König einen vollen Blick auf die Burg von der Landseite her, welche er als ordnungsgemäß und zeitgemäß befestigt befand und so wohl-flankiert mit kleinen Werken – eines innerhalb des anderen – dass er es *Teufelskopf* nannte. Als seine Majestät nun fand, dass sowohl Stadt als auch Burg wahrscheinlich genug waren, die Angelegenheit mit ihm auszutragen, schickte er sofort nach Mainz für mehr Argumente. Woher am nächsten Tag zwei Regimenter mehr und all seine Kanonen, sowohl groß [EU] wie klein, zu ihm kamen. Zwei von diesen Kanonen ließ der König vor den Toren aufpflanzen. Hiermit wurde eine Bresche gemacht, durch welche die Stadt betreten wurde. Sofort wurden Sturmleitern an die Bresche angesetzt und

Diverse kamen hinein. Während einige von diesen es ernst meinten, die Garnison zu verjagen, hatten andere genauso viel damit zu tun, mit Schaufeln und Spitzhacken den Pferdedung aus dem Inneren der Ausfallpforte herauszuwerfen, mit dem sie vermauert und aufgestaut war. Nachdem Oberstleutnant Douglas diese Pforte umgehend aufgezwungen hatte, brachte er seine Männer auch auf diesem Weg hinein.

Als die Garnison erkannte, dass die Stadt gewonnen war, rannten sie sofort in Richtung Burg. Sie flohen so schnell, dass sie keine Zeit hatten, die Brücke abzureißen. Eine Sache war hier sehr bemerkenswert und wurde von solchen Fremden bewundert, die nicht mit der genauen Rechtsprechung der 'Schwedischen Disziplin' vertraut waren: Dass [EV] nämlich des Königs Soldaten, die nun die Herren der Stadt waren, so zivilisiert durch die Straßen liefen und sich so ruhig in ihrer Ordnung auf den Marktplätzen aufstellten. Dass kein Mann sich so viel ausbot, sich aus seinem Rang zu bewegen, irgendein Haus oder eine Person zu plündern oder zu durchsuchen oder auch nur einmal an eine Tür zu klopfen, die er geschlossen vorfand. Die Bürger, die an den Soldaten diese Artigkeit bewunderten, begannen, alle Angst davor abzulegen, dass ihre Häuser ausgeplündert würden. Und nach einer Stunde und einer halben (oder solchen Umständen) begannen sie, so viel Mut auf sich zu nehmen, dass sie aus den Fenstern schauten. Und als der Anblick der Soldaten ihnen noch vertrauter wurde, öffneten sie ihre Türen und brachten – in großer Fülle und Herzlichkeit – ihnen ungefragt Brot und Wein heraus. Sie machten wundervolle Äußerungen ihrer Freude, dass sie so wohlbehalten von ihrer erdrückenden Garnison befreit waren, dass ihre Stadt nun in die Hände des Königs gefallen war und – vor allem – dass ihr angeborener Fürst, der König von Böhmen, jetzt so ganz bei ihnen in der Nähe war. Als Zeichen aller Freiheit wurden die Türen geöffnet. Diverse Männer von Stand wurden sogar in ihre Häuser eingeladen.

Ja, ein Befehlshaber aus unserer Nation, der in ein Haus ging, um einen Brief zu schreiben, fand sich selbst sogar gestört durch deren Aufdrängen von Zuvorkommenheiten ihm gegenüber: Sie ersuchten ihn, mit ihnen zu essen und zu trinken, und stellten Fragen über ihren Fürsten.

Da die Stadt so gewonnen war, schoss der Feind von der Burg am Hügel aus (welche über der Stadt hing) mit voller Geschwindigkeit in die Straßen. Und da wurde Hauptmann Douglas[51] durch das Herz geschossen. Damit die Männer nun rauf und runter gehen konnten, ohne dass man auf sie zu zielen vermochte, wurde daher eine Blende über die Straße gezogen bis an die Burg. Der Burghügel war sehr steil und der Stadt so nahe, dass dessen Fuß sogar fast die Häuser berührte. Es gab auch keinerlei Mauer dazwischen. Die Burg selbst war von keinerlei Stärke. Es waren nur ihre Lage und die durchgängigen Festungswerke (von ganz oben bis fast zum Boden), welche sie zu einem so starken Ort machten. Den zweiten Blick darauf warf der König aus einigem Abstand am selben Montagabend, als er selbst spähend am Fuß *[des Hügels]* auf und ab gehend der vorderste Mann war, während alle seine großen Befehlshaber schwerlich hinter ihm her kamen. Die ganze Zeit schoss der Feind aus seinen nächstgelegenen Werken und warf ungestüm Steine und Brandfackeln auf ihn. Von einem Stein wurde gesagt, dass er ihn auf den Kopf getroffen habe und nur um wenig verfehlte, ihm den Schädel einzuschlagen. Weil des Königs Sehvermögen natürlich auf die Entfernung nicht eines der schärfsten war, schaute er hinter sich, entdeckte einen Unteroffizier (den er sehr gut kannte) und rief ihn sofort bei seinem Namen. Ihr da, kommt her! Ihr sollt 100 Taler haben, wenn Ihr hoch geht und seht, was der Feind im nächsten Quergang macht, und wenn Ihr mir einen perfekten Lageplan bringt von dem, was Ihr da entdeckt habt. Der Unteroffizier tat das, kam sicher herunter und erhielt sein Geld. Als er unten war, legte sich der König entlang der

[EW]

---

[51] Das war nicht Oberstleutnant Douglas.

Steigung des Hügels – fast auf seinen Rücken (das heißt, mehr auf seinen Rücken denn auf seine Seite). Er befahlt dem Unteroffizier, zu kommen, sich auf ihn zu legen und ihm zu zeigen, was er entdeckt hatte. Der Unteroffizier tat das, legte sich so auf den König, dass sein Rücken auf dem Schoß und der Brust des Königs lag und sein ferner Arm über der Schulter des Königs (ihre beide Gesichter in Richtung des Feindes weisend), und zeigte dort mit seiner anderen Hand in Richtung des Quergangs, um dem König die Stellung des Feindes zu beschreiben. Aber weil des Königs Urteil (welches ein eigentümliches ist) noch nicht zufriedengestellt war, befahl er den Unteroffizier ab und kletterte selbst hoch bis genau zur Ecke dieses Quergangs. Als er sich dort zufriedengestellt hatte, sprach er nach seinem Herabkommen laut zu seiner Armee: 'Nun werde ich diese Burg bis morgen fünf Uhr haben!'

Daraufhin wurde unverzüglich Befehl gegeben, die An- [EX] näherungen zu beginnen. Und in dieser Nacht brachen sie den Boden etwa drei Pikenlängen vom Anstieg des Hügels unterhalb der Festungswerke des Feindes. Eine Linie wurde hier gezogen und 80 Musketiere wurden vor dem Morgen darin platziert. Da der Hügel an vielen Stellen steinig war, waren die Soldaten gezwungen, ihn mit Spitzhacken zu brechen und diesen steilen Ort unter großen Schwierigkeiten hochzusteigen – viele Male kaum fähig, ihre Füße zu halten. Am Ende dieser ersten Linie wurde da (am nächsten Morgen) eine weitere Linie gezogen, sogar bis zum Punkt eines großen Ravelins der Feinde. In diesem Schützengraben wurde mein Gebieter Markgraf Hamilton, der (aus seinem Wunsch heraus, sich zu überzeugen und zu informieren) ganz alleine etwas weit vorangeschritten war, vom König freundlich ermahnt, nicht so risikoreich zu sein und auch nicht einzeln seine eigene Person zu gefährden, so nahe bei den Feinden. Als die Linien bis Dienstag Nacht fertiggestellt waren, wurde sofort eine Mine gegraben, direkt unter dem besagten Ravelin. Als dies am nächsten Tag vollendet [EY] war, veranlasste der König etwa gegen drei Uhr am Nachmittag, diese springen *[d.h sprengen]* zu lassen. Die Mine, es ist wahr, sprang nicht vollends nach vorne, wie sie es getan hätte, sondern ebenso etwas rückwärts, wodurch einige der Passagen der Soldaten mit loser Erde und Schutt behindert wurden. Und dennoch, wenn man alles berücksichtigt, wirkte sie ausreichend gut, angesichts dessen, dass sie die Spitze des besagten Ravelins aufsprengte, viele der Verteidiger in die Luft blasend und den Rest entblößter und offen innerhalb des Festungswerkes lassend. Hierauf wurde der Sturmangriff gegeben in der folgenden Weise:

Oberst Winkel führte den Oberbefehl über die Fußsolda-[EZ] ten. Drei Hauptmänner seines Regiments mit einigen 350 Männern und diversen englischen und französischen freiwilligen Ehrenmännern gelangten zuerst in die Bresche. Unter allen welchen mein Gebieter Lord Craven, Oberstleutnant Talbot, Herr Robert Marsham und Herr Henry Wind in der [FA] ersten Reihe marschierten. Wo sie sich annäherten, war der Hügel so steil, dass der Feind durch das Herabwerfen von Partisanen und Hellebarden, das Herabgießen von großen Steinen, das Werfen von Brandfackeln und das Herabrollen großer Stücke von Holz die Angreifer zu einem Rückzug zwang. Und da wo andere Soldaten rundweg davongelaufen wären, wendeten sich diese nur etwas zur Seite unter den Ravelin des Feindes, wo sie sicher genug standen. In diesem ersten Dienst wurde Oberstleutnant Talbot in die Schulter geschossen. Er wurde den Hügel hinuntergerollt, von Herrn Marsham weggeholt und in die Stadt geführt. Als der König (damals am Fuß des Hügels) erkannte, dass seine Männer zurückgeschlagen wurden, nannte er sie 'Memmen' [FB] und dass sie alle feige seien. Sofort befahl er die Sturmleitern an einen anderen Ort – aufgestellt am Festungswall des Ravelin. Und hier klopfte seine Majestät, der von der Tapferkeit meines Herrn Lord Craven Notiz genommen hatte, ihm in einer vertraulichen und anspornenden Weise auf die Schulter, ihn bittend, wieder weiterzumachen. Der junge

Herr tat das und war der allererste Mann, der den obersten Rand erreichte, wo er wacker in den Piken-Nahkampf *[Push-of-Pike]* mit dem Feind kam. Dabei erhielt er selbst eine ehrenwerte Wunde durch den Stoß einer Hellebarde in seinen Oberschenkel, welche nicht als gefährlich befunden wurde. Diese unsere zuvor genannten englischen Edelleute verhielten sich recht mutig. Sie befanden sich neben meinem Lord Craven – genau in der Hitze der Gefahr. Und das war die Art und Weise des Kampfes, zusammen fast zwei Stunden lang. Die Verteidiger verhielten sich wie großgewachsene Soldaten. Zuletzt, als die Hochdeutschen mit den Wallonen und Burgundern (die entschlossen waren, den Ort zu verteidigen) in Auflehnung waren, begann einer der Feinde von 'Quartier' zu sprechen und von Bedingungen einer Unterwerfung. Woraufhin Lord Craven (der immer noch der [FC] standhafteste Mann war) das klugerweise begreifend seine Hand zu einem der feindlichen Hauptmänner ausstreckte und sich mit seiner Ehre verbürgte, ihn zum König zu bringen. Die Musketen des Feindes gaben hierauf auf, zu spielen, obwohl des Königs Artillerie (von welcher er zwei kleine Stücke von der Brücke der Stadt hatte aufstellen lassen) immer noch mit dem Schießen weitermachte. Der König sagte [FD] dem Hauptmann in Bezug auf diese Sache, dass er und seine Kameraden ihn seine Zeit hatten verlieren lassen, seine Männer getötet hatten und dass sie aus seiner Hand nichts als schlechte Bedingungen verdienten. Dennoch gab er sich nichtsdestotrotz damit zufrieden, dass sie sich seiner Gnade unterwarfen und augenblicklich ihre Waffen niederlegten, um sie mit Sack und Pack und mit ihren Schwertern, aber ohne ihren Fahnen ausziehen zu lassen. Welche, sagte der König, Ihr alle aufgerollt zusammen in einer Kammer lassen und so von der Burg hinwegmarschieren sollt. Auf diese [FE] harten Bedingungen wurde eingewilligt, wofür die Schuldzuweisung bei den Befehlshabenden liegen muss und nicht bei den Soldaten, die ihre Pflichten wie hochgewachsene *[gestandene]* Kameraden leisteten. Der König berief daraufhin seine Männer vom Angriff ab und schickte sofort eine Wache in die Burg. Am nächsten Morgen, ein Mittwoch, der 22. Januar, betrat der König den Ort. Er gab den Feinden die Erlaubnis, mit ihren Waffen und Gepäck abzureisen, aber nicht mit ihren Fahnen. Wieder fügte er diese weitere Bedingung hinzu, dass sie in den nächsten sechs Monaten nicht auf dieser Seite der Mosel gegen ihn dienen sollten. Bei der Jungfrau Maria, wenn sie ihn auf der anderen Seite finden sollten, dürften sie ihr Schlimmstes tun und niemanden verschonen. Um sie über diesen Fluss zu eskortieren, wies ihnen der König nun Pferde und Karren zu. Dort mochten sie ihren Kameraden, den Spaniern, sagen, dass es nun für sie zu spät war, zu kommen, um Kreuznach zu entsetzen. Um das zu tun, hätten sie – wie ausgegeben war – wiederum die Mosel überqueren wollen. Die Deutschen nahmen sofort Bezahlung in des Königs Diensten.

[**FF**] Auf des Königs Seite wurden verloren: Jene drei Hauptmänner aus Oberst Winkels Regiment[52], Oberstleutnant Talbot, der genau der Nebenmann meines Herrn Lord Craven war, Hauptmann Douglas, ein französischer Marquis, Bruder des Herzogs von Mambrun, mit zwei oder drei anderen französischen Ehrenmännern von Wert. Und an gemeinen Soldaten 250. Verwundete Männer: Oberst Winkel selbst, der in den Fuß geschossen wurde, mein Lord Craven, verwundet am Oberschenkel etc., Sir Francis Vane (Bruder des Earls von Westmoreland) ins Sprunggelenk geschossen, Herr Robert Marsham, verletzt von einer Brandfackel und einem großen Stein auf den Oberschenkel, Herr Wynd, in die Schulter geschossen, mit einigen anderen. Hauptmann Ramsay, Quartiermeister meines Herrn Lord Marquis Hamilton, wurde zum Statthalter der Stadt gemacht. Der König gab Befehl für neue Befestigungen, 300 Mann darin lassend. Und die Anweisung war, bei Gelegenheit 300 mehr zu haben. Das Magazin oder Lagerhaus wollte er nicht

---

[52] *[Unter anderem Major Wolfarth Hall des Weimarischen Regiments, [19, S.193], [36, S.685 (52.Buch)]]*

geöffnet haben, noch dass sich überdies jemand daran zu schaffen machte, sondern, dass es nur beliefert werde durch den Austausch neu gegen alt, entweder Wein oder Lebensmittel. Er wollte, dass die Soldaten in der Zwischenzeit von den Bürgern ernährt würden. Als all das erledigt war, kehrte der König wieder nach Frankfurt zurück.

Bis zu dieser Zeit hatte Herzog Bernhard von Sachsen-Weimar den Rest der Städte des Bischofs von Mainz eingenommen. Im Herzogtum Württemberg, südlich an die Pfalz angrenzend, wurden alle Dinge genauso erfolgreich bewirkt. Gustav Horn hatte zum vorigen Weihnachten Heilbronn mit anderen Städten des Herzogtums eingenommen. Die kaiserliche Garnison in Schorndorf begann sich im Januar danach zu bündeln und brachte ihre Artillerie mit sich nach Diensburg[53], wobei sie ihr Empfangsannahmebüro oder kaiserliches Schatzamt (welches dort für die Einzahlung der militärischen Kontributionen, welche aus diesem Herzogtum erhoben wurden, untergebracht war) nach München abzogen. Viele der Soldaten wandten sich auf des Königs Seite. Ellwangen wurde auch eingenommen, wobei die Garnison nach Dinkelsbühl einmarschierte. Die Schweden begannen sofort, ihnen dorthin zu folgen, weil sie entschieden waren, keinem Kaiserlichen zu erlauben, irgendwo sein Quartier aufzuschlagen. Glücklich waren die Protestanten, denn die Zwänge waren zuvor schmerzhaft auf ihren Ländereien gelegen – von dem Tag an, dass der Graf von Fürstenberg sie damals unter Kontribution gebracht hatte.

Nun wurden für den König einige Rekrutierungen dort im Herzogtum begonnen und im niederen Elsass, selbst allenthalben im Land vom Fluss Neckar in Württemberg bis Straßburg am Rhein. Der Pfalzgraf Christian von Birkenfeld (aus der Pfalzgrafen-Familie), dessen Stadt und Ehre in dem kleinen Land des Hunsrücks liegt, das bislang so oft

[FG]

[FH]

[FI]

---

[53] *[Nach [14, S.216] handelt es sich um Günzburg, zumal vom Schorndorfer Stadtkommandanten Hans Jakob de Vacchi, Freiherr von Adelsberg, danach in Oberschwaben und Bayern berichtet wird]*

erwähnt wurde, sollte ihre General werden.

Obwohl diese neu ausgehobenen Männer einige kleinere Marktstädte einnahmen, als sie auf ihrem Weg zu ihrem Ort des Rendezvous entlang kamen (welches in der Nähe von Straßburg sein sollte), waren das eher Raubüberfälle als Kriegsführung. Bei Rottenburg, einer Stadt in Württemberg am Neckar, plünderten sie Mule[54] und die Abtei Marchtal[55]. Von diesen querten am Freitag, den 10. Februar, einige sechs Truppenteile an Reitern und eine Kompanie Fußsoldaten nahe Straßburg den Rhein, wo sie die Kaiserlichen aus einigen kleinen Städtchen wie Gerstheim *[oder Griesheim, siehe [1, S.252]]* und Appenweier trieben. Und aus Rache für den Tod von vier ihrer Kameraden brannten sie Rommersweyer *[am 22. Februar, siehe [19, S.187]]* nieder. Sie boten an, Offenburg zu nehmen, eine ziemlich starke Stadt (was das Beste war, das sie taten). Aber da sie nebenbei keine Artillerie hatten, um das zu tun, lachte die kaiserliche Garnison sie vielmehr aus. Sie plünderten die Festung von Faussenberg (einige schreiben Stauffenburg) *[Höhenburg Staufenberg]*, welche zu Wilhelm Markgraf von Baden gehörte. Als deren General von den Kapriolen dieser Neulinge hörte, berief er sie unversehens ab. Daraufhin überquerten sie am nächsten Tag nach unserem Aschermittwoch wieder den Rhein bei Straßburg, damit alle mit ihrem neu erhaltenen Gepäck beladen würden. Ihr General, der Pfalzgraf Christian, ging am nächsten Freitag, den 17. Februar, voraus, um seine Frau zu begleiten, die in Frankfurt auf die Königin von Schweden warten wollte. Er ließ seinen Oberstleutnant zurück, um ihm die Truppen hinterherzubringen, damit sie mit denen des Königs vereint würden – wo sie ohne Zweifel eine besser Disziplin erlernten. All das heizte nur den kaiserlichen Kommissar Ossa auf, nachdem sie abgezogen waren, noch mehr Unheil in je-

---

[54] *[Möglicherweise gemeint: Papiermühle / Obere Bronnenmühle oder die 'Mühlen am Neckar']*

[55] *[Das Kloster (Ober-)Marchtal liegt an der Donau, etwa 70km südöstlich von Rottenburg]*

nen Landesteilen anzurichten. Zu dieser Zeit hatte der Graf [FJ] von Hanau die Stadt Drusenheim am Rhein mit den zwei neu errichteten Festungen (erbaut von den Kaiserlichen) eingenommen. Und die Stadt Lichtenau danach, wobei beide nahe bei Straßburg lagen. Dieses Drusenheim schenkte der König dem Grafen von Hanau für seine Mühen.

Um uns weiter 'nach Hause' zu bewegen: In Speyer wur- [FK] den 700 neue schwedische Soldaten empfangen, welche sowohl den Juristen und Ordensbrüdern, als auch den Bürgern in Rechnung gestellt wurden. Als ersten geleisteten Dienst bewahrten sie diese hübsche Stadt vor dem Brennen: Zehn Bauern aus Lauterburg waren dazu angeheuert worden, wofür jene hinterher hingerichtet wurden *[siehe [1, S.254]]*. Ihr zweiter Dienst war, einen Aufruhr in der Stadt zu beruhigen, welcher bei Gelegenheit von der spanischen Garnison Frankenthals verursacht worden war. Auf die vertrauliche Bemerkung einer Korrespondenz in der Stadt hin hatten diese sich erdreistet, vor Speyer anzutreten. Und wohl auch weil sie – verstärkt durch ihre Kameraden aus Udenheim oder Philippsburg – wohl gehofft hatten, diese Stadt einzunehmen. Aber von dieser Absicht wurden sie vereitelt. Und den Mönchen, von denen entdeckt worden war, dass sie das Komplott mit den Spanischen gelegt hatten, wurden Soldaten in ihre Klöster gelegt.

Hierdurch wird sichtbar, dass Heidelberg, Frankenthal [FL] und Udenheim bis dato nicht so streng blockiert waren, sondern dass die Spanischen hin und wieder mit starken Truppenteilen auszogen. Und was Frankenthal betrifft, hatte Don Felipe da Silva der Erzherzogin durch Briefe versichert, dass er sowohl genügend Männer wie auch Lebensmittel hatte, eine Belagerung von neun Monaten Dauer auszuhalten – trotz des Königs von Schweden. Noch glaube ich, dass Heidelberg in einer schlechteren Lage war. So viel zum Zustand der Pfalz und der Armee des Königs im damaligen Augenblick.

Es wurde generell angenommen, dass der König von Schweden (jetzt, nach der Einnahme von Kreuznach) Don Felipe angehen würde, um sein Wort einzuhalten. Und genauso wurde von denen aus Köln befürchtet, dass er als Nächstes auch einen Angriff auf sie ausüben würde. Aber der König hörte zu dieser Zeit, dass Tilly wieder auf Abruf stand und kürzlich bei Bamberg über Gustav Horn herein geflossen war *[Schlacht bei Bamberg, 8. März 1632]*. Somit war er gezwungen, die Eroberung der Pfalz vorübergehend bleiben zu lassen, seine Reiter, die bereits auf dem Marsch waren, um Frankenthal zu belagern, abzuberufen und von denen aus Köln eine Art Unterwerfung zu akzeptieren. Es ist jetzt Zeit, Euch die Geschichte dieser Angelegenheit zu berichten.

Ferdinand, der Erzbischof und Kurfürst von Köln, Bischof von Paderborn etc., Bruder des Herzogs von Bayern und ein wesentliches Mitglied der Katholischen Liga, war ein Fürst von großen Möglichkeiten und sehr weiter Gerichtsbarkeit. Er war der Mann, der Pappenheim aufgestellt hatte: Der Kurfürst von Köln hatte jenen in seinen Herrschaftsgebieten sowohl mit Männern als auch Geld ausgestattet, nachdem ihm die katholischen Ligisten die Vollmacht für eine fliegende Armee gegeben hatten. Zu einer Zeit, als der schwedische Sturmwind noch in Franken weit von ihm weg war, begann er klugerweise zu überlegen, ihn auch weit weg zu halten, sollte der Wind einmal in diese Richtung blasen. Er war in einer körperlichen Angst um sein Bistum und könnte gewünscht haben, dass der Kaiser nicht so rundweg gegen die Protestanten vorgegangen wäre und den König von Schweden so weit provoziert hätte, die Katholiken wieder in eigener Münze zurückzahlen zu lassen. *Gab es jemals so einen kaiserlichen Entscheid (sagte Köln) zu bewirken, dass alle Klöster zurückzugeben waren,* [FM] *wofür wir jetzt ganze Bistümer verlieren?* Daher vereinbarte er gegen Ende Oktober 1631 mit den Staaten von Köln die Einberufung einer Versammlung *[Landtag zu Bonn]*, um zusammen über die Instrumente der Verteidigung zu beraten.

Gegenüber dieser machte seine kurfürstliche Hoheit den folgenden Vorschlag: Dass angesichts dessen, dass das Kaiserreich nun in so eine Enge gebracht war, es keine Abhilfe gab, es einigermaßen zu befreien, als sich für den Staat auf einen guten Rundum-Zuschuss zu verständigen. Sie einigten sich auf die Erhebung von 200000 Talern unter der Bedingung, dass das Geld in keiner anderen Weise ausgegeben werden solle, als für die notwendige Verteidigung des Bistums und für die Bezahlung der Soldaten, die sie damals zu rekrutieren vereinbarten. Über die sollte einer der Grafen von Isenberg General werden. Das Geld sollte in drei gleichen Teilen von der Oberschicht, von den Klöstern und von den verschiedenen Städten des Bistums aufgebracht werden. Als der König von Schweden sich näher an sie heranarbeitete, erwies sich dieser Zuschuss als zu gering. Daraufhin gab der Kurfürst am folgenden 14. Dezember einen Mandatsbrief aus für das Einziehen einer freiwilligen Kontribution aus der reicheren Klasse. Damit sie um den Willen Gottes, seiner Mutter und der Sache der Heiligen abgeben würden, was sie zur Erhaltung der römischen Religion entbehren könnten – versprechend, dass ein so gegebenes Geld zu keinem anderen Zweck eingesetzt würde. Stattdessen sollte es in der Kartäuserkirche in eine Truhe mit 2 Schlössern gesteckt werden, von welcher der Prior einen Schlüssel haben sollte und der Aufseher seiner Hoheit den anderen. Den Brief befahl er, zuerst in jeder Kirche zu verlesen und dann eine Kopie an allen Kirchentüren anzubringen.

Am gleichen Tag eine Woche später gab die Stadt Köln einen weiteren Mandatsbrief heraus, der dem vorherigen etwas widersprach. Denn sie hätten eine Truhe in der Kammer ihrer Stadt platziert, um die gütige Gabe hineinzutun, welche allein für die Sicherheit der Stadt aufgewendet werden dürfe. Aber trotz alledem wagten es weder Bischof noch Stadt, länger auf ihre eigene Stärke zu vertrauen. Der Kurfürst schloss sich den anderen katholischen Ligisten an, indem sie den Bischof von Würzburg[56], ihren gemeinsamen Botschafter, zum französischen König schickten, um seinen Schutz zu erbitten oder zumindest in ihrem Namen die Vermittlung mit dem König von Schweden. Zu genau dieser Zeit hatten sowohl der Kurfürst zwecks einer Neutralität seinen Botschafter beim König von Schweden, wie auch die Stadt ihre Mittelsmänner, damit sie nicht heimgesucht werden möge. Da der Kurfürst ein Mitglied der katholischen Liga war, kam mit ihm das Abkommen über Neutralität zu nichts. Aber die Stadt Köln erreichte ihren Wunsch nach Neutralität unter diesen folgenden Bedingungen:[57]

[FN] Der König von Schweden gab ihnen in seiner Vorbemerkung zu den Artikeln zu wissen, dass, angesichts dessen, dass seine eigene Expedition nach Deutschland hauptsächlich der Befreiung der Protestanten aus der grausamen, durch die Papisten erduldeten Unterdrückung diente und dass Er sehr wohl wusste, wie schlimm diese auch in der Stadt Köln ausgenutzt worden waren, er allererst unter dieser Bedingung einer Neutralität mit ihnen zustimmen würde, dass nämlich diese Verfolgungen – unter welcher Fahne oder Vorwand auch immer auferlegt – mit aller Eile aufgehoben werden sollten. Und dass:

1.

Ihnen *[den Protestanten]* erstens freie Ausübung der Religion gewährt werden solle, worin sie auf keiner Weise gehindert werden dürften. Und dass der übliche Vorgang, welcher jedes Jahr vom Kirchengericht pflegte ausgegeben zu werden – nämlich eines Verbots solcher Ausübungen durch die Protestanten –, von nun an ausgesetzt werde.

2.

Dass die Protestanten die Freiheiten der Stadt, sowie deren privater Bezirke und Geschäftshäuser genießen sollten. Und dass sie in ihre Kollegien gleich den Katholiken emp-

---

[56]Der Köln am 7. Januar 1631 verließ. *[Franz von Hatzfeld traf am 24. Januar 1632 in Metz mit Ludwig XIII. und Richelieu zusammen.]*
[57]*[Vgl. [19, S.163f], [36, S.684 (52. Buch)]]*

fangen werden sollten. Und dass die Anordnung des Gemeinen Rats, welche vor einigen Jahren gegenteilig getroffen worden war, aufgehoben werde.

3.

Jener vorgenannte Artikel soll ebenso verstanden werden für die Kinder der Protestanten, welche frei zur Stadt geboren sind.

4.

Alle Freiheiten des Warenaustauschs und Handels in der besagten Stadt sollen genauso den Protestanten frei stehen, wie den Katholiken.

5.

Protestanten sollen nicht verpflichtet sein, von papistischen Priestern verheiratet zu werden.

6.

Noch sollen ihre Jugendlichen gezwungen werden, in papistischen Schulen gelehrt oder erzogen zu werden.

7.

Die Stadt soll sich nicht selbst zusammen mit des Königs Feinden zum Teilnehmer an jeglichem Rat oder Akt von Feindlichkeit machen. Und sie soll ihm alle Hilfe an Kontributionen geben und diese von seinen Feinden entziehen. Deren Wechsel *[im Sinne von Schuldscheinen]* soll die Stadt nicht akzeptieren.

8.

Die Stadt soll entweder beiden Parteien (dem König und seinen Feinden) freie Passage und Durchfahrt sowohl durch ihre Stadtgebiete als auch Territorien erlauben oder es ansonsten beiden Parteien gleichermaßen verweigern.

9.

Es soll für seiner Majestäts Offiziere und Diener frei sein, durch ihre Stadt und Territorien hindurch- und zurückzureisen. Und sie sollen die freie Erlaubnis haben, dort für die Erledigung ihrer Angelegenheit zu bleiben.

10.

Die Stadt soll dem König die Erlaubnis geben, einen seiner Beauftragten in ihrer Stadt einzusetzen, der aufpassen soll, dass in der Einhaltung dieser Artikel der Neutralität kein Betrug begonnen werde.

11.

Wer auch von seiner Majestät freie Freizügigkeit des Handels in diesen Teilen nahe des Rheins erhalten habe, jetzt ihm Untertan, wie auch jene, die jetzt seiner Majestäts Untertanen sind oder Verbündete oder die Handel mit ihnen treiben: Diesen soll die Stadt innerhalb ihrer besagten Stadtgebiete und Territorien jede Art von freier und ungestörter Handelsfreiheit erlauben.

Auf diese leichten Bedingungen hin gelang es der großen Stadt Köln, ihre so viel gefürchtete Invasion abzuwenden. Dafür durfte sie auch General Tilly danken: Denn wäre der nicht in diesem Augenblick über Gustav Horn hergefallen, dann wäre vielleicht Gustav Adolf schon lange über Köln hergefallen. Aber jetzt wurde überall im Lager des Königs geglaubt (ja, und vom König selbst auch befürchtet), dass Graf Tilly Gustav Horn restlos besiegt und in Stücke geschlagen hatte. Die Geschichte von dieser Angelegenheit werden wir Euch hier liefern – aus der Hand und den Erzählungen der Generäle auf beiden Seiten, Horn und Tilly.

Höchst gnädiger König,[58]

[FO] Ich soll eure Majestät hier billigerweise über all die Vorgänge in Bamberg informieren. Diese Stadt, obwohl geräumig, liegt dennoch so offen an allen Seiten, hat solch schwache Mauern herum und kann so von diversen, nahe gelegenen Hügeln kontrolliert werden, dass ich selbst und andere es als große Frage ansahen, ob der Ort gehalten werden könne oder nicht. Oder ob es möglich wäre, ihn so zu befestigen, als dass er dafür geeignet wäre, uns dort einzuquartieren. Aber da die Gründe für das Halten obsiegten (insbesondere nachdem wir uns selbst ob des Beistands durch den Herzog

---

[58] *[Deutscher Originaltext: siehe [18, S.1028–1032] und [22, S.371–376 (No.715)]]*

von Weimar[59] versichert hatten), gaben wir daraufhin Befehl zur Errichtung von Verschanzungen, wobei wir jedem Regiment ausgaben, wie viel sie aufwerfen sollten. Hierbei leisteten die Obersten und Kompanien der alten Regimenter ihren Teil. Und viel besser wäre die Arbeit weitergegangen, wenn das Regiment des Grafen von Solms an die Arbeit gewöhnt gewesen wäre und es nicht so vertrödelt hätte. Der Feind, der zuerst einen Überfall aus dem Hinterhalt [**FP**] angerichtet hatte, zeigte am 28. Februar zwischen 12 und ein Uhr am Mittag einige gewisse Reiter sehr nahe an der Stadt. Als ich davon benachrichtigt wurde, gab ich an jeden [**FQ**] Mann sofortigen Befehl, in Bereitschaft zu sein, wobei ich den Grafen von Solms zu unseren Reiterwachen außerhalb der Stadt schickte, dass sie auf keinen Fall mit dem Feind in einen Kampf eintreten sollten. Ich selbst beeilte mich in der Zwischenzeit, die Runde entlang der Schützengräben zu gehen, befehlend, solche Orte zu schließen, die jetzt noch offen waren. Und den Herrn Kochczitz sandte ich außerdem zu Oberst Baudissins Regiment, sich selbst in Bereitschaft zu versetzen. Dieses Regiment war zu dieser Zeit innerhalb der Stadt in ihren Quartieren. Aber Kochczitz, der keinen der Offiziere antraf, sandte durch einen Reiter des Regiments eine Nachricht an Oberstleutnant Bülow, dessen Nachricht Bülow missverstand. Woraufhin er sofort ins Feld marschierte, sogar sehr nahe an den Hinterhalt heran. Als ich zu den Reiterwachen kommend erkannte, dass das Regiment so weit vorgeschritten war, nahm ich an, dass sie in sehr großer Gefahr waren und dass sie uns alle in Konfusion versetzen würden, sollten sie einmal gezwungen sein, sich zurückzuziehen. Woraufhin ich sofortigen Befehl an sie gab, sich wieder in die Vorstädte zurückzuziehen. In der Zwischenzeit (erkennend, dass von den Feinden keine erschienen, bis auf nur einige wenige lose Reiter, welche sich zunächst vor einem kleinen Wald nahe des Stadtrandes gezeigt hatten) gingen ich selbst und der Graf von Solms,

---

[59] Er meint Herzog Wilhelm von Sachsen-Weimar.

um jedem Reiter-Regiment Befehl über ihren Alarmposten
[FR] zu geben. In diesem Augenblick kamen diejenigen Reitertruppen, die ich zuvor zur Aufklärung über das Gewässer
geschickt hatte, mit der Neuigkeit zurück, dass der Feind
mit seiner gesamten Armee in der Nähe war, sogar sehr
nahe an der Stadt. Auf diese Nachrichten hin schickte ich
an Oberstleutnant Bülow durch den Quartiermeister seines
Regiments sofortigen Befehl, dass er sich hinter das Verteidigungswerk zurückziehen solle, an dem das Regiment
des Grafen Solms jetzt arbeitete. Dort sollte er zur Absicherung der Pioniere bleiben. Dieser mein Befehl wurde in
der Tat ausgeführt. Aber sie kamen so spät dazu, dass –
ehe sie kehrtmachten, um dorthin zu gehen – zwei Regimenter des Feindes sie in ihrem Rücken angriffen und sie in
Unordnung brachten. Bei welchem Anblick das Regiment
des Solms (welche ihre eigenen Gräben ausbessern mussten) sehr erschreckt und verwirrt war und sofort darauf-
[FS] hin seine Position aufgab – und ungeachtet dessen, dass ich
selbst (sobald ich über die Angelegenheit informiert worden
war) mit dem Grafen von Solms zu genau dem Ort eilte,
[FT] wo der Feind bereits eingefallen war. Mit einigen wenigen
Mann (die wir dazu brachten, sich umzudrehen) trieben wir
den Feind wieder ziemlich heraus, gewannen unseren Boden
zurück und besetzten ihn wieder rundum mit einigen aus
des Grafen von Solms und Oberst Muffels Regiment. Denn
wir konnten unmöglich so bald welche von den alten Regimentern aus ihren Quartieren innerhalb der Stadt und den
anderen Vororten heranbringen. Dennoch hatte das keinen
Zweck, angesichts dessen, dass sie – sobald mein Rücken ihnen zugewandt war, um Befehle für andere Orte zu erteilen
– unversehens wieder ihren Boden verließen, zuletzt gänz-
[FU] lich über die Brücke in die Stadt laufend. Ja, tuend, was ich
und ihr eigener Oberst, der Graf von Solms, konnten (der
jetzt in den Oberschenkel geschossen wurde[60]), waren wir

---

[60]Welche Wunde ihn in ein Fieber brachte, an dem er im folgenden
März *[am 30.3.]* in Schweinfurt starb.

dennoch weder in der Lage, sie dazu zu bringen, ihre Stellung ein wenig zu halten, geschweige denn, wieder gegen den Feind anzugehen. Daraufhin drückte ein Fußregiment des [FV] Feindes (welches wir schätzten, dass es Fahrenbachs war) über die Brücke in die Stadt. Dieses schlug ich mit wenigen Musketieren aus des Grafen von Thurns Regiment (welches von den schwedischen Musketieren schnell unterstützt wurde) noch einmal zurück – und das unter bemerkenswerten Verlusten auf deren Seite. So gewann ich die Brücke wieder zurück, welche ich sofort abbrechen ließ. Ich stritt dort so lange mit dem Feind um den Ort, bis ich den Tross und die Gepäckwarte der Armee fortschicken konnte und all unsere Artillerie von den Kutschen genommen und diese zur Beladung auf die Schiffe gegeben hatte.

Als das erledigt war, marschierte ich in guter Ordnung [FW] mit der Infanterie und den Reitern aus Bauditzens Regiment ab, zusammen mit den Dragonern. Da Letztere im Dunkeln den Weg verfehlten, kamen sie nachher nach Kitzingen hinein. Unsere ganze Truppe zog sich sicher nach Eltmann zurück, bei welcher Stadt über die Brücke gehend ich mich auf jener Seite des Mains hielt. Die Dragoner und Krabaten des Feindes folgten uns etwas weiter entfernt, nicht besonders erpicht, mit uns in einen Kampf zu treten. Was die anderen Regimenter unserer Reiter angeht, die zum Teil auf dieser Seite des Mains einquartiert waren und zum Teil in Hallstadt und Kemmern (die ebenso auf der Nordseite des Mains abmarschierten): Nachdem diese ent- [FX] sprechend meinen Anweisungen die Brücke von Hallstadt abgerissen und niedergebrannt hatten, zogen sie sich nach Haßfurt zurück. Aus diesem Grund zog ich selbst, nachdem ich zunächst die Brücke bei Eltmann abgerissen hatte, auch zu diesem Ort, und zwar mit jenen Truppen, die ich damals bei mir hatte. Dort sammelte ich unsere Armee wieder, nur ausgenommen derer, die aus Angst gänzlich weggelaufen waren. Aber der Feind, der von den Landmenschen bereit- [FY] willig mit Holz und anderen Notwendigkeiten ausgestattet wurde, ließ die Brücke bei Hallstadt sofort wieder reparieren. Nachdem er sich jenseits dieser einquartiert hatte, zeigte er sich uns am zweiten März wieder mit diversen Reiterregimentern bei Zeil, eine Meile von Haßfurt. Auf deren Anblick hin sandte ich sofort einen Reitertrupp aus, um den Ort zu rekognoszieren, an dem es dem Feind möglich gewesen war, so plötzlich den Fluss zu überqueren, jetzt da die Brücke abgerissen war. Dieser Trupp brachte 3 Gefangene mit sich zurück, von denen ich erfuhr, wie der Feind bei Hallstadt mit 4 Regimentern hinübergekommen war und die Art, wie sie untergebracht waren. Von diesen erfragte ich zudem auch, welchen Weg ich nehmen könnte, um sie unversehens zu überraschen. So siebte ich aus ihnen so viel heraus, dass es nicht sehr schwer für mich war, durch die Wälder und über Nebenwege zu marschieren und somit über sie herzufallen. Als ich diese Informationen erhalten [FZ] hatte, brach ich mit der Kavallerie auf. Einige 2 Stunden vor Tagesanbruch machte ich einen Nachtangriff auf eines ihrer Quartiere, welches bei Oberhaid gelegen war, innerhalb einer Meile von Bamberg. Es war das Quartier von Planckharts Regiment und des jungen Merodi, welche ich alle (mit Ausnahme von 4 Truppenteilen, die etwa eine halbe Stunde zuvor für einen Geleitschutz ausgerückt waren) mit Feuer und Schwert völlig zugrunde richtete, wobei ich Reiterstandarten nahm. Der Rest wurde zusammen mit dem Gepäck allesamt verbrannt. Die Krabaten, die am Kopf des Quartiers gelegen waren, machten sich auf die Fersen, sobald wie immer sie die Angelegenheit witterten. Einige wagten sich durch den Main, wo viele von denen ertranken. Andere machten sich in die Berge davon, von denen hinterher einige erschlagen wurden, wobei ich eine ihrer Fahnen bekam. Der Rest steuerte das Quartier der Dragoner im Dorf Staffelbach an, wo sie sich in einen Friedhof zurückzogen, der von einer sehr hohen Mauer umgeben war. Diese dachte ich, mit Feuer zu zerstören, denn ich hatte keine Musketiere mit mir. Aber erkennend, dass es für mich unwahrscheinlich war zu bestehen und dass sie mit Leichtigkeit durch andere Garnisonen des Feindes hätten befreit werden können (welche dicht nahebei waren), war ich gezwungen, sie sich selbst zu überantworten und wieder zu unseren Quartieren nach Haßfurt zurückzukehren.

Am vierten des gleichen Monats zeigte sich der Feind [GA] wieder, nahe bei Zeil, etwa gegen ein Uhr am Nachmittag. Er marschierte gegenwärtig mit seiner ganzen Armee in Richtung Haßfurt (ohne Zweifel) mit dem Vorsatz, sich für das kürzliche Gemetzel zu rächen, das wir an seinen zwei Regimentern angerichtet hatten. Während ich deshalb die Küche und die Impedimenta der Armee mit der Bagage und dem schwereren Gepäck vorher in Richtung Schweinfurt wegschickte, zog ich mich selbst in guter Ordnung zurück, wobei ich mich ohne Verlust irgendeines Mannes auch nach Schweinfurt retirierte. Als ich hier Befehle für alle nötigen Vorkehrungen ausgegeben und dort die Regimenter des Carl Hård, Oberst Truchsess und des Grafen von Solms in Garnisonen gelassen und die Reiter passenderweise in den Dörfern um Schweinfurt untergebracht hatte (einige eine halbe Meile entfernt, einige eineinhalb Meilen von der Stadt und dahinter), nahm ich selbst mit dem Rest der Infanterie unsere Quartiere in Geldersheim ein, dort des Feindes weitere Absichten erwartend.

Geldersheim, 7. März 1631 [1632].

Nachdem wir somit aus Gustav Horns Bericht gelernt haben, was auf seiner Seite getan wurde, werden wir Euch auch den anderen Teil der Handlung gewähren und was auf Tillys Seite getan wurde. Und das ebenfalls aus seinem eigenen Bericht, welcher hinterher in Augsburg gedruckt wurde. Dabei wollen wir nichts auslassen, das des Berichterstatters Ruhm ermöglichen könnte.[61]

Nachdem die Schwedischen Bamberg am 11. Februar[62] [GB]

---

[61] *[Vgl. [35]]*

[62] Man beachte, dass Horns Brief den alten Stil verwendet und Tillys den neuen.

1631 *[1632]* eingenommen hatten, legten der Herr Marschall Gustav Horn zusammen mit Georg Bernhard Herzog von Sachsen-Weimar[63] ihre Quartiere in dieselbe Stadt. Aber lang blieben sie nicht. Denn seine Exzellenz, der Graf von Tilly, aus Forchheim mit 12000 Mann in Richtung Bamberg marschierend, zeigte sich in derselben Nacht gegen 4 Uhr vor derselben Stadt, so wie es gleichermaßen die schwedische Kavallerie ihm gegenüber tat, nahe bei den Galgen. Die Tillyschen Reiter standen nicht lange über die Angelegenheit sinnierend. Stattdessen fielen die Krabaten, die Dragoner und das Cronenbergsche Regiment mit solcher Wut über die Schwedischen her, dass sie diese vollkommen zerstreuten. Sie zwangen fünf Regimenter dazu, wegzulaufen, nahmen fünfhundert Gefangene (unter denen einige Haupt-Offiziere waren) und töteten eine große Vielzahl. Die Schwedischen zogen sich in die Vorstädte zurück, aber sie wurden derart mit unserer Artillerie verfolgt, dass sie froh waren, beide zu verlassen: Stadt und Vororte. Gustav Horn machte sich mit wenigen Reitern nach Schweinfurt auf und davon. Hier wurde der noble Graf von Sultz auf unserer Seite erschlagen, neben einem anderen Oberstleutnant von großem Ansehen. Am nächsten Tag, welcher der neunte März war, zog General Tilly mit seiner Artillerie in die Stadt ein.

Beim Vergleich dieser beiden Berichte gegeneinander mögen sie bemerken, dass Gustav Horn den Verlust an 500 Gefangenen auslässt. Und General Tilly ist froh, über den Verlust der zwei Regimenter hinwegzugehen, was 4 Mal so viel war. Eine Sache ist fehlerhaft in Tillys Bericht: Er sagt, dass Horn sich sofort nach Schweinfurt hinein zurückzog, was nicht bis 3 oder 4 Tage danach war. Tilly hatte das Bessere erreicht, indem er Horn in Rückzug versetzte und danach weitermachte – als Meister des Schlachtfelds.

Und dennoch war all das nichts als ein bloßer Streich, ein Spritzer, wie es der König nannte. Es war trotzdem die

---

[63]Tilly irrte sich (wieder). Es war nicht Herzog Bernhard von Weimar (der war jetzt beim König), sondern sein Bruder Ernst.

erste Aktion von irgendwelcher beachtenswerten Ehre oder Trost, welche trotz allem diejenigen von dieser Partei in ihren ermatteten Hoffnungen ermuntern konnte – seit dem Niedergang ihrer Seite in der großen Schlacht von Leipzig. Viel Lärm wurde dort von so wenig gemacht. Von denjenigen, die so viel von wenig machen, ist es ein Zeichen, dass sie nicht viel haben. Aus Gustav Horns Brief mag der Leser finden, wo das Verschulden auf schwedischer Seite lag. Im Regiment des Grafen von Solms nämlich, das nicht lange genug unter der *Schwedischen Disziplin*[64] gewesen war, um entweder das Arbeiten oder das Kämpfen zu lernen. Horn (denke ich) war auch verantwortlich zu machen, dass er so unvorsichtig war, keine Kundschafter außerhalb zu haben. Der König, der von Horns Aufgabe Bambergs gehört hatte – etwa 4 oder 5 Tage vor Erhalt seines Briefes – entschied, seinem Feldmarschall zur Hilfe zu kommen und sich an diesem Greis (diesem alten Mann) zu rächen, wie er den Grafen Tilly nannte. Seine Majestät war deshalb gebunden: Mit dem Abziehen seiner alten Soldaten aus ihren Garnisonen nahe bei ihm, mit dem Setzen von neu ausgehobenen Männern auf deren Plätze und mit dem Aussenden von Boten an Herzog Wilhelm von Sachsen-Weimar und General Banér, zu kommen und ihn mit ihren Streitkräften auf dem Weg zu treffen. Es soll hier aber nicht vergessen werden, wieder zeitlich zurückzugehen, um Gustav Horns Geschichte hervorzuholen. Selbst von der Zeit an, als der König ihn vormals in Franken ließ, bis zu seiner letzen Angelegenheit zu Bamberg zwischen ihm und dem Grafen Tilly. Denn das war auch unsere Vorgehensweise im ersten Teil unseres Intelligencers.

---

[64]Ihr mögt im 45. Artikeln in unserem Buch über die Schwedische Disziplin erkennen, dass jede Truppe und jedes Regiment ihre eigenen Pioniere sein, ihre eigenen Gräben aufwerfen und ihre eigenen Quartiere befestigen mussten, an was die Männer des Solms noch nicht gewöhnt waren.

II. Gustav Horns Geschichte

Genau wie zur Eroberung sind auch für die Befriedung eines eroberten Landes (zumindest) das Zeigen der Streitkräfte zusammen mit einer Politik von weiser Haltung und schonender Verwendung erforderlich. Woraufhin sich der König von Schweden deshalb in seiner kürzlichen Kundgebung oder Manifest in Würzburg bemüht hatte, das Herzogtum und Bistum von Franken in die Form einer Provinz überzuführen, indem er (so wie es die Römer gewöhnlicherweise machten) eine neue Staatsordnung unter den Untertanen seines neuen Herzogtums einführte. Zu sehen, dass diese Befehle dort wohl beachtet wurden, war einer der Gründe, warum Gustav Horn, der Feldmarschall oder die zweite Person nach dem König selbst, bei seiner Majestäts Weggehen mit einer Armee von 6000 oder 7000 Mann um Würzburg herum gelassen wurde. Und dies, so lese ich aus dem Ruhen der Aktionen in diesen Landesteilen, war die hauptsächliche seiner Aufgaben. Ich finde keinerlei Erwähnung von irgendwelchen Bewegungen seinerseits in diesem ganzen Monat Oktober, an wessen Anfang sich der König von ihm getrennt hatte. Ein anderer Grund für seine Lautlosigkeit mag genauso gewesen sein, dass er sich nicht von diesen Landesteilen wegbewegen sollte, bis General Tilly sie verlassen hatte. Und das aus Angst vor dessen Versuchen oder vor dem Wunsch der Menschen nach Veränderung.

Aber als sich Graf Tilly nun Ende November bereits jenseits hinter Nürnberg befand, wobei seine geteilte Armee in Richtung Bayern und der Oberpfalz gegangen war, und die Untertanen Frankens außerdem in einer gleichmütigen Haltung von Ruhe waren, da begann der schwedische Marschall, um sich herum zu blicken. Tilly hatte in seinem ausgehenden Marsch vom König weg in Richtung Nürnberg mit wenig Aufwand die Städte Mergentheim, Windsheim und Rothenburg von den Schwedischen zurückerobert. Sobald Tilly ihnen den Rücken zugedreht hatte, wurde deshalb zuerst auf diese Städte losgegangen. Die Stadt Kitzingen[65] (eine gute Stadt, etwa zwölf englische Meilen östlich von Würzburg) wurde zu Beginn des Dezembers zu einer einvernehmlichen Regelung gebracht. Am vierten dieses Mo- [GC] nats leistete sie den Treueeid auf den König und die Krone Schwedens. Dies (dass ich es Euch ein für alle Mal sage) war die Art des Eids, die gewöhnlich den Deutschen vom König angeboten wurde. Und das war die Klausel, die am meisten in ihren Mägen steckte und viele von denen dazu brachte, davor zurückzuschrecken. Insofern als (nämlich) sie nicht auf das Römische Kaiserreich schworen, sondern auf die Krone Schwedens, so als ob sie hernach bloße Provinzler dieses Königreichs wären. Ob dies alleine der gefühlsbeherrschende oder auch nur ein helfender Grund war, kann ich nicht sagen. Aber das ist sicher, dass des Königs deutliches Siegel und Weisung für den besagten Eid in derselben Nacht heimlich heruntergerissen worden war von der Tür des Rathauses oder Ständerats, wo es angebracht worden war. Als diese Tat entdeckt wurde, dass da einige kaiserlich Gesinnte in der Stadt waren, die eine Missgunst auf alle warfen, wurden die Bürger deshalb weitgehend entwaffnet.

Als nächstes akzeptierte Windsheim, eine freie Stadt an [GD] dem kleinen Fluss Aisch (einige zehn englischen Meilen südöstlich von Kitzingen), eine Garnison von 400 Schwedischen. Auch mehr westlich und in Richtung der Quelle des besagten Flusses und nahe bei Rothenburg wurde ebenso Gebsattel (wie ich es geschrieben finde) sofort darauf genommen. Auf die Stadt Mergentheim, mehr westlich gelegen am Fluss Tauber, wurde jetzt etwa gegen Mitte

---

[65] Diese Stadt, aus alter Zeit den Markgrafen von Ansbach gehörend, war im Jahr 1629 durch den Kaiser von ihnen genommen und dem Bischof von Würzburg gegeben worden.

Dezember wieder losgegangen. Hier leistete die Tillysche Garnison erst einigen Widerstand. Aber Marschall Horn, der mehr Männer und Kanonen aus Würzburg herbeiholte, besiegte zunächst 800 neu-angekommene Kaiserliche, die gedacht hatten, ein Quartier erzwingen und sich selbst in die Stadt drängen zu können. Die Garnison wurde danach noch vollständiger belagert und für zwei oder drei Tage be[GE] schossen. Da sie durch die Niederlage der vorher Genannten erkannten, dass keine Hilfe wahrscheinlich war, sie zu entsetzen, kamen sie am Freitag, den 16. Dezember, zu einer einvernehmlichen Regelung. Am nächsten Tag, nachdem sie soldatische Bedingungen in Bezug auf Waffen, Sack und Pack etc. erhalten hatten, marschierten sie aus in Richtung Nördlingen, in welcher Gegend ihr General Tilly damals war.

[GF]   Die kaiserliche Stadt Rothenburg an der Tauber, in der Graf Tilly auch eine sehr gute Garnison von Aldringens Leuten gelassen hatte, wurde nun täglich von den benachbarten Schweden aus Windsheim und Gebsattel belagert. Die aus Windsheim ließen ihre Pforten sowohl tags als auch nachts offen, um noch vorbereiteter zu sein, auf Trupps gegen die Rothenburger auszurücken. Und die Tillyschen der Stadt, denen es (wie es scheint) an Reitern mangelte, wurden durch dieses Mittel der Exkursionen und Kavalkaden abgeschnitten – ein Mittel, das vormals sie selbst gewohnt waren, auf das Land auszuüben. Da die Stadt somit (in gewisser Hinsicht) von den Schwedischen blockiert war, bereitete sich General Aldringen (damals mit Tilly in Nördlingen) vor, seine Soldaten darin zu entsetzen oder sie ansonsten dort herauszubekommen. Zu diesem Zweck hatte er bereits einige seiner Männer in der Oberpfalz zusammengezogen, mit welchen und mit acht Stücken an Artillerie er sich in Marsch setzte. Dabei drohte er, weiterzugehen und auch in das Herzogtum Württemberg einzufallen, wenn er mit dieser Stadt fertig wäre.

[GG]   Aber seine Männer hatten aufgegeben, bevor er ankommen konnte. Und um ihm voraus zu sein, war Gustav Horn gegangen, Heilbronn zu belagern, die erste gute, so widerspenstige Stadt des ganzen Landes Württemberg. Auf diese Neuigkeiten hin zog sich Aldringen am Ende des Monats über die Donau in Richtung Augsburg zurück, wo ich ihn am siebzehnten des folgenden Januars finde. Als er weg war, [GH] flogen die von Horn in Franken belassenen Schweden so weit wie Gunzenhausen aus, eine gute Stadt am Ende des Waldes, etwas südlich von Ansbach, auf dem Weg in Richtung Nürnberg und der Oberpfalz.

Diese Stadt Heilbronn war eine kaiserliche Stadt, aber von protestantischer Konvertierung. Sie war der Ort, wo die Fürsten dieser Union bis dahin gewöhnlich ihre Versammlungen abhielten. Sie liegt im Herzogtum Württemberg am Fluss Neckar, achtzehn oder zwanzig englischen Meilen von Heidelberg entfernt. In diese Stadt hatte der kaiserliche Kommissar Ossa etwa gegen Ende des vorherigen Novembers einige zehn Fähnlein an Lothringern *[unter Oberstleutnant Guimont]* gelegt, welche des Herzogs der Pfalzburg eigenes Regiment waren. Für deren Unterhalt gab es eine Kontribution von 4000 Gulden im Monat, die den Ehrenleuten des Landes auferlegt war. Und die Stadtleute waren damit belastet, ihnen Brot, Wein, Salz, Brennholz, Kerzen und Wohnraum zu finden. Zur Befrei- [GI] ung dieser Stadt stellte Gustav Horn nun seine Kräfte um. Dienstag Nacht, den 20. Dezember, umringte er ganz plötzlich und in der Dunkelheit die Stadt, der er am nächsten Morgen durch eine Trompete Aufforderungen übergab. Die Antwort der Lothringer war lauter als das Begehren der Trompete, denn sie beauftragten ihre Kanoniere, diese zu geben. Horn machte sich an die Arbeit mit dem Spaten und daran, seine Annäherungen nach vorne zu bringen. Ein bisschen nach dem Essen sandte er zwei weitere Trompeten mit Briefen an den Bürgermeister und die Stadtleute. Der Inhalt war, sie zu überzeugen, die Lothringer aus ihrer Stadt zu bekommen. Und ihr Bestes zu tun, sie auch schnell wegzuschicken. Denn lange würde er sich damit nicht aufhalten lassen. Und er war abgeneigt, das Äußerste gegen eine Stadt seiner eigenen Religion anzuwenden. Sie sollten also wohlüberlegt handeln, um ihn nicht dazu zu bringen. Der lothringische Statthalter arbeitete auf der anderen Seite daran, die Bürger in ihrem Gehorsam gegenüber dem Kaiser zu halten, und ermutigte sie damals, den Schwedischen gegenüber Widerstand zu leisten. Aber die Einwohner waren vorsichtig, um ihre Häuser vor der Zerstörung durch Kanonen und Granaten zu retten, sowie vor der Plünderung durch die Schwedischen, falls sie durch das Erklimmen mit Leitern genommen werden sollten. Sie weigerten sich, ihre Mauern zu besetzen oder sich mit den Lothringern zu vereinen. Horn hatte bis zum nächsten Morgen seine Linien so weit wie bis zu der Wassermühle gebracht, etwas außerhalb der Mauern, worin einige sechzig oder siebzig Lothringer untergebracht waren. Die Mühle wurde mit einer Petarde aufgesprengt und von den Schweden betreten. Dann begann die Exekution unter den Lothringern. Aber durch die Vermittlung eines französischen Dragoner-Hauptmanns, der damals unter den Schwedischen diente, wurde das Abschlachten eingestellt. Vor dieser Mühle warfen die Schwedischen eine Brustwehr und eine Batterie auf. Sie hämmerten schlimm auf die Festung oder Zitadelle der Stadt ein, welche gleich gegenüber lag. Da Horn nach ein paar Stunden erkannte, dass seine Kanonen eine für die Erstürmung geeignete Bresche schlagen würden, forderte er noch einmal [GJ] den Ort durch eine Trompete auf. Die Garnison – misstrauisch sowohl gegenüber der Treue der Stadtleute wie der Schwäche des Ortes (welcher in der Tat kein starkes Stück war) – begann mittlerweile eine Bereitschaft zur Kapitulation zu zeigen. Und weil ihre Bedingungen akzeptiert wurden, marschierte die Hälfte von ihnen aus. Die andere Hälfte leistete den Eid auf den König von Schweden. Horn trat ein, um sein Weihnachten in der Stadt abzuhalten. Als die ersten Feiertage vorbei waren und wegen der Nähe der

Armee des Königs keine Erfordernis mehr für ihn in diesen
Landesteilen, ließ er fünfhundert Musketiere in der Stadt,
sowie Oberst Schmidberg als ihren Statthalter. Mit dem
Rest der Armee kehrte er wieder zurück nach Franken.

Sein erstes Werk dort war die Vorbereitung, in das Land [GK]
des Bischofs von Bamberg einzufallen, der mittlerweile noch
offensichtlicher seine vormalige Treue gegenüber dem König
gebrochen und Tillys Garnisonen in seinen stärksten Städten
Bamberg, Forchheim und Kronach aufgenommen hatte. Um
Haßfurt am Main herum begannen sich nun mehr von den
Tillyschen und anderen zu versammeln, um dort gemustert und in des Bischofs Dienst aufgenommen zu werden.
Gustav Horn ging nach seiner Rückkehr aus Heilbronn zuerst nach Windsheim, an welchem Ort er alle seine Kräfte
zusammensammelte, die zwischen diesem und Rothenburg
in Garnison lagen. Von dort aus zog er nach Iphofen, eine
kleine Stadt, nur eine deutsche Meile östlich von Kitzingen,
wo er einen Generalappell abhielt und zu welchem Ort er
seine Kanonen mit sich gebracht hatte. Hier finde ich ihn
am 14. Januar, was im Zeitraum des vorgenannten 14-tägi-
gen Waffenstillstands war. Und in dieser Gegend (wie ich
mir zusammengereimt habe) mag des Königs Brief zur Ruhe der Waffen (datiert in Höchst, 4 Tage zuvor) zuerst in
seine Hände gekommen sein. Von diesen Landesteilen aus [GL]
ging er (da er wenig anderes zu tun hatte) nach Nürnberg,
um dort Befehle zur Befestigung der Stadt zu geben. Hier
wurde vereinbart, dass Heinrich Wilhelm Graf von Solms
sein Regiment aus Nürnberg herausbringen sollte, um sich
mit ihm gegen Bamberg zu vereinen. Das ist der Graf, der
Nürnberg so entschieden gegen Tilly verteidigt hatte, für
welchen Dienst der König ihn zur Belohnung mit der Gra-
fenwürde von Schwarzenberg im Thüringer Wald *[Franken]*
geehrt hatte.

Horn machte keinen langen Aufenthalt in Nürnberg, angesichts dessen, dass ich ihn einige Tage vor Ende des Waffenstillstands in Schweinfurt am Main finde, ganze sechs

Leugen wieder zurück, jenseits von Iphofen und am Rand des Bistums von Bamberg. Dorthin berief er nun seine ganze Armee. Und dorthin kam Herzog Ernst von Sachsen-Weimar, der vom König zum Statthalter von Königshofen (sechs Leugen nördlich von Schweinfurt) benannt worden war, um sich mit ihm zu vereinigen. Herzog Wilhelm von Sachsen-Weimar sollte ebenfalls zu ihm kommen. Ich glaube, dass einige der Kräfte dieses Herzogs, die man bei Erfurt zurückgelassen hatte, bereits zu seinem Bruder Ernst geschickt worden waren. Aber dass er selbst Ende des vergangenen Dezembers den Thüringer Wald durchquert hatte und so weit wie Meiningen in Richtung Horn gekommen war. Und dass er 4000 Reiter und 8000 Fußsoldaten bei sich hatte (wie die kurze und falsche[66] Arma Suecica sagt), glaube ich nicht – angesichts dessen, dass er nur 1500 Reiter hatte, um sie später zum König nach Donauwörth zu bringen. Aber ob Herzog Wilhelm in diesem Moment umgeleitet war zur Einnahme von Passagen im Vogtland, um die Tillyschen davon abzuhalten, aus der Oberpfalz heraus nach Meißen zu kommen (das Land des Cousins des Herzogs von Sachsen), wie ich von einigen als Entschuldigung höre, oder ob er noch um Göttingen in Westfalen herum war, was ich eher denke, oder was auch immer sonst darin war: Horn beschwerte sich sicherlich beim König darüber, dass diese sächsischen Kräfte, auf die er sich so sehr verließ, nicht zeitlich genug zu ihm geschickt wurden, bevor Tilly ihn aus Bamberg herausschlug.

Als Gustav Horn vorbeigegangen war, wurde in Würzburg eine Verschwörung entdeckt, Tilly wieder hineinzubringen. Die abgefangenen Briefe wünschten, dass Tilly mit höchster Geschwindigkeit kommen solle, denn jetzt sei seine Zeit, sowohl Stadt als auch Burg wieder sehr leicht ein-

---

[66]Ich halte die Fortsetzung der Arma Suecica *[siehe [1, S.245ff] und [2]]* für nichts anderes als eine Abkürzung der Zeitschriftenartikel – zusammengeworfen ohne viel Beurteilung. So wie an dieser Stelle, wo er als einen zweiten Fehler Memmingen statt Meiningen *[siehe [1, S.273]]* setzt.

zunehmen, da die meisten der Garnison jetzt in Richtung Bamberg abgezogen waren. Dies hatte zur Folge, dass einige der Bürger ergriffen wurden und dass der Ort nachher besser bewacht wurde.

Kaum waren die 14 Tage Waffenstillstand ausgelaufen, [GM] da fiel Gustav Horn in das Bistum Bamberg ein. Das hätte er schon früher getan, denn der König hatte abgelehnt, dem Bischof überhaupt irgendeine Neutralität zu gewähren. Das Land war sehr verängstigt über sein Eintreffen, und der Bischof schickte nach Hilfe zum Grafen Tilly. Durch Kunstgriffe versuchten sie, Oberst Schlammersdorf von Nürnberg dazu zu bringen, Gustav Horn aus dem Spiel zu nehmen, wenn das möglich wäre. Horns erste Absicht zielte auf Höchstadt ab, eine hübsche Stadt am Fluss Aisch, zwischen Kitzingen und Forchheim. In deren Richtung schickte er am Samstag, den 28. Januar, eine kleine Gruppe oder Himmelfahrtskommando voraus. Sie wurden von 50 kaiserlichen Reitern angegriffen und zurückgeschlagen, die, nachdem sie aus Bamberg gekommen waren, um ihr Abenteuer zu suchen, sich in einem verschwiegenen Hinterhalt verborgen hatten, in einem kleinen Dorf auf dem Weg. Als mehr von den Schwedischen nun zur Rettung kamen, waren die Kaiserlichen gezwungen, auf direktem Weg nach Forchheim zu fliehen. Horn brachte seine Männer vor die Stadt *[Höchstadt]*, hämmerte sie ein bisschen mit neun Stück Kanonen und verwundete mit einem zufälligen Schuss den Bürgermeister *[nach [1, S.274]: einen Major]*. Die Garnison (die [GN] dreihundert Mann waren) gab am nächsten Tag den Ort auf. Die meisten von diesen wurden auch zu Soldaten unter den Schwedischen. Aber vor der Kapitulation kam aus Forchheim der kaiserliche Oberst d'Espaigne mit einigen fünfhundert Reitern und genauso vielen Fußsoldaten in der Hoffnung, sie zu entsetzen. Drei Kornetts aus den Reitern des Grafen von Solms, die auf der anderen Seite des Flusses waren, an der die Stadt liegt, wurden nun von d'Espaigne entschlossen angegriffen. Da die Männer des Solms aus-

schickten, um den böhmischen Baron Kochczitz herbeizurufen, zogen sich die Kaiserlichen daraufhin zurück. Sie leisteten überhaupt keinen Widerstand bis sie innerhalb einer
Meile von Forchheim kamen. In dieser Gegend fanden die
fünfhundert kaiserlichen Fußsoldaten einen Geländevorteil
und legten sich in einen Hinterhalt. Ein Teil davon war
in einem Dorf, ein Teil in einem Friedhof, wo sie auf die
Schwedischen warteten. Schlimm erging es mit den Schwedischen beim ersten Aufeinandertreffen. Diverse einfache
Soldaten, zwei Leutnants, drei Fähnriche, zwei Rittmeister
und vierzig oder fünfzig Reiter wurden entweder erschlagen
oder verwundet. Der adlige Herr Kochczitz (ihr Oberst),
der nach einer Weile in einen seiner Arme geschossen wurde und sich in Gefahr befand, wurde von seinem Oberstleutnant tapfer gerettet. Und seine Männer – jetzt allesamt
wutentbrannt – griffen die Kaiserlichen noch erbitterter an,
schlugen sie nach einer Weile aus dem Dorf, töten diverse
Reiter und Fußsoldaten und nahmen eine große Vielzahl
[GO] an Gefangenen. Als diese Niederlage des d'Espaigne in der
Garnison Bambergs bekannt wurde, fielen die sofort her,
die Stadt zu plündern und zu verlassen, sich selbst nach
Forchheim in einen viel stärkeren Ort zurückziehend.

Am Mittwoch, den 1. Februar, sandte Gustav Horn fünf
Fähnlein an Reitern und zwei Fahnen an Fußsoldaten aus,
um die Stadt Bamberg einzufordern, die Hauptstadt des
Bistums, wenn auch nicht die stärkste. Sie lag am nordöstlichen Ufer des Mains, über den sie eine Brücke hatte. Die
Bürger, verantwortlich für die Schwäche des Ortes und am
Tag zuvor von ihrer Garnison verlassen, begannen mit den
Schwedischen in die Übergabe einzutreten – vollständig zustimmend, ihre Stadt denen zu übergeben. Just während
dies geschah, fielen fünfhundert Bauern der Bürgerwehren
von Kronach und Umgebung, die sich von der gegenüberliegenden Seite in die Stadt drängten, gleichzeitig mit den
Schwedischen ein und warfen sich beherzt auf sie, um sie
wieder herauszuschlagen. Als die Städter dies erkannten,

beteiligten sie sich ebenso mit ihren Bauern. Und angesichts dessen, dass da einige mehr von den Schwedischen zu dieser Zeit vor die Mauern gekommen waren, schlossen sie ihre Tore gegen sie und ließen Kanonen- und Musketenkugeln mit voller Geschwindigkeit zwischen sie fliegen. Dies dauerte bis Mitternacht fort. Zu welcher Zeit die schwedischen Reiter innerhalb begannen, sich als zu stark für die Bauern zu erweisen. Und diejenigen draußen brachen nun auch hinein. Die heimtückischen Stadtleute waren entsetzlich erschrocken vor Angst, ihre Kehlen durchgeschnitten zu bekommen – jeder Mutters Sohn. Aber sie warfen jetzt [GP] auf dem Marktplatz ihre Waffen zu Boden und liefen, sich zu verstecken, wo sie nur konnten. Die Schwedischen waren gleichgültig beschwichtigt durch die Plünderung deren Häuser und schlugen kaltblütig aus, sich an auch nur einem Bürger zu schaffen zu machen. So verhängnisvoll war es für die aus dieser Stadt und dem Bistum gewesen, ihre Treue gegenüber dem König von Schweden zu brechen. Nachrichten über all das wurden sofort zu Gustav Horn nach Höchstadt gesandt. Als der in die Stadt kam, nahm er seine Unterkunft in *[Schloss]* Geyerswörth und überließ den Bischofspalast dem Herzog Ernst. Zum Abwenden von Plünderungen schickte das Land daraufhin nach Bamberg, um seine Übereinkünfte zu treffen. Aus welchen – der einen oder anderen – Gustav Horn ein sofortiges Lösegeld von 400000 Reichstalern zog.

Februar-füll-den-Graben[67] (als ob er befürchten würde, seinen guten Namen zu verlieren) begann jetzt so natürlich, seine Rolle zu spielen. Und die Jahreszeit erwies sich dar- [GQ] aufhin als so regnerisch, dass Horn (insbesondere mit seinen Kanonen und Wagen) nicht in der Lage war, sich irgendwo nach außerhalb in das Land zu bewegen. Der Hauptdienst, den er so leisten konnte, war der, dass seine Reiter an einem hin und wieder heiteren Tag gegen die aus Forchheim ausfielen. Dieser eine zufällige Umstand hinderte den König

---

[67] *[Originaltext: 'February-fill-dike' (Monat der Überschwemmungen)]*

von Schweden daran, die Eroberung des Bistums Bamberg zu vollenden.

Als der Bischof von der Einnahme der Stadt hörte, floh er mit höchster Geschwindigkeit in Richtung Oberpfalz. Am 3. Februar ging er nach Vilseck, am nächsten Tag nach Amberg und am Ende des Monats bis nach Regensburg und somit nach Bayern hinein. Es war sein Zufall, sich auf dem Weg mit Generalleutnant Cratz und dem Grafen von Sulz zu treffen, die mit 3000 Mann und einigen Stücken an Artillerie aus Amberg und Weiden gekommen waren, um Forchheim zu entsetzen, von dem sie (aber fälschlicherweise) gehört hatten, dass es belagert sei. Sie waren bereits so weit wie Auerbach und darüber hinaus fortgeschritten, einige dreißig oder weniger englische Meilen von Forchheim. [GR] Als sie hier durch den Bischof verstanden, dass Gustav Horn für eine so kleine Anzahl zu stark war, zogen sie ihre Kräfte wieder zurück nach Auerbach. Das war am dritten Februar, genau demselben Tag, an dem der Bischof vorwärts nach Vilseck ging, sechs englische Meilen jenseits von Auerbach.

Gustav Horn war gezwungen, sich selbst die ganze regnerische Jahreszeit über innerhalb Bamberg aufzuhalten – unfähig einen anderen Dienst zu leisten, als die Stadt ein bisschen zu befestigen, welche in der Tat nicht verteidigungsfähig gemacht werden konnte. Keine Beeinträchtigungen überhaupt verübte er an der Geistlichkeit Bambergs. Ausgenommen – falls das eventuell als ein Vergehen missverstanden werden könnte –, dass er um die Rettung ihrer Seelen bemüht war, indem er bewirkte, dass die protestantische Religion in deren Kathedrale gepredigt wurde. Gegen [GS] Ende des Monats begann es zu frieren. Alsbald dass die Erde und das Eis hart genug waren, um seine Artillerie zu tragen, traf er hingegen Vorkehrungen für die Belagerung Forchheims. Auf welche Weise er durch den Grafen Tilly von diesem Plan abgebracht wurde, haben wir Euch vorher erzählt.

Weil wir jetzt zweimal zuvor den General Tilly erwähnt

haben, soll an genau dieser Stelle nicht vergessen werden, seine Geschichte vorzubringen – von der Schlacht bei Leipzig bis zu diesem Treffen mit Horn. Und ihn dann für eine Weile wieder zu verlassen, bis er bereit ist für seinen zweiten und letzten Sturz. Den ersten Teil seiner Geschichte hätte man (es ist wahr) vor seiner ersten Erwähnung einbringen können, als er im Oktober nahe zum König hinzog. Aber weil das zu sehr die Geschichte des Königs unterbrochen hätte, überlegte ich, besser alles hier zusammenzustellen.

III. General Tillys Vorgehen

Keine einzige Tat dieses tapferen Anführers hat bewirkt,
dass so viel gesprochen wurden (und auch mit Respekt) wie
jenes sein Ungemach bei der Schlacht von Leipzig. Gewöhnliche Leute sterben – und werden vergessen. Aber dies zeigt,
was für ein großer Teil der Welt und was für eine Hauptperson dieser Mann war, der immer noch Anlass gab zur ersten
Frage nach Neuigkeiten: *Ist Tilly noch am Leben?* Um den
Leser zufriedenzustellen, dass er noch nicht tot war (nein,
und auch niemals kurz davor zu sterben), werden wir Euch
hier das Tagebuch oder Protokoll seiner ersten Bewegungen
hoch und runter präsentieren. Und das sollen die Gaben seiner Reise sein.

[GT]   Er wurde am 7. September 1631 in Leipzig besiegt. Von
wo aus er – sich nach Westen wendend (wie die unterge-
hende Sonne) und am Fluss Saale bleibend – zuerst nach
Halle floh, wo seine Wunden verbunden wurden. Am nächsten Tag eilte er zusammen mit dem Grafen von Fürstenberg
und Pappenheim von dort aus hinfort. Sich dann ein bisschen nach Nordwesten wendend eilte er nach Aschersleben,
wo er am Freitag, den neunten September, ankam. Von da
schrieb er an General Aldringen – und das war eine Kopie
seines Briefes:

[GU]   Mein Herr, ich bin nun in Aschersleben angekommen,
wo ich die Aufgabe und die Entschlossenheit habe, so viele unserer versprengten und zerstreuten Truppen zu sammeln, wie wir sie eventuell wieder in diesem Herzogtum[68]
zusammenbekommen können. Ich schreibe nun diesen meinen vierten Brief an Euch, um Euch über meine Wünsche

---

[68]Von Braunschweig.

in Kenntnis zu setzen und Euch obendrein ernsthaft abzuverlangen, dass Ihr Euch in einer andauernden Bereitschaft
haltet und auf Eurem Posten steht mit Eurer ganzen Armee, auf die beste Weise, wie Ihr könnt. Wir können noch
nicht in Erfahrung bringen, in welche Richtung der Feind
wahrscheinlich seine Waffen lenken wird. Er mag sich vielleicht in Eure Richtung wenden, aus welchem Grund ich
Euch raten könnte, dass Ihr zu Eurer besseren Gefahrlo-
sigkeit und Sicherheit eilen würdet, Euch selbst denjenigen
Truppen von uns anzuschließen, die bereits in Hessen sind.
Und zusammen die Kräfte des Landgrafen so lebhaft anzugreifen, wie Ihr nur irgend könnt. Ich wünsche von Euch,
dass, wenn die Zeit es Euch erlaubt, Ihr mich mit den Neuigkeiten aus Euren Teilen und der Reihenfolge Eures Vorgehens vertraut macht. Eure Briefe können mir auf dem Weg
über Halberstadt übermittelt werden, in welcher Gegend
ich bis zur Stunde bin und wahrscheinlich für eine Weile
weitermachen werde.

Aschersleben, $\frac{9}{19}$. September 1631.

Euer sehr wohl gewogener,
Johann, Graf von Tilly.

Von dort ging er weiter in das Herzogtum Braunschweig,
nach Halberstadt, welches volle achtzig englische Meilen
vom Ort der kürzlichen Schlacht entfernt ist. Hier fand er
18 Truppenteile seiner eigenen Reiter, welche vor ihm dorthin gekommen waren. Jetzt (im Braunschweiger Land) war
Tilly (gewissermaßen) zuhause, denn in dieser Gegend hatte der Kaiser diverse Ländereien und Grundherrschaften an
ihn verliehen, welche dem verstorbenen Christian, Herzog
von Braunschweig und Bischof von Halberstadt, gehört hatten, welchen Tilly besiegt hatte. An die Kirchentüren über- [GV]
all hierorts setzte er seine 'si quis'-Aufrufe[69] und Patente,
um solchen seiner Obersten und Hauptmänner Bescheid zu

---

[69] ['Si quis' = 'Wenn jemand', in englischen Pfarrkirchen angeschla-
gene Aufforderung, etwaige Einwände gegen die Ordination eines
Pfarramtskandidaten vorzubringen]

geben, die jetzt noch am Fliehen waren und nicht wussten, wohin: Wo sie ihn und solche Fragmente ihrer eigenen Truppen, von denen bereits gehört wurde, finden mochten. Er erkannte, dass er selbst in dieser Gegend noch nicht sicher genug war – denn einige schwedische Reiter waren sogar jetzt noch dabei, das Ufer hinauf und herab umherzuschweifen, auch an der Grenze dieses Braunschweiger Lands und Magdeburg. So gereizt war er über die Neuigkeiten darüber, dass er sogar – obschon alt und verwundet – dennoch am Dienstag, den 13. September (der sechste Tag nach der Schlacht), von Halberstadt hinweg um sein Leben jagte. Den (neuen) Administrator von Halberstadt, Johann Reinhard Metternich, nahm er mit sich fort, wie auch all die Soldaten der benachbarten Garnisonen.

[GW] Von dort floh er nach Osterwieck, vier Leugen ferner, und so voran ins Bistum Hildesheim. Sich hier ein bisschen mehr südwärts wendend kam er am Samstag, den 17. September, nach Alfeld (zehn oder elf Leugen weiter) – gerade einmal zehn Tage nach der Schlacht. In dieser Zeit war er (sich den kürzesten Weg erlaubend und auch auf einer Linie) volle sieben mal zwanzig englische Meilen an Grund gegangen. Die Überreste seiner Armee waren auch genauso schnell wie er gerannt, so dass das wohl 'Fliegender Marsch' genannt werden kann. Aber um es einfacher zu machen, das zu glauben, dass nämlich seine Fußsoldaten in so kurzer Zeit so weit hätten gekommen sein sollen, müssen Sie davon Notiz nehmen, dass diese wohl von ihren Waffen und ihrem Gepäck erleichtert waren. So dass sie sich allesamt leicht und unbewaffnet hierher zurückzogen.

Als er hier außerhalb der Kanonenreichweite war, machte er jetzt seinen zweiten Aufenthalt – zum Versammeln von weiteren Resten seiner Armee. Nach einer Weile ein bisschen nach Südwest abbiegend ging er daraufhin nach Höxter im Bistum *[Stift]* Corvey in Westfalen, wohin er sich am 25. September rettete, nachdem er zuerst für die Passage seiner Leute eine Brücke über den stattlichen Fluss Weser gelegt hatte. Hier begann er, seine Armee wieder zu formieren. Um diese aufzustocken, hatte er eine Verstärkung von 3000 Fußsoldaten und 2000 Reitern (wie einige schreiben) aus der Diözese Köln. Diese hätten in der Tat leicht genug durch die Grafschaft Waldeck zu ihm kommen können. Hier auch rekrutierte er seine alten, zerschmetterten Re- [GX] gimenter mit einigen wenigen Einberufenen. Und hierher kamen da aus Hameln (eine Stadt einige sechs Leugen nördlich von Höxter und auf derselben Seite der Weser) zwölf Stück Kanonen und solche anderen Kriegsnotwendigkeiten, wie das Magazin bieten konnte. Nach allen diesen hatte er zuvor ausgeschickt, ihn dort zu treffen. Es war ein sehr guter Ort für eine Armee, dort drinnen formiert zu werden, denn hier herum gab es eine Fülle von ziemlich schönen Städtchen – ein reiches Land, welches in letzter Zeit nicht ausgeplündert worden war. Zu dieser Zeit wurde von ihm gesagt, dass er eine Armee von 10000 Männern zusammen hatte. Woraus – unter der Annahme, dass das wahr ist – es sich deutlich ergibt, dass er bis dato wieder volle 5000 seiner alten Armee zusammengefügt hatte. Diese Beobachtung kann durch dieses Argument untermauert werden: Dass die 5000, die ihm aus Köln geschickt wurden, und auch diese anderen neu angeworbenen Männer von diesen zehntausend abgezogen werden müssen.

Die Wahrscheinlichkeit einiger Aufruhren in dieser Gegend vorhersehend (welche in der Tat etwas danach ausbrachen[70]) ließ er den Grafen von Gronsfeld mit einem Teil der Streitkräfte in diesem neu errichteten Lager, damit jener in den Landesteilen an der Weser sein Leutnant war. Innerhalb von zwei oder drei Tagen danach marschierte er selbst mit dem größten Teil der Armee nach Warburg im Bistum Paderborn, welches am Fluss Diemel liegt, die dieses Bistum vom Land Hessen kommend teilt. Der Grund für seinen Zug in Richtung dieser Landesteile war, sich mit

---

[70]Durch den Aufstand des Herzogs von Lüneburg und des Bischofs von Bremen und des Landgrafen von Hessen.

Aldringen, Fugger und Mansfeld zu treffen, denen er geschrieben hatte. So wie auch dem Grafen von Sulz näher zu sein, der auf der anderen Seite Hessens war, zwischen Fulda und dem Main. Und das waren die Streitkräfte, die Tilly in seinen Briefen an Aldringen erwähnte, die im Land Hessen wären. Der Herzog von Lothringen war mit seiner Armee jetzt ebenfalls auf dem Marsch dorthinwärts. Und an alle diese hatte Tilly geschrieben, zu kommen und ihn zu treffen. Als er an diesem Ort vollständigere Mitteilung hatte, dass der König über Erfurt hinaus in Richtung Franken gegangen war und es aufgegeben hatte, ihn zu verfolgen, wandte [GY] er sich daraufhin mehr südlich. Er hielt sich deshalb genau am Rand von Waldeck und Hessen (wobei ein kleiner Fluss sein Wegweiser war) und kam zuerst nach Gudensberg, zwei Meilen westlich des Flusses Fulda, welches seine Männer plünderten und brandten.[71] Dann von hier aus immer noch südlicher nach Fritzlar in Hessen, zwanzig englische Meilen von Warburg, welches der Landgraf vor Kurzem vom [GZ] Kurfürsten von Mainz genommen hatte. Am zweiten Oktober bewegte er sich wieder vorwärts, ruinierte am selben Tag Borken, eine deutsche Meile von Fritzlar. Dies tat er, um seine Soldaten Fleisch kosten zu lassen auf dem Land eines Feindes. Diese Nacht wurde da ein Kommando ausgesandt nach Bischhausen, eine kleine, offene Ortschaft, eine Leuge außerhalb. Hierhin hatten die Landbauern ihr Vieh getrieben, denn die Siedlung war auf drei Seiten von zwei kleinen Flüssen eingezäunt, welche sich darin trafen. Die armen Leute hatten auch eine Truppe von den Reitern des Landgrafen als ihren Schutz. Die Tillyschen flatterten über dieses Beutegut her, schlugen die Bauern und ihre Wachen und begannen, das Vieh wegzutreiben. Die Garnison von Ziegenhain (eine gute, starke Stadt der Landgrafen, etwa fünf englische Meilen südlich davon), die rechtzeitig zur

---

[71] *[28. September: Immenhausen zerstört, 29. September: Kirche Niedenstein abgebrannt, 30. September: Kirchberg bei Gudensberg abgebrannt, 2. Oktober: Neukirchen geplündert und verwüstet, Vorstadt von Ziegenhain abgebrannt, siehe [32, S. 64/65]]*

Rettung kam, schlug die Tillyschen wieder zurück. Nachdem beide Parteien von ihren Eigenen verstärkt worden
waren, wurden etwa 300 auf der einen oder anderen Seite erschlagen. Und da Tilly auf seinem Marsch voraus war,
waren die von den Seinigen gezwungen, das Scharmützel zu
verlassen und der Armee nachzufolgen. So trennte sich das
Schlachtgewühl. Die Tillyschen marschierten mit dem Vieh
der Hessen ab. Am nächsten Tag, Dienstag, den 4. Okto- [HA]
ber, immer noch nach Süden weitergehend, erwirkte Tilly,
was er so sehr wünschte: Die Vereinigung seiner Armee mit
Aldringen und Fugger, mit denen die Kräfte des Grafen
von Mansfeld nun auch verbunden waren. Um dessen Geschichte hervorzuholen, lassen Sie uns nun wieder zeitlich
zurückschreiten und so mit diesen zusammen entlang gehen.

Dieser Herr Heinrich Otto Fugger war einer der Fugger [HB]
von Augsburg, welche die größte Familie an Händlern und
Bänkern ganz Europas war. Was Aldringen betrifft, seine
guten Seiten hatten ihn bloß begünstigt. Eine Sache, die im
Kaiserreich selten war, wo so sehr auf die Oberschicht bestanden wurde. Er war der Sohn eines Stadtschreibers – so
etwas wie ein *Feder- und Tintenfass-Mann –*, welche Art der
Berufung in Deutschland so wenig Respekt fand. Seine Aus-
bildung erfolgte zunächst an den Universitäten und danach
an der Landeskanzlei in Prag, wo er zuerst ein Schreiber und
dann ein Advokat war. Seine außergewöhnliche Gelehrtheit
(denn er hatte eine der besten Federn Deutschlands) und
sein scharfer Verstand beförderten ihn schnell von diesem
Ort weg.

Nachdem er sich den Kriegen zugewandt hatte, wurde er
(um den Rest auszulassen) mit Oberbefehl in Italien eingesetzt, in den kürzlichen Kriegen von Mantua[72]. Als diese
beendet waren, kehrte er mit seiner Armee nach Deutschland zurück. Wie er sich mit Fugger zusammenfügte und
wie sie beide, nachdem sie von Tillys Niederlage bei Leipzig

---

[72] *[Mantuanischer Erbfolgekrieg, 1628–1631]*

gehört hatten, sich durch den Thüringer Wald zurückzogen, lasse ich zum Nachlesen in meinem ersten Teil *[des 'Swedish Intelligencer']*. Es wurde gesagt, dass sie beide zu dieser Zeit einige 6000 Mann beisammenhatten. Mit diesen zogen sie sich zunächst nach Eisenach zurück. Um Fulda herum lag einer der Grafen von Mansfeld (von welchen es 5 Familien gab), mit welchem sie sich jetzt vereinigten. Ihre Armee vergrößerten sie mit einigen neuen Rekruten, solchen armen und jungen Leuten, wie sie in dieser Eile und Angst zusam-
[HC] menstreifen konnten. Aldringen begann auf den Erhalt von Tillys Briefen hin, sich dieses Weges in seine Richtung zu wenden. Er behielt den Fluss Werra dicht an ihrer rechten Seite und kam am Dienstag, den 27. September, in Münden an, am nördlichen Rand des Hessenlands, wo der Fluss Fulda in die Werra mündet. Durch diese Stadt marschierten sie von 8 bis 4 am nächsten Tag. Sie wurden dort berichtet als 54 Kornetts an Reitern und 82 Kompanien an Fußsoldaten, vielleicht einige 10000 oder 11000 Mann zusammen. An ihnen wurde beobachtet, dass viele von denen junge und rohe Soldaten waren.

Etwa eine halbe Leuge außerhalb von Münden schlugen sie am gleichen Tag ihr Feldlager auf, erwartend, dass Tilly dorthin zu ihnen kommen sollte. Tilly war zu demselben Zweck seit etwa 2 Tagen so nahe zu ihnen wie bis Warburg gekommen, etwa 18 oder 20 englische Meilen nordöstlich von Münden. Als die Armeen jetzt voneinander hörten und davon, dass der Landgraf von Hessen zu dieser Zeit bei seinen Streitkräften war, nahe bei seiner Stadt Kassel am Fluss Fulda, entschieden sie, beide zusammen in sein Land einzufallen: Tilly auf der Westseite des Flusses Fulda und Aldringen im Osten, um es zuerst zu verheeren und dann ihre Kräfte zu vereinigen. Dieses Letztere führten sie am 4. Oktober voll und ganz durch.

Vereint mögen sie zusammen einige 18000 Männer, Reiter und Fußsoldaten ausgemacht haben, aber, weiß Gott, mangelhaft gekleidet und bewaffnet. Ihr erster Marsch war nach Grebenau, eine ummauerte Stadt einige 4 englische Meilen vom Fluss Fulda, der mitten durch Hessen läuft. Hier schlugen sie auf und rasteten eine Nacht oder zwei, um zu beraten und ihre Angelegenheiten zu ordnen. Von da aus gingen sie nach Schlitz, eine gute Stadt, benannt nach dem Fluss, an dem sie liegt. Dann von dort am 6. [HD] Oktober nach Fulda, eine großes Abtei, wo sie wiederum blieben und zum Appell antraten. Ich schenke den Zahlen des Gallobelgicus [4] keine Beachtung, der Aldringen alleine 18000 Männer zuerkennt, so dass er beiden zusammen 182 Reitertruppen gewährt, neben einer auch sehr großen Anzahl von Fußsoldaten. Gallobelgicus geht (wie ich sehe) über Geometrische Verhältnisse, nimmt hin und wieder Londoner Maße und berichtet zwei Schock *[(120)]* auf hundert. Er schenkt (wie ich meine) großartigen Berichten überall zu viel Glauben. Einhundertzweiundachtzig Truppenteile an guten Reitern (Tillys waren sehr gut) und volle hundert auf jede Truppe kommt auf 18200 Mann, welche (wenn Tilly die Führung gehabt hätte) zu dieser Zeit nahe gekommen wären, ganz Deutschland überrennen zu können. Der König von Schweden war jedoch in der Schlacht von Leipzig sehr schwach an Reitern, noch hatte er diese bislang stark aufgestockt. Und hätte Tilly jetzt nur halb so viele Reiter gehabt wie diese 182 Truppen, dann hätte er niemals seinen Kopf vom König von Schweden abgewendet. Einhundertzweiundachtzig Kornetts und Fähnlein an Reitern und Fußsoldaten zusammen mag die Liste von all ihren Armeen sein und könnte 18000 Mann ausmachen, welche Gallobelgicus alleine Aldringen zugesteht. Und diese zwei Zahlen mögen ihn verwirren. Aber genug dieses Diskurses.

Als sie hier von der Belagerung Würzburgs durch den König von Schweden Neuigkeit erlangten, berieten die kaiserlichen Generäle, wie die Umklammerung aufzuheben sei. Aber als sie wiederum von seiner Einnahme der Burg hörten und der anderen Städte, die er an den Ufern des Mains erhalten hatte, hatten sie noch größere Eile, sich mit der loth-

[HE] ringischen Armee zu vereinen. Mit guter Geschwindigkeit marschierten sie daraufhin nach Aschaffenburg am Main, einige drei Tage Marsch von Fulda. Hierher kam am 10. Oktober der Herzog von Lothringen, um General Tilly zu sehen. Am nächsten Tag wurde Aldringen zu diesen Loth-
[HF] ringern über den Main geschickt. So dass am Montag, den 17. Oktober, auch die Vereinigung gemacht wurde. Mehr davon haben wir Euch zuvor in der Geschichte dieser Lothringer *[S.84ff]* erzählt.

Derweil Tilly hier (um Aschaffenburg) lag, sandte er am 16. Oktober 3000 Mann in Richtung Wertheim, welche besiegt wurden. Und so auch drei Regimenter mehr der Seinigen am 21. Oktober bei Rothenburg, wie wir Euch zuvor erzählt haben. In dieser Zwischenzeit bedrängte er auch Ha-
[HG] nau. Und als ihm das verwehrt wurde, querte er den Main und nahm die Babenhausener Stadt und Burg ein, welche dem Grafen von Hanau-Buchsweiler gehörte, aber dem älteren Grafen von Hanau verpfändet war. Da ihm die Lothringer bis auf drei Leugen nahegekommen waren (was nahe genug ist, um sich zu vereinigen), schweiften Teile seiner Kräfte an genau diesem Tag hoch und runter so weit wie bis Frankfurt am Main. Viele von denen gingen gar in die Stadt, und noch mehr blieben außerhalb der Tore – ein großer Teil von ihnen sehr arm und immer noch unbewaffnet. Sie kamen jetzt als Freunde oder Neutrale oder Durchreisende zu der Stadt. Denn Tilly hatte Frankfurt noch nicht bedrängt, eine Garnison aufzunehmen, und auch nicht bis fünf oder
[HH] sechs Tage danach. Zu der Zeit, als er das begehrte und die Stadt es verwehrte, ging er nach Seligenstadt in Richtung der Bergstraße, welche ein Teil der Pfalz ist, mit ihr auf der-
[HI] selben Seite des Rheins. Für einige Tage lag er überall dort in dieser Gegend (nämlich in den Ländereien Darmstadts und der Bergstraße). Und es wurde fürwahr geglaubt, dass er entlang der Bergstraße nach Mannheim und Heidelberg gegangen und dort zur Verteidigung der Pfalz geblieben wäre. Einige seiner Männer (wenn nicht er selbst) waren

Anfang November auf diesem Weg so weit fortgeschritten
wie bis genau gegenüber von Oppenheim. Wohingegen Tilly nun an der Einnahme Hanaus beurteilte, dass der König
auch in Richtung Frankfurt herabkommen und ihn der Gefahr aussetzen würde, ihn in der Pfalz einzusperren. Also [HJ]
wandte er sich ganz plötzlich, gegen den vierten oder fünften November, wieder um in Richtung der lothringischen
Armee bei Miltenberg. Und hier, wo der Main sich viele
Leugen nordwärts wegbiegt, ließ er die Stadt auf seiner linken Seite und ging direkt nach Ochsenfurt, wo der Main
wieder so tief *[südlich]* kommt wie bei Miltenberg. Was er
auf dem Weg tat und was in Ochsenfurt passierte, haben
wir Euch zuvor in des Königs Geschichte erzählt.

Hier trennten sich der König und Graf Tilly wieder. Und [HK]
Ossa, der zuvor Kommissar der lothringischen Armee gewesen war, ging nun mit Tilly in Richtung Nürnberg. Kurz vor
Ende November kam er von dort zurück zu seinem Kommando, den Lothringern. Ossa nahm – teils kraft seines [HL]
Auftrags (welcher ein kaiserlicher war) und teils vermöge einiger von Tillys Kräften – die kaiserliche Stadt Rothenburg
ob der Tauber ein, welche die Männer des Königs vorher genommen hatten. Zwölftausend Taler zog er vom Magistrat
ein. Dennoch konnte er seine Soldaten danach nicht daran
hindern, die Stadt zu plündern. Das schreibe ich nicht der
Ungerechtigkeit der Generäle zu, sondern dem Hunger und
der Unbotmäßigkeit der Soldaten, die, da sie für eine lange
Zeit keine Bezahlung bekommen hatten, hier nicht so wohl
geführt werden konnten. Mit derselben Soße servierten sie
alle Dörfer und kleineren Ortschaften da herum.

Und jetzt – scheint es – wurde die Armee aufgespalten.
Sie marschierten nicht mehr alle zusammen in einem Gros.
Denn ein Teil davon nahm zur gleichen Zeit Windsheim [HM]
ein, eine kaiserliche Stadt in Richtung Norden. Und eine andere Abteilung ging nach Gunzenhausen, fast vierzig
englische Meilen davon entfernt, in Richtung Süden. Beide Armeen trafen sich wieder um Nürnberg herum. Dieje-

[HN] nigen, die Gunzenhausen einnahmen, gingen von dort zur kaiserlichen Stadt Weißenburg, etwa vier oder fünf englische Meilen mehr südöstlich, wo Tilly eine kleine Garnison hinterließ. Etwa eine englische Meile davon und auf einem Hügel auf der Nordseite stand die starke Burg Wülzburg, die dem jungen Markgrafen von Ansbach gehörte, Zögling seines Cousins, des Kurfürsten von Brandenburg. Da dies der stärkste Durchgang von allen Landesteilen war, ging Tilly hauptsächlich auf die Markgräfin-Witwe *[Sophie]* (Mutter des jungen Herren) los, um ihren Bruder, den Grafen von Solms, (Statthalter der Burg) zu bewegen, sie mit all der Artillerie und Munition darin in seine Hände zu geben. Wenn auch nicht sofort, erzwang er das dennoch nach einer Weile von ihr. In diese setzte er den jungen Grafen Pappenheim (Cousin des Generals Pappenheim) ein, des-

[HO] sen Burg dazu benachbart war. Die Dame selbst sah dafür nicht einmal den kleinsten Teil mehr an Gefälligkeit, angesichts dessen, dass ihres Sohns eigene Stadt Ansbach mit den Ortschaften der Markgrafschaft von den Tillyschen genommen und geplündert wurde und über 5000 Stück an Großvieh von ihren Landesuntertanen weggekommen waren. Einige Dörfer, sowohl hier, wie auch in der Grafschaft Hohenlohe, wurden ebenfalls in Brand gesteckt. Dennoch war all das allerdings noch eine der zivilisiertesten Handlungen – die meisten Soldaten (falls Feind) hätten ebenso viel getan. Das Nächste aber war barbarisch: Denn als sie zum Kloster Heilsbronn (zwölf englische Meilen von Nürnberg) kamen, wo einige der Markgrafen von Ansbach (die aus dem kurfürstlichen Haus von Brandenburg sind) begraben liegen, brachen die frevlerischen Soldaten die Gruft auf und beraubten die toten Körper der Markgrafen Georg Friedrich und Joachim Ernst ihrer Juwelen, Ringe und anderer prächtiger Schmuckstücke, mit denen sie bestattet waren.

So ging General Tilly nach Schwabach, in sieben oder acht englischen Meilen Entfernung von Nürnberg. Diese stattliche Stadt Nürnberg war der Durchgang, auf den Tilly die ganze Zeit abgezielt hatte. Und welche er zu zwingen hoffte, eine einvernehmliche Regelung mit ihm zu treffen. Er legte sein Hauptquartier daher in dieses Schwabach, welches sich im Süden von Nürnberg befindet. Andere seiner Kräfte sandte er aus, um Altdorf, Lauf, Hersbruck, alle nördlich und östlich davon, einzunehmen. Als er so das Land darum [HP] herum umringt hatte, begann er am 18. November, seine Armee näher an die Mauern zu bringen, so als ob er Nürnberg belagern wollte. Da er ihnen derart seine Macht gezeigt hatte, sandte er gleichwohl seine Boten in die Stadt. Zunächst wollte er, dass ihm ein so gewaltiger Anteil an Brot[73] etc. gegeben würde. Und dass dann einige Räte und Gelehrte ausgeschickt würden, um mit ihm zu verhandeln. Die Gelehrten gingen nach Schwabach und tafelten dort mit ihm. Ihnen gegenüber wurden im Namen des Kaisers diese Forderungen vorgebracht:

1. Dass die Magistrate den Grafen *[Heinrich Wilhelm]* von [HQ] Solms in seine Hände ausliefern sollten – als ein Offizier der zu des Kaisers Feind, dem König von Schweden, gehörte.

2. Dass sie all ihre Streitkräfte freisetzen und erlauben sollten, dass ihre Soldaten unter seinen Fahnen dienten.

3. Dass sie zu ihrer kürzlich gemachten Versprechung stehen und sich von den Beschlüssen von Leipzig lossagen sollten.

Er versprach ihnen, wenn sie sich ihm ergaben, sie ehrlich für all die Vorräte zu bezahlen, so wie er sie von ihnen verlangen würde. Und wenn nicht, dann würde er sie dazu zwingen. Die Gelehrten, die diese Forderungen entgegennahmen, versprachen für den folgenden Tag eine Antwort an seine Exzellenz. Und in der Tat hatte er die: Denn der Graf von Solms (dessen Körper er so sehr zu haben wünschte) machte am nächsten Tag durch einen entschlossenen Ausfall eine persönliche Offerte seiner selbst vor Tillys Gräben. Dort besiegte er mit seinem Regiment von schwe-

---

[73] *[100000 dreipfündige Laib, siehe [10, S.314]]*

dischen Reitern dasjenige dieses jungen Prinzen von Anhalt und nahm jenen selbst mit einigen dreißig seiner Offiziere als Gefangene. Dieser Johann Georg Graf von Solms mit seinem Bruder Wilhelm Heinrich hatten jeder von ihnen ein Regiment in der Stadt. Das erste an Reitern und das zweite an Fußsoldaten, beide neu ausgehoben für die Dienste des Königs. Hier waren auch zwei Grafen von Hohenlohe und ein weiteres Regiment des Obersten Schlammersdorf[74], so dass sie eine Garnison von einigen 3000 Reitern und Fußsoldaten hatten, welche die Bürger mit ihren Söhnen und Dienern in der Stadt wohl zu 10000 fähigen, kämpfenden Männern ergänzen konnten. Der König von Schweden hatte ihnen jüngst einige Ingenieure geschickt. Diese vollendeten mit solcher Eile und Fertigkeit die Festungswerke, die sie vor Tillys Ankunft begonnen hatten, so dass sie sich jetzt nicht viel um all seine Drohungen scherten. Tillys Annäherungen gingen weiter, aber langsam, als ob er beabsichtige, die Stadt eher einzuschüchtern, statt sie zu belagern. Und in der Tat war sie für Tillys rohe und schlecht ausgestattete Armee zu groß und zu stark, in jeder Hinsicht zu gut versorgt, um sich gleichwohl mit ihr einzulassen. Er brauchte sowohl Nahrungsmittel als auch Munition für so eine Belagerung. Nebenbei war der Winter zu nahe am Kommen, um sich dafür niederzusetzen. Tilly war sicherlich zu weise, daraus ein Werk zu machen. Seiner Ehre zuliebe veranstalteten seine Männer dennoch gegen sie einige Draufgängereien, welche unter täglichen Verlusten zurückgeschlagen wurden – durch Ausfälle des Grafen von Solms und anderen. Vor der Stadt verlor er Slabata, einen Oberst der Krabaten, mit vielen Offizieren und Ehrenmännern von höherem [HR] Wert. Jetzt erkennend, dass seine Männer begannen, in die Stadt wegzurennen (was sie täglich taten, in 10 oder 20 einer Kompanie) und dass keine andere Kontribution erwartet werden konnte als Schießpulver und Kugeln (wenn er das denn mochte), sandte er zu Aldringen (der damals

---

[74]Fünf Regimenter sagt die knappe und falsche Arma Suecica.

vor der Stadt befehligte), die Truppen abzuziehen und sich zu erheben. Etwa 2000 tote und verwundete und kranke und halb verhungerte Männer hinter sich zurücklassend, sowohl in den Schützengräben als auch in den Ortschaften, quartierte er sich deshalb auf den 22. und 23. November mit seiner Armee aus. Was dieses sein plötzliches Aufstehen noch befremdlicher machte, war, dass es in der Nacht geschah und auch in solcher Eile, dass seine Männer einige der Gepäckwagen hinter sich zurückließen. Und selbst wenn das auch entschuldigt werden könnte, dass es eher aus Notwendigkeit denn aus Eile oder Angst gemacht wurde, weil sie nämlich Wagenpferde brauchten. Dennoch wollten seine Männer aber sicherlich nicht Schafsmägen und andere fertig zubereitete Lebensmittel zurücklassen (wie ich von 2 verschiedenen Händen geschrieben finde *[3, S.492]*, *[19, S.74]*) – und das sogar auch auf den Tischen angerichtet – was wahrlich eine unnötige Angst oder Eile in ihnen dagegenhält.

In Roth, einer Stadt einige sieben englische Meilen südlich seines Hauptquartiers in Schwabach, befand sich ein Teil seines Lagers an Schießpulver. Als es auf die Wagen geladen wurde und bereit war, hinter der Armee zu marschieren, wurde es durch Nachlässigkeit in Brand gesteckt. 12500 Gewicht *[125 Zentner [15, S.358]]* an Pulver wurden in die Luft gesprengt. Einige Stücke der Artillerie wurden beschädigt – mit anderen an der Munition angerichteten Schäden. Als Graf Tilly von diesem Missgeschick hörte, sagte er (mit einem tiefen Seufzer): "Nun erkenne ich deutlich, dass all [HS] mein Glück beginnt, mich zu verlassen, und alles (denke ich) verläuft ungünstig mit mir."[75] Der Mann dachte vielleicht zur selben Zeit an Magdeburg (oder hätte das tun können). Dies wurde von einem der Offiziere von Tillys Artillerie in Nürnberg berichtet, der sehr gute Möglichkeiten hatte, das zu wissen.

Graf Tilly erkannte nun, dass seine Armee (zu dieser lie-

---

[75] *[Vgl. [15, S.358]], [3, S.492]]*

ben und toten Zeit) zu groß war, um zusammengehalten zu werden. Was auch nutzlos gewesen wäre, da kein Feind [HT] nahebei war. Daraufhin teilte er seine Kräfte. Einen Teil davon behielt er bei sich selbst und einen Teil schickte er mit Cratz und Aldringen woanders hin. Der für ihn reservierte Truppenteil marschierte von Schwabach zuerst nach Roth, wo das Pulver misslang und wo er 2 Nächte logierte, um alle Dinge wieder passend zu bekommen. Von dort aus ging er Ende des Monats nach Donauwörth an der Donau, wo ihn der Herzog von Bayern traf. Und so nach Nördlingen im Schwabenland, wo er blieb. Die andere Hälfte, die mit Aldringen und Cratz ging, wurde näher an der Hand in Garnisonen gesteckt. So wie in die Städte Lauf, Hersbruck und Altdorf, nahe bei Nürnberg, und einige in Sulzbach, [HU] Amberg und Neumarkt, alles Städte der Oberpfalz. Oberst Cratz (der, nachdem er General der Artillerie gewesen war, nun zum Feldmarschall gemacht wurde) nahm seine Garnison in Amberg, der Haupt-Stadt der Oberpfalz, wohin sich all die Offiziere für Befehle zu ihm begeben mussten, so dass sie nicht zum Herzog von Bayern oder General Tilly reisen mussten. Der Graf von Sulz lag mit seinen Männern um Weiden herum am Fluss Naab, nördlich von Amberg. Mérode und Bredau mit ihren Regimentern wurden nach Auerbach, Grafenwöhr und in die Städte und Dörfer dazwischen gesteckt. Alle diese Städte lagen auf der Nordseite der Oberpfalz und in Richtung des Bistums Bamberg. General Tilly legte seine Männer als Besatzung in das 'Ries' genannte Territorium, an Donauwörth angrenzend, und um Giengen herum in die Diözese Ellwangen und in die Gerichtsbarkeit von Heidenheim im Schwabenland, an der Grenze nach Württemberg, den nächsten westlichen Nachbarn von Nördlingen, wo er selbst lag.

[HV] In dieser Aufteilung und Unterbringung seiner Armee hatte der vorausschauende Tilly speziell zwei Absichten. Der König von Schweden hatte damals 2 Armeen auf den Beinen, von denen 2 Katholische Ligisten bedroht wurden:

Nämlich der Bischof von Bamberg, der im Zweifel stand, dass Horn jeden Tag einfallen könnte. Und der Herzog von Bayern war in Angst vor dem König selbst. Um die Länder dieser 2 Fürsten zu bewachen, hatte Tilly sich deshalb zum besten Vorteil seiner Armeen entledigt. Diejenigen Kräfte, die er bei sich selbst behielt, waren zum Schutz Bayerns sowie der Grenzen des Schwabenlands und Frankens gegen den König. Falls der auf dem kürzesten Weg kommen sollte, durch das Herzogtum Württemberg (in welchem Land er bereits einige Städte und Freunde und dort gegenwärtig einige Kräfte hatte, die Anwerbungen für ihn machten), lag Tilly damals in Nördlingen genau auf des Königs Weg, um ihm entgegenzutreten. Die anderen Truppen waren in die Oberpfalz gelegt, so nahe an Bamberg, dass, wenn Horn dort einfallen sollte, sie rechtzeitig für eine Rettung eingreifen könnten. Und das waren die 12000 Mann, mit denen Tilly nachher Gustav Horn aus Bamberg vertrieb. Zusammen mit Tilly ging Rudolph Maximilian, Herzog von [**HW**] Sachsen-Lauenburg, der auf die Beförderung des Cratz hin an dessen Stelle zum General der Artillerie gemacht wurde. Als der Herzog seine Kanonen nach Donauwörth transportieren ließ, blieb er *[Rudolph]* selbst als Statthalter da, bis der König ihn hinausschlug. Tausend seiner Reiter und 500 Fußsoldaten hätte er gerne in die kaiserliche, freie Stadt Augsburg nahe Donauwörth hineingeschoben, um für die 3 Wintermonate unter ihnen einquartiert zu werden. Dieses Ansinnen wimmelte die Stadt ab, indem sie den Soldaten einige Lebensmittel schickte.

Diese stattliche, protestantische Stadt Augsburg wurde [**HX**] viel bearbeitet, um vollständig von der Katholischen Seite gewonnen zu werden. Um diesen Plot besser herbeizuführen, waren die hauptsächlichen Beamtenposten und Magistrate der Stadt durch die Autorität des Kaisers und durch vertrauliches Wirken von den Protestanten genommen und den Papisten übertragen worden. Der Herzog von Bayern (ihr nächster Nachbar) hatte genauso – ich weiß nicht welche

Gefahren vorschützend – mit papistischen Mitteln einige seiner neu angeworbenen Bauern hineingedrückt. Dorthin kam Aldringen, um in dieser Stadt, im Bistum und in den Grundherrschaften der Fugger den Befehl über die Miliz zu nehmen. Hierher zog er zu Beginn des nächsten Januars sein ganzes, eigenes Regiment aus der Oberpfalz ab, welches er um Augsburg herum einquartierte. Als er hörte, dass seine Männer, die er in Rothenburg in Franken gelassen hatte, jetzt von den Leuten des Gustav Horn bedroht wurden, machte Aldringen sofort daraufhin Vorbereitungen, sie zu entsetzen. Genauso sehr war er im Herzogtum Württemberg gefürchtet, was begann, sich gegen ihn zu bewaffnen. Aber Rothenburg wurde eingenommen, und seine Expedition verharrte.

[HY] Etwa zu dieser Zeit des Jahres gab der Graf von Fürstenberg, der seit der Schlacht von Leipzig nicht mit Tilly gewesen war, es auf, den Kriegen zu folgen *[27, S.360f]*. Pappenheim war von den Ligisten abgezogen und in Niedersachsen eingesetzt worden. Tilly selbst war größtenteils in Nördlingen residierend, wohin Aldringen hin und wieder auch ging. Zu Beginn dieses Januars ging Tilly nach Donauwörth, um dort seinen alten Herrn, den Herzog von Bayern, zu treffen. Und weil es da eine Wahrscheinlichkeit für einige Bewegungen an den Grenzen zwischen Böhmen und der Oberpfalz gab, machte Tilly eine Reise von Donauwörth nach Amberg. Zweitausend Reiter sollte er mit sich nehmen, und seine Fußsoldaten und Artillerie schickte er nach Weiden an die äußersten westlichen Grenzen Böhmens. Von dort aus sollten sie weiter nach Eger marschieren, zu welcher Stadt die sächsischen Streitkräfte jetzt begannen, sich sehr stark hinzuwenden. Die kaiserlichen Obersten Götz[76], Don Balthazar und Feldmarschall Tiefenbach hatten Tilly gebeten, das zu tun. Sie hofften, die Sachsen dadurch in deren Mitte zu treiben. Aber diesen Plan vereitelte Arnheim. Til-

---

[76]Das ist der, der Pasewalk zerstörte, wie Sie in unserem Ersten Teil sehen können. *[Pasewalker Blutbad, September 1630]*

ly kam gegen den 10. Januar nach Nördlingen zurück. Am 18. Januar nahm er 13 Stück an Artillerie aus der Burg Wülzburg, welche er (wie wir Euch mitgeteilt hatten) der Markgräfin von Ansbach abgewrungen hatte. Diese schickte er zu Ossa für die Ausstattung von Konstanz und Lindau.

Weder Tilly noch seine Armeen rührten sich danach viel nach außerhalb, bis gegen den 20. Februar der Frost begann. Zu dieser Zeit etwa ging er zu jenem Teil seiner Armee, der sich in der Oberpfalz befand. Am 22. Februar war er in Neumarkt, eine der hübschesten Städte der ganzen Pfalz. Und dorthin versammelten sich alle seine Reiter aus ihren verschiedenen Quartieren. Von da ging er nach Altdorf, wo er am 24. Februar logierte: Er, Aldringen, der Baron von Cronenberg und andere Haupt-Oberste quartierten sich in der Burg ein. Hier befand sich eine Universität, deren Studenten ausreichend höflich von den Soldaten in Anspruch genommen wurden. Dann marschierte er weg, bis nicht weit entfernt von Nürnberg, wohin er wiederum in des Kaisers und in seinem Namen schickte, von ihnen aus Gefälligkeit mit einigen Vorräten ausgestattet zu werden. Jetzt war sein Marsch direkt gegen Gustav Horn gerichtet, in dessen Richtung er 12000 Mann und 22 Stück Artillerie führte, neben einigen der bayerischen Bauern. Diese hatte der Herzog, ihr Herr, in die Armee gesteckt, damit sie etwas lernten. Am 27. Februar trat Tilly nach Forchheim ein, die stärkste Stadt des Bistums Bamberg. Von dort aus ging er am nächsten Tag gegen Gustav Horn vor. Da ich Ihnen die Geschichte davon zuvor erzählt habe, werden wir ihn um Haßfurt herum im besagten Bistum belassen bis er daraus auszog, als der König gegen ihn anrückte. So dass Ihr für den anderen Teil von Tillys Vorgehen in unserem Bericht über des Königs Marsch nach Bayern hinein nachsehen müsst. Wohingegen wir dazu bislang das Treffen des Herzogs von Bayern zur Beratung mit Tilly erwähnt haben, sowie die Vereinigung von einigen seiner Männer mit den Tillyschen. Und weil beide Armeen kurz danach zu einem einzigen Truppenkörper zusammengefügt wurden, soll hier nicht vergessen werden, auch die vom Herzog getroffenen Vorkehrungen einzubringen. Der war ein so großer Akteur und Leidtragender in dieser deutschen Tragödie, besonders angesichts dessen, dass der Schauplatz als Nächstes in sein eigenes Bayern gelegt werden sollte.

[HZ]   Dieser Fürst war von vielen bezichtigt worden (und auch von einigen seiner eigenen Untertanen) – wie gerechtfertigt, damit setze ich mich nicht auseinander –, dass er, wenn nicht der Anstifter und Aufwiegler, dennoch der Befürworter und Boutefeu *[Zündler oder Unruhestifter]* für einen Großteil dieser derzeitigen Probleme war. Er war ein listiger, weiser Mann – Zeugnis dafür sind diese subtilen Auffassungen seiner eigenen Zwecke, zusammengenommen für 12 Jahre, wodurch er sich sowohl reich als auch mächtig gemacht hatte. Die ihm zugeschriebene Fähigkeit war die Auferlegung einer Zurückhaltung auf seine eigenen Bekundungen – dieselbe Kunst, seine Vorwände zu beschönigen, die von den Staatsmännern 'Politik' genannt wird. Wenn es auch aus Sicht der Moral nichts anderes ist als eine großartige Heuchelei. Diese hatte er mit einigen anderen Regierungs-Konzeptionen in den Vorlesungen der Jesuiten gelernt, deren Schüler er war, und das auch noch in der höchsten Form.

Nach der Niederlage der katholischen Armee bei Leipzig und dem Herabkommen des Eroberers hinein in die Länder der Ligisten waren die Fürsten dieses Bündnisses mit ihren Ratschlägen am Ende. Der Herzog von Bayern war jetzt der Mann, auf dessen Größe und Ansehen im Kaiserreich die Hoffnungen dieser Seite errichtet waren, wieder alles rich-

[IA]   tig zu setzen. Um dem Rest ein gutes Beispiel zu geben, berief er generell alle seine Untertanen ein: Alle, die in der Lage waren, Waffen zu tragen (Krethi und Plethi)[77], um bereit zu sein, sich zur Wehr zu setzen. Er bewaffnete auch einige seiner Bauern. Als diese Tagelöhner waren, wurden

---

[77] *[Hier gemeint im Sinne von 'Pöbel und Mob']*

sie dafür benutzt, Lücken zu stopfen. Nun, als sie Soldaten geworden waren, setzte er sie (höchst selbstverständlich) ein, Passagen zu stopfen. Er legte sie an seine Grenzen. Ende Oktober hatte er 10 oder 12000 von denen bewaffnet und ausgebildet. Und er war (wie ausgegeben wurde) entschlossen, diese zu des Kaisers Armee gegen die Sachsen in Böhmen zu senden. Diese Expedition war auf die Neuigkeit von der Einnahme Prags durch die Sachsen hin gestoppt worden, und er setzte neue Beratungen an. Als die Gefahr näher an seinem Land erwuchs – vermittels der Einnahme der Bistümer Würzburg und Bamberg durch den König von Schweden – vermittelte der Herzog eine Versammlung der katholischen Ligisten, welche zur größeren Ehre für ihn, auf den sie so viel zählten, im November in Landshut in Bayern abgehalten wurde[78]. Hier entschieden die Fürsten auf die [IB] Rekrutierung einer neuen Armee auf gemeinsame Kosten, von der seine Hoheit, der Herzog von Bayern, Generalissimo sein sollte – und sein Geschöpf, Graf Tilly, wie zuvor General. Seine Kaiserliche Majestät war genauso geneigt, dass einige seiner Kräfte sich dieser Armee der Ligisten anschließen sollten, so dass beide, kaiserliche und ligistische Kräfte, von hier an eine einzige Armee bildeten.

Der Herzog verstärkte daraufhin seine eigenen Rekruten, wofür Donauwörth der Ort des Rendezvous war. Zu dieser Zeit war seine Hoheit (wie es scheint) von einigen der Gegenseite bedrängt worden, hinüber auf deren Seite zu kommen. Um ihn anzuziehen und ihn sowohl mit der Liga als auch mit dem Kaiser brechen zu lassen, wurden als einige der Argumente herangezogen: Die Größe des Königs von Schweden, in der Lage, ihm Leid anzutun; die Unterdrückung der Fürsten Deutschlands, die dieser König zu lösen suchte; der ehrgeizige Aufstieg des Kaisers und des Hauses Österreich, jetzt mehr auf die Monarchie als auf die Förderung der katholischen Religion abzielend; und des Herzogs eigenes Missfallen über verschiedene Aktionen des

---

[78] *[3. Kreistag, 29.-31.Oktober 1631 [17, S.288-291]]*

Kaisers in dieser Hinsicht.

Ich nehme an, dass der französische Botschafter, der damals bei ihm residierte, einer der Oratoren war, um ihn zu überzeugen. Es scheint ebenso, dass einige Hoffnungen ersonnen wurden, sich durchzusetzen. Ja, und zu diesem [IC] Zweck wurden auch einige Reden gehalten. Aber der Herzog, der jetzt Bedauern verspürte, als er davon hörte, und Reue, dass seine Ehre – durch den Irrtum über seine beständigen Absichten gegenüber der anderen Seite und Sache – verleumdet werden sollte, arrangierte umgehend ein öffentliches Manifest oder eine Deklaration seiner Entschlossenheit, welches (um die Ernsthaftigkeit seiner Absichten zu zeigen) in einer hohen und scharfen Form geschrieben war. Und durch den zornigen und taktlosen Eifer, der darin den Heiligen und der römischen Religion offenbart wurde, durch die gehässigen Feder-und-Tinte-gehörnten Begriffe gegenüber den Protestanten, das Zitieren von Schriften und einige andere solche Ausprägungen werden die Leser merken, dass des Herzogs Beichtvater seine Hände im Spiel hatte – genauso wie sein Sekretär. Es ist wert, es zu lesen. Aber da es etwas länglich ist, habe ich es bis ans Ende der Geschichte des Königs verwiesen, so dass wir hier keine zu lange Unterbrechung machen.

[ID]   Um weiterzugehen: Gegen Mitte Dezember berief der Herzog eine weitere Versammlung *[Ligatag]* in Ingolstadt ein, wo er selbst um den zwölften des Monats anwesend war. Der Tag dauerte fort bis nach Weihnachten. In ihm wurde unter den Ligisten ein Vorschlag gemacht, unter welchen Bedingungen (vermittels des französischen Königs) sie eine Neutralität erbitten und akzeptieren sollten. Nun wurden ihre Botschafter zum König von Schweden ausgesandt, damals in Mainz. Sie unterhandelten als eine vom Kaiser verschiedene Partei. Und dafür, dass der Herzog von Bayern die Hauptperson war, war die Verhandlung in seinem Namen oder er war (zumindest) der erste Mann, der darin benannt wurde.

Der ausgefuchste Herzog sandte zur selben Zeit (so dass [IE] er zwei Sehnen an seinem Bogen hatte) heimlich einen anderen Botschafter (nämlich seinen Kanzler Donnersberg) zu seiner kaiserlichen Majestät. Aus dessen Unterhandlung waren dies die dem Kaiser unterbreiteten Gesuche oder Vorschläge.

1. Dass es Cæsar willfahren möge, es nicht für schlecht zu [IF] nehmen, dass der Herzog, sein Herr, bis dahin seiner Majestät in diesen Kriegen nicht mehr wirksam beigestanden sei, angesichts dessen, dass es nicht in seiner Macht lag, den König von Schweden zurückzudrängen. Ja, und dass ihm durch die Herzogin geraten worden war, sich nicht ohne ausreichende Vorbereitung mit diesem König einzulassen. Sondern die Zeit so in die Länge zu ziehen, bis die Armee der römischen Katholiken bereit sein könnte, ihm zu helfen. Obendrein sei sein Herzogtum Bayern von Haus aus so schwach gelegen, wie es in keinster Weise ausreichend war, gegen so eine Macht auszuhalten, wie sie der König im Moment hatte.

2. Er hoffe sehr wohl, dass *Dieser Mann*[79], den Cæsar auf die dringende Bitte des Wahlmännerkollegiums auf dem Regensburger Kurfürstentag 1630 von seinem Generalsrang abgesetzt hatte, jetzt nicht mehr ohne das Wissen desselben Kollegiums an diesen Platz zurückberufen werde. Und nichtsdestotrotz, dass der Herzog, sein Meister, für seinen Teil gezwungen war, aus Gründen der gegenwärtigen Gefahr, über einige Dinge geflissentlich hinwegzusehen, ersuche er dennoch in der Zwischenzeit untertänigst, dass, falls ein General aus Notwendigkeit in das Kaiserreich gesendet werden müsse, die kaiserliche Armee sein Herzogtum Bayern weder passieren möge noch dahin entsendet werde.

3. Und weil die Dinge in der Pfalz eine Veränderung vorauszusagen schienen (denn der König war bereits Herr über so viele Orte dort), erbitte er untertänigst von seiner kai-

---

[79]Er meinte Wallenstein. Ihr seht, was für ein gutes Blut jetzt schon zwischen diesen Zweien war.

serlichen Majestät, dass Seine Majestät nun belieben möge, ihm jenen Teil des Erzherzogtums von Österreich, genannt Land ob der Enns[80], welches ihm zuvor verpfändet worden war[81], wieder zurückzugeben.

4. Daraufhin verspreche er, seiner kaiserlichen Majestät mit dem Äußersten seiner Macht beizustehen und alle Behelligungen vom Erzherzogtum Österreich fernzuhalten. Zu welchem Zweck er bereits alle Passagen an der Donau mit seinen Bauern blockiert und alle Vorkehrungen für die Verteidigung des Landes ob der Enns getroffen habe.

Der Herzog, der daraufhin vom Kaiser bereitwillig unterhalten wurde und ebenso seine Vorteile aus dem Neutralitätsabkommen mit dem König gezogen hatte (von welchem wir Euch zuvor erzählt haben), setzte seine kriegeri- [IG] schen Vorbereitungen fort. Gegen Ende Januar und Anfang Februar sandte er einige Kräfte in Richtung Amberg in der Oberpfalz mit der Intention, in dieser Gegend 5 oder 6000 [IH] Mann zu halten. Als Tilly danach dorthin getrieben wurde, mischte er seine neu-angeworbenen Bauern mit Tillys alten Legionen. Von denen – zu einer Zeit, als jede beliebige Anzahl als ein Truppenkörper einzeln marschierte – Tilly froh war, einige seiner alten Soldaten als deren Aufseher mitzuschicken und sie auf diese Weise davon abzuhalten, das [II] Land zu verheeren. Als (danach) der König nach Bayern gekommen war, hätte der Herzog dann gerne verhandelt, um die Angelegenheit beizulegen. Aber weder wollte der König mehr Zeit verlieren, noch ihm vertrauen, der zu sehr von den Jesuiten gesteuert wurde. Das erste Angebot zu dem Abkommen wurde vom französischen Botschafter gemacht. Und das zweite vom Herzog von Neuburg – beide Male durch einen Vermittler oder eine Drittperson, um des Herzogs Ehre zu bewahren. Aber höchst eifrig wurde der

---

[80]Supra Anasum *[das heutige Oberösterreich]*.

[81]Für die Ausgaben des Herzogs in den vergangenen Böhmischen Kriegen. Als der Kaiser sie wieder nahm, gab er an deren Stelle dem Herzog diese Orte in der Pfalz.

König durch den französischen Botschafter dazu gedrängt, der damals beim Herzog weilte und der seine Majestät hin und wieder mit seiner Aufdringlichkeit erzürnte.

Nachdem seine Armee am Lech geschlagen worden war, **[IJ]** war sein Haupt-Sammelplatz und Rückzugsort Ingolstadt. Als der König dort auf einer Seite der Donau war, befanden sich der Herzog und seine Armee auf der anderen. Dort hatte er wieder einige 14000 Männer zusammen, mit denen er, als der König sich von Ingolstadt weg erhob, dann nach Ratisbona ging, auf Deutsch Regensburg genannt. In dieser Gegend blieb er für eine Weile und lud Wallenstein ein, sich mit ihm zu verbinden. Die aus Regensburg beschwerten sich über die schlechte Disziplin seiner Armee. Seine eigene Anwesenheit und Justiz konnten diese – selbst durch die Exekution diverser Plünderer – trotzdem nicht in eine gute Ordnung zurückführen. Um den König eher aus seinem Land herauszuziehen, sandte er seinen Generalleutnant Cratz aus, um Weißenburg einzunehmen. Er selbst machte in der Zwischenzeit um Ingolstadt und Regensburg herum weiter. Als Cratz hierher zurückgekommen war, marschierte Bavaria mit seiner ganzen Armee in die Oberpfalz. Wo er sich, im Vertrauen auf Wallenstein, der sich in seinem Rücken befand, um Schwandorf herum vor des Königs Gesicht drängte, genau zwischen ihn und Böhmen. In welcher Position wir ihn zu dieser Zeit lassen, um Wallenstein zu erwarten und sich wieder gegen den König von Schweden zu wenden.

IIII. Des Königs Marsch nach Bayern

Wir hatten seine Majestät von Schweden kürzlich verlassen, als er sich auf sein Vorgehen gegen General Tilly vorbereitete, indem er seine alten Regimenter aus ihren Garnisonen abzog und neu angeworbene Männer in deren Positionen [IK] steckte. Von den alten Truppen wurden nur die Reiter des Rheingrafen, Oberst Hogendorps Fußbrigade und Oberst Vitzthum mit seinen 600 Mann in Frankfurt zurückgelassen – für die Bewachung des Herzogtums Mainz (denn so begann man, es nun in der Armee zu nennen) und der Pfalz. Über all die Truppenteile und Kräfte führte jener weise Staatsmann, der schwedische Kanzler Oxenstierna, den Oberbefehl. Dessen Aufgabe war außerdem, wohl auf die Person der Königin von Schweden, die damals in der Stadt Mainz gelassen worden war, zu warten und sie zu bewachen.

Von dieser Stadt aus bewegte sich der König, der seine Armee vorher, am vierten März, abgeschickt hatte, selbst am nächsten Tag vorwärts, zusammen mit dem König von Böhmen, Prinz August von Sultzbach etc. Am 6. März lagerte [IL] seine Armee eine Meile jenseits von Frankfurt. Von dort aus ging es über Steinheim nach Aschaffenburg, wo sie den Main überquerten. Von da brachen sie am Morgen des 7. März auf. An diesem Tag ging seine Majestät vor seiner Armee durch den Spessart-Wald bis Lohr, dreißig englische Meilen von Aschaffenburg. Hier blieb er auch den ganzen nächsten Tag. Am nächsten (Donnerstag) Morgen ging er wieder zurück die Spessart-Anhöhe hoch, um seine Armee zu treffen, welche in dieser Nacht auch nach Lohr marschierte.

Am Freitag, den 9. März, brach die Armee vor Tagesanbruch auf und marschierte nach Wernfeld am Main, eine Leuge nördlich von Karlstadt. An diesem Tag kamen sechsunddreißig Reitertrupps des Herzogs von Sachsen-Weimar herein. Innerhalb eines Tages oder zwei kam auch General Banér, dessen Weg aus Magdeburg durch Mansfeld, Eisleben und Sangerhausen führte – und so an Erfurt vorbei durch den Thüringerwald nach Franken hinein. Am nächsten Tag, den 10. März, kamen ihre Majestäten von Schweden und Böhmen, zehn Meilen nach Nordosten gehend nach Arnstein, um sich mit Gustav Horn zu treffen. Der kam am nächsten Tag von Schweinfurt und Geldersheim her zu ihnen nach Dettelbach, zehn Meilen weiter. Von hier aus ging der König mit drei Brigaden der Armee weiter bis Kitzingen und Oberst Hepburn mit anderen zwei nach Ochsenfurt, vier englische Meilen von Kitzingen. Das war am Montag, den 12. März.

Am 15. März ging Gustav Horn mit der Vorhut voraus nach Windsheim, zwölf oder dreizehn englische Meilen weiter, welchem der König und General Banér am nächsten Tag folgten. Hier in Windsheim wurden alle drei Armeen des Königs, Gustav Horns und Sir Johann Banérs zusammen mit den neu angeworbenen, aus Franken gezogenen Regimentern zusammengestellt und gemustert, welche alle zusammen nicht über 14000 Fußsoldaten ausmachten. Die Reiter wurden auf einige 120 Kornetts geschätzt. Aber da sie zuvor bis nach Nürnberg vorgerückt waren und (wegen dem Feind) in verschiedenen Orten zerstreut, wurden sie zu dieser Zeit nicht zusammengezogen. Dies mögen vielleicht [IM] einige 10000 oder 11000 Männer zusätzlich gewesen sein, so dass alle zusammen eine vierundzwanzig oder 25000 starke Armee gebildet haben mögen – und nicht mehr. Das ist weit weniger als die 45000, wie überall ausgegeben wurde. Von Windsheim aus ging der König direkt nach Dinkelsbühl, etwa dreißig englische Meilen weiter. Dabei war seine Intention, Tilly nach Bayern zu folgen. Es wurde zunächst geglaubt, dass dieser dorthin gegangen wäre. Das war am

19. März. Aber als er fand, dass sich Tilly vor ihm in Richtung Oberpfalz zurückzog, machte er kehrt nach rechts und marschierte direkt in Richtung Nürnberg.

Was General Tilly angeht, der sich bis dahin um Haßfurt herum im Bistum Bamberg aufgehalten hatte (nämlich all die Zeit, in der Gustav Horn um Schweinfurt und Geldersheim herum war): Der verstand jetzt, dass der König von Schweden dabei war, gegen ihn anzugehen, und fand sich zu schwach, den Zusammenstoß mit ihm, der ihn zu-
[IN] vor geschlagen hatte, zu erwarten. Er zog sich daraufhin sofort zurück in Richtung des anderen Teils seiner Armee in der Oberpfalz. Am Montag, den 12. März, berief er einen Kriegsrat in Haßfurt ein, sich am selben Tag mit seiner Armee nach Bamberg retirierend. Sein (General)quartiermeister, der mit Anweisungen zu Cratz in die Oberpfalz geschickt worden war, wurde zwischen Nürnberg und Lauf von einigen schwedischen Reitern erschlagen und seine Briefe zum König geschickt *[14, S.115]*. Am Dienstag, den 13. März, rückte Tilly so weit vorwärts wie bis Forchheim (16 englische Meilen von Bamberg), wo sich alle seine Kräfte in diesen Gegenden mit ihm trafen. Alle Soldaten abziehend und das Bistum auf sich selbst gestellt lassend ging er am Donnerstag, den 15. März, nach Erlangen, auf halbem Weg zwischen Forchheim und Nürnberg, wo er in dieser Nacht seine Armee in voller Schlachtordnung *[Battaglia]* zur Schau stellte. Von hier aus marschierte er nach Nürnberg. Dort wünschte er in des Kaisers Namen und seinem eigenen, aus Gefälligkeit mit einigen Vorräten ausgestattet zu werden. Nach Oberst Gallas, Oberst Holck und einigen Reitern des Don Balthasar hatte er zuvor geschickt, aus den hiesigen Teilen Böhmens zu kommen, wo sie ähnlich wie damals auf die Sachsen warteten. Diese kamen zu Cratz via Amberg, wohin sie alle zusammen über Waidhaus und Auerbach gingen, um sich mit Tilly bei seinem
[IO] Eintreten in die Oberpfalz zu treffen. In diese stach Tilly weiter und weiter, nachdem Nürnberg ihn dieses zweite Mal

abgewiesen hatte. Diejenigen seiner Kräfte, die bis hierher um Nördlingen und Donauwörth herum gelegen waren, kamen nun auch in seine Richtung so weit wie Höchstadt. Er rückte genauso zu ihnen hin über Lauf, Altdorf und Neumarkt. Da herum verweilte er und verschanzte sich – die Züge des Königs dort erwartend. Das war gegen den 18. oder 19. März. Und dieser mittlere Teil der Pfalz war der beste Posten, an dem Tilly liegen konnte. Denn hätte der König gewünscht, nach Böhmen zu marschieren, dann war er genau auf seinem Weg, um ihn aufzuhalten. Und falls nach Bayern, dann hätte er zuvor dort sein können, um ihn draußen zu halten.

Der König, der in Dunkelspiel (oder Dinkelsbühl) weilte, war damals 30 englische Meilen von Donauwörth und hätte ohne Widerstand dorthin marschieren können, wohin zu kommen er innerhalb einiger Tage danach so viel Eile machte. Es mag etwas befremdlich erscheinen, dass Tilly nicht [IP] vor ihm dorthin marschierte. Aber das war Bavarias Strategie, der vor Kurzem einen Befehl zu ihm geschickt hatte, dass er sich auf keinen Fall nach Bayern hinein zurückziehen solle – aus Angst, den König von Schweden hinter ihm hineinzuziehen und das Schlachtfeld in sein Land zu verlegen. Er hatte lieber, dass dieses in den Herrschaftsgebieten des Fürsten von der Pfalz sein sollte. Durch dieses Mittel dachte Bavaria, sowohl sein eigenes Land zu retten als auch den König von Schweden dazu zu bringen, die Pfalz zu verderben. Er wäre froh genug gewesen, diese ruiniert zu sehen. Daher spielte Tilly somit wie der Kiebitz, um den König von seinem eigenen Nest abzulenken.

Als seine Majestät nun erkannte, in welche Richtung sich Tilly vor ihm zurückzog, änderte er seinen Marschweg (wie gesagt wurde) und wandte sich herum, direkt nach Nürnberg. Von Dinkelsbühl marschierte er nach Fürth, eine hüb- [IQ] sche Stadt 3 englische Meilen westlich von Nürnberg, wo er am Dienstag, den 20. März, ankam und lagerte. An diesem Abend wurde von seiner Majestät erwartet, dass er nach Nürnberg hineinkam. Als aus jener Stadt Scharen von Leuten zu seinem Lager strömten, sagte der König damals (lachend): „Ich erkenne, ich muss unbedingt Nürnberg sehen." Diese Stadt war eine der großartigsten und reichsten Deutschlands und der Haupt-Pass all dieser Länder. Sie hatte dem König zugestimmt, als er am meisten dessen bedürftig war, und war seitdem zweimal Tilly entgegengetreten und hatte ihn zurückgewiesen. Daher mochten sie wohl erwarten, dass der König sie mit seiner Anwesenheit ehrte. Er machte seinen Einzug in die Stadt gegen 10 am Vormittag des 21. März. Der Morgen wurde als regnerisch und düster vermerkt. Aber sobald die 2 Könige ihren Fuß auf die Brücke setzten, begann die Sonne, daraus einen hübschen Tag zu machen. Davon nahmen einige Notiz als ein aufheiterndes Omen dafür, dass halkyonischere *[friedlichere]* Tage am Horizont waren. Ich brauche nicht erzählen, wie willkommen seine Majestät von Schweden war, wie ehrwürdig er empfangen wurde oder wie großmütig er sich wieder verhielt. Ebenso war die Person des Königs von Böhmen von seinen eigenen Untertanen der Oberpfalz, den nächsten Nachbarn Nürnbergs, genauso zu sehen gewünscht. Über dessen anmutige Haltung wiederum im Hinblick auf jene muss ich hier ebenso hinwegge[IR] hen. Das erste Kompliment des Königs von Schweden den Magistraten gegenüber war, dass er ihren guten Willen gegenüber seinen Diensten anerkannte und dass er ihnen für ihre großzügige Bewirtung seines Feldmarschalls Horn dankte. Zu Tisch aß seine Majestät (wie ein Soldat) nur von den gehaltvollsten und schlichtesten Mahlzeiten, spärlich etwas von irgendeiner der Raritäten oder von den Farce-Gerichten anfassend. Nach dem Essen gab er einigen protestantischen Herren aus Augsburg Audienz, die dorthin zu ihm gekommen waren – von denen mit der Religion dieser Stadt. Sie schenkten ihm 2 stattliche Pferde. Danach folgten die Nürnberger Geschenke, was waren: Vier sehr großartige Stücke von Messing-Artillerie mit deren Zubehör. Zwei Globen der

Welt von einer angemessenen Größe, alle aus Silber und einer gefüllt mit neuen Dukaten, der andere mit neuen Gold-Gulden. Zusammen mit sechs Wagen an Hafer, Fisch und Wein, was (in geringerer Anzahl) das gewöhnliche und allgemeine Geschenk Deutschlands an Fürsten und Botschafter war [siehe [30, S.79-102]]. Mit diesen Geschenken wurde (natürlich) stets eine Rede gehalten. An diese Städte gab der König (der ein exzellenter Redner war) sofort die folgende Antwort [vgl. [19, S.263]]:

Ich nehme dieses Geschenk gnädigerweise an und danke [IS] Euch dafür. Aber zudem versichere ich Euch, dass die angenehmste Gabe, die Ihr mir erweisen könnt, Eure Standhaftigkeit für die evangelische und gemeinsame Sache ist. Ich bitte Euch hier, dass Ihr niemals dulden werdet, von dieser abzurücken. Und dass Ihr Euch nicht der Angst oder Hoffnung unterwerft, weder hübschen Versprechungen noch bösen Drohungen, weder Genüssen noch Eitelkeiten, noch irgendeiner anderen besonderen Leidenschaft oder Gewogenheit, welcher Männer gewöhnlicherweise unterliegen oder durch welche sie versucht und überredet werden – insbesondere in diesen gefährlichen Zeiten, wo Mammon, der Fürst dieser Welt, so sehr dominiert. Widersteht daher aller Habgier und Liebe an Reichtümern, worin der Feind – Ich weiß – nicht darben, sondern Euch auf jede Weise versuchen wird. Sie werden versprechen, sie werden drohen, sie werden ihr Äußerstes tun, Euch in ihren Schlingen zu verwickeln. Aber dafür wisst Ihr selbst und all die Welt weiß gut, welche raffinierten und mächtigen Feinde wir gegen uns haben und wie streng sie zur Entwurzelung aller evangelischen Staaten und Fürsten vereinigt und verbündet sind. In diese Richtung hin sind alle ihre Maßnahmen, Aktionen und Anstrengungen getrieben. Auf dieses Ziel hin zielen alle ihre Versuche und Pläne ab. Und zu diesem Zweck setzen sie all ihre Macht und große Kraft ein. Der langen Rede kurzer Sinn: Alles, zu was sie sich verpflichten, und alles, was sie weglassen, alle ihre Gedanken und alle ihre Wünsche zielen vollständig auf unsere Zerstörung ab. Wahr ist es, dass sie nach außen hin ein Einlenken auf den Frieden zur Schau tragen. Aber es sollte so ein Frieden sein, dass Ihr, Euer Staat und alle anderen Protestanten – welcher Art auch immer – dadurch gänzlich und ganz gewiss ruiniert und erledigt würdet.

Gott hat Euch ausgewählt, Oberhäupter der Stadt zu sein, hat in Euer Vertrauen viele tausend Seelen gelegt. Und es ist eine so einwohnerstarke Stadt, die Ihr regiert, dass ich selten eine Gleiche gesehen habe. Alle diese hängen vollständig von Euch ab und gehorchen Euch vollständig. Und ich zweifele nicht, dass Ihr sie so regieren werdet, wie Ihr hofft, dafür vor Gottes großem Tribunal und vor der ganzen Christenheit Rechenschaft abzulegen. Ihr seid von noblen Familien, Eure Vorfahren waren seit unvordenklichen Zeiten von ehrenwertem Ansehen in der Welt. Möget Ihr deshalb in ihren würdigen Fußstapfen laufen und möget Ihr der Güte aus deren Beispielen folgen. Erfüllt zu dieser Zeit Eure Pflichten als gute Patrioten! Und bedenket darüber hinaus, was Gott erdulden muss, das sich ereignen wird, falls Ihr – seinen Beistand nicht beachtend – Euch jetzt selbst in die Hände Eurer Feinde begeben solltet. Wie denkt Ihr, würden sie Euch und die Eurigen benutzen? Gott hat bereits zugelassen, dass Ihr viele Dinge seht, hat bereits einige Sorgen auf Euch gelegt, so dass Ihr Euren Teil an diesem Elend hattet, durch welches Gott uns unsere Sünden und das, was wir verdienen, aufgezeigt hat. Aber dennoch hat Gott Euch obendrein gerettet, verteidigt und höchst machtvoll bewahrt. So dass ich mich nicht genug wundern kann und anerkennen muss, dass es eine sichtbare Hilfestellung und ein Werk Gottes ist, dass die Feinde bis hierhin so verblendet und so zurückgehalten waren, dass sie die ganze Zeit lang nicht diese und solche anderen Städte genommen haben, welche (wie die Welt wirklich dachte) sie in 2 oder 3 Jahren von heute voll in ihrer eigenen Gewalt gehabt hätten. Wahrlich hat Gott Euch wunderbar geschützt, so wie es ihm auch gefiel, mich zu diesem Werk zu rufen. Denn eher dachte ich, dass das Letzte Gericht kommen würde, als dass ich nach Nürnberg kommen und (wie Ihr selbst gesagt habt) meine eigenen Herrschaftsgebiete, meine guten Untertanen und das, was auch sonst mir lieb und teuer ist, so weit hinter mir zurücklassen würde. Und dass ich so viele tapfere Helden mit mir bringen würde, deren Leben für die Wiederherstellung, die Sicherheit und den Erhalt der gemeinsamen evangelischen Sache und die Freiheit Deutschlands preiszugeben – so wie ich es mit meinem mache. Mit diesem Zweck habe ich vor (wenn Gott will), weiterzumachen und zu tun, was auch immer in meiner Kraft liegen möge und wozu Gott in seiner besonderen Gnade mich führen und befähigen mag, sowohl für Euch wie für all den Rest unserer Freunde. Und ich werde, ich versichere Euch, einhalten und ausüben, was auch immer ich bisher durch meine Botschafter, meine Vertreter oder meine Briefe versprochen habe.

Bedenket deshalb, bitte ich Euch, die Konsequenzen dieser Angelegenheit. Und für die Gnade von Gottes Willen bleibt stets beständig, seid von nichts auch immer ergriffen, sondern ermutigt Eure Nachbarn und insbesondere solche Städte, die auf Euch zählen.

Ich habe die ganze Zeit so viel gesprochen – nicht aufgrund irgendeines Zweifels, den ich an Eurer Treue und Ehrlichkeit hege, sondern stattdessen, um Euch, die Ihr bereits wach und willens seid, durch diesen Ansporn, wie er von meinen Worten ausgeht, immer noch mehr willens und wacher zu machen. Gott wird Euch nicht jeden Tag solch einen Prediger wie mich senden, der ich nun hier bin im Verlangen, Euch zu helfen und Mut zuzusprechen, Euch alles Gute zu tun und Eure Sache zu fördern – so weit voran, wie Gott mich stärken und mir ermöglichen möge. Habt deshalb für eine Weile Geduld und erduldet noch etwas mehr, bleibt beständig, übt Eure Pflichten zu dieser Zeit aus. Und der allmächtige Gott, der bis jetzt mit Euch gewesen ist und Euch so wunderbar seine Hilfe gezeigt hat, wird Euch ganz gewiss auch seine Gnade zuteil werden lassen. Auf dass Eure Stadt weiterhin gedeihen und wachsen möge, dass Euer Ansehen sich über die ganze Welt verbreite und dass wir alle zusammen unseren Herrgott ehren, loben, preisen und segnen mögen, sowohl hier als auch für immer.

Seine Majestät erhielt am selben Nachmittag Nachricht von Tillys immer noch tieferen und tieferen Eindringen in die Oberpfalz mit stets dem Zweck – da der König ihm näher kam – sich ruckweise noch weiter und weiter vorwärts zu bewegen in Richtung Wallenstein (von dem damals an den Grenzen Böhmens und der besagten Pfalz gehört wur-
[IT] de). Auf diesen und die nachfolgenden anderen Gründe hin änderte der König wieder im Wesentlichen seine frühere Entscheidung, Tilly weiter zu verfolgen.

1.

[IU] Der erste Grund war dieser: Das Erkennen, dass Tilly gleichwohl nicht als Einzelner bekämpft würde. Er hielt es nicht für eine passende Strategie, ihn hoch zu Wallenstein zu treiben. Welche zwei, wenn sie sich mit Bayern vereint und dann alle drei sich wieder gegen ihn gerichtet hätten, möglicherweise zu stark für ihn gewesen wären. Speziell an diesem Ort, welchen sie kannten, aber nicht er.

2.

In dieser Weise hätte er für den Moment die Kriegshandlung in die Herrschaftsgebiete seines Freundes, des Fürsten von der Pfalz, gelegt, welche diese gänzlich zerstört hätten.

3.

Bayern, das noch ganz und unberührt war, versorgte seine Feinde sowohl mit Männern als auch Geld. Wohingegen, wenn das Feld des Krieges dorthin verlagert wäre, er selbst seinen Anteil davon erhalten könnte und so viel davon von seinem Feind abschneiden könnte. Ja, und des Feindes Anteil daran musste auch gezwungenermaßen zerstört werden, indem Tilly hineingerufen wurde, um es zu verteidigen.

4.

Dies würde restlos das Projekt des Herzogs von Bayern

(welches der König durch abgefangene Briefe zu verstehen kam) vereiteln, dass dieser nicht wollte, dass Tilly aus diesem Grund nach Bayern hinein käme, und dass er vom Kaiser gewünscht hatte, dass keine Armee in oder durch sein Land geschickt werden möge.

5.

Es würde genau in die Herzen der Bayern treffen, einen Feind in ihrem eigenen Land zu sehen. Denn es wird gemeinhin gesehen, wie Menschen, die außer Landes ausreichend tapfer sind und sich dort vor dem Krieg zu schützen wissen, dann eingeschüchtert und verblüfft sind, wenn sie erleben, wie er zu ihnen nach Hause gebracht wird. Das Befeuern der Signalfeuer (wo welche sind) oder das Rückwärtsläuten der Glocken (wo das verwendet wird) wird sie schwerlich zueinander bringen, um Widerstand zu leisten. Und ihre Herzen sind ziemlich erledigt, ungeachtet aller Ermutigungen, *pro Aris et Focis [für Heim und Herd]* zu kämpfen. Denn die Menschen werden nur die Hälfte geben, um die andere zu retten. Die Städte werden nachgeben, und der Feind wird in kurzer Zeit so stark sein wie der Fürst selbst in seinem eigenen Land.

6.

Würde er nicht jetzt nach Bayern hinein eilen, wäre er überhaupt niemals dort hineingekommen. Oder zumindest nicht so bald oder auf so kurzem Weg. Da wurde gerade in Donauwörth eine Festung gebaut. Würde er bleiben, bis sie fertig war, müsste er viele Leugen mehr herum über Ulm gehen, um über die Donau zu kommen.

Auf diese Gründe hin (unter den übrigen), wandte sich Seine Majestät jetzt wieder (fast) direkt rückwärts – und das auch mit Schnelligkeit: Er zog in derselben Nacht aus Nürnberg aus in Richtung Schwabach, acht Meilen südlich davon. Tillys Kräfte waren zur selben Zeit in der Nähe von Neumarkt und darüber hinaus, zwischen zwanzig und dreißig englischen Meilen östlich von Schwabach. Für die Feststellung dessen Stärke und Unterkunft schickte der König sofort einige starke Reitergruppen aus, die am Freitag, den 23. März, einige von diesen Tillyschen besiegend, augenblicklich wieder zur Armee des Königs zurückkehrten. Am Tag des Vorabends von 'Mariä Verkündigung' kamen des Königs Kräfte nach Pleinfeld, Weißenburg und Öttingen, drei hübsche Städte zwischen Nürnberg und Donauwörth. Auf dem Gipfel eines Hügels, etwa eine englische Meile nördlich [östlich] von diesem Weißenburg, stand die stattliche und starke Burg Wülzburg, der Hauptdurchgang und das Gebot über all das Land. Da hinein hatte Graf Tilly den jungen Grafen Pappenheim (Cousin des Generals Pappenheim) als Statthalter eingesetzt. Zu ihm sandte der König zunächst. Er forderte ihn auf, die Burg friedlich der Markgräfin von Ansbach und ihren Kindern zurückzugeben. Wenn es so wäre, erwarte er, dass man sich mit seines Vaters Ländereien und dessen Burg von Pappenheim (die unmittelbaren Nachbarn zu diesem Ort) gut verhalten werde. Als diese Nachricht von den Kanonen beantwortet wurde, ging der König am selben Tag hoch in Richtung Burg, welche er mit acht Reitereinheiten und etwa sechshundert Musketieren sofort umzingelte. Einige dieser Musketiere wurden bis in Reichweite eines Musketenschusses zu eben den Mauern gebracht. Sie sollten den Feind mit ihren fortwährenden Salven unterhalten, bis sich der König rundherum sein volles Bild von den Befestigungsanlagen der Burg gemacht hat-

[IV] te. Da er den Ort für stark und Tilly als nahe erachtete, schloss er für sich, dass es ihn mehr betraf, seinen Plan zu verlassen und mit Schnelligkeit nach Donauwörth zu marschieren – statt seine Zeit an der Stärke der Burg zu verlieren, während Tilly in der Zwischenzeit den Bau seines Forts beendet haben könnte, das er bereits auf dem Hügel vor Donauwörth begonnen hatte. Er ließ daher dreihundert Mann unter Oberst Sperreuther in der Stadt. Am selben Tag noch marschierte er mit der Armee direkt nach Donauwörth, wo er – entsprechend seiner Aufklärung – die schon begonnene Schanze nur halb fertiggestellt vorfand.

Sein fortgesetzter Feldzug im März war von solcher Konsequenz, dass, wenn er nur drei Tage länger geblieben wäre, während der Feind das Fort verteidigungsfähig machte, er gezwungen gewesen wäre, für seine Passage etwa so weit wie bis nach Ulm zu marschieren – in der Tat hatte er sich all die Zeit ausgerechnet, dass er dort die Donau hätte überqueren müssen. Und somit, wenn von irgendeiner Armee jemals gesagt wurde, dass sie schnell gelaufen wäre, dann tat die des Königs das nun – sogar den ganzen Weg von Mainz bis Donauwörth.

Am Morgen des 26. März nahm Seine Majestät die Klein- [IW] stadt und das Kloster Kaisheim ein, vier englische Meilen nahe bei Donauwörth, eine Stadt, zu der er noch am selben Abend marschierte. Dieses Donauwörth war einige Male eine kaiserliche Stadt gewesen, obwohl sie jetzt – bei der Ankunft des Königs – im Besitz des Herzogs von Bayern war. Dazu kam es durch den Anlass, dass es von Kaiser Rudolf in den letzten Jahren geächtet worden war.[82] Es war gelegen in der Region Schwaben, am nördlichen Ufer des berühmten Flusses Donau, welcher ihm den Namen gibt. Diese Stadt und ihre Brücke, die über die Donau führte, waren der Schlüssel und der Zugang zunächst in jenen Teil des Schwabenlands auf der anderen Seite des Flusses und da hindurch hinein nach Bayern, über den Fluss Lech. Zu jener Zeit waren etwa 1200 Fußsoldaten, 500 Reiter und 500 der bayerischen Bürgerwehr in der Stadt. Der ritterliche Rudolph Maximilian, Herzog von Sachsen-Lauenburg (der Tilly in der Schlacht von Leipzig gerettet hatte[83]), war ihr Statthalter.

Das vorher erwähnte, im Moment im Bau befindliche Fort

---

[82] *[Donauwörth kam 1607 wegen der sogenannten 'Kreuz- und Fahnengefechte' während der Markusprozessionen in Reichsacht und wurde daraufhin durch Herzog Maximilian in bayerischen Pfandbesitz genommen [10, S.3ff]]*

[83] *[Der Rittmeister "Langer Fritz" des Rheingräfischen Regiments war dabei, Tilly totzuschlagen, als ihm Rudolph eine Kugel durch den Kopf 'zum einen Ohr hinein, zum anderen hinaus' jagte [15, S.333]]*

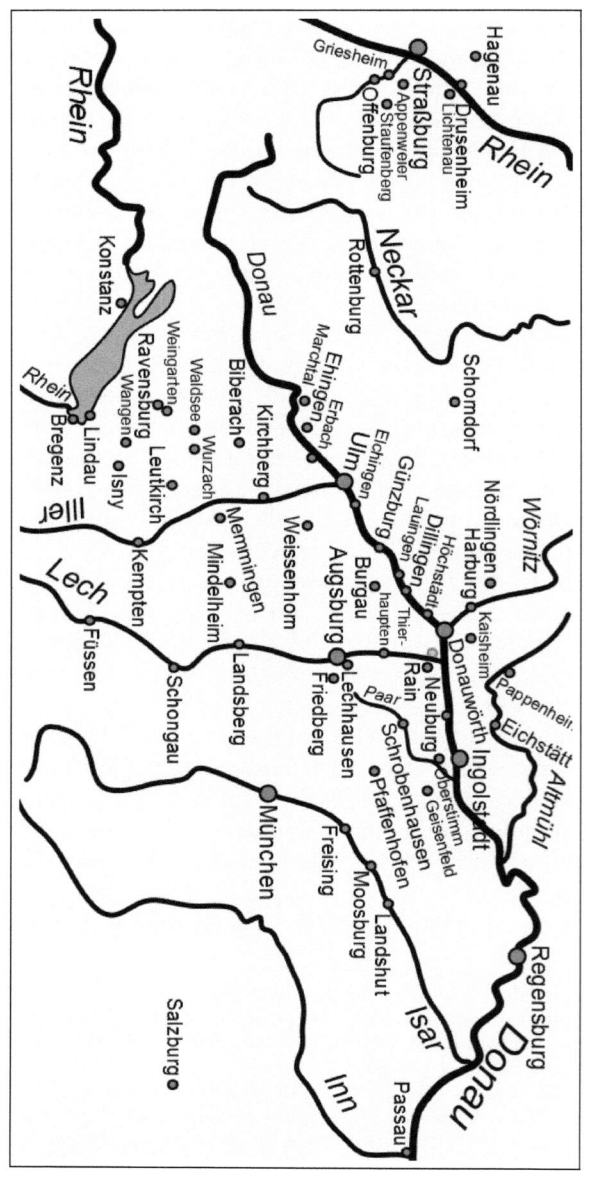

lag auf der Spitze eines kleinen Hügels auf der Nordwestsei-
te[84] der Stadt. Der Hügel reichte von den Mauern der Stadt
bis zur Donau. Das Fort selbst lag zwischen der Stadt und
dem Fluss, einen Musketenschuss von beiden entfernt. Es
war noch nicht in der Lage, dem Volk des Königs Ärger
zu bereiten: Seine Batterien waren nicht vollendet. Daher [IX]
dachte der König, dass es am passendsten wäre, sich von
hier anzunähern. Am Fuß des Hügels, nahe dem Flussufer,
war dort eine hübsche Vorstadt und hindurch ein Tor in die
Stadt. In dieser Vorstadt ließ der König ungefähr um neun
Uhr am Morgen des 26. März zunächst 500 gute Musketiere
platzieren. Seine nächste Arbeit war, auf derselben Seite des
Hügels eine Batterie zu errichten und darauf zwanzig Stück
Artilleriegeschütze aufzustellen. Von dort aus flankierte er
so die Brücke, sowohl mit seinen Kanonen als auch seinen
500 Musketieren. Dadurch konnten dieselben Männer beides machen: Die Stadt plagen und jeglichen Übergang über
die erwähnte Brücke stören – reinwärts und rauswärts. Des
Königs kleine und große Geschütze fuhren fort, den ganzen Tag danach zu spielen, auf das Tor, die Brücke und
zugleich auf ein großes Lagerhaus auf der Seite nach Bayern. In diesem waren zwei Truppen an Reitern und einige
Fußsoldaten der Tillyschen untergebracht. Etwa gegen neun
Uhr am Abend begann der König zu erkennen, dass, wenn
er aber auch die Brücke auf der anderen Seite der Stadt
flankieren könnte, er dann dadurch beides, ihre Befreiung
und ihren Rückzug vollständig abschneiden könnte. Sofort [IY]
schickte er zu diesem Zweck Oberst Hepburn mit seiner
Brigade um die Stadt herum über die Harburgsche Brücke
(fünf englische Meilen in Richtung Norden), welche über
einen kleinen Fluss *[Wörnitz]* führte, der durch Donauwörth
in die Donau floss. Als Sir John Hepburn die Brücke passiert
hatte, marschierte er hinab zur Westseite der Stadt. Dort
platzierte er kurz nach Mitternacht seine Männer leise der

---

[84] *[Auf dem Merianschen Kupferstich ist diese 'Schanze von den Bayerischen' auf der Nordostseite (Schellenberg) eingezeichnet]*

Länge nach verborgen in den Gärten oder an den vorteilhaftesten Stellen unterhalb der Mauer. Er befahl daraufhin
die Dinge dermaßen, dass kein Mann weder über die Do-
naubrücke passieren konnte, noch aus dem Westtor hinaus,
sondern gezwungenermaßen in seinen Vorteil fallen musste. Die innerhalb der Stadt erkannten nun (mit Schrecken),
dass sie weder fähig waren, dem König zu widerstehen, noch
die Hoffnung auf Befreiung abzuwarten. Sie überlegten ein
bisschen, vor Tagesanbruch im Vorteil der Dunkelheit über
die Brücke einen Ausfall aus der Stadt zu machen in denjenigen Teil des Schwabenlands, der in Richtung Bayern
liegt. Diese ihre Absicht wurde von Oberst Hepburn ver-
hindert. Der gab ihnen eine so unbehagliche Passage, weil
er die Brücke viel näher flankierte als es der König von seiner Seite aus tat: Obwohl Sachsen-Lauenberg und einige
wenige mit ihm sicher hinüber kamen, wurden jedoch die
Übrigen, die folgen wollten, von diesen Salven derart nie-
dergemäht, dass ihre toten Körper geradezu den größten
Teil der Brücke bedeckten und vollständig deren gesamte
Passage behinderten. Die noch drinnen befindlichen Reste
erkannten, dass ihr Rückzug auf diesem Weg abgeschnitten
war, und machten einen Ausfall am Westtor, auf Hepburn
zu. Sie wurden mit ihren Verlusten zurückgeschlagen.

Währenddessen donnerte der König mit seinen Kanonen
auf das andere Tor. Die drinnen – immer noch seinen Einfall
auf diesem Weg fürchtend – waren entschieden, noch einmal
zu wagen, ihre Passage durch Hepburn zu erzwingen, von
dem sie wussten, dass er der Schwächere sei.

Sodann machten sie verwegen einen Ausfall und wurden von Hepburns Brigade ein zweites Mal so mutig unterhalten, dass zwischen drei und 400 von ihnen zu Boden
[IZ] gestreckt und 400 als Gefangene genommen wurden. Auf
der Höhe des Kampfes trat Hepburn zur gleichen Zeit auch
durch das Westtor ein. Da waren an englischen Freiwilligen,
die auf Oberst Hepburn in dieser Aktion warteten (und bei
den Vordersten), mein Lord Craven, Herr Nicholas Slanning

und Herr Robert Marsham.

Als Sir John Hepburn derart hineingelangt war und als Erstes jeglichen Widerstand in Stücke geschlagen hatte, verfielen seine Soldaten sofort dem Plündern: Viele goldene Ketten mit viel anderem Metall und Schätzen der Feinde wurden hier zur Beute gemacht. Sie hatten zuvor freie Zeit erbeten, um ihre Reichtümer wegzubringen.

Zu dieser Zeit war der König ebenfalls bei seinem Tor in [JA] die Stadt eingedrungen. Dort gab er sofortigen Befehl, dass keines der Häuser der Stadtbürger mehr geplündert werden solle (was einige der Soldaten schon begonnen hatten, zu tun). Nur was sie von den bayerischen Soldaten vorfanden, sollte ihre gesetzmäßige Kriegsbeute werden. Als sich nach einer Weile die Dinge beruhigt hatten, schickte der König nach Sir John Hepburn, dem er vor dem böhmischen König, dem Pfalzgrafen August und diversen anderen großen Persönlichkeiten die Ehre dieser Aktion zuschrieb: Als der Mann, der ihn zunächst beratschlagt hatte, dass er über die Harburger Brücke geschickt werden könne. Und dass er so guten Erfolg bei so geringen Verlusten hatte. Das Regiment Fußsoldaten des Grafen von Solms wurde als Garnison in der Stadt belassen. Oberst Schneidewind wurde als Statthalter zurückgelassen.[85] Auch wurden Befehle ausgegeben, dass die Ausübung der protestantischen Religion in der Stadt am folgenden Osterfest wieder eingeführt werden solle.

Nachdem Donauwörth somit am 27. März eingenommen war (was von allen Tagen im Jahr gerade der Geburtstag des Herzogs von Bayern war), wurden am selben Morgen ungefähr um zehn Uhr zunächst 500 Dragoner und nach ihnen zwölf Kornetts an Reitern in aller Eile ausgeschickt, um jene feindliche Truppen zu verfolgen, die zwischen fünf und sechs am Morgen mit dem Herzog von Sachsen-Lauenburg über die Brücke entkommen waren. Als diese Reiter und 500

---

[85] *[Nach Erratum: Oberst Redwin (Retwein nach [19], vermutlich ein 'Ruthven'). Andere Quellen: Melchior von Wurmbrand.]*

Dragoner entsandt waren, marschierte Hepburn mit seiner Brigade als Nächstes hinüber. Er hatte Befehle, sich am vorgenannten Lagerhaus einzuquartieren, am Südende der Brücke. Hier errichtete er sofort einen sehr großen Halbmond, um sowohl seine Männer als auch die Brücke zu schützen, sollte der Feind nun über ihn herfallen.

[JB] Die besagten Dragoner und Reiter schritten allesamt entlang eines gut verteidigten Landes voran, in Richtung einer Burg der Fugger *[Schloss Oberndorf]*, welche etwa 3 englische Meilen von Donauwörth und eine weitere von der Stadt Rain entfernt lag. Darin befanden sich 400 Soldaten und 12 Stück Artilleriegeschütze. Um sie herum war ein sehr tiefer Graben oder Wassergraben. Als die Verteidiger nun erkannten, dass sich die schwedischen Truppen ihnen also näherten, und weil sie an das Beispiel Donauwörths keine Erwartung auf eine Entsetzung knüpften, überlegten sie zunächst, die Burg zu verlassen und ihren Rückzug über die Brücke von Rain anzutreten. Die Dragoner fingen diese nun ab und töteten 200 von ihnen an Ort und Stelle. Die Reiter nahmen den Rest gefangen. Die schwedische Reiterschaft wurde befehligt vom Grafen von 'Hochtuitschy' (wie ich seinen Namen ausgesprochen höre), von dem ich annehme, dass es der böhmische Baron Kochczitz war, der bei der Schlacht von Leipzig dabei war und seitdem mit Gustav Horn in Bamberg.

An der Donau (einige 15 bis 16 Meilen östlich von Donauwörth) lag die Stadt Neuburg. Von hier hatte Wolfgang Wilhelm (einer der Pfälzer Prinzen und Cousin des Erzherzogs) seinen Titel als Herzog von Neuburg. Er war ehemals ein Protestant. Aber seit er zu einen Papisten geworden war und zu einem der Katholischen Liga, hatte er seine Mutter und 2 Brüder in der Ausübung ihrer Religion sehr gehindert, worüber man sich auf dem Reichstag von Leipzig[86] beschwerte. Der ältere dieser 2 Brüder, Fürst oder Pfalzgraf August von Sulzbach (vormals oft erwähnt), erbat nun

---

[86]Siehe Seite 24 unseres ersten Teils.

vom König, ihn mit 1800 Reitern und 2000 Fußsoldaten in die Stadt Höchstädt und andere Orte im Herzogtum Neuburg auszuschicken, welche durch die Courage und Autorität ihrer Mutter *[Anna von Jülich-Kleve-Berg]*, der alten Herzogin von Neuburg, vor dem Papismus bewahrt worden waren. Über diese Stadt Höchstädt fiel August nun [JC] her. Und voll von Freude waren die Leute, so von ihrer Angst der angedrohten päpstlichen Verfolgung befreit zu sein. Aus dieser Stadt, aus Ulm und Lauingen wurde das Lager des Königs bis zu ihrem Eintreten nach Bayern solange mit Proviant versorgt. Etwas später nach dieser Zeit [JD] wurde das besagte Lauingen von den schwedischen Streitkräften eingenommen, die um Ulm herum lagen. Die Stadt war gelegen in einer höchst fruchtbaren Ebene, mit der Donau auf der Südseite und einer Brücke darüber. Sie gehörte zu dem besagten Wolfgang Wilhelm, dem ältesten Herzog von Neuburg. Und so wurde trotzdem mit ihm angefangen, weil er sich als Feind gezeigt hatte, indem er die Kaiserlichen entlastete, nachdem er ein Neutralitätsabkommen ausgehandelt hatte.

Am 30. März hatte General Banér große Lust, auch Neu- [JE] burg einzunehmen. Zu diesem Zweck wurde aus der gesamten Armee eine starke Gruppe von befohlenen Männern ausgewählt. Eine Rotte wurde dazu aus jeder Kompanie herausgenommen. Sie mögen etwa 3000 Fußsoldaten und 1000 Reiter ausgemacht haben und wurden in 8 Truppen eingeteilt. Als sie entlang der Nordseite des Flusses abmarschiert waren (wobei die Stadt im Süden lag), fanden sie den Ort zu stark, um in einer solch kurzen Zeit überrascht zu werden. Hoffend, sich durch den von des Königs Namen verbreiteten Schrecken durchzusetzen, schickte General Banér seine Briefe in die Stadt. Als sie diese nicht annahmen, war er gezwungen, wieder in sein Quartier zurückzukehren. Der König war etwas spaßig mit seinem General, dass er sich die Mühe umsonst gemacht hatte, und fragte ihn, ob er gedacht hatte, die Stadt mit einem niederträchtigen Brief einzunehmen. Die Stadt wurde zuletzt freiwillig von den Tillyschen aufgegeben – nach des Königs Sieg am Lech. Hätte Banér zu dieser Zeit die Stadt eingenommen, dann wäre der König über diese Brücke nach Bayern hineingekommen.

[JF] General Tilly (der um den 18. oder 19. März herum um Neumarkt in der Oberpfalz weilte), der Nachricht von des Königs Aufbruch in Richtung Bayern erhalten hatte, war zu dieser Zeit über die Ingolstädter Brücke ins besagte Herzogtum Bayern gekommen. Zu Beginn des Aprils hatte der König auch seine ganze Armee eine englische Meile aus Donauwörth abgezogen, nämlich nach Nordheim, einige 2 Meilen entfernt vom Fluss Lech, der den Landkreis Schwaben von Bayern trennte. Als Tilly jetzt erkannte, dass der König das Geheimnis der Einnahme von Brücken besaß, brach er nun die in seiner Gewalt liegende über die Donau zwischen Neuburg und Rain ab – und auch die bei Rain über den Lech, welche mehr als einen Musketenschuss über die Stadt hinaus lag. Er befestigte dieses Rain. Und um den König noch besser davon abzuhalten, den Lech irgendwo zu überqueren, legte er seine Armee das ganze bayerische Ufer entlang zwischen Rain und Augsburg. Das erreichte eine Länge von nahezu, wenn nicht gesamten, sechzehn englischen Meilen. Nicht, dass seine Armee damals so groß war, in einem zusammenhängenden Körper zusammen sechzehn Meilen zu reichen. Aber mehrere Kompanien und Regimenter lagen hier und da zerstreut in gewissen Abständen, mit einigen Wächtern und Wachposten hier und da dazwischen, den ganzen Weg von Rain nach Augsburg.

Als der König merkte, wie Tillys Hauptabsicht aussah, ihn aus Bayern fernzuhalten, sah er kein besseres Mittel einzudringen, als eine Brücke über den vor ihm liegenden Lech zu erzwingen. Um den für diesen Zweck vorteilhaftesten Ort zu finden und um die Notwendigkeiten für die Brücke zu beschaffen, bediente er sich der ersten fünf Tage im April. In der Zwischenzeit kam Herzog Wilhelm von Sachsen-Weimar aus Erfurt in Thüringen mit jenen 10000

Fußsoldaten und 1500 Reitern, welche er eigentlich zuvor mit Gustav Horn in Bamberg hätte zusammenführen sollen.

Der Herzog marschierte am zweiten April durch Donauwörth und schloss sich am selben Tag der Armee des Königs an, die damals bei Nordheim kampierte.

Am nächsten Tag, den dritten April am Nachmittag, wurde ein Trompeter mit verbundenen Augen in des Königs Nähe gebracht. Seine Nachricht (wie ich geschrieben fand) war, Briefe des freien Geleits für den französischen Botschafter zu fordern, der damals beim Herzog von Bayern weilte. Der Herzog hätte vielleicht gerne verhandelt. Aber ich denke nicht, dass der König so voreilig war, dass er geduldet hätte, ein zweites Mal mit demselben faden Trick missbraucht zu werden, so ein Abkommen zu erwägen. Denn er konnte ahnen, dass es lediglich dazu gedacht war, die Aktionen in die Irre zu führen.

Während einige abgestellt waren, den besten Ort des Vormarsches für die Brücke zu finden, gab der König Befehl an die Schweden – seine Zimmerer – und die Finnen – seine Pioniere – die Häuser der benachbarten Dörfer abzureißen und solche Balken, Planken und Bohlen zu bringen, wie sie für die Brückenarbeiten passen würden. Der für die Arbeiten an der Brücke festgelegte Ort war bei Oberndorf, ein kleines Dorf, etwa eine halbe englische Meile von genau jenem Punkt, an dem der König vorhatte, sie hinüberzuschlagen. Der Ort, auf den entschieden war, lag zwischen Rain und Thierhaupten, gerade an einem Landpunkt, der durch eine Krümmung oder Biegung des Flusses entstanden war. Der Boden auf der Seite des Königs war eine Pikenlänge höher angehäuft und obendrein ebener als der auf Tillys Seite, welcher sowohl tiefer als auch bewaldet war. Zunächst wurde ein Versuch gemacht, eine Floßbrücke zu legen. Aber der Fluss duldete das nicht. Denn obwohl nicht mehr als höchstens dreißig oder vierzig Schritt hinüber waren, war der Strom aufgrund des geraden Verlaufs sehr rasend und gewaltig.

Jetzt, als alles Material vorbereitet war, rückte der König etwa gegen neun Uhr abends auf den vierten April einige tausend befohlene Mann hin zum vorher erwähnten Ort. Zwei Stunden später begannen sie, an einem laufenden Schützengraben entlang des gewundenen Flussufers zu arbeiten, so dass die Musketiere hier heraus mit mehr Sicherheit Feuer in die Wälder auf der anderen Seite des Flusses geben konnten. Diese Linie oder Graben hatte eine große Batterie an jedem Ende für halbe und viertel Kanonen – mit vielen kleineren Batterien dazwischen, allesamt um den Punkt herum, damit die kleineren Feldstücke darauf spielen konnten. Auch diese waren überall mit Musketieren durchsetzt. Während die Pioniere so arbeiteten, gab der König an verschiedenen anderen Stellen (sowohl oberhalb als auch unterhalb) falsches Feuer und falschen Alarm, sowohl mit Musketen als auch kleineren Feldstücken, um den Feind abzulenken, so dass dieser sich bis zum Morgen nicht vorstellen konnten, wo sie ihn finden sollten.

Um sechs am Donnerstagmorgen, den 5. April, war diese Arbeit beendet, die Kanonen aufgestellt, die Bögen oder Gerüstpfeiler für die Brücke mit den Planken und anderem Material allesamt herbeigebracht und bereit, in den Fluss gelegt zu werden. Diese Gerüstpfeiler sollten große Steine oder Gewichte an ihre Beine gebunden haben, um sie zugleich zu versenken. Und sie waren nicht viel länger als gerade bis zum Boden des Flusses reichend, so dass die Planken sogar fast genau im Wasser lagen. Die längsten Pfeiler waren etwa vier Yards lang. Sie waren für das Bett des Flusses [JG] gedacht. Sobald es taghell war, begann General Tilly, des Königs Pläne zu erkennen, und startete, im Wald gegen ihn zu arbeiten. Als der König dessen Pioniere hörte, wie sie die Bäume niederfällten, gab er seinen Männern sofort Befehl, ihnen eine Salve oder einen Guten Morgen (wie er es nannte) zu schicken, sowohl mit ihren Kanonen als auch ihren Musketen. Gegen 8 Uhr am selben Morgen sandte der König in zwei Booten, die er hatte, die Schweden und Finnen, seine Pioniere und Zimmerer, auf die andere Seite des Flusses. Der Plan war, sie einen kleinen Halbmond errichten zu lassen mit einer Einpfählung oder einer Palisade darauf. Dieser sollte einerseits eine Antwort sein auf jenes kleine Werk, das Tilly für seine Musketiere gebaut hatte, um darin unterzukommen, nahezu rechts vor dem genannten Punkt am Fluss. Und es sollte obendrein die Brücke vor den größeren Schüssen decken, die der Halbmond auch noch versperrte. Die Finnen und Schweden arbeiteten auf den Werken und machten den Boden gut, bis gegen 4 Uhr am Abend beides vollendet war und sie entlastet wurden.

Während all dieser Zeit war der König emsig, seinen Übergang über den Fluss zu legen. Tilly war genauso beschäftigt, seine Batterien aufzustellen, um die Brücke wieder herabzuhämmern. Der König selbst rührte sich die ganze Nacht und auch den nächsten Tag nicht vom äußersten Brückenende. Und auch nicht der König von Böhmen von ihm, zumindest für die meiste Zeit. Tilly ließ am Rand des Dickichts, nahe beim Fluss, zuerst einen Schützengraben errichten, um seine Musketiere unterzubringen, wie wir Euch gesagt haben. Und er gab Befehl, etwa einen Musketenschuss weiter im Wald ein sehr großes Befestigungswerk zu errichten, so dass er, falls der König seine Brücke schlagen würde, mit der Macht dieser Werke und durch ein Abholzen der Bäume darum herum (zumindest) in der Lage gewesen wäre, seinen weiteren Marsch zu behindern. Die kleinen und großen Geschütze feuerten los – ununterbrochen auf beiden Seiten, die ganze Zeit. Und sie setzten das mit extrem heißer Ausführung bis etwa elf Uhr am Mittag desselben Tags aufeinander fort, um welche Zeit General Aldringen durch [JH] den Schuss eines Feldstücks (welcher seine Schläfe touchierte) verwundet und in der eigenen Kutsche des Herzogs von Bayern hinweg transportiert wurde. Ob er kurz darauf von diesem Schlag verstarb, war in der Gegend für eine längere Weile nicht bekannt. Obwohl es später gewiss war, dass er sich leidlich gut erholt hatte und mit Wallenstein zusammen war. Einige sagen, dass er dadurch im Hirn verrückt wurde. Für meinen eigenen Teil wäre ich abgeneigt, wenn es so wäre: Denn dann hätte der Schuss einen der besten Köpfe Deutschlands ruiniert, einen der adrettesten Gelehrten des Kaiserreichs.

Die bayerischen Hauptleute befanden das als einen so heißen Dienst, dass Tilly selbst gezwungen war, bis zu dem Punkt zu kommen und ins Angesicht der Gefahr, um An- [JI] weisungen zu geben. Dort erhielt auch er innerhalb einer halben Stunde nach Aldringens Missgeschick einen Musketenschuss in den Oberschenkel, was sich für ihn als eine [JJ] tödliche Wunde erwies. Dieses fatale Unglück jenes tapferen, alten Generals erstaunte nicht alleine die einfachen Soldaten, sondern auch den Herzog von Bayerns selbst (der nun hinten stand, mit der Infanterie im Gehölz) derart, dass er, sobald ihm die traurige Nachricht gebracht war und ungeachtet dessen, dass er Generalissimo über die gesamten Streitkräfte war, daraufhin unverzüglich sein Pferd nahm und mit höchster Geschwindigkeit nach Ingolstadt eilte. Er blieb nicht einmal so lange, um den Befehl zu geben, entweder den begonnenen Plan fortzusetzen oder die Armee abmarschieren zu lassen.

Als Tilly weggetragen war und der Herzog gegangen, wurde der Nachmittag auf der Seite des Königs so verbracht, wie der Vormittag gewesen war: Mit dem ununterbrochenen Donnern und den Salven der kleinen und großen Geschütze. Unter den Bayern zogen sich jene, welche die Verstümmelung ihrer beiden Generäle und die Flucht des Herzogs begriffen hatten, schrittweise und in Unordnung von ihrem Angriff zurück. Während die anderen, die davon nicht wussten, in beherzter Weise das Gefecht aufrechterhielten. Während all dieser Zeit träumte der König wenig davon. Seine Männer setzten ihre Arbeiten immer noch fort. [JK] Bis vier am Nachmittag war die Brücke vollendet. So wie 2 Stunden danach der kleine Halbmond und die Palisade auf der anderen Seite des Gewässers, vor dem Brückenende, fertig waren. Als das getan war, wurde des Königs eigene Kompanie, seine Leibgarde, über die Brücke geschickt, um den Halbmond zu bemannen – aus Angst, dass der Feind darüber herfallen könnte. Bei Anbruch der Nacht begannen andere der Bayern, sich zurückzuziehen und ihre Artillerie abzuziehen. Und das in solcher Eile, dass sie vergaßen, ihre Außenposten abzukommandieren, welche alle entlang des Flussufers lagen.

Am nächsten Morgen sandte der König einen von Hauptmann Forbes befehligten Trupp von dreißig schottischen Musketieren hinüber, um zu sehen, was die Bayern im Wald taten. Denn er hatte in der letzten Zeit nicht mehr von ihnen gehört. Dort konnte Forbes niemanden außer zwei berittenen Wachposten am Waldesrand finden, die er als Gefangene nahm. Als diese zum König gebracht wurden, beteuerten sie, dass sie unwissend waren ob des Rückzugs des Rests ihrer Kameraden.

Aber um noch ein wenig zurückzukommen: Der König, der von Tillys Verwundung und der Flucht des Herzogs nicht wusste, wagte nicht das Risiko, seine Streitkräfte über die Brücke zu bringen. Stattdessen verbrachte er den Rest der Nacht damit, seine Armee davor aufzustellen. Als dies gemacht war, wurde Befehl an die Infanterie oder Fußsoldaten gegeben, als Erste hinüberzumarschieren. Von ihnen allen war es Sir John Hepburn mit seiner Brigade, der die Ehre der Vorhut haben sollte. Der König, der von Forbes diese großartigen und unverhofften Neuigkeiten verstanden hatte, änderte daraufhin seinen vormalig gefassten Entschluss. Er [JL] befahl am nächsten Morgen, den sechsten April, zunächst 500 Reitern und nach diesen 300 weiteren, in die aufgegebenen bayerischen Quartiere hinein überzusetzen. Als die ersten 500 durch den Wald und in die dahinter liegende Ebene vorgedrungen waren, hieben sie dort viele der bayerischen Nachzügler zu Boden, die zu langsam gewesen waren, ihren Kameraden zu folgen. Einige andere schwedische [JM]

Truppen wurden auch sofort nach Rain kommandiert. Obwohl Tilly es vernünftig gut hatte befestigen lassen, machte diese vormalige Angst unter den Leuten seiner Seite es dennoch gar nicht so widerstandsfähig gegenüber den Schweden. Als sie sogleich in die Stadt eintraten, fanden sie einige Wagen und viele Pferde – fertig beladen mit den Gütern des Feindes, welche eine gute Beute ausmachten. Aber die Stadt, die 30000 Taler an den König zahlte, wurde von der Plünderung befreit. Das war die erste Stadt, die der König in Bayern nahm. Dort wurde auch erkannt, dass sowohl der Herzog von Bayern als auch die zwei verwundeten Generäle die Nacht zuvor in Richtung Neuburg aufgebrochen waren. Dahin zogen sie sich zunächst zurück – und von dort aus mit einem großen Teil ihrer Armee, der bis dahin zu ihnen gekommen war, nach Ingolstadt.

Zurück zum König und seinem Militärlager: Der Rest dieses Freitags, sechster April, wurde damit verbracht, mehr Reiter und drei Brigaden der Infanterie hinüberzubringen, zusammen mit dem größten Teil der Artillerie. Die bereits hinübermarschierte Infanterie lagerte diese Nacht am Rand der Ebene, ein bisschen außerhalb des Waldes. Der Rest, der noch zurückgelassen war, lag genau vor der Brücke.

Und nun, weil solche, die in den Kriegskünsten bewandert sind, wünschen werden, mit dem Grund für die Aktion zufriedengestellt zu werden, sowie über deren Erfolg zu hören (in welchem oftmals der Zufall einen genauso großen Anteil wie die Weisheit haben kann), werden wir diesen nun einen kurzen Bericht über des Königs großartiges Urteilsvermögen liefern – so wie wir es mit der Erzählung über sein Glück gemacht haben.

[JN] Dass der König die Brücke an diesen Ort setzte, hatte den Grund, dass er hier den besseren Nutzen hätte, sowohl durch das Flankieren auf beiden Seiten, um sie vor den Störungen durch den Feind zu verteidigen, als auch dadurch, dass sie – so wie sie war, just an diesem Punkt – nicht von Tillys zu beiden Seiten der Brücke stehenden

Batterien angerührt werden konnte, obwohl er seine Kanonen zu diesem Zweck oft umpositionierte. Denn ungeachtet dessen hatte Tilly (mit so viel Urteilsvermögen und Vorteil, wie möglich sein konnte) seine Batterien nicht nahe am Flussufer aufgestellt, sondern in einem Abstand von der Böschung. Somit wurden alle seine Geschütze derart durch die runde und abrupte Bankette vom Ufer des Flusses auf beiden Seiten ferngehalten, dass es seiner Artillerie nicht möglich war, sich über die Brücke zu erstrecken. Stattdessen fielen die Kugeln entweder zu kurz und wurden von dem kleinen Halbmond oder Hügel auf der hohen Böschung oberhalb der Brücke aufgefangen. Oder sie flogen ansonsten ziemlich über das gesamte Militärlager hinweg. Eine Batterie direkt im Angesicht dieses Punktes aufzustellen, das konnte Tilly nicht so plötzlich anfangen zu tun. Denn außer, dass er vom Wald gehindert war, hätte die Wut der kleinen und großen Geschütze des Königs ihm aus so kurzer Distanz genauso viele Männer beschädigt, wie er für diesen Dienst aufs Spiel gesetzt hätte. Und da des Königs Batterien zuerst aufgestellt waren, hätten diese Tilly nicht erlaubt, eine seiner Kanonen direkt vor ihm aufzustellen.

Und trotz alledem scheint doch eine mehr als menschliche Weisung darin gewesen zu sein – angesichts dessen, dass der König so beharrlich eingestellt war, entgegen all den Meinungen und Beurteilungen seiner größten Anführer. Denn als er am Tag davor den Rat seiner fähigsten Generäle erbat und diese (allesamt) – ungeachtet dessen, dass sie ihn so weit in die Aktionen verwickelt sahen, dass er nicht mit seiner Ehre herauskommen könnte – ihr äußerstes Missfallen über den Plan bekundeten, da sagte der König ihnen dennoch deutlich, dass er gegen alle ihre Argumente weitermachen würde, beharrlich seiner eigenen Absicht. Ja, hier scheint nicht nur eine mehr als menschliche Weisung gewesen zu sein, sondern auch ein Segen in der Leichtigkeit, mit welcher der Übergang erreicht wurde, was alle diesbezüglichen Hoffnungen des Königs ziemlich übertraf. Denn als

er am Tag zuvor begriff, dass Tilly begann, ihm entgegen-
zuwirken, befürchtete er so große Gefahr in seinem eigenen Plan, dass er, wenn er nicht mehr als 2000 Mann beim
Gewinnen der Passage verlieren sollte, dann denken sollte
(wie er zugab), dass er einen preiswerten Einkauf mit sei-
[JO] nem Eintreten nach Bayern gemacht hätte. Als er selbst am
nächsten Tag (ebenso) mit den Reitern hinübermarschiert
war, hatte er mit seinen eigenen Augen gesehen, wie gründlich Tilly vorgesehen hatte, ihn zu unterhalten. Er lobte sich
für den guten Erfolg in der Angelegenheit und sagte zum
König von Böhmen und diversen seiner Befehlshaber damals um ihn herum, dass *die Aktion dieses Tages nahezu
genauso große Folgen habe, wie die von Leipzig.*

Uns so ist es in der Tat wert, von allen Soldaten hoch-
geschätzt zu werden. Als Kardinal Pasman (des Kaisers
Botschafter beim Papst) die ersten Nachrichten von diesem Sieg und dessen Weise gebracht wurden, sprach er zu
seinen Freunden *Aitum [Aditum] est – alles hat ein Ende*, was einige so interpretieren, dass damit das Kaiserreich
und die Römische Religion gemeint waren. Kaiphas (Sie
wissen) prophezeite es einst. So wie es uns den Grund gibt,
in der Schaffung eines solchen Ortes wie dieser Krümmung
des Lechs Gottes große Weitsicht zu bewundern (und Gott
hatte sicherlich darin einen Zweck), lobt all das genauso
wunderbar des Königs Einschätzung, dass er so plötzlich
und so fest dessen Vorteil begriff. Und doch, trotz alledem
wäre der König nicht so billig davongekommen wie mit dem
Leben von zweitausend tapferen Männern, hätte nicht ER,
der einst Davids Schleuderstein gegen Goliaths Stirn gesteuert hatte, eine Kugel gegen Aldringens Stirn gelenkt
und eine andere in Tillys Oberschenkel. Wäre dieser tapfere alte Graf nicht so verwundet worden, dann hätte der
König nichts als ein unfreundliches Willkommen in Bayern gefunden – von diesem zweiten und größeren Verteidigungswerk, an dem Tilly von sechs am Morgen bis um
elf gearbeitet hatte, aber das er noch nicht hatte vollen-

den können. Ich meine dieses Werk im Wald, welches vorher erwähnt wurde. Und weiter noch wäre da eine weitere Schwierigkeit aufgetaucht, welche der König bis dahin niemals hätte herausfinden können: Also. Angenommen, er hätte die Brücke friedlich passiert und Tilly hätte ihn ohne Belästigung gewähren lassen. Dann hätte die Örtlichkeit (nachdem er drüben war) ihm nicht erlaubt, die Bayern mit mehr als zwei Brigaden an der Spitze anzugreifen. Und das – wegen des Voranschreitens durch einen Wald – dann gezwungenermaßen auch in Unordnung. Keiner dieser beiden *[Nachteile]* hätte irgendwie vermieden werden können. Was die Bayern angeht, die hätten ihm von der Ebene aus mit sechs Brigaden an der Spitze antworten können – und durch den Vorteil des ebenen Grunds allesamt auch in Formation. Sie hätten möglicherweise auch den Vorteil ihrer bereits errichteten Batterien gehabt. Insbesondere dann, wenn diese große vollendet worden wäre. Zu einer Zeit, als die Könige auf der anderen Seite des Flusses gezwungenermaßen die ganze Zeit ruhig sein mussten oder durch ihre eigenen Leute hindurch auf den Feind hätten feuern müssen.

Und das war die Geschichte der Brücke des Königs über den Lech. Wir dachten, dass deren Beschreibung es wert sei, Euch hier in einer Darstellung preisgegeben zu werden. Ein Werk war sie, obwohl nicht von so kurioser Architektur wie die nach zehn Tagen Arbeit über den Rhein erbaute, an der sich Cæsar[87] so in seiner großen und genauen Beschreibung erfreut. Dennoch wird sie sich zweifellos als berühmt erweisen. Wir sehen dadurch auch, was der Verlust an einem tapferen General bedeutet. Konstantinopel hielt so lange mannhaft gegen die Türken aus, bis Justinian *[Giovanni Giustiniani]*, der General, *[am 29. Mai 1453]* verwundet wurde. Aber als er vom Verlust des eigenen Blutes ohnmächtig wurde und die Mauern verließ und der Kaiser nach ihm (so wie es der Herzog von Bayern jetzt nach Tilly machte), wurde diese berühmte Stadt im Sturmangriff

---

[87] Lib 4 de Bello Gallico: circa medium.

erobert und das Ost-Kaiserreich ebenso bald danach. Und
das war die Aktion am Donnerstag, den fünften April – ein
fast so berühmter Tag wie jener Mittwoch, der vorige siebte
September.

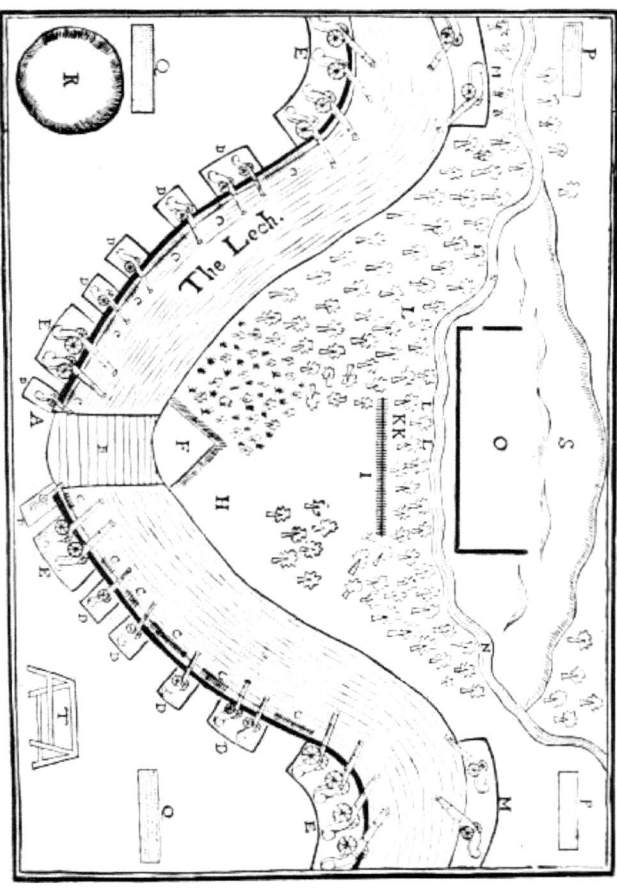

Erklärung der Buchstaben im vorigen Bild der Brücke.

A: Der König von Schweden und der König Böhmens bei ihm.

B: Die Brücke.

C: Ein Schützengraben und eine Brustwehr, in denen des Königs Musketiere zwischen mehreren Batterien der schweren Artillerie untergebracht waren. Diese Musketiere sind durch kleine Striche dargestellt.

D: Diverse kleine Feldstücke.

E: Plattformen oder Batterien für des Königs größere Kanonen.

F: Der Halbmond mit seinen Palisaden oder Zäunen auf der anderen Seite der Brücke und zu deren Bewachung. Er war kaum groß genug, um hundert Mann zu beherbergen.

G: Ein kleines Unterholz oder mit niederen Büschen bewachsener Ort.

H: Ein von Wald freier Ort, welcher eine Brache war, manchmal überflossen.

I: Eine Brustwehr für Tillys Musketiere.

KK: Tilly und Aldringen oder der Ort, wo sie angeschossen wurden.

L: Der Hochwald, wo der Herzog von Bayern stand.

M: Tillys große Batterien, um die Brücke herabzuschießen.

N: Ein kleines Flüsschen, das durch den Wald läuft.

O: Tillys große Brustwehren, noch nicht vollendet. Begonnen um sechs am Morgen und wurden verlassen, als er angeschossen wurde.

P: Einige von Tillys Reiterwachen, lagen zerstreut hier und da entlang des Flusses von Rain nach Augsburg.

Q: Des Königs Reiterwachen und Reiter-Wachposten.

R: Ein Loch im Boden oder zufällig vorteilhafter Ort, worin einige von des Königs Fußsoldaten platziert waren.

S: Der Hügel hinter Tillys großem Werk.

T: Die Faschine des Gerüsts oder der Bögen für des Königs Brücke.

Auf Samstag, den 7. April, hin schritt jener Teil der Ka- [JP] vallerie, der am Vortag hinübermarschiert war, unter dem Kommando Gustav Horns weiter in das Land hinein. Und die Infanterie, die jetzt noch auf der entfernteren Seite war,

marschierte hinüber zu den sich bereits in Bayern befindenden Truppen. Mit diesen zusammen wurden sie auf der
[JQ] Ebene vor dem Wald in Schlachtordnung aufgestellt. Als
das getan war, der König mit seiner gesamten Armee jetzt
nach Bayern hineingekommen war und eine kleine Garnison
hinter ihm in der Stadt Rain belassen hatte, marschierte er
vorwärts in Richtung Augsburg. Genauso wurde Befehl an
die zurückgelassene Kavallerie gegeben, auf der schwäbischen Seite des Lechs vorzurücken (wo sie noch waren) und
die größeren Kanonen mit sich zu bringen, welche der König
noch nicht zu riskieren gewagt hatte, über seine neu errich-
[JR] tete Brücke zu bringen. Am selben Samstagabend nahm
der König die Stadt und das Kloster Thierhaupten ein und
logierte dort – ein hübsches Städtchen auf der Ostseite des
kleinen Flüsschens Aicha *[Friedberger Ach]*, welches dasselbe war, das Seite an Seite mit dem Lech verlief, durch
[JS] den Wald, in dem Tillys Hauptquartier lag. Am nächsten
Tag nahm die Vorhut der Reiter seiner Majestät die Stadt
Friedberg ein. Der Magistrat brachte die Schlüssel zu ihnen
nach draußen.

Während der König auf seinem Marsch in Richtung Augsburg war, kam ein Botschafter an, um sich ihm vorzustel-
[JT] len. Seine Nachricht war, den Herzog von Neuburg zu entschuldigen in Bezug auf dessen Erlaubnis, dass Tilly in
seine Stadt und seinen Landkreis eingelassen wurde. Und
um zu rechtfertigen, dass dies kein Bruch der Neutralität
war. Der König gab ihm eine Rundum-Antwort: Dass sie
ihn getäuscht hatten, indem sie viel versprachen, sowohl in
Briefen als auch durch Gesandtschaften, und diese Versprechen nicht hielten. Aber dass sie stattdessen dem Feind die
Erlaubnis und Hilfe gaben, hin und zurück zu passieren.
Dass sie dem Feind Artilleriegeschütze und Munition sandten, seine Garnisonen empfingen, sich ihm annäherten und
ihm in allen Dingen halfen und begünstigten. Sie respek-
tierten nicht meine Briefe (sagte er), sondern drohten meiner Trompete und schossen auf ihn. Der ob dieser Antwort

perplexe Botschafter antwortete mit zitternder Stimme und demütigerer Haltung: Dass er Briefe von seiner Hoheit, seinem Herrn, habe. Woraufhin seine Majestät sehr unvermittelt entgegnete: Euer Herr ist wie Ihr, und Ihr seid wie Euer Herr. Ihr macht nichts anderes als zusammen zu ersinnen, wie uns Protestanten zu täuschen. Aber ich hoffe, Euch dafür zu bezahlen. Der König zog wieder weiter. Der Bot- [JU] schafter, der auch Briefe für den Fürsten August[88] hatte, erbat dessen Vermittlung mit dem König für den Einlass eines bayerischen Botschafters, eines *[Goswin von]* Spiering. Aber der König ließ sich nicht zu einer Antwort darauf herab. Nach einiger Zeit sandte der König ihm Wort zurück, dass er veranlassen solle, 200000 Pfund Brot und 300 Tonnen Bier umgehend an seine Armee zu liefern. Und wenn sie sich in der bevorstehenden Zeit als wahre Freunde erweisen sollten, dann sollten sie seiner Majestäts weitere Gunst und Verlautbarungen ihnen gegenüber erwarten. Bald danach erhielt der König Nachricht davon, dass der Feind endgültig die Stadt Neuburg verlassen habe und dass sie einen der Bögen der Brücke eingerissen hatten aus Furcht, verfolgt zu werden. Und sie trugen 6 Feldstücke fort und etwas Schießpulver und Kugeln mit sich. Daraufhin wurde [JV] Oberst *[Oberstleutnant]* Landsberger mit fünfhundert Reitern weggeschickt, um die Stadt einzunehmen, die Brücke instandzusetzen und nicht zu tolerieren, dass jemand (insbesondere vom Stadtrat oder die wichtigsten Magistrate) durch die Tore hinausging.

Sonntag, den 8. April, etwa gegen 5 am Abend, kam der König in Lechhausen an, ein kleines Dorf in weniger als 2 englischen Meilen Entfernung von Augsburg.

Diese berühmte Stadt, 10 englische Meilen entfernt von Donauwörth, lag im Schwabenland am Fluss Lech, über den sie eine Brücke hinein nach Bayern hatte. Sie war eine der größten und reichsten Deutschlands. Und sie hatte

---

[88] *[August von Pfalz-Sulzbach war Bruder des Wolfgang Wilhelm von Pfalz-Neuburg und begleitete den König]*

gegenüber all den Übrigen die Ehre, dass sie der Protestantischen Religion einen Titel von Rang und Namen gab: Seitdem gelehrte Menschen in dieser Stadt darüber übereingekommen waren, wurde sie das *Augsburger Glaubensbekenntnis* genannt. Über die Behinderung der Ausübung dieser Religion in der Stadt hatten sich die Ligisten von Leipzig[89] beschwert. Seit dieser Zeit wurden die Privilegien immer noch genauso angetastet. Ihnen wurden papistische Magistrate und Garnisonen auferlegt und die Protestanten entwaffnet. So hatte damals der König, der sich selbst höchst grundsätzlich dazu bekannte, Freund und Patron generell aller geschädigten kaiserlichen Städte zu sein, noch speziellere Gründe, diese vor all dem Rest zu erlösen. Denn wenn das einstige Judäa als heiliges Land betrachtet wurde und die Kriege zu dessen Rückgewinnung als heilige Kriege – und das hauptsächlich aus Ehrfurcht vor dem Gesetz, das ursprünglich aus Zion stammt[90]–, dann war da auch im Bestreben des Königs zur Befreiung dieser Stadt ein gutes Maß an Frömmigkeit.

[JW] Als der König vor der Stadt ankam, fand er darin 4500 Soldaten[91]. Diese erreichten jene Anzahl in folgenden Schritten: Auf ihre vorige Garnison wurden am 15. März 1500 Bayern hineingeworfen. Der Statthalter, Herr Otto Heinrich Fugger, brachte 4 weitere Kompanien der Fuggerschen Soldaten in die Jakobervorstadt. Am 25. März wurden 2 andere bayerische Kompanien hineingesteckt. Am 3. April kamen beide, Tilly und Aldringen, in die Stadt, um den Befehl über das Militär zu nehmen. Und Oberst Bredau, der damals den Vorzug erhielt, Oberkommandeur zu sein, hatte den Befehl, seine Garnison mit 600 Fußsoldaten und nochmal 400 Reitern zu verstärken. Ende März wurden die protestantischen Bürger entwaffnet. Ihre Waffen wurden von 40 Musketieren von Haus zu Haus eingesammelt. Und das

---

[89]Siehe 'Diet of Leipsich', S.24. [*Leipziger Konvent, 26. Februar 1631*]
[90]Jesaja 2.3.
[91][*Stadtchronik: 1500 Mann Besatzung inkl. Stadtgarde [12, S.52]]*

war der gegenwärtige Zustand der Stadt.

Der bei Lechhausen lagernde König traf als allererstes auf ihre Außenposten, welche die aus Augsburg da in der Nähe platziert hatten. Alsdann brannten sie ihre Brücke vor Lechhausen nieder, warfen ein Verteidigungswerk auf, um den König dort am Herüberkommen zu hindern, und schossen unablässig auf seine Leute. Er sandte einige Dragoner aus, um zu antworten, und schlug sie zurück. Sein Lager errichtete er unmittelbar in der flachen Campagnia – in solch einem Abstand von den Mauern der Stadt Augsburg, bis fast sogar wohin eine Kanone mit ihrer Kugel zufällig reichen konnte. Den Rest des Tages und am folgenden Montag arbeitete der König daran, zwei Brücken über den Lech zu legen, eine oberhalb der Stadt und eine unterhalb. Diesen selben Montag ließ er ebenso einige abgefangene Pakete mit Briefen öffnen, durch die er die derzeitige Verfassung der Stadt verstand: Die doppelte Angst, welche die Garnison nämlich vor den Protestanten innerhalb (sollten diese an ihre Waffen gelangen) sowie vor dem Feind außerhalb der Stadt hatte. Einige Gefangene bestätigten auch die Hoffnungen, die sie auf das Kommen von Tilly oder Cratz hatten, um sie zu entsetzen. Der König war überaus abgeneigt, diese hübsche Stadt zu entstellen. In seiner Umsicht für sie hatte er eher vor, sie in ordentlicher Aushändigung zu vereinnahmen. Noch am selben Tag schrieb er seine Briefe an sie. Der Inhalt war die Verwunderung Seiner Majestät über [JX] das Verhalten der Städter in diesen Kriegen. Und das, obwohl sie sich nicht hätten einmischen müssen und sogar diverse Male seine Feinde eingelassen hatten. Obwohl er deswegen gerechte Gründe habe, es ihnen zu vergelten, indem er sie und ihre Stadt zerstörte, mache er – um nun aber seiner natürlichen Milde Platz zu machen (welche stets dazu neigte, alles, was ihm möglich war, vor seiner eigenen Zerstörung zu bewahren) – ihnen deshalb jetzt ein Angebot seiner Gnade, wenn sie augenblicklich ihre Garnison entbinden und sich zu seiner Majestät erklären würden.

[**JY**] Die Antwort der Bürger war, dass sie extrem verblüfft waren, dass Seine Majestät sich mit dem Aufnehmen einer Garnison in ihre Stadt irgendein Vergehen ausgemalt hatte. Sie beteuerten, dass es gemacht worden war, nicht um sich ihm entgegenzustellen, sondern weil sie in ihrem Gehorsam zum Kaiser dazu gezwungen waren. Und hätte Seine Majestät diesen kaiserlichen Befehl dargestellt und ihnen als Erster eine schwedische Garnison angeboten, dann hätten sie das niemals abgewiesen. Und in Anbetracht dessen, dass das Wegschicken ihrer Garnison ein Ding über ihrer Macht war, ersuchten sie Seine Majestät demütig, jenen ein wohlwollendes Angebot zu machen und ihnen anzuraten, in aller Stille abzuziehen. Eine angemessene Antwort.

[**JZ**] Zusammen mit des Königs Brief sandte Gustav Horn (nun zur königlichen Armee zurückgekehrt) dieses Wort zum Statthalter der Stadt *[vgl. [14, S.127]]*: Dass er von ihm annehme, ein Ehrenmann zu sein, der wünsche, sich nicht weniger vorsichtig und vorteilhaft zu zeigen wie entschieden und mutig im Dienst für seinen Herrn. Und deshalb halte er ihn für weit genug weg von einer solch gefährlichen Ambition, die ihn dazu bewegen könnte, eine solch namhafte Stadt des Kaiserreichs aufs Spiel zu setzen. Wodurch er, statt sie mit Vernunft zu erhalten, sie durch eine zu späte Umkehr und einen unvermeidbaren Weg der Dinge verlieren und zu Fall bringen würde. Und wenn er auf die Anzahl seiner Leute vertraue, dann könne er aber nicht zuversichtlich sein bezüglich der Stärke seiner Befestigungen. Und da der Heldenmut seiner Leute bis jetzt noch kein Ansehen gewonnen habe, so könne er auf keinen Fall irgendeine Entsetzung durch den Herzog von Bayern erwarten, der nach der letzten, nahe Rain erlittenen Niederlage (wo er beide seine höchst geschätzten Generäle Tilly und Aldringen verloren hatte) zur Zeit keine größere Sorge habe, als seinen eigenen Kopf zu retten. Daher biete ich (sagte er) mich selbst an, für Euch mit dem König, meinem Herrn, zu vermitteln, um eine angemessene und vernünftige Übereinkunft mit Euch zu treffen. Wobei (wäre ich nur einmal versichert, dass die Stadt umgehend von ihrer Garnison befreit würde) ich nicht daran zweifelte, mit ihm diesen Zweck zu erreichen.

Auf die Antwort der Stadtbürger hin erwiderte der König [KA] so: Dass er glücklich sei zu hören, dass sie nicht gewillt waren, ihre florierenden Besitzungen aufs Spiel zu setzen. Noch, dass sie eine Verbindung mit seinen Feinden bildeten oder sich gegen ihn stellten. Aber er gab ihnen noch einmal den Rat, ihre Garnison zu entbinden, von denen er gut genug wisse, dass diese nicht fähig waren, so zahlreichen Menschen zu widerstehen, wie es die Bürger waren. Und noch weniger gegen eine solche Armee zu kämpfen, wie er sie nun hatte. Jedoch, nichtsdestotrotz, würde er ihnen zugunsten der Stadt eine faire Übereinkunft nicht verwehren, sondern sei gewillt, sich mit der besagten Garnison auf gewisse vernünftige Bedingungen herabzulassen.

Als diese gnädige Antwort empfangen war, berief der papistische Magistrat die Protestanten ein. Er bewegte sie [KB] (von denen er wusste, dass sie mehr Gunst beim König haben würden) dazu, mit ihnen zusammen seiner Majestät gegenüber zu bezeugen, dass ihnen die Garnison durch das ernste Gebot des Kaisers aufgezwungen worden war. Und dass durch Drohungen vermischt mit Versprechungen das absolute Kommando sowohl über die Soldaten als auch die Bürger in die Hände des gegenwärtigen Statthalters gelegt worden war. Sie erkannten, dass die Entlassung der Garnison nicht in ihrer Macht stand, und fürchteten, dass der Statthalter nicht herauskommen würde, außer unter angemessenen Bedingungen. Weshalb, wenn diese Bedingungen nicht gewährt würden, die Angelegenheit in solche Extreme hineinlaufen könnte, wie sie zur Zerstörung eines so noblen und florierenden Staates neigen könnten. Deshalb flehten sie seine Majestät demütig an, in Betracht zu ziehen – da alle Protestanten jetzt entwaffneten waren und somit unfähig zur Unterstützung der wohl gewillten Katholiken in jeglichem gewaltsamen Versuch gegen die Garnison –, dies eine

Argumentation für sich sein zu lassen, um dem besagten Statthalter derart wohlwollende Bedingungen einzuräumen, als dass solche ihn veranlassten, sogleich abzuziehen. Und so sollte die Stadt durch die Großzügigkeit und die Milde seiner Majestät vor dem drohenden Ruin und der Verwüstung bewahrt werden.

All dies bewegte weder den Statthalter noch die Garnison. Also hatte der König andere Argumente, um sie zu überzeugen. All die Zeit ging der Bau seiner zwei Brücken [KC] voran. Kaum waren sie fertiggestellt und der König bereit, hinüberzumarschieren und seine Männer zur Annäherung an die Mauern zu bringen, da sandten aber die, welche die ganze Zeit mit ihren Artilleriegeschützen so gedonnert hatten, als ob sie Wunder vollbringen wollten, jetzt zum König aus, um eine stille Unterredung zu begehren, bevor es überhaupt je zu einem Musketenschuss gekommen war. Es ist besser zu verhandeln (mögen Sie erkennen) mit dem Schwert des Mannes in seiner Hand – und sich einem *bewaffneten* Redner anzuschließen in einer Mission bei einem, der eine Robe trägt.

Am nächsten Tag, den zehnten April, marschierte die bayerische Garnison bestehend aus 4500 Reitern und Fußsoldaten aus der Stadt heraus. Sie waren alle größtenteils neu ausgehobene Leute. Der König selbst fragte sie nun, ob sie dem Kaiser entsagen und ihm dienen würden. 500 der alten Soldaten kamen sogleich herüber und nahmen seinen Lohn an. Der Rest marschierte mit vollständigen Waffen ab und wurde nach Landsberg eskortiert. In ihre Räume legte der König 24 Kompanien von Fußsoldaten und vier Kornetts Reiter, welche rundherum innerhalb der Stadt einquartiert waren, neben deren Mauern. Der Graf von Hohenlohe oder Hollock wurde zum Statthalter ernannt, und der junge *[Bengt]* Oxenstierna hatte den Befehl über die Miliz.

Mittwoch, den elften April, befahl der König, der noch in den Quartieren in Lechhausen war, dem Katholischen

Rat, den protestantischen Vertretern und den Wachen der Stadt (die alle Papisten waren), vor ihm zu erscheinen. Die Römisch-Katholischen ersetzte er, indem er die Protestanten in ihre vormaligen Funktionen einsetzte. Die Sonderrechte der Stadt wurden noch weiterhin ausgeübt, ohne irgendwelche Minderungen ihres Freibriefs.

Während der König bei dieser Belagerung war, kamen [KD] jetzt einige 2000 Bauernrüpel (oder so ungefähr), die zusammen in die Wälder und Berge gegangen waren, hinunter nach Augsburg. Als der König von deren Annäherung hörte, gab er ihnen die Ehre, in Person mit einer Abteilung von 500 Reitern gegen sie anzugehen. Vor deren Eintreffen waren die Bauernlumpen bereits geflohen und hatten sich zerstreut: Hauptmann Hobb war Angst geworden beim Anblick gewisser kleiner Reitertruppen, bevor der König ihm je näherkommen konnte. Diese Landmenschen waren ungehalten wegen der neuen Kontributionen und vereinigten mehr ihrer Kameraden zusammen zum gleichen Disput. Alle versammelten sich gegen Ende des Monats bei Schrobenhausen (auf halbem Weg zwischen Augsburg und Ingolstadt), verkleideten sich und töteten einige fünfzig schwedische Soldaten. Und sie töteten sie nicht einfach, sondern wie wahrhaftige Bauernrüpel verstümmelten sie diese und trieben Schindluder mit ihnen, schnitten ihnen wild die Nasen ab etc. Als Vergeltung dafür und andere gleichartige Possen brannten die Schweden 200 der Dörfer und Häuser der Bauernlumpen nieder. Da die Bauernrüpel nun keine Häuser mehr hatten, zu denen sie gehen konnten (derart ist das Elend der Kriege), liefen sie mit geöffnetem Mund und heizten ihre Vettern und Nachbarn in Schwaben und Tirol auf: Ein Ereignis, von dem wir sogleich erzählen sollen.

Am vierzehnten April zwischen elf und zwölf am Mittag [KE] hielt seine Majestät seinen königlichen Einzug in Augsburg. Das erste, was er machte, war, in die Sankt Anna-Kirche zu gehen, welche vormals von den Protestanten weggenommen worden war. Er wurde begleitet von seiner Majestät von Böhmen und wurde erwartet von Pfalzgraf August, Herzog Wilhelm von Sachsen-Weimar, Johann Herzog von Holstein, Markgraf Christoph von Baden, mit vielen Fürsten, Herren etc. In die Kirche hinein wurde er unterhalten mit spielenden Orgeln und singendem Chor. Wonach Psalm 103 gesungen wurde. Dann folgte die Kanzelrede, gepredigt von Doktor Fabricius, des Königs eigenem Kaplan, über Psalm 12, Vers 5. Die Worte waren an den Anlass angepasst. *Weil denn die Elenden verstört werden und die Armen seufzen, will ich auf, spricht der HERR; ich will Hilfe schaffen dem,* [KF] *der sich danach sehnt.*[92] Nach der Predigt folgte eine höchst feierliche Danksagung für den Sieg. Viele Tränen wurden vergossen, und viele Herzen sprangen vor Freude bei dieser Gestaltung. Nach der Predigt und der Danksagung gab es das Te Deum *[Laudamus]* oder Gotteslob, gesungen in Hochdeutsch – die Orgeln spielten wie zuvor. Dasselbe wurde in allen Kirchen der Stadt gemacht.

Von hier gingen beide ihre Majestäten etc. auf den großen Marktplatz, genannt Weinmarkt *[heutige Maxstraße]*, wo von einigen Soldaten eine Wache gebildet wurde, während die Bürger den Eid auf den König leisteten. Er wurde gelesen von Philipp Sattler, Staatsrat und Sekretär.

Die Inhalte waren: 1. Seiner Majestät und der Krone Schwedens gegenüber treu und loyal zu bleiben.

2. Das Wohl und den Wohlstand desselbigen voranzubringen und jeden Schaden und Beeinträchtigung desselbigen zu hemmen und zu verhindern.

3. All jene Dinge zu unternehmen und alle Pflichten gegenüber seiner Majestät auszuüben, die Untertanen ihrem natürlichen Fürsten und gesetzmäßigen Magistrat schulden. So ihnen Gott helfe, sowohl in Bezug auf ihre Seele als auch ihren Körper.

Als daraufhin nach der neuen Ratsversammlung der Stadt geschickt worden war und der König für eine Weile mit ih-

---

[92] *[Übersetzung nach: Lutherbibel 1912. Vgl. [3, S.582]]*

nen beraten hatte, ging er zu seiner Unterkunft im Haus
des Herrn Marquard Fugger, wo ihm ein Mittagessen bereitet wurde. Nach dem Essen folgten die Geschenke. Als
die in Empfang genommen waren, ging seine Majestät zum
Landtagsgebäude und zum Speicherhaus. Worin er neben
ausreichend viel an allen militärischen Versorgungsmitteln
ein Magazin mit ausreichend Waffen (alle neumodisch und
gut) für 30000 Mann fand, wie die aus der Stadt es geschrieben haben. Der König gab Befehl, die Stadt neu zu befestigen, vierzehn Schanzen und Zitadellen herum zu bauen
und in der Stadt die Ausübung des Augsburger Glaubens-
bekenntnisses wieder einzusetzen.

Nachdem die Befehle für Augsburg entgegengenommen [KG]
waren, verließ der König am 15. April die Stadt und marschierte über Friedberg nach Waho, welches (wie ich es auf-
nehme) die Landkarte Aichach schreibt, wie es auch ein
Bericht macht.

Dieses Aichach war eine ummauerte Stadt und 10 englische Meilen weiter auf seinem Weg nach Ingolstadt, wohin
er jetzt marschierte. In dieser Gegend wurde der König von
einem Botschafter des Herzogs Albert von Bayern getroffen,
zweiter [vierter] Bruder des regierenden Herzogs Maximilian. Der Botschafter präsentierte seiner Majestät demütig,
dass sein vorgenannter Herr Herzog Albert sich bis dato
stets als ein ruhiger Fürst verhalten habe, dass er niemals
ein Teilnehmer in all diesen Differenzen war. Aus welchem
Grund seine Hoffnung nun war (welchen Gefallen er auch er-
flehte), dass seine Majestät seine armen Kinder, Untertanen
und Land verschonen möge. Und dass er sie nicht belästi-
ge mit irgendwelchen militärischen Auflagen oder Behelligungen. Auf all das entgegnete der König, dass die Mutter
[Louisa] und der Bruder [Ludwig Philipp] des Königs von
Böhmen durch die andere Partei nicht geschont worden waren, obwohl sie sich keineswegs an diesen Kriegen beteiligt
hatten. Sogar im Gegenteil, all ihr Grundbesitz war ohne Recht und grundlos von ihnen genommen worden. Der

Ehrenmann verstand des Königs Entscheidung aus dessen Antwort und kehrte damit zu seinem Herrn zurück. Dieser packte umgehend zusammen und zog sich mit seiner Dame und Kindern in die Nachbarschaft des Bistums Salzburg zurück, wohin die Herzogin *[Elisabeth]* von Bayern, Frau des jetzt im Einsatz stehenden Herzogs, sich schon vorher zurückgezogen hatte. Herzog Albert war danach froh, noch einen Boten zum König zu schicken, um über die Bewertung der Kontributionen seines Landes eine Übereinkunft zu treffen.

Am nächsten Tag, den 16. April, setzte der König seinen Marsch nach Ingolstadt fort. Mit seiner ganzen Armee, sowohl Fuß- als auch Reitersoldaten, jetzt in Battaglia *[Schlachtordnung]* aufgestellt. Die Kanonen marschierten auf ihrer rechten Seite. In dieser Ordnung schritt er noch voran, bis er in Sichtweite von Ingolstadt kam, wo er aufgrund eines gewissen Morasts gezwungen war, diese Form des Marsches aufzugeben. Sie immer noch vorwärts führend (so wie es die Örtlichkeit zuließ) kam er bis in 2 englische Meilen von der Stadt, wo er für diese Nacht auf dem schlichten Feld kampierte. Am nächten Tag schritt er weiter voran, auf seinem Weg 3 oder 4 Brücken über einige kleinere Bäche überquerend, die auf diese Weise in die Donau laufen. Er rückte deshalb weiter vor bis nach Stinne *[Oberstimm (Stymme)]*, bis die Vorhut fast bis in Musketenschussweite eben der Mauern von Ingolstadt gekommen war.

[KH] Als er nahe an der Galgenbrücke *[Schanze auf Ingolstädter Galgenfeld]* war, begann er, eine Schanze und einen Halbmond aufzuwerfen, nämlich auf der Seite der Brücke, die der Stadt am nächsten war. Der Grund, warum der König sich so nahe den Mauern annäherte, war, weil er einige Hoffnungen auf Berichterstatter in der Stadt hatte, durch die er vertraute, sie übergeben zu bekommen. Dieser Tag und der nächste wurden mit Arbeiten verbracht. Nicht nur an der Galgenbrücke, sondern auch im Aufwerfen eines regulären Schützengrabens für die Absicherung der gesamten Armee, die nun in Kanonenschussreichweite der Stadt gebracht wurde.

Diese Stadt Ingolstadt (die eine Universität der Jesuiten beherbergt) ist eine der sehr stärksten Stücke von ganz Deutschland. Sie gehört dem Herzog von Bayern, obwohl die Donau zwischen ihr und seinem Land liegt. Die Annäherungen an die Stadt waren beschwerlich und die Befestigungen um sie herum sehr gut. Sie hatte jetzt zwei Brücken über die Donau. Eine innerhalb der Stadt und eine andere außerhalb. Die Letztere war dieselbe, die wir Galgenbrücke genannt haben, vor welcher der König direkt lagerte. Diese wurde bewacht von 2 großen Werken auf derselben Seite, auf welcher der König lag.

Der Herzog von Bayern war zu dieser Zeit ziemlich durch [KI] Ingolstadt marschiert und lagerte nun mit seiner gesamten Armee auf der anderen Seite der Donau – direkt an deren Ufer und abwärts in Richtung Regensburg. Sie waren so nahe zum König, dass er sie gut aus seinem Militärlager wahrnehmen konnte, obwohl er nicht an ihn herankommen konnte.

Die aus der Stadt schossen die ganze Zeit sehr erbittert mit ihren großen Artilleriegeschützen in die Schützengräben des Königs. Mit diesen töteten sie ihm in erster Linie einige dreihundert Soldaten. In der ersten Nacht danach (was [KJ] Donnerstag, der 19. April, war) kamen einige aus der Stadt heraus und zeigten sich bei einem der Forts nahe der Galgenbrücke. Als der König diese sah, gab er den Wunsch kund, dass er einige tapfere Burschen hätte, die sich die vornehmen würden. Diverse Truppen sowohl an Reitern als [KK] auch Fußsoldaten, die sich sogleich nach draußen machten, schlugen sie in den besagten Halbmond zurück und drangen im Durcheinander mit ihnen ein. Aber da das Stück von hinten offen war: Kaum waren die Ausbrecher auf diesem [KL] Weg in der Stadt empfangen, schlug schon die Artillerie auf den Mauern die Schweden wieder zurück. Er *[der Halb-*

mond] konnte aus dem Grund nicht gehalten werden, weil er für die Artillerie der Stadt von hinten offen lag.

Am Freitagmorgen, den 20. April, ging der König nach draußen, um einige Anweisungen an seine Reiter-Garde zu geben, die etwas außerhalb der Stadt vor einer der Brücken [KM] des Feindes lag. Da bekam er sein Pferd durch eine Kanonenkugel von 14 Pfund Gewicht unter ihm weggeschossen. Der Schuss traf ihn etwa an der hinteren Schürze des Sattels mit einer Kraft, die sowohl Pferd als auch König über und über drehte. Der König, der bei diesem Auf- und Abpurzeln nur sein Bein ein bisschen wehgetan hatte, war schnell wieder auf seine Füße gekommen. Das erste Wort, das er danach zu seinem damals auf ihn wartenden Leibjunker sprach, war: *Wie konnten sie mich wohl treffen? Ich dachte, ich wäre im Geheimen gewesen.* Er stieg sogleich auf das Pferd seines Junkers und ritt fort zu seinem Quar-[KN] tier. Am selben Tag wurde dem jungen Markgrafen Christoph von Baden (andernorts Durlach genannt) die Hälfte seines Kopfes weggeschossen, als er seine Truppen in der Nähe desselben Ortes befehligte, an dem des Königs Pferd [KO] erschossen worden war. Genau in derselben Stunde des Todes des Markgrafen starb General Tilly innerhalb der Stadt, und zwar an der am Lech erhaltenen Verwundung, nachdem ihm 4 Splitter aus seinem Oberschenkel geholt worden waren. Es gab da eine tödliche Feindschaft aus alten Zeiten zwischen Tilly und diesem Markgrafen.[93] Diese veranlasste den König, die Beobachtung zu machen, *wie tödlich sich ein Ort und eine Stunde für zwei solche Feinde erwiesen haben.* Der Tod des Markgrafen machte den König nachdenklicher ob seine eigenen Gefahr und Ausgeliefertheit. Die Grübeleien darüber formten sich in der folgenden religiösen Ansprache – von seiner Majestät vor diversen seiner Hauptkommandeure im Lager vor Ingolstadt öffentlich geäußert *[Vgl. [3, S.584]]:*

---

[93] *[Schlacht bei Wimpfen, 6. Mai 1622 (greg.): Georg-Friedrich, Vater des Markgrafen, wird von Tilly besiegt]*

Der kürzliche und unglückliche Tod des Markgrafen von [KP] Baden (über dessen Fallen ich aus ganzem Herzen unglücklich bin, aufgrund dieser seltenen Tugenden, die hervorragend in ihm waren – nicht untauglich, um der Welt offenbart zu werden) und dieser donnernde Kanonenschuss obendrein rufen mir ins Gedächtnis, dass ich bloß sterblich bin und denselben Missgeschicken unterliege, welchen die gemeinsten meiner Untertanen unterworfen sind. Es ist ein weltumfassendes Gebot, welches weder meine Krone, noch meine Geburt, noch meine Siege in irgendeiner Lage sind, mich davon zu befreien oder mich davon auszuschließen. Was bleibt nun davon, außer dass ich mich vollständig unter die Fügung des Allmächtigen begebe? Auch wenn es ihm gefällt, mich aus dieser Welt abzuberufen, wird er trotzdem nicht diese so gerechte Sache aufgeben, wie ich sie jetzt zur Wiederherstellung der deutschen Freiheiten unternommen habe. Er wird zweifellos jemand anderen, weiseren erheben, der tapferer und beherzter ist als ich selbst und der einen Punkt unter diesen Krieg machen wird. Ich weiß, dass der gute Erfolg, welcher Gott gefiel, mir für meine Unternehmungen zu ermöglichen, einige dazu gebracht hat, mir gegenüber Neid zu empfinden. Diese arbeiten auch daran, die Einfältigen zu überreden, dass ich nichts mehr erstrebe als meinen eigenen Profit durch die Beraubung und die Beeinträchtigung anderer. Aber in diesem Fall, ruft all jene Fürsten als Zeugen, welche ich wieder in ihre eigenen Rechte und Erbbesitz eingesetzt habe. Und auch jene Gläubiger, von denen ich solch riesige Summen an Geld geliehen habe, wie in Frankfurt und anderswo. Ja, und auch die Gefahren, welchen ich meine Person täglich aussetze: Fragt, ob oder nicht ich mein eigenes Königreich und die verlassen habe, die mir in dieser Welt am liebsten sind, für irgendeinen anderen Zweck oder mit einer anderen Intention als nur der, die Tyrannei des Hauses von Österreich einzureißen und einen festen und beständigen Frieden zwischen allen Menschen zu erreichen.

Diese Rede des Königs wurde hier unterbrochen vom freudigen Beifall der Zuhörerschaft und den frohen Versprechungen ihrer besten Unterstützung. Alle von ihnen flehten seine Majestät mit Tränen in den Augen an, in der kommenden Zeit vorsichtiger damit zu sein, seine königliche Person zu gefährden – und seine ersten Entscheidungen fortzusetzen, so wie sie für ihren Teil gelobten, in ihrer Treue zu beharren.

Am Sonntag, den 22. April, hatte der dänische Botschafter seine Audienz beim König. Der französische Botschafter, Monsieur de St. Etienne, residierend beim Herzog von Bayern, war von München in des Königs Heerlager gekommen, [KQ] um die Bedingungen eines Friedens zu vermitteln. Diese Nacht ging der König von Schweden nach Neuburg, wohin er vom König von Böhmen, dem Pfalzgrafen August, Johann Herzog von Holstein etc. begleitet wurde. Sie machten eine besondere Schau der Befestigungen der Stadt, der Kirche, des Kollegiums und der Magazine. Dort logierten sie in dieser Nacht. Sehr früh am nächsten Morgen kehrten sie in ihr Militärlager zurück.

Nachdem der König bereits 4 oder 5 Tage vor Ingolstadt gewesen war und jetzt erkannte, dass seine Kontakte innerhalb der Stadt ihm versagten, entschied er – da er überhaupt keinen Zweck darin sah, eine lange Belagerung davon zu machen – aufzubrechen und in Richtung München zu ge- [KR] hen. Am Montag, den 23. April, sandte er deshalb zuerst Gustav Horn mit sechstausend Mann nach draußen, um et- [KS] was Beute im Land des Herzogs zu machen. Er gab seiner Armee Befehl, fertig für den Abmarsch zu sein. Am nächsten Tag, Dienstag, den 24., erhob sich die ganze Armee, für die das hier die Reihenfolge war: Zuerst wurden zunächst einige Reiter ausgeschickt. Nach denen das Gepäck und dann die Kanonen und Infanterie. Der Rest der Reiter, zusammen mit 600 schwedischen Musketieren, wurden unter General Banér zurückgelassen, um den Rückzug zu decken.

Kaum waren die letzten noch an der Stelle (das heißt

im Halbmond und in der Schanze am Galgentor) zurück-
gelassenen Männer abgezogen, da ergriff die Garnison der
Stadt (selbst bevor die Schwedischen einen vollen Musketenschuss vom Ort weggegangen waren) Schritt für Schritt
von des Königs Werken Besitz. Als erstes schlich sich einer an und spähte hinein, um zu sehen, ob alle Feinde
verschwunden waren. Und dann kam ein anderer oder 2.
Und so mehr, einer nach dem anderen. Mit denen mach- [KT]
ten genauso die Reiter der Stadt (etwa 12 Truppenteile
von diesen) einen Ausfall. An einem vorteilhaften Ort, welcher gerade auf Höhe des Durchgangs der zweiten Brücke
war, und als die 'Forlorn Hope' *[der Verlorene Haufen]* der
Reiter des Königs (die immer noch die Nachhut bemann-
ten) die betreffende Brücke passieren musste, griffen sie
wütend die besagte Forlorn Hope an. Diese gaben daraufhin Alarm an den nächsten Truppenkörper der Nachhut.
General Banér machte sofort mit seiner Kavallerie kehrt
in Richtung der Ausfallenden. Er brachte obendrein einige seiner Musketiere mit, um den Feind zu zwingen, etwas
vom Durchgang zurückzugeben. Als Banér somit über den
Durchgang wieder in Richtung Feind zurückgekehrt war,
zogen sich diese scharmützelnd zurück, bis sie die Schwedischen an einen zweiten vorteilhaften Ort geführt hatten,
beim vorher erwähnten Morast. Als sie hier Halt machten
oder eine Widerstandsposition einnahmen, drückte Banér
derart auf sie, dass er sie auch von diesem Vorteil weg-
schlug. Nachdem Banér diesen Ort überschritten hatte –
und das mit nur drei Trupps an Reitern –, zogen sich die
Ingolstädter mit ihrem ganzen Truppenkörper an eine dritte Vorteilsposition zurück, mehr als einen Musketenschuss
vom Morast entfernt. Dort setzten sie auf beiden Seiten
zwischen den beiden Truppenkörpern fort, um den Raum
zu scharmützeln – insgesamt für fast eine Stunde.

Als Banér erkannte, dass sie *[die Feinde]* nicht mehr herankommen würden, zog er sich wieder in seine *[Marsch-]*
Ordnung zurück. Ohne irgendwelche weitere Schwierigkei-

ten marschierte er hinter dem König nach Geisenfeld, eine ummauerte Stadt, etwa zwei deutsche Meilen von Ingol-
[KU] stadt, hinwärts auf dem Weg nach Moosburg. Hier lagerte der König für eine Nacht mit seiner gesamten Armee, nachdem er den Nachmittag mit dem Ausüben der Bergräbnisriten für den Markgrafen von Baden verbracht hatte.

So zog sich der König von Ingolstadt zurück. Die aus der Stadt machten eine sorgfältige Suche nach dem Kadaver seines Pferdes, welches sie unter ihm weggeschossen
[KV] hatten und er zu beerdigen veranlasst hatte. Als sie das Pferd gefunden und ausgegraben hatten (was ohne Zweifel ein süßer Fund war), wurde sein Fell seltsamerweise abgezogen, mit Stroh ausgestopft und in Ingolstadt als Trophäe aufgehängt. Wobei sie über es in überglücklicher Weise triumphierten und dabei des Königs Aufstieg beleidigend beschimpften. Das Pferd war ein weißer Passgänger, von dem der König sehr begeistert war. Es war seine Rosinante, sein Bukephalos, auf welchem er gewöhnlich um seine Armee herumritt. Und doch dachte er niemals, dass sein Pferd zu so viel hätte gereichen sollen. Nun, sehr raffiniert machten es meine staatsklugen Lehrherren, die Pater des Jesuitenkollegiums in Ingolstadt, denn das *[Ausstopfen des Pferdes]* war zweifelsohne deren guter Ratschlag. Unser Abgeordnetenhaus kennt sie als alte 'Digger' *[Ausgräber]*. Diesmal mühten sie sich ab für nichts anderes als *für ein totes*
[KW] *Pferd*, wie das Sprichwort sagt. Und das war alles, was sie für ihren tapferen und löblich bewunderten General Johann Tserclaes Graf von Tilly übrig hatten, der am selben Tag in Ingolstadt starb, an dem des Königs Pferd unter ihm erschossen wurde. Der König konnte ihnen jederzeit ein Pferd im Gegenzug für einen General gestatten. Es war in der Tat ein tapferer Zelter *[Gangpferd]*. Aber sie hätten (denke ich) besser daran getan, es zu verbergen, statt es auszustopfen. Hätten sie eine Trommel daraus gemacht, dann würde deren Klang (ohne Zweifel) alle Pferde ihrer Feinde davongetrieben haben. Aber nun, da sie die Haut ausgestopft haben,

was werden sie mit den Knochen tun? Sie würden gut daran tun, sie so zu verwenden, wie die Türken es mit Scanderbegs Knochen taten bei Lyssa *[Lezha]*: Diese gruben sie aus und setzten sie in Ringe und Juwelen ein. Sicherlich gab es Heilkraft in diesem Pferd – Virtualis Contactus (sie wussten das) hatte sie in es hineingebracht. Aber ihre Boshaftigkeit wählte eher, dieses Pferd so zu verwenden, wie die aus Breda es mit dem Boot taten, durch das ihre Stadt eingenommen worden war:[94] Sie peitschten das Boot die Straßen hinauf und hinunter und hängten es als eine Trophäe auf. Aber wir haben uns genug (zu viel, werden einige sagen) über die Jesuiten lustig gemacht, die sich übrigens vor dem Kommen des Königs von Schweden nach Deutschland über alle Welt ins Fäustchen gelacht hatten.

Am nächsten Tag (welcher Mittwoch, der 25. April, war) **[KX]** marschierte der König von Geisenfeld nach Moosburg am Fluss Isar, das ungefähr 20 englische Meilen südöstlich von Ingolstadt liegt. Hierher kam Gustav Horn wieder zum König. Dieser hatte auf seinem Weg zurück vom Brennen eines Teils der Landdörfer, die ihm nicht bereitwillig Geld geben wollten, mit Leichtigkeit die ummauerten Städte Hohenwart und Pfaffenhofen zu einer einvernehmlichen Regelung gebracht. Zu dieser Zeit hatte der Abt von St. Georg (auf dem Weg nach München) seine Entschuldigung gesandt, dass er nicht in der Lage war, die neue Kirche der Protestanten wieder aufzubauen, welche kürzlich von diesen genommen und abgerissen worden war. Aber er war willens und bereit, ihnen seine eigene Kirche abzugeben, so dass er nur eine Kapelle für seine eigene Verwendung behalten würde. Der Abt von Sankt Moritz sandte auch die Nachricht, dass er gewillt war, die protestantische Kirche wieder aufzubauen, welche sie letztens unter ihrer Gerichtsbarkeit hatten. Somit wurden in diesen Teilen Bayerns beides, Kir- **[KY]** chen und Schulen, wieder den Protestanten zurückgegeben.

---

[94] *[Einnahme Bredas, 4. März 1590: 68 Mann unter Charles de Heraugiere dringen versteckt in einem Torfschiff in die Stadt ein]*

Ja, und ihre Waffen (wenn auch sehr beschädigt), welche ihnen zuvor genommen worden waren.

[KZ]   Um den 27. April wurden Gustav Horn und Sir John Hepburn mit 3000 Reitern und 5000 Fußsoldaten ausgeschickt, um Landshut einzunehmen, eine anmutige, kleine Stadt am Fluss Isar (obwohl deren Pracht vornehmlich in zwei Straßen zu finden war), etwa acht englische Meilen nordöstlich von Moosburg. Beim ersten Eintreffen der schwedischen Truppen vor den Mauern wurde einer ihrer Leutnants der Reitertruppen mit einigen anderen seines Kornetts aus einem Hinterhalt in den Gärten beschossen. Diesen Morgen hatten sich 1300 bayerische Reiter (nach einem sehr harten Ritt von insgesamt neun deutschen Meilen) in die Stadt gelegt, so dass es bisher aussah, dass sie zum Widerstand entschlossen waren. Aber alsbald sie wahrnahmen, dass die Gesamtheit der 5000 Fußsoldaten angerückt war, zogen sie sich aus der Stadt auf die entfernte Seite des Flusses Isar zurück, die Brücken hinter ihnen abbrechend. Die Stadt zahlte dem König 100000 Taler als ihr Lösegeld und gab Gustav Horn nebenbei 20000 als Zuwendung. Da Landshut so eingenommen und Sir John Hepburn (einstweilen) als Statthalter eingesetzt war, ging Gustav Horn wieder zurück zum König, der zwei Tage nach der Einnah-

[LA]   me kam und darin logierte. Am Tag zuvor war die hübsche Stadt Landsberg am Fluss Lech von Oberst Schlammersdorff mit 300 Dragonern eingenommen worden[95], die (wie ich zusammengesucht habe) vom Statthalter von Augsburg geschickt worden waren. Nach Landsberg wurden auch die zwei guten Städte Füssen und Schongau eingenommen, beide weiter südlich und weiter den Lech aufwärts. In Landshut blieb der König etwa fünf bis sechs Tage. Einer der Gründe (neben der Auffrischung der Armee) könnte ein Gedanke gewesen sein, den der König in Richtung Ratisbona

---

[95] *[Am 5. Mai durch Oberst William Burt im Akkord eingenommen und noch einmal ein Jahr später durch dessen Vetter Thomas Sigmund Schlammersdorf]*

oder Regensburg hatte. Von dort aus (wie es geschrieben steht) hatten Diverse geschickt, ihn dringend nachzusuchen, dorthin zu kommen. Und in der Tat, das ganze Land zwischen Landshut und Regensburg war für zusammen vier bayerische Leugen die ganze Strecke offen. Einige streifende Gruppen wurden zu der Zeit in diese Richtung geschickt. Sie hatten diverse Scharmützel mit den Bayerischen, die aus Regensburg herausgekommen waren. Denn der Herzog von Bayern und Cratz (nun General an Tillys Stelle) waren zu dieser Zeit von Ingolstadt nach Regensburg gegangen, welche Stadt – jetzt durch den Herzog überrascht[96] – auch schändlich von seinen Soldaten geplündert wurde. Dessen Grund dafür war: Weil sie es genauso gut tun konnten wie die Schwedischen. Aber der König hatte verstanden, dass Wallenstein bei Passau an der Grenze zu Böhmen war. Und dass, obwohl er *[Wallenstein]* auf einer militärischen Ebene Tilly niemals von Herzen geliebt hatte und auch nicht den Herzog von Bayern, weil der beim Regensburger Kurfürstentag den Kaiser bearbeitet hatte, ihn abzusetzen, er jetzt dennoch der gemeinsamen Beweggründe zuliebe und auf das Flehen des Cratz hin (der im letzten Jahr in Pommern einer seiner Obersten war) dazu hingezogen sein könnte (wie der König es einschätzte), etwas für Bayern zu tun. Seine Majestät, der das Schlimmste befürchtete, schätzte es nicht passend für seine Planungen ein, ein 'einer gegen zwei' zu riskieren. Er entschied gleichwohl, zu dieser Zeit nicht weiter nach Norden oder Nordosten zu gehen. Jetzt nahm er sich vor, Bayerns Mannequin-Faden zu kitzeln. Sobald er das Geld von Landshut erhalten hatte, kehrte er – [LB] am 4. Mai – in Richtung Moosburg um und durch dieses nach Freising, eine Stadt und Bischofssitz am selben Fluss, zwei bayerische Leugen auf dem Weg vorwärts in Richtung München. Hier lag er die ganze Nacht am fünften Mai. Die Stadt zahlte 50000 Taler als ihr Lösegeld, und das ganze

---

[96] *[Denn am 27. April wurde das Peterstor durch einquartierte Soldaten von innen geöffnet]*

Bistum willigte still einer Kontribution ein.

[LC]   Am sechsten Mai entfernte er sich wieder in Richtung München, 18 Meilen südlich von Freising und westlich von der Isar. Dieses München (ausgesprochen 'Minniken') ist eines der adrettesten von allen in Deutschland. Und des Herzogs eigentümlicher Palast mit der prächtigen Jesuitenkirche ist ein zweites *[San Lorenzo de El]* Escorial, wie einige es nennen. Es war das Nest und Empfangsbüro für die reichsten und nettesten Plünderungen, die der Herzog persönlich oder sein General Tilly in vielen Jahren des gemeinsamen Kampfes von den protestantischen Fürsten erhalten hatten. Der Herzog von Bayern war immer noch bei Regensburg – und dort sehr beunruhigt mit schmerzenden Augen, verursacht durch den Rauch seines eigenen Landes. Und aus einer Hoffnung heraus, sich irgendwann wieder als Herr seines Palastes zu sehen, war er nun so vorsichtig gewesen, diesen zu bewahren, dass er einen Befehl an seinen Kanzler schickte, den Palast zu übergeben, wann immer der König dagegen anrücken sollte. Ebenso waren die Abgeordneten der Stadt am 5. Mai beim König in Freising gewesen und hatten ein Angebot eingereicht über 200000 Taler als ihr Lösegeld, welches nicht akzeptiert wurde. Am Montag, den 7. Mai, zeigte sich der König am Vormittag in ordentlicher Schlachtordnung vor ihr. Obwohl er zu dieser Zeit bis in eine deutsche Meile gekommen war, hatten ihn die Abgeordneten noch einmal getroffen und ihm dort die Stadtschlüssel dargeboten mit einem Versprechen auf 300000 Taler. Die von ihnen gestellte Hauptbedingung war, dass ihre Garnison ohne Belästigung ausmarschieren dürfe, was zu verhindern durchaus in der Macht des Königs lag, da seine Reiter überall auf und ab im Land lagen. Der König trat am selben Tag in die Stadt ein, begleitet vom König von Böhmen, vom Pfalzgrafen August und von 3 seiner Regimenter. Seine Unterkunft nahm er in diesem prächtigen Palast. Der Rest seiner Armee war in und herum um die Stadt einquartiert.

Am nächsten Tag ging der König, die Magazine und die Waffenkammern zu sehen. Dort waren große Vorratslager an Waffen und Munition zu finden, aber keine Artillerie. Woraufhin der König – sich nicht ein bisschen wundernd – nach und nach verschiedene der Wagen erspähte. Durch die erahnte er, was auch die Wahrheit war, dass die Stücke im Boden vergraben waren. Er ließ die Bauern mit Stricken und Hebelarmen diese 'Toten' (wie er sie nannte) ohne Wunder wieder auferstehen. Es gab 140 hübsche Stücke von Messing-Artilleriegeschützen. Und in einem, hieß es, wurden 30000 Goldstücke gefunden. Unter den Restlichen waren 12 Ansehnliche dabei, die der Herzog die '12 Apostel' nannte, obwohl die Apostel sicherlich niemals solche Söhne des Donners waren. Manche Stücke hatten die Wappen des Pfalzgrafen auf sich, was den König von Böhmen bei deren Anblick sowohl zu einem Seufzer als auch einem Lächeln bewegte. Aber die Kunstkammer, oder Kammer der Raritäten, war das Ding, das die meiste Unterhaltung gewährte. Statt nur anzuschauen, bewunderten hier die Betrachter die unvergleichlichen Vielfältigkeiten und Seltenheiten sowohl an Kunst als auch der Natur. Die Jesuitenkirche *[Michaelskirche]* war ebenfalls ein Stück der Bewunderung. Und im Übrigen die Bilder, erstellt von diesem berühmten Künstler *Brouse*, zusammen mit den Fabrikationen und Silberarbeiten diverser Art. Der König betrat diese Kirche gerade in dem Augenblick, als die Jesuiten bei ihrer Messe waren. Und als der Pater Rektor dem König entgegenkam, hielt seine Majestät mit ihm einen Diskurs auf Latein über das Abendmahl. Danach rief der König die Bürger zusammen und fragte sie, ob sie in Zukunft gegen ihn kämpfen würden oder von Zeit zu Zeit die Kontribution zahlten, die ihnen auferlegt werden sollte. Sie beschwerten sich sehr über die Habsucht ihres Herzogs und frühere Härte ihnen gegenüber und speziell darüber, dass er sie jetzt im Stich gelassen hatte. Sie versprachen fromm, was sie nicht abzulehnen wagten: Dass sie sich zu seiner Majestäts gutem

Gefallen vollständig unterwerfen und ihm gegenüber den Eid ablegen würden.

Am Mittwoch, den 9. Mai, hielt der König einen Generalappell vor der Stadt ab, wobei er persönlich (um den Bayern etwas an Fähigkeiten zu zeigen) seine Soldaten exerzieren und üben ließ. Insbesondere lehrte er sie, wie man eine Ladung oder *Salve* abgibt. Einige waren auf ihren Knien, andere hinter diesen und nach vorne gebeugt und die hinterste Reihe aufrecht stehend. Alle gaben gleichzeitig Feuer – der hintere Mann über die Schultern seines Vordermannes. Am nächsten Tag, den 10. Mai, war Himmelfahrtstag. An diesem ließ der König im Schloss die erste protestantische Kanzelrede predigen. Der König selbst (wie geschrieben steht) gab die Anordnung für diesen Psalm des Doktor Luther.

> Nun freut Euch, oh wahre Christen,
> Eure Herzen springen vor Freude,
> Nun singt ohne Verdruß,
> Welche Wunder Gott für Euch hat getan, etc.[97]

Nach dem Mahl ging der König zur Marienkirche, um die papistischen Zeremonien zu sehen, wie sie das Fest der Himmelfahrt feierten. An diesem Abend, als der König beim Abendessen war, wurden etwa zwanzig bayerische Reiter als Gefangene zu ihm gebracht. Diese, zusammen mit tausend anderen, waren von Regensburg aus geschickt worden und schon so weit wie bis Pfaffenhofen vorgeschritten. Als sie dort Kunde erhielten von einigen schwedischen Truppen, die ankamen, um ihnen entgegenzutreten, zogen sie sich redlich und rechtzeitig nach Ingolstadt zurück. Dass der König hörte, dass diese sich nach München aufgemacht hatten, war der Grund dafür, dass er dorthin zog, sobald Ossa von [LD] Biberach verjagt war. Als Cratz und Cronenberg hörten, dass der König auf dem Weg in diese Richtung war, gingen sie in die komplett gegengesetzte Richtung nach Weißenburg. Diese kaiserliche Stadt hatten wir zuvor beschrieben

---

[97] *[Vermutlich 'Nun freut Euch liebe Christen gmein']*

bei des Königs Marsch auf Donauwörth. Aber in welcher Provinz oder Landkreis des Kaiserreichs sie liegt, zweifeln die Geographen und Kartografen. Sie liegt etwa 24 englische Meilen im Nordwesten von Ingolstadt. In ihr hatte der König einige Kräfte gelassen. Und in ihrer unmittelbaren Nähe lag die starke Burg Wülzburg mit einer Garnison des Tilly. Cratz belagerte nun Weißenburg, und die Schweden bestanden auf Widerstand. Aber als mehr Kanonen aus der Wülzburg gebracht und gegen sie gerichtet wurden, verhandelten sie und fügten sich. Was für ein Streit vom Zaun brach, das weiß ich nicht. Aber sicher ist, dass allen Schweden, als sie ablehnten, sich der bayerischen Seite zuzuwenden, die Kehlen durchgeschnitten wurden. Die Stadt wurde auch geplündert, die Haupt-Bürger und Prediger wurde als Gefangene abgeführt, zwei Stadttore wurden bis auf den Grund niedergebrannt. Und als dann Kunde von des Königs [LE] Kommen kam, gaben die Bayern wieder alles auf und eilten zurück und hinein nach Ingolstadt.

In diesem Interim hatte Herzog Bernhard von Sachsen- [LF] Weimar sich so gut verhalten, alsda er in der Verfolgung des Ossa auf eines dessen tapfersten Regimenter (welches der an einen befestigten Platz gestellt hatte) getroffen war. Dieses bestand aus 2000 Mann und wurde angeführt von Hannibal Graf von Hohenems. Alle die hatte er restlos vernichtet und besiegt, sowie den Grafen mit 400 Gefangenen und 8 Fahnen genommen. Der Graf wurde zunächst als Gefangener nach Isny gesandt und dann nach Ulm. Dieses Kunststück hatte Herzog Bernhard vollbracht – mit genügend Zeit, den König in Donauwörth zu treffen.

Seine Majestät, der nun dabei war, Bayern zu verlassen, entschied auf die besten Ordnung, die ihm für die Befriedung des Landes hinter ihm möglich war. Garnisonen ließ er keine (außer alleinig in Rain), denn es gab keine verteidigungsfähige Stadt in all dem ganzen Herzogtum. Um diesen Mangel auszugleichen, wurde General Banér mit etwa 8 Regimentern bei Augsburg gelassen. Und mit verschiedenen Wagenladungen an Priestern, Jesuiten und anderen Hauptpersonen, die nach Augsburg in sichere Verwahrung gebracht worden waren, um Bürgschaften und Geißeln für [LG] die Treue der Bayern zu sein *[siehe [31]]*. Gegen die Bauern, die Streitkräfte des *[Erzherzogs]* Leopold und Ossa im Schwabenland, Tirol etc. war Herzog Wilhelm von Sachsen-Weimar mit 12000 Mann um Memmingen herum gelassen worden. In Ulm war Sir Patrick Ruthven Statthalter, der ebenfalls eine kleine Armee hatte. Und Herzog Iulius, Administrator des Herzogtums von Württemberg, der gegen den 20. dieses Monats mit dem König in Augsburg war, hatte ihm versprochen, 8000 Mann zu rekrutieren, um seine Streitkräfte zu unterstützen und die Bewegungen des Erzherzogs Leopold und des Generals Ossa zu beobachten. Zuallerletzt, um zu verhindern, dass mehr Kräfte aus Italien Ossa zur Hilfe kamen, schrieb der König seine Briefe an die Schweizer. Nach deren Erhalt, als sie von deren Reichstag in Luzern zu einem anderen in Baden gingen, entschieden sie, den Spaniern keine Passage durch ihr Land nach Deutschland zu gewähren. Das war des Königs Brief:

S.s. *[sensu stricto]*:

[LH] Ich wurde informiert, wie der König von Spanien mit allen möglichen Mitteln daran arbeitet, Euch zu überzeugen, ihm eine frei Passage aus Italien in diese Teile Deutschlands zu gewähren, Uns entgegen – für das Voranbringen seiner bösartigen und unrechtmäßige Pläne und zum Wohlwollen und zur Unterstützung unserer Feinde und deren Vorgehen. Ich habe es für gut gehalten, Euch höchst liebevoll durch diese Urkunde zu ermahnen und zu warnen, Euch daran zu erinnern, dass Euer Staatenbund bis dato stets höchst glorreich floriert und bekannterweise seine Freiheit gegen alle Gegner jeglicher Art erhalten hat – speziell gegen die der Häuser Burgund und Österreich. Diese 2 Häuser hatten sich oft bemüht, Euch Eurer Freiheiten zu berauben und zu entblößen. Ja, dieser Freiheit nämlich, welche die Beste aller Übrigen ist, die Freizügigkeit Eures Gewissens.

Diese hätten sie einigen von Euch weggenommen und die Freiheit der Staatsführung Euch allen. Ich würde mir genauso von Euch wünschen, auf die gute Übereinstimmung achtsam zu sein, welche ich bis jetzt stets mit Eurem Staat aufrechterhalten habe. Aus diesem Grund kann ich nichts als Euch vorwarnen, dass Ihr von jetzt an achtsam werdet, fest und standhaft bleibt innerhalb der Bedingungen und Grenzen der Neutralität und in Bezug auf diese gute Absprache und Übereinstimmung, welche im Augenblick zwischen uns herrscht: Dass Ihr auf keinen Fall dem Feind eine Durchreise bewilligt oder ermöglicht, noch Wohlwollen oder Hilfestellung. Andernfalls, wenn Ihr das tut, dann werde ich gezwungen sein, vor ihnen zu beginnen und einen Krieg gegen Euch zu starten. Sollte es so ausgehen, dann werdet Ihr es selbst sein, die es durch Eure eigenen Fehler auf Eure eigenen Köpfe hingezogen habt – zusammen folglich mit solchem Ruin, Verwüstungen und Verhängnissen, wie sie den Krieg für gewöhnlich begleiten. Aber ich hege viel bessere Hoffnungen auf Euch: Von meiner Seite aus versichere ich Euch hiermit allen schlechthin und jedem insbesondere meiner höchsten Liebe und Gunst Euch gegenüber.

Gezeichnet,

Gustavus Adolphus.

Dieser Brief wurde zu einem Busch gegen die Spanier, der den Schweizern half, gegen sie die Lücke aus Italien über die Alpen zu schließen. Um die Zeit herum wurde vom König auch ein Sekretär in die hübsche, kaiserliche Stadt Straßburg am Rhein im Elsass geschickt. Nahe deren Mauern und durch deren Gerichtsbarkeitsbereich hindurch hatte Oberst Hareaucourt kürzlich seine Lothringer zu Ossa gebracht. Diese Stadt wurde jetzt – nach einiger Beratung – auf die [LI] Seite des Königs gezogen. Und das beinahe unter den gleichen Bedingungen, unter denen die großen Städte von Ulm und Nürnberg ehemals mit ihm übereingekommen waren. Das war auch ein Schritt zur Sicherung der Unterpfalz, an dessen nächstgelegener Seite dieses Straßburg lag.

Und somit hatte dieser siegreiche König von Schweden den mittleren Teil Deutschlands entweder erobert oder auf seine Seite gezogen. Er selbst in Person war durch es hindurch gerannt, von der nördlichen oder Baltischen See bis fast ganz an die Alpen und Berge des Südens, unmittelbar neben Italien. Ein Weg von zusammen vollen 500 englischen [LJ] Meilen. Und jetzt kehrte er wieder zurück. Die Breite, auf die sich seine Macht in diesen zuletzt genannten Teilen erstreckte, waren die Hälfte der Kreise von Bayern und des Schwabenlandes, sogar vom Fluss Isar in Bayern ostwärts, alles jenseits der Donau und darüber hinaus in Richtung Westen. In Bayern konnte er 50 oder 60 Meilen quadratisch in alle Richtungen marschieren. Entlang des Lechs von Donauwörth nach Füssen, nach Norden und Süden volle 80. Und entlang der Donau von den Toren Ingolstadts (um nicht noch weiter zu fassen) im Nordosten bis Ulm und darüber hinaus, im Südwesten umso mehr. In Bayern gehörte ihm alles: Nicht alles, was auf der Karte von Bayern war (denn das enthielt ein Zehntel des Reiches), sondern all die Ländereien der Herzöge von Bayern waren entweder erobert oder unter Kontribution. Keine Macht oder Ort waren verblieben (mit Ausnahme von Regensburg, wo der Herzog jetzt mit seiner Armee war), um in der Lage zu sein, auch nur 2 Brigaden der Königs zu widerstehen, sollte er sie nur dahin geschickt haben. Noch gab es hier irgendwelches nennenswertes Aufflammen von Widerstand, als der König das Land verließ.

Was den Anteil des Kreises von Schwaben betrifft zwischen Lech, Donau und der Linie von 48 Grad auf der Karte (welche 3 ein vollständiges Dreieck bilden): Das gehörte vollständig dem König – und es war jetzt auch befriedet. Insbesondere nach Ossas letzter Vertreibung aus Biberach, welches die Außenseite des 48. Grades berührt. Wie nun dieser ganze Teil dazu kam, des Königs zu sein, und in welchem Zustand er es jetzt hinter sich zurückließ, sollen wir

Euch knapp sagen. Ein Eroberer muss *behalten*, genauso wie *gewinnen*. Und er darf entweder keinen Feind in seinem Rücken lassen oder eine genügende Streitkraft, um diesem entgegenzutreten, so dass jener nicht in die Lage kommt, den Herren des Feldes in dessen zukünftigen Vorgehen zu stören. Und erst dann darf ein Land in der Tat als erobert bezeichnet werden.

Dieser Anteil des Kreises von Schwaben kam so dazu, des [LK] Königs zu sein: Diverse kaiserliche Städte darin, die protestantisch waren (wie Ulm, Memmingen, Kempten etc.), hatten einmal den Beschlüssen von Leipzig zugestimmt. Nichtsdestotrotz waren sie zum Teil gezwungen worden, davon abzutreten, und zwar durch Egon Graf von Fürstenberg, den General seiner kaiserlichen Majestät für diesen Kreis. Nachdem nun der König von Schweden in diesen Landesteilen die Oberhand erlangte, kamen sie bald darauf auf ihre vormaligen Entscheidungen zurück. Von all diesen Städten war Ulm an der Donau die wichtigste – das Flaggschiff sozusagen. Sie trug die Laterne zu allen restlichen. Dem Weg, auf dem sie führte, folgten die anderen. Gegen Ende Oktober 1631 kamen 12 kaiserliche Truppen jene Straße entlang aus Italien und wünschten (ausreichend kaiserlich), eine Unterstützung von dieser Stadt zu erhalten: 10 Taler für jeden Reiter und 6 für jeden Fußsoldaten. Als Drohungen hinzugefügt wurden, schlugen sie die Ulmer heraus aus ihren Territorien in das Land Leopolds und ließen den Erzherzog diese behalten. Ein bisschen danach warb der König sie *[die Ulmer]* auf seine Seite. Oberst Rehlingen wurde umgehend dorthin gesandt (als Kommissar für den König), um mit ihnen übereinzukommen. Auf seinem Weg dorthin traf er auf einen Wagen voll von Mönchen und Ordensbrüdern. Er zwang diese, ein Lösegeld von 40000 Talern zu zahlen. Im Januar danach erklärte der Städtebund von Ulm öffentlich, was sie insgeheim zuvor entschieden hatten, nämlich zu den Beschlüssen von Leipzig zu stehen und daraufhin 450 neue Mann auszuheben. Dasselbe tat auch Memmingen. Nun begannen die Protestanten um diese Zeit überall, wieder mehr Mut zu fassen. Und für die Verteidigung ihrer Freiheiten und Religion versammelten sich verschiedene ihrer Städte (wie Nürnberg, Straßburg, mit einigen aus Württemberg) auf einem Beratungstag in Heilbronn[98], welches Gustav Horn kürzlich eingenommen

[LL] hatte. Im Februar danach akzeptierte Ulm eine schwedische Garnison und begann zu befestigen, speziell in Richtung der Flussseite. Gegen Anfang März wurde dieser edle, alte Ritter Sir Patrick Ruthven, ein schottischer Ehrenmann (kürzlich zum Generalmajor der Armee ernannt), von Mainz ausgeschickt, um ihr Statthalter zu sein.

[LM] Sir Patrick Ruthven begann sofort, einige neue Rekrutierungen für die Armee zu machen. Stück für Stück bekam er einige 6 oder 7000 Mann zusammen. Zuerst forderte er die Entscheidungen aller wichtigen Groß- und Kleinstädte um ihn herum ein, ob sie Freund, Feind oder neutral wären, ob sie entweder zum König stünden oder gegen ihn. Eine der ersten Städte, mit denen er außerdem anfing, war Kirchberg am Fluss Iller, etwa 4 englische Meilen südlich von Ulm. Diese Stadt hatte die Ehre einer Grafschaft. Der König schenkte sie (wie ich geschrieben finde) dem Erobe-

[LN] rer *[Ruthven]*. Aber dazu kann ich nicht mehr sagen. Zu der Zeit, als der König zwischen Donauwörth und dem Lech lag (was etwa 48 bis 50 englische Meilen von Ulm ist), rückte Sir Patrick denselben Fluss Iller entlang über Memmingen hinaus auf Kempten (nahe des Flusses Lech) vor, wo sich eine Abtei befand. Es war die erste in einer Reihe von solchen des Landkreises von Schwaben. Genauso wurde Günzburg, eine hübsche Stadt am Fluss Günz, zwischen Ulm und Lauingen, umgehend *[am 24. April]* eingenommen. Aus dieser Stadt wurden etwas danach 8 Truppenteile an Dragonern aus des Königs Armee über die Brücke bei Lauingen geschickt, um die Klöster im angrenzenden Markgrafentum von Burgau aus der Ruhe zu bringen, sie unter Kontributi-

---

[98] *[Februar 1632, organisiert von Martin Chemnitz]*

on zu legen und in Wartestellung auf 500 Reiter des Ossa zu liegen, der aus Lindau kommen sollte. In diesem Günzburg gab es einen stattlichen Palast, der dem Recht nach dem Markgrafen von Burgau gehörte, obwohl zu dieser Zeit der Erzherzog Leopold eingefallen war. Die Ländereien der Herren Fugger wurden nun auch unter Kontribution gebracht. Erbach, das zum Kanzler *[Hans-Ludwig]* von Ulm gehörte, wurde ebenso überrannt. Die 500 Tillyschen, die in Nördlingen gelassen worden waren, etwa 30 Meilen nordöstlich von Ulm, verließen augenblicklich die Stadt, nämlich auf die Neuigkeiten hin, dass der König den Lech überquert hatte. Anfang April steckte Sir Patrick Ruthven einige seiner Soldaten nach Memmingen, aus der er ein wenig danach die Jesuiten verjagte. Er hatte herausgefunden, dass sich diese mit den Kaiserlichen verschworen hatten. Rund um Leutkirch besiegten andere der Seinigen einige von Ossas Wachen. Ravensburg und Biberach, 2 andere kaiserliche Städte, erklärten sich für den König. Und diverse Herren und Ehrenmänner sandten täglich ihre Vertreter zu unserem Statthalter von Ulm, um Übereinkünfte über ihre Kontributionen zu treffen. Falls sie dies nicht taten, wurden ihre Ländereien geplündert. Ein wenig danach entwaffnete er die Bürger von Elchingen und Weissenhorn (beide nahe Ulm) und nahm von ihnen 14 Stück Kanonen und 2 Mörser. Sogleich danach sandte er aus gegen *[Oberst]* Schwenden (oder Schweaden). Er besiegte ihn und dessen Bauern (welche dieser, da er ein Edelmann des Landes war, hatte aufschüren können) und nahm sie sich zu Gefangenen. Da er so weit nach Süden fortgeschritten war, war der Bischof von Konstanz froh, sich an ihn zu richten und seine Abmachungen zu treffen. Und so war das ganze Land – für die Zeit – geräumt, selbst bis zu den Toren von Lindau und an den Bodensee, unterhalb eben jener Alpen. Was so weiterging, bis Ossa (der jetzt von dort zu der Schweizer Versammlung von Luzern gegangen war, um eine Passage der Spanier aus Italien über die Gottharder Alpen zu vermitteln) etwa gegen Beginn des Mai mit seinen 7000 Mann zurückkehrte und Biberach belagerte, wie wir Euch vorher berichtet haben.

Ob Oberst Sperreuther, der Dinkelsbühl und Ellwangen auf der Nordseite der Donau einnahm, von ihm [Ruthven] oder direkt vom König geschickt wurde, weiß ich nicht. Nachdem Schlammersdorf Landsberg eingenommen hatte, traf auch die Kleinstadt Mindelheim, am Fluss Mindel zwischen Lech und Donau, fast rechts [links] gegen Landsberg, ihre einvernehmliche Regelung. Und so taten es (um mich kurz zu halten) alle diese guten Städte, die man auf der Karte von Württemberg in der südöstlichen Ecke finden kann, wobei der meiste Teil dieses Landes '[Schwäbisches] Oberland' genannt wurde.

Am letzten Montag im April besiegte Sir Patrick Ruthven einige kaiserliche Truppen und nahm von ihnen 4 Fahnen. Die Bauern, die – wiederum angesteckt von den bayerischen Bauern, die sich zwischen sie gemischt hatten – ein zweites Mal aufbegehrten, [Oberst] Schwendens zweite Provokation (auf sein Lösegeld hin befreit) und die weitere Ermutigung des Ossa und Hareaucourt wurden nochmals niedergeschlagen. Ziemlich viele von diesen Bauern standen zunächst bei Gensburg [Bregenz] und in den Bergen auf. Sie benachrichtigten den Rest und verabredeten als Ort ihres Treffens Weingarten, etwa 30 Meilen südlich von Ulm. Als sie Anfang Mai auftauchten, überraschten sie Wangen, eine kaiserliche Stadt, Ravensburg und andere zwischen Ulm und Lindau. Sir Patrick sandte 3000 Mann gegen sie, viele von diesen Dragoner, die am 12. Mai einige von denen nahe bei Kempten (25 englische Meilen östlich von Wangen) töteten und die Restlichen dazu brachten, nach Hause zu gehen, wieder ihren Ackerfurchen zu folgen und ihre Kontributionen still zu zahlen. Andere von denen waren anderswo beschäftigt. 400 mehr wurden nahe dem Bistum [Fürststift] von Kempten erschlagen. Als deren Nachbarn das bemerkten, gingen jene nach Kempten und gaben ihre Waffen ab.

In Zippersrieden[99] wurden fast 800 mehr in Stücke gehauen, und es wurden (was das Mittel war, sie abzukühlen) verschiedene ihrer Dörfer in Brand gesteckt. Als die armen Halunken das sahen, gingen sie und schnitten ihren Grundherren, die sie zuerst aufgeschürt und dann im Stich gelassen hatten, die Hälse durch. Mit einer kleinen Gruppe von Reitern erschreckte und entwaffnete Oberst Rehlingen (der viele andere gute Dienste in diesen Landesteilen unternommen hatte) 300 mehr von denen. Rehlingen schritt so weit voran, dass Ossa aus Furcht, dass er in Tirol einfallen könnte, bereit war, 2000 Mann dorthin zu schicken, um die Passage zu sichern. Gegen Ende April ging Sir Patrick Ruthven in das Herzogtum von Württemberg, wo er eine Hilfstruppe von 2000 neuen Mann von Herzog Julius, dem Verwalter, erhielt. In seiner Abwesenheit begann der Herr Truchsess von Waldburg, sich mit anderen Edelleuten und einigen Äbten wieder in den weiter entfernten Teilen in Richtung Weingarten zu rühren. Dieser bereitete den schwedischen Soldaten in den Städten neben ihnen ziemliche Schwierigkeiten. Um sie zurückzudrängen, zogen die schwedischen Dragoner aus, die in und um Biberach lagen. Sie fielen in die Ländereien des vorgenannten Herrn Truchsess ein, plünderten die Städte Wurzach und Waldsee, nahe Weingarten, und trieben die Aufruhr auseinander. Auch wurde die gute Stadt Ehingen, auf der zu Ulm gegenüberliegenden Seite der Donau und im Abstand von 6 englischen Meilen davon, genauso zu einer einvernehmlichen Regelung gebracht, so wie es dieser ganze Teil Schwabens zu dieser Zeit war.[100] Derweil Ludwig Eberhard Graf von Hohenlohe mit einem der Sekretäre des Königs *[Freiherr von Orpfing [14, S.150]]* und einigen anderen Beauftragten in dieser Stadt Ehingen waren (die dorthin eingesetzt waren, um den Eid der Bürger auf den König von Schweden ent-

---

[99] *[Züppersried ([3, S.591] mit Oberstdorf und Oy)]*
[100] Dieser Teil des Schwabenlands wurde durch Sir Patrick Ruthven etc. unter Kontribution gebracht.

gegenzunehmen), wurden sie alle durch eine von Ossa – als
der zu dieser Zeit bei Biberach war – ausgeschickte Gruppe überrascht und als Gefangene nach Tirol gebracht. Als
ein Lösegeld für deren Freiheit ließ der König einige große
Männer des Landes aus seinen Händen frei. Die Kaiserlichen, die das bei Ehingen taten, blieben dort, fielen hin und
wieder aus und quälten das Land. Und am folgenden ersten
Juni, als der König nach Nürnberg abgezogen war, führten
sie diverse Stück Vieh weg, selbst aus einem Abstand von 2
englischen Meilen von Ulm, da zu dieser Zeit keine Reiter
in der Stadt waren, um ihnen zu folgen. Aber diese wurden
seitdem fortgejagt.[101] So gehörte durch Eroberung all das
Land dem König. Und um es ruhig zu halten, wurden die
Armeen des Herzogs Wilhelm von Sachsen-Weimar und des
Sir Patrick Ruthven dort gelassen. Auch zur Hand waren
die Streitkräfte des Herzogs von Württemberg, der genau
ihr nächster Nachbar war auf der anderen Seite der Donau.
Und in diesem Zustand verließ der König von Schweden
dieses Land, Anfang Juni, als er seinen Abschied davon
und von Bayern nahm. Diesem Bayern hatten wir unsere
Aufwartung gemacht – von Donauwörth bis Nürnberg. Wir
werden erst einmal unsere Erzählung darüber beenden.

Der Anlass, dass seine Majestät so plötzlich aus Bayern abreiste, war, wie wir Euch gesagt haben, Weißenburg
zu entsetzen. General Cratz hatte es jetzt auf die Hoffnung
hin eingenommen, dadurch des Königs Rückzug nach Nürn-
[LO] berg abzuschneiden. Der König reinigte auf seinem Weg
dorthin (wie es seine Gewohnheit war) das ganze Land
[LP] vor ihm. Angesichts dessen, dass (um gleichwohl zu beginnen) die Stadt und das Bistum Eichstätt, 16 Meilen
nördlich von Donauwörth, ihre Kontributionen nicht die
ganze Zeit über eingebracht hatten, denen sich zu fügen
sie sich Oberst Sperreuther gegenüber vordem verpflichtet
hatten, pfändeten des Königs Soldaten, was auch immer sie

---

[101] *[Am 16. Juni: Herzog Bernhard von Sachsen-Weimar stürmt die
Stadt und tötet 150 Mann der Besatzung [3, S.593]]*

jetzt dafür bekommen konnten. Genauso wurde das Bistum Dillingen bedient: Beide wurden geplündert, entwaffnet und die besten Artilleriegeschütze nach Augsburg geschickt. Ebenso wurde die Pappenheimer Burg, 2 Leugen [LQ] westlich von Eichstätt (welche dem alten Graf von Pappenheim gehörte, der durch Erbrecht gräflicher Marschall oder zweiter Marschall des Kaiserreichs war), belagert, bombardiert und genommen[102]. Diese lag nahe bei Weißenburg, wohin der König so schnell eilte und von wo Cratz genauso schnell weggeeilt war, als er erfuhr, dass der König ihm so nahe war.

Da seiner Majestät nichts mehr im Weg stand, um ihn aufzuhalten, marschierte er geradewegs nach Nürnberg, in dessen Nähe – nämlich bei seinem alten Quartier bei Fürth – er etwa am 7. Juni ankam. Was sein nächstes Vorhaben war, offenbarte sich durch seine Antwort an die Nürnberger, die ihn nun in seine Stadt einluden: Diese war, *dass er lieber die große Freude hätte, Wallenstein zu sehen, als Nürnberg*. Sich gegen jenen sofort in die Oberpfalz richtend war er aber nicht in der Lage, durch ein zerstörtes Land weiterzugehen. Und obendrein hörte er, dass beide, Wallenstein und Bayern, ihm entgegenkamen. Er zog sich wieder zurück [LR] und trat selbst nach Nürnberg ein. Ab welcher Zeit – obwohl die beiden Armeen danach lange nahe nebeneinander gelegen waren – trotzdem zwischen beiden für die Beendigung hiervon nichts mehr unternommen worden war. Ich muss das für einen Dritten Teil übrig lassen. Und, wenn ich bitten darf, einem besser unterwiesenen Berichterstatter.

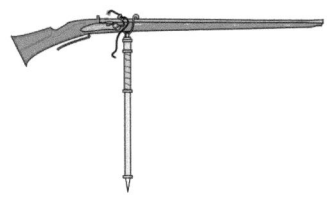

---

[102] *[Beschuss vom Solaturm aus, aber Eroberung erst im April 1633]*

V. Das Manifest des Herzogs von Bayern

Hier folgt die Deklaration oder das Manifest seiner Hoheit, des Herzogs von Bayern, welche wir zuvor erwähnt und Euch versprochen hatten. Erhalten von einem guten Freund und bereits übersetzt von einem fähigen Ehrenmann:

Unter der Masse an falschen, verworren ausgeplauderten Gerüchten – sowohl innerhalb als auch außerhalb der Grenzen und Territorien des Kaiserreichs, jene Angelegenheiten betreffend, die jetzt auf diesem Handlungsort, in dieser Szene des Krieges präsentiert werden – sind insofern jene, die am lautesten klingen (wenn auch mit dem geringsten Anschein von Wahrheit oder Glaubwürdigkeit), von einer solchen Art, dass sie sich tief auf die Aufrichtigkeit und Ernsthaftigkeit meiner Absichten erstrecken. Diese scheinen weniger durch die Erfinder vager Neuigkeiten und durch solche leichten Geister, die von falschen Kuriositäten gefesselt werden, zur Sprache gebracht worden zu sein, als dass sie von den Feinden meines Ansehens und meiner Reputation auf den Fuß gesetzt wurden. Von solchen, wie sie den Brennpunkt ihrer Absicht auf einen höheren (wenn auch schändlicheren und böswilligeren) Plan fixiert haben, als die Welt mit der Erzählung von brotlosen Märchen zu amüsieren. In Anbetracht dessen sah ich mich gezwungen, zu glauben, dass ich diese abträglichen Verleumdungen nicht außer Acht lassen konnte, ohne meiner Ehre schwerwiegenden Schaden zuzufügen. Und dass ich in der Pflicht stand, aufzustehen und eine offenkundige Deklaration der Gewissheit und Aufrichtigkeit meiner höchst eigenen Absichten an die ganze Welt zu richten. Daher entscheide ich, das jetzt mit diesem öffentlichen Akt und dieser offener Gegenerklärung zu tun. So wie ich mich auch vom Beginn dieses Krieges an durch das klare Zeugnis meiner öffentlichen und unzweifelbaren Handlungen zu tun angestrengt habe – was wesentlich wirksamer ist, als was ich möglicherweise durch das Gewicht der Worte oder durch irgendeinen Tenor an verbalen Beteuerungen erreichen könnte.

Wohlan, nachdem ich zuerst furchtbaren Zorn und gerechte Rache, sowohl Gottes als auch der Menschen, heraufbeschworen und auf mich herabgerufen habe, falls ich in dieser ernsten Angelegenheit entweder willens bin oder etwas vortäusche, beteuere ich nun: Dass die höchst mächtigen und hoheitlichen Motive, die hauptsächlichen Dirigenten all meiner Handlungen (sowohl in den Zeiten des Friedens wie auch in diesen des Krieges), keine anderen waren, denn der Eifer und die Treue, welche ich seiner heiligen Kaiserlichen Majestät und der Wiederherstellung des katholischen, apostolischen, römischen Glaubens in den Territorien des Kaiserreichs schulde und feierlich geschworen habe. Sie waren es von ihrem ersten Ursprung und Anbeginn an, sind es zu der jetzigen Zeit und sollen es mit Gottes gütiger Hilfe hernach immer sein. Aus vielen stattlichen Teilen jenes Reiches ist dieser Glauben heimtückisch vertrieben worden – mit nicht weniger gottlosem Frevel wie mit grausamer Tyrannei. So dass meine Pläne in diesem Zusammenhang nicht auf ein anderes Ende abgezielt haben, als auf den Ruhm Gottes und die Entlastung meines eigenen Gewissens.

Beim ersten Aufruhr der heimtückischen Revolte in Böhmen habe ich zu den Waffen gegriffen. Und in der Erhaltung und Verteidigung einer so ehrwürdigen und gerechten Sache habe ich sie noch nicht wieder niedergelegt. Auch daran, wie ich mich dabei verhalten habe, brauche ich nicht erinnern. Denn die ganze Christenheit wird mit mir beurkunden, dass dieses Zeitalter mit gerechtem Beweggrund bereits dem Gott der Armeen für die glorreichen Errungenschaften, mit denen er uns gesegnet hat, unvergänglichen

Dank gesagt hat, wie ihn auch alle nachfolgenden Zeitalter sagen sollen. Seiner himmlischen Gottheit hat gefallen, einen Teil dieser denkwürdigen Heldentaten mit meinen
schwachen Händen auszuführen. Und seine heilige Kaiserliche Majestät hat in meinen Bemühungen derartige Genugtuung erhalten, dass er erfreut war, mir eine große Gelegenheit zu ermöglichen, von ihm viel Größeres in Form einer
Menge an gediegenen Ehren zu erhalten. Womit er gewährt
hat, die schwachen Dienste, die ich für den Zustand seines
Kaiserreichs und für den von Gottes Kirche geleistet habe,
zu belohnen. Deren beider Entwicklungen sind verbunden
und anneinandergekettet in der unantastbaren Bande eines
gemeinsamen Interesses.

Weshalb ich fürwahr glaube, dass kein vernünftiger Mann
(der nicht duldet, dass er mit böswilliger Mutmaßung und
unbegründeter Prophezeiung absichtlich betrogen wird) sein
Urteil derart bilden kann, zu erdenken, dass ich jetzt meine ersten Entscheidungen ändern und meine Pläne modifi-
zieren könnte. Speziell zu solcher Zeit, als ich da einen so
wichtigen Anlass habe und bindende Verpflichtungen, welche mehr zu erneuern und zu verstärken sind, als ich voraus-
sehen oder mir beim ersten Unterfangen vorstellen konnte.
Denn wenn das wahr ist, was jetzt in einem Großteil der
Welt seinen Lauf macht, dass der erste und hauptsächlichs-
te Zweck in dieser neuen Verbindung und Verschwörung ist,
meinen Cousin Graf Friedrich [von der Pfalz] wieder in die
Würde seines Kurfürstenamts und in den Grundbesitz seiner Territorien einzusetzen – von denen er höchst gerecht
geworfen und abgewiesen worden war, weil er seinen Eid
und seine Loyalität gegenüber seiner Kaiserlichen Majestät
enttäuscht hatte, durch die religiösen Bande eines heiligen
Eids, der nicht lange zuvor ihm gegenüber bestätigt worden
war. Und weil er aufrührerischerweise versuchte, ihn von seiner Krone und seinem Herrschaftsgebiet zu enteignen. Ich
sage, wenn dies der wahre Grund dieses blutigen Aufruhrs
war (wie sie die Welt glauben machen wollten), dann bin

ich der Mann, gegen den sie die Unverfrorenheit ihrer unbeherrschten Raserei hätten entladen sollen. Und sich daher einzubilden, dass ich mich der Liga und dem Bündnis gegen diejenigen anschließen würde, die keinen Grund haben, zu den Waffen zu greifen, außer in Verteidigung meiner Rechte, das ist wie eine Annahme gegen die Natur der Dinge zu treffen und eine Meinung sogar selbst gegen die Prinzipien der Vernunft zu ersinnen.

Und wenn es da außer diesem nichts zu rechtfertigen gibt, was geht es meinen Herrn, den Kaiser, und die gesamte edle Familie von Österreich an, dass ich eher die Würde eines Kurfürsten genießen sollte als mein besagter Cousin? Oder dass ich einen Teil dieses Vermögens besitzen sollte, das ihm so rechtmäßig entzogen worden war? Oder zu welchem Zweck sollten sie sich bemühen, die angebliche Rückgabe dieser beiden zu beeinflussen, wenn ich damit zufrieden wäre, mein Einverständnis dazu zu geben? Fürwahr würde das wie ein angenehmer und unterhaltsamer Krieg erscheinen, der unternommen werden sollte, mich dazu zu zwingen, reicher und mächtiger zu sein, als ich mir selbst wünschte.

Aber die Männer könnten sagen (von ungefähr), dass der König von Spanien auch einen guten Teil der Pfalz besitzt. Ich räume ein, dass er das tut. Aber das ist so weit davon weg, mich damit zu beschäftigen, irgendeinen Teil meines rechtmäßigen Anspruchs abzutreten, dass es eher ein mächtiger Grund ist, mich noch entschiedener dazu zu verpflichten, meinen eigenen Anspruch und rechtmäßigen Titel zu stützen und aufrechtzuerhalten – zumal ich jenen bedrückt sehe im Zusammentreffen mit einem so mächtigen Monarchen[103]. Weswegen, wenn wir in den Prinzipien der Vernunft und menschlichen Besonnenheit bleiben, es weder Wahrscheinlichkeit und Anschein, noch die Farbe der Wahrheit haben kann, dass ich nun verändert und zu einem anderen Mann geworden sein sollte, als ich bis jetzt

---

[103]Der französische König.

gewesen bin.

Und wenn irgendein Mann sich einen so gewaltigen Wandel und Veränderung in mir vorstellte, weil sie mich weniger zufrieden kannten mit einigen Plänen & Geschehnissen der Österreichischen Familie, in einigen Fällen, worin die Sache der Religion in keinster Weise betroffen war, der mag von damals her begründetermaßen erfasst haben, dass, wenn die Sache debattiert würde, es sich nur auf die Erhebung zu deren besonderer Größe und die Ausdehnung ihres Vermögens bezog. Da hatten in meiner Brust noch genügend Funken der Freiheit und des edelmütigen Werts überlebt, um ihrem Willen entgegengetreten zu sein und ihren Absichten zu widersprechen (ich bewerte sie nicht als berechtigt), statt diese angestrengten und lächerlichen Schlussfolgerungen gemacht zu haben, dass ich eine Entscheidung traf, es mit der Linie von deren Feinden zu verbandeln: Zumal die insbesondere solche sind, dass sie bekunden, den Glauben, zu dem ich mich bekenne, mit all dem Strom ihrer stärksten Anstrengungen zu verfolgen und zu schikanieren. Ich weiß sehr wohl, in welcher Wertschätzung und Ehre ich verpflichtet bin, das Geschlecht dieser angesehenen Familie[104] zu halten. Und ich denke auch, dass deren Überhöhung im Laufe der Zeit der Ruhe und der allgemeinen Freiheit des Kaiserreichs abträglich werden könnte.[105] Aber das, was mein Herz mit höchsten Anspannungen von bloßer Angst berührt, und das, wessen sich große und gute Fürsten (meiner Meinung nach) höchst bewusst sein sollten, ist (falls mir Glaube geschenkt werden mag), dass von der Welt verstanden werden sollte, dass diese glorreiche Familie (so alt und nobel sie ist) eine direktere Pflicht und ein größeres Interesse an der Verteidigung der Religion hat, als was andere Fürsten betrifft, die wahre Katholiken sind. Wahrlich ist das der ganze Argwohn, den ich gegenüber dieser glorreichen und majestätischen Familie empfinde. Das ist der

---

[104]Das Haus Österreich.
[105]Wohl eingestanden!

einzige Punkt an Ehre, den ich in meinem Herzen finden konnte, zu erwägen und ihr entgegen aufrechtzuerhalten. Und wenn diese Familie die reichliche Fülle an Wohlstand und zeitlichem Segen vorbringen sollte, womit Gott sie bis jetzt zu der besonderen Verteidigung und Unterstützung seiner ruhmreichen Sache verpflichtet hat und noch höchst besonders verpflichtet, so hat Seine himmlische Gottheit verboten, dass ich mich der Ehre und Zufriedenheit eines so gerechten und heiligen Glücks entgegenstellte – auch wenn sich daraus die Herabsetzung, ja, selbst der fatale Untergang, von mir und all dem Meinigen ergeben sollte.

Ein Gedanke, unwert in der Brust eines christlichen Fürsten zu wohnen, ist es, zu ersinnen, dass die Herrlichkeit von Gottes Kirche (welche unantastbar verbunden ist mit der seiner immerwährenden Majestät) nicht genauso von ihm als der lotrechte und höchste Punkt seiner Ehre geschätzt werden sollte. Und dass, wenn diese zwei womöglich voneinander getrennt werden könnten (wie ich nach meiner langen und bewährten Erfahrung finde, dass sie es nicht können), der Sachverhalt dennoch derart ist, dass ich es für ein höchst ungesteuertes Orakel einer gewissen Wahrheit halte, ja, und für einen anerkannten Gegenstand des Glaubens, dass alle menschlichen Hinsichten und Überlegungen sogar geopfert werden sollten und von jedem edelmütigen Verstand auf nichts Rücksicht genommen werden dürfe, wenn angenommen werden müsse, dass die Sache der Religion und die Gottesfurcht es fordern. Denn sicherlich ist kein Untertan so direkt verpflichtet, die besonderen Angelegenheiten seines eigenen, privaten Vermögens beiseite zu legen und darauf zur Förderung des öffentlichen und gemeinen Wohls seines Königs und Königreichs (wenn die Sache es so verlangen sollte) zu verzichten. So wie alle eigenstaatlichen Fürsten in den allwaltenden Verbundenheiten der höchsten Pflicht gebunden sind, sich loszusagen, von was auch immer in dieser Welt ihnen lieb ist, wenn die Herrlichkeit von Ihm, von dem sie ihre Kronen und Eigenstaatlichkeiten halten, verglichen und damit abgewogen werden sollte.

[LS] Ich sage das nicht, um jene mit Anmerkung der Un-
frömmigkeit zu brandmarken, die unter Vortäuschung einer
menschlichen Politik und Staatsprinzipien in eine Liga und
enge Verbindung mit Häretikern gegen die vernünftige und
orthodoxe Seite eingetreten sind. Das sollte als ein Fehler
in der Einschätzung gezählt werden oder als ein tiefes Missgeschick statt einem schrecklichen Verbrechen. Ich werde es
offen gesagt der ganzen Welt frei lassen, sich selbst zu leiten
und sich auf solche Regeln des Gewissens einzustellen, wie
sie selbst belieben und als redlich und gerecht bewerten.

[LT] Noch werde ich einen vorschnellen Tadel an ihrem Vorgehen weiterreichen, sondern werde mich dazu zwingen, zu
glauben, dass Gott ihnen einige geheime Prinzipien offenbart hat, welche bis jetzt in der ganzen üblichen Theolo-
gie undenkbar waren. Für meinen eigenen Teil werde ich
nicht behindern, dass sie als wahre Katholiken angesehen
werden. Denn ich sehe, dass sie es sich selbst wünschen,
als solche zu erscheinen und angesehen zu werden. Nur das
werde ich anführen (auf dass die ganze Welt Zeugnis tragen
mag, dass meine Neigungen und Vorstöße nicht auf gleichem
Niveau in derselben Linie mit den ihrigen laufen), dass in
Anbetracht meines einfachen Urteilsvermögens es alles eins
ist: Ein Abtrünniger von der Religion unserer heiligen Vorfahren zu werden oder die Wut derer zu schüren und zu
nähren, die bestrebt sind, sie zu zerstören. Ich hatte keine alte Allianz mit irgendeiner Person, die scheinen könnte, mich unter der schönen Vortäuschung von Wohlwollen
dazu verlockt zu haben, diese Verbindung zu begünstigen.
Und wenn ich eine solche gehabt hätte, dann sollte ich es in
diesem Fall nicht weniger für rechtmäßig halten, alle Bande
von alter Freundschaft mit diesen zu brechen. So, wie ich es
für höchst unrechtmäßig halte, irgendwelche neue *[Bande]*
anzunehmen.

Ich bin sehr vertraut mit der Form und dem Tenor alter
Treueschwüre, welche üblicherweise höchsten und hoheitli-

chen Fürsten an den feierlichen Tagen der Amtseinführung und Einsetzungen dargebracht wurden. Und ich erinnere mich auch an den, welchen ich selbst an gleichen Gelegenheiten abgelegt habe. Noch weiß ich irgendeinen Punkt, welcher nicht direkt betroffen und verletzt würde durch die gegenteilige Ausübung in diesem Bündnis. Wozu einige scheinen mögen, mich zu verleiten – und mir anzudichten, ob ich werde oder nicht.

Zu sagen, dass der nun geführte Krieg in keinster Weise die Sache der Religion betrifft[106], sondern lediglich dem Interesse an zeitlichem Zustand und Ehre dient, das wäre, wie uns vorsätzlich selbst zu hintergehen und freiwillig in den Angelegenheiten blind zu werden, die den Zustand des Kaiserreichs und das universelle Wohl der Christenheit betreffen. Denn, um keine Notiz zu nehmen von den unverfrorenen Gerüchten, mit denen die protestantischen Parteigänger seit der Schlacht von Leipzig die Welt gefüllt haben, um keinen Respekt zu haben vor den gemeinsamen Balladen und Liedern der Wonne, welche die triumphierende Häresie jäh bewirkt hatte, in jeder Ecke ihrer öffentlichen Straßen und in den eigenen Familien gesungen zu werden. Um ihre glorreichen Wichtigtuereien und eingebildeten Prahlereien auszulassen, dass die Papisten zu solchen Bedingungen reduziert wurden, als dass sie gerade gleich mit den Protestanten geworden sind in deren pflichtvergessenen Versuchen und heimtückischen Verschwörungen. Wer weiß nicht, dass die höchst redlichen und plausiblen Vorspiegelungen des Königs von Schweden, des Herzogs von Sachsen, des Markgrafen von Brandenburg, des Landgrafen von Hessen und von anderen ihrer Verbündeter nur gewesen sind, um die Begleichung der kirchlichen Pfründe zu behindern, welche in einer ehrwürdigen Versammlung verfügt worden waren, der Kirche zurückgegeben zu werden? Und wenn das kein Punkt der Religion ist, dann weiß ich nicht,

---

[106]Wahrscheinlich haben die Katholiken selbst eine solche Meinung vom Krieg und haben diese den Protestanten gelehrt.

was es ist. Wenn ich glaube (und in der Tat tue ich das
mit all den Kräften meines ganzen Herzens), dass die katholische Kirche die geliebte Frau Jesu Christi ist, kann
ich dann irgendein primäres Hindernis setzen – ja, oder so
viel wie die geringste Ablenkung dazwischen stellen – gegen die Ausübung einer so gerechten Verfügung, ohne mir
die Anmerkung und den Tadel einer schrecklichen Verdre-
hung der Tatsachen zuzuziehen, ja, sogar eines widerwärti-
gen Sakrilegs, dadurch von Ihr die gesetzmäßigen Stiftun-
gen und Einnahmen ihres väterlichen Erbteils aus alter Zeit
und aus dem Erbbesitz ihrer Kinder ungerechtfertigterwei-
se raubend? Kann ich erlauben, oder eher, kann ich das
Herz haben, zu vermitteln (immer noch den Namen und
die Eigenschaften eines Katholiken beibehaltend), dass die
von unseren frommen Vorfahren für die Aufrechterhaltung
von Gottes Altar und für die Verzierung und geschuldete
Ehrerbietung seiner göttlichen Verehrung gewidmeten und
geweihten Güter frevlerisch abgezogen werden sollten für
die Anwerbung und Bezahlung lutherischer Soldaten: Welche, wo auch immer sie sich durchsetzen, die Altare selbst
zerstören und ruinieren, das heilige Opfer verbannen, das
gesegnete Sakrament unter ihren profanen Füßen zertram-
peln, die Priester massakrieren und unverschämt triumphieren in der Schande und dem Verderben dieser höchst heiligen und makellosen Taube *[Gegnerin des Kriegs]*? Was?
Kann in irgendeiner katholischen Sprache als 'Erhaltung
der Freiheiten des Kaiserreichs' bezeichnet werden, was in
der Tat die Aufrechterhaltung dieser blutigen Tyrannei ist,
welche schamlose Häretiker sich wünschen, gegen die Kirche Gottes auszuüben? Und was wäre das anderes, als durch
den Austausch sowohl von Waffen als auch Beratungen zur
Errichtung einer Häresie beizutragen, selbst in jenen Orten, welche die Güte Gottes und die Wachsamkeit ihrer
Fürsten bis zu dieser Stunde rein und unverschmutzt erhalten hatten? Und in allerhöchster Ruhe und behutsam
von den gewalttätigen Grausamkeiten zu sprechen, welche

in den Zeiten dieser Kriege täglich durch die fortwährenden Gräueltaten gnadenloser Häretiker praktiziert wurden,
wäre nur ein Verspotten Gottes und ein Missbrauch der
Gutgläubigkeit und Geduld der Menschen.

Der Landgraf von Hessen, hat er nicht die Waffenschil-
de[107] der katholischen Bischöfe und Fürsten in all den Orten zerstört, welche er unter seine Unterwerfung gebracht
hat, und seine eigenen in deren Räume und Orte gepflanzt?
Jenes verwegen ausübend, was der heilige Prophet David an
der Person seiner barbarischen Vorreiter so sehr tadelte. Sie
haben, sage ich, ihre Wappen durch ihre Waffen vorwärts
gebracht – in all den Orten, die sie nur schienen, unterworfen zu haben. Mit was für einer lauten Stimme haben sich
deren geistliche Prediger gezeigt, wie sie für den glücklichen Erfolg ihrer blutigen Siege Gott Dank sagen? Was für
rasende Alarme sind nicht in Würzburg in Minderung der
Ehre von Gottes Kirche erschallt, seit es mit mehr als türki-
scher und barbarischer Grausamkeit gebrandschatzt und
geplündert wurde, entgegen den Gesetzen der Nationen und
Klauseln der Vereinbarungen? Haben nicht ihre Kanzeln zu
jeder Stunde ausgerufen, dass der König von Schweden vom
Himmel geschickt wurde als ein besonderes Instrument, um
ihre neue, vermeintliche Religion vorwärts zu bringen und
für die endgültige Beseitigung und zum völligen Umsturz
der götzendienerischen Papisterei, wie sie es pietätlos miss-
bezeichnen? Eine Sache, welche solche Personen, die auch
glaubhaft die Vorhaben großer Fürsten entschuldigen, vielleicht dem unbesonnenen und leidenschaftlichen Eifer der
gemeinen Leute zuschreiben mögen. Wenn nicht die furchtbaren Auswirkungen (aufgezeichnet und aufgelistet in Zei-
len von Blut) davon zeugten, dass all diese Verhängnisse
und öffentlichen Katastrophen aus keiner anderen Quelle
und Brunnen abgeleitet wurden. Mit Sicherheit ist es nicht
alleine das Haus Österreich, welches in deren erbitterter Ra-

---

[107] Er meint die Wappen des Bischofs von Köln, welche der Landgraf
in Nienhus *[Nieheim]* bei Paderborn abnahm.

serei leidet. Es ist die Katholische Kirche, welche sie sich anstrengen, zu zerfleischen und in Stücke zu reißen – durch die grausamen Versuche aus deren hasserfüllter Bosheit. Es ist Gott, der leidet. Und wie auch immer sie versuchen, dies mit dem Prinzip des Pilatus zu vernebeln, ja, in der Tat ist es Christus, der gekreuzigt wird. Weshalb man den König von Schweden und jene aus seiner Fraktion nicht länger die Welt mit den Vorspiegelungen irreführen lassen darf, dass sie lediglich vorhaben, die Großartigkeit des Hauses von Österreich zu dämpfen und nicht in den Ruinen der Religion zu trampeln. Die üble Zurichtung und Zerstörung der Klein- und Großstädte, die Plünderung und Verwüstung ganzer Provinzen sind keine Geheimnisse, die verheimlicht werden können. Die barbarischen Grausamkeiten der liederlichen Soldaten können mit keinem Mantel überdeckt werden. Und noch weniger werden die hoch-stimmigen Aufschreie der angeschwollenen Geistlichkeit zum Schweigen gebracht.

Wahrhaft, die alten Geschichten der Goten und Vandalen, der Arianer und Sarazenen, welche so viele ruhmreiche Märtyrer mit ewigen Trophäen gekrönt haben (deren Asche immer noch verehrt wird und deren Erinnerungen noch in immerwährenden Segenssprüchen zwischen uns gedeihen), machen keine Erwähnung von größeren Barbareien, als wie sie zu dieser Zeit durch ihre abtrünnige Nachkommenschaft täglich praktiziert werden. Wir lesen nicht, dass es in jenen Tagen irgendwelche Staats-Geheimnisse oder vorbehaltene Umstände[108] gab, durch welche christliche Fürsten[109] ermutigt und versichert werden konnten, sich in Waffen mit denen zu vereinigen, die landläufig als die eigentliche Geißel Gottes bezeichnet wurden und als wichtigste Hauptleute der Eroberungen des Antichristen. Wenn sich auch die ganze Welt verschwört und ihre An-

---

[108]Wahr, denn erst die Jesuiten haben diese hereingebracht.
[109]Er fasst den französischen König an, der die Bezeichnung eines höchst Christlichen trägt und in einer Liga mit dem Schweden steht.

strengungen zusammenfasst, so weit wie menschliche Politik ausklügeln könnte, dass sie tun sollten: Dennoch ist es sicher, dass die Versuche der Häresie niemals gedeihen dürfen – ausgenommen in der Intensität unsere Sünden. Und die Ratschläge ihrer hauptsächlichen Günstlinge sollen niemals größere Zustimmung von Gott erhalten als das, was in der gleichen Deutung dem erfolgreichen Gedeihen der Türken und Ungläubigen gegeben werden kann. Elend und unglücklich mögen diejenigen ewig sein, die ihre eingebildete Großartigkeit auf den Fundamenten solch schwankender und abgelenkter Missbräuche aufbauen.

Wir haben viel gehört und gelesen von den bedauernswerten Unglücken der vorausgegangenen Zeitalter. Aber wahrlich, in dieser einen Sache überflügeln die unsrigen und gehen darüber hinaus, dass es in diesen jene subtilen und erhabenen Geister brauchte, die Unterschiede schmieden, wo es keine gibt – zwischen den Angelegenheiten des Staates und der Religion.[110] Genauso wenig waren damals viele christliche Fürsten zu finden, die solchen hübschen Unterscheidungen ihr geneigtes Ohr leihen würden. Oder falls vielleicht irgendein solcher damals unter diesen zu finden war, dann ist die Erinnerung an ihn in vernebelter Vergessenheit begraben, oder sein Name ist von der ganzen Nachwelt verhasst und verabscheut. Gott in seiner himmlischen Güte schlage mich lieber mit einem furchtbaren Blitzschlag tot und lösche meinen Namen für immer aus der Erinnerung der Menschheit, als dass er erlaube, dass er aufgeführt werde in den Listen an beklagenswerten Beispiele der feinen Genauigkeiten und Feinheiten dieser, unserer elenden Tage. Falls meine Augen im Feld auf meine Fahnen fallen sollten, dort das ehrwürdige Abbild der Mutter Gottes darauf erblickend. Und falls sie darüber hinaus widerspiegeln sollten, dass diese mit den Feldzeichen derer gemischt wären, die

---

[110]Die bayerischen Jesuiten sind verärgert, dass andere in deren eigenem Handwerk der Verstaatlichung über sie hinausgegangen sind.

boshaft in ihr Gesicht spucken[111]: Welche Ruhe und Zufriedenheit wäre meinem Herzen hier möglich zu finden, in Anbetracht der Tatsache, dass ich selbst mich in solch einer absonderlichen Art von Allianz befände? Mit welcher Zuversicht oder Gewissheit könnte ich sie um Hilfe bitten – sie, welche die höchst verheißungsvolle Beschützerin der heiligen Kirche ist, sowie der Fürsten, die ihr dienen und gegen die ich verbündet wäre? Mit welcher Stirn und mit welchen Gelübden wagte ich, um ihre Fürbitte zu flehen (ohne die ich dennoch nicht riskierte, irgendetwas zu unternehmen), wenn ich sähe, dass die Siege, die ich erzielen sollte, sich notwendigerweise als schädlich und abträglich für Ihre Ehre und die Ihres geliebten Sohnes herausstellen würden? Ist es möglich, dass ich für die Einnahme von Städten beten sollte, von denen ich weiß, dass der Eroberer – kaum eingetreten – dann mit extremer Gewalt die Bilder der ruhmreichen Heiligen herabreißen wird, dass er unter deren schmutzigen Füßen das gesegnete Blut unseres teuren Herrn Jesus zertreten wird, von dem wir glauben, dass es fromm auf unseren Altaren aufbewahrt werden muss? Oh, ihr katholischen Fürsten! Zieht die Maske herunter von Eurer falschen Bekundung. Oder liefert uns ein für allemal einen festen Boden, um Eure Absichten zu begründen, die im Gesicht nach außen hin so absurd und schamlos erscheinen.

Ihr könnt nicht dasselbe Verlangen und dieselben Wünsche in der Kirche haben, welche Ihr in Euren Kabinetten ersinnt. Denn dort könnt Ihr nicht – ohne zu erröten – bei den Händen Gottes und seiner gesegneten Mutter sowie der anderen Heiligen flehen, die Ihr verehrt und anruft. Ihr könnt nicht, sage ich, ohne zu erröten bei ihren Händen die Gunst und den Schutz einer solchen Sache erbitten, wie sie (wie die anderen Häresien unserer Zeit, die durch die Raserei und die Verfolgung der Gläubigen gepflanzt wurden) nicht fortbestehen kann, außer durch den Niedergang

---

[111]Kein guter Protestant wird so etwas tun.

der Kirche und die endgültige Ausrottung der religiösen und wahrhaftigen Verehrung Gottes. Befreit Euch, wenn Ihr könnt, aus dem Gewirr an diesen nicht nur verworrenen, sondern auch billigen Bedenken. Und macht uns tauglich für diese anderen Geheimnisse und Mysterien und Prinzipien, welche ich sinnreich eingestehe, dass ich nicht die Stärke des Verstands habe, sie zu begreifen.

Und auf der anderen Seite kann ich in der Wahrheit, in der ich erzogen wurde und zu der ich geformt wurde, keinen Unterschied finden zwischen denen, die in alter Zeit im Dienste Attilas Waffen trugen, zu jener Zeit, als er[112] in Reims grausam St. Nicasius enthauptete, und denen jetzt, welche mit der Hand des Schweden Gottes Priester niedermachen, seine Bischöfe von deren Gemeinden und Residenzen vertreiben und frevelhaft seine geheiligten Tempel plündern und zerstören. Sicherlich, welche Sittsamkeit auch immer diese Leute in ihren Erpressungen zu fälschen anstreben mögen und mit welcher Verkleidung auch immer sie versuchen, das Gesicht ihrer Gewalt zu beschönigen: Da sie durch das offenbare Zeugnis ihrer eigenen offensichtlichen Tyrannei widerlegt sind, können sie nicht leugnen, als dass sie von der Klasse[113] dieser Fürsten sind, von denen der königliche Prophet in diesen ausdrücklichen Worten lange zuvor weissagte: Dass all ihre Fürsten untereinander beschlossen und auf ausdrücklichen Beschluss entschieden, dass sie das Allerheiligste Gottes auf Erden besäßen als ihrem eigenen Erbbesitz zustehendes Gut. Was, mit einem Wort, nichts anderes ist als zu sagen: Lasst uns uns im Besitz des Patrimoniums der Kirche behaupten, welches wir seit langem beschlagnahmt und uns angeeignet haben. Und welches jetzt ein Teil und Element unseres Grundbesitzes ist. Und diejenigen, die – unter welchem Vorwand auch immer – diesen niederträchtigen Plan befürworten, auch wenn sie scheinen, sich selbst unter niemals so vorgeblichen

---

[112]Er gibt der französischen Nation ein Beispiel ihrer selbst.
[113]Sie werden es ableugnen, sicherlich.

Gründen von anständigem Anschein zu verschleiern: Dennoch können sie nicht verfehlen, sich selbst zu erkennen, wie in den angstvollen Vorhersagen des Propheten Obadja klar auf sie gezeigt wird. Wo ihre Tatsachenverdrehung und Lockerheit gebrandmarkt wird mit der Anmerkung einer ewigen Schande und im Erheben von Flüchen, die er ihnen zuteilwerden lässt.[114]

Siehe, an jenem Tag - Spruch des HERRN - vernichte ich die Weisen in Edom und die Einsicht im Bergland von Esau. Da brechen deine Helden zusammen, Teman, sodass jeder im Bergland von Esau ausgerottet wird. Wegen des Mordens, wegen der Gewalttat an Jakob, deinem Bruder, bedeckt dich die Schande und wirst du ausgerottet für immer. Am Tag, als du[115] dabei standest, am Tag, als Fremde sein Heer abführten und Ausländer seine Tore betraten und das Los über Jerusalem warfen, da wurdest auch du wie einer von ihnen.

Oh, Darstellung unserer elenden Zeiten! Nicht sinnbildlich, sondern höchst ausdrücklich und lebendig! Oh, grausame und unnatürliche Missgunst der christlichen Fürsten! Oh Ketzerei, viel getreuer, sich auf die Seite ihrer Partei zu schlagen, als die Getreuen fest stehen, um sich gegenseitig beizustehen! Ich sollte besser mit dem heiligen Propheten David diese Worte voll von heiligem und religiösem Eifer sagen: *Früh am Morgen* (das heißt am Anfang meiner Gedanken und Handlungen) *hatte ich keine andere Sorge, als meine Streitkräfte zur Zerstörung der Sünder einzusetzen.* Welche allesamt Häretiker sind – in höchster Vollendung und in der Rangfolge vor allen anderen. Weswegen der Lauf der Dinge auf diese Weise verstreicht. Und weil meine Zuneigung und mein Gefühl für sie so sind, wie ich erklärt habe, tritt es offenkundig zu Tage, dass bei keiner Abwägung – egal ob Staat oder Religion – ich es als zweckdienlich oder legitim ansehen könnte, an diesem Lager festzuhalten,

---

[114]Obadja, Verse 8 bis 11 *[Einheitsübersetzung 2016]*
[115]Er tastet die Franzosen an.

welche alles andere machen wollen, als der Zerstörung und Plünderung der protestantischen Seite zuzustimmen. Stattdessen bin ich eher verpflichtet, Mitleid zu haben und zu ihren Erfolgen mein Beileid auszudrücken und mich ihrer Entwicklung entgegenzustellen. Und deshalb beteuere ich wieder und wieder vor Gott und der Menschheit: Dass ich jetzt mein Schwert in meiner Hand halte, um das zu tun. Und dass ich in dieser Auseinandersetzung mit höchsten Freuden meinen Besitz, meine Güter, meine Ehre und mein Leben aufs Spiel setzen werde.

Nach welcher Beteuerung, welche bis dato befolgt wurde und hernach befolgt werden soll, mit allen passenden Einwirkungen und Aktionen, durch welche ich möglicherweise in der Lage bin, dasselbige zu bestätigen und zu konstatieren: Falls da immer noch irgendwelche wären, die gegenüber der Rechtschaffenheit meiner Absichten skeptisch bleiben, dann soll ich denen gegenüber keine andere Wertschätzung oder Beachtung zeigen, als für einen, den ich für einen unbelehrbaren Verleumder und meinen erklärten Feind halte.

VI. Das Vorgehen des Kurfürsten von Sachsen

Seine Kaiserliche Majestät schien – nach dem Verlust einer so guten Armee bei Leipzig (die einer der stattlichsten Pfeiler des Hauses Österreich war) – wie ein weiser Architekt des Glücks, dass er speziell bezüglich der Möglichkeiten Rat eingeholt hatte. Beides: Wie durch das Wiederherrichten seiner Armee die Flanke zu verstärken sei und wie durch die Schwächung seiner Gegner der Druck verringert werden könnte. Es stand weder einer kaiserlichen noch einer österreichischen Erhabenheit zu Gesicht, jetzt weniger weit zu gehen, als zu der Zeit, da seine Armee siegreich gewesen war. Und auch nicht so weit, einem so durchschnittlichen Fürsten wie dem König von Schweden durch die Rückgabe ihres Eigenen an die Unterdrückten Folge zu leisten – weder auf dessen Ersuchen hin, noch wegen dessen Waffen. Das hätte für Angst in ihm gesprochen. Es hätte ein implizites Bekenntnis von ihm gezeichnet, dass er bis dato abträglich gewesen sei. Es war ehrenwerter (wurde ihm gesagt), die Dinge zum eigenen Nutzen zu entwickeln, indem er auf seinen alten Wegen weitermachte, und – während er durch Gewalt die schwächeren Protestanten zunichte machte – durch Werben und Gesandtschaften so lange der Leichtgläubigkeit der Stärkeren zur Last zu fallen, bis der Adler bereit wäre, seine Fänge zu zeigen. Zu bewirken, dass unsere Entschlossenheit weicht und sich unseren Aufgaben fügt, zählt als ein Zeichen von Weisheit. Jener kürzliche Affront und diese hinterlistige Drehung, die Johann Georg, der Herzog und Kurfürst von Sachsen, ihm so frisch angedient hatte, sind jetzt nicht angemessen, erinnert zu werden. Es war in der Tat ein ungefälliges Stück. Aber noch war seine Kaiserliche

Majestät voll von Gnade: Österreich konnte vergessen. Und Sachsen hätte alles wieder ganz machen können, indem es sich drehte. Das wurde jetzt versucht. Markgraf Cadreita, [LU] damals spanischer Botschafter in Wien, war darin sowohl der Berater als auch der Vermittler. Er sandte im Namen des Königs, seines Herrn, den Oberst Paradeis mit Anweisungen nach Dresden, um den Weg für die Beilegung aller vorheriger Unfreundlichkeiten mit dem Herzog von Sachsen frei zu machen. Das Protokoll von deren Verhandlung war zu diesem Zweck *[Vgl. [13, S.1702f]]*:

Um dem Kurfürsten das große Verlangen des Königs, sei- [LV] nes Herrn, darzulegen und den Eifer, den er darauf verwendet hat, einen glücklichen und umfassenden Frieden im Römischen Kaiserreich wiederherzustellen. Dass seine Majestät seinem jetzt hier anwesenden Botschafter ausdrücklichst befohlen hatte, höchst achtsam zu sein auf alle solch bedeutungsträchtigen Möglichkeiten, wie sie diese denkwürdige und uralte Freundschaft, die für so viele Jahre zwischen den Häusern von Österreich und von Sachsen bestanden hatte, entweder erhalten oder bilden könnten. Dass ebenso der König zu dieser Zeit seinen besagten Botschafter höchst direkt beauftragt hatte, die Autorität der Krone Spaniens zum Schließen dieser kürzlichen Brüche einzuschalten, welche (wenn man nicht hineinschaut) scheinen könnten, einen Riss in diese Freundschaft zu machen. Damit aber der Kurfürst jetzt erfreut sein würde, einem freundlichen Abkommen Beachtung zu schenken, kam er (der Botschafter) ausgestattet mit solchen Anweisungen, wie sie all die Streitigkeiten mit einer Fülle an Zufriedenheit beilegen könnten. Dass sein Herr (wie er beteuerte) nichts ernster wünschte, als dass seine Hoheit (der Herzog) mit seiner gesamten kurfürstlichen Familie mit mehr Zuwachs an Glückseligkeit geehrt sein möge, als ihre Vorgänger jemals waren. Und dass da eine verewigte Korrespondenz von allen guten Behörden zwischen ihren zwei Häusern sein möge. Dass seine Majestät von Spanien in seiner hohen Weisheit dachte, dass dies der beste Weg für all das sei, dass der Kurfürst seine Beschwerden in schriftlicher Form übermitteln würde. Und dass für Beauftragte beider Seiten ein bestimmter Ort bestimmt werden möge, über diese zu unterhandeln. Falls seine Hoheit um des Friedens willen geruhte, diesem zuzustimmen, dann würde er (der Botschafter) seine Kaiserliche Majestät überzeugen, dafür zwei Botschafter zu senden. Und er selbst würde als ein im Namen des Königs von Spanien Zwischengeschalteter alle Sorgen nehmen, die Lücken zu vervollständigen.

[LW]   Auf diesen Vorschlag hin gab er diese Antwort zurück *[siehe [37] vom 19. Oktober 1631]*: Dass der Zweck seiner Majestät von Spanien auf das Schaffen eines Friedens allein zwischen den Häusern von Österreich und von Sachsen abzuzielen schien – und nicht von Deutschland im Allgemeinen. Dass keiner dieser Seite so unverständig sein könne, nicht bemerkt zu haben, wie aufrichtig, treu, gehorsam, diskret, friedfertig und im höchsten Maße geduldig er sich während all der Zeit dieser höchst wichtigen und bedeutsamen Angelegenheit benommen habe. Und wie feindselig (ganz im Gegenteil) sowohl Graf Tilly als auch Generalmajor Aldringen und Feldmarschall Tiefenbach ihn und sein Land ausgenutzt hatten. In welches sie nicht nur ohne jegliche Veranlassung überhaupt eingefallen waren, sondern welches sie auch auf eine barbarische und unmenschliche Sitte verheert und geplündert und mit Feuer und Schwert entvölkert hatten. Dass er für seinen eigenen Teil nicht ein bisschen betroffen war, dass die Dinge sich jetzt zu einem so ärgerlichen, so gefährlichen und so hoffnungslosen Sachverhalt entwickelt hatten. Seine Hoffnung war, sich – vor Gott und der ganzen Welt – ordentlich entschuldigen zu können, irgendein Herbeiführer dessen gewesen zu sein. Dass er jetzt nichts mehr wünschte, als dass solch angemessene Mittel zur schleunigen Wiederherstellung eines guten und stabilen Friedens innerhalb des Kaiserreichs sowohl vorgelegt als auch ergriffen werden mögen. Wie dass eine gesegnete Übereinkunft aufgesetzt werden möge zwischen dem Kopf und den Gliedern – der Staat sicher befriedet, das elendiglich leidende Kaiserreich von diesem angedrohten Ruin erlöst und alles noch einmal in seiner vormaligen Stärke und Erhabenheit wiederhergestellt. Dass er auf keine Weise einen Grund verstehen könne, wie die Dinge in diesem verzweifelten Zustand des ganzen Kaiserreichs im Allgemeinen durch diese persönlichen und speziellen Abkommen auf irgendeine Weise verbessert werden könnten. Dass es sich während der Zeit dieser Wirren durch eine Vielzahl von Beispielen manifestiert hatte, dass durch diese geheimen Bündnisse kein genereller Konkord je vermittelt werden konnte. Sondern dass daraufhin täglich viel gefährlichere Konsequenzen losbrechen. Dass, wenn er jetzt seiner Majestät von Spanien in diesem nachgeben würde, er auf keine Weise fähig wäre, sich gegenüber dem König von Schweden und den protestantischen Staaten Deutschlands zu entschuldigen. Aber falls es ihren Majestäten (dem Kaiser und der von Spanien) gefallen würde, einen gerechten und umfassenden Frieden zu beabsichtigen, dann würde er sich höchst willig und höchst bereit zeigen, alles dafür zu tun, was auch immer in seiner Macht lag.

Eine angemessene Antwort. Als er an einem öffentlichen Geist Geschmack fand und zu einem Fürsten und Kurfürsten des Kaiserreichs wurde, fand Sachsen klugerweise die Tendenz dieser österreichischen Zuvorkommenheit heraus: Diese täuschten geheime Freundschaften vor, während sie öffentliche Feindseligkeiten gegen ihn vorhatten. Und er zog weise in Betracht, dass er nicht lange in seiner privaten Kabine sicher sein konnte, während das Schiff unter ihm in Flammen stand. Diese Verhandlungen wurde zu Anfang Oktober 1631 gemacht.

Nicht einmal jetzt, während die Gedanken und Worte von Frieden in Bewegung waren, hatten auf Seiten seiner Kaiserlichen Majestät die Aktionen des Krieges einen Stillstand. Denn sobald der Schrecken der Verfolgungsjagd des Sieges [LX] von Leipzig wohl vorbei war und die Kaiserlichen in Schlesien gesichert, sowohl durch den Feldzug des schwedischen Königs nach Thüringen (in eine von ihnen ziemlich entgegengesetzte Richtung), wie auch durch den Verbleib der Armee des Herzogs von Sachsen jetzt um Leipzig herum, da bereiteten sich Feldmarschall Tiefenbach und Oberst Götz darauf vor, in das Land des Herzogs von Sachsen einzufallen – sowohl in die Ober- wie auch Niederlausitz, welche genau dieser Kaiser im Jahr 1623 demselben Herzog von Sachsen geschenkt hatte. Der Herzog scheint nach seiner Wiedereinnahme seiner Stadt Leipzig in der Tat zu viel Zeit gebraucht zu haben. Und ein bisschen zu genau und pünktlich im Verhören und Bestrafen derer, die entweder durch ihre Feigheit oder ihre Gewogenheit die Gelegenheit für die plötzliche Übergabe der Stadt an General Tilly geboten hatten. Die Güter der Übeltäter (ob abwesend oder anwesend) wurden beschlagnahmt und aus diesen 300000 Reichstaler für die Wiederherrichtung der Vorstädte zugeteilt, welche sie selbst während der Belagerung niedergebrannt hatten.

In der Zwischenzeit kam Götze aus Schlesien über den Fluss Spree in die Niederlausitz. Er nahm, plünderte und brannte die Stadt Lübben, nahe am besagten Fluss. So wurde auch Dahme bedient, welches ein wenig weiter westlich lag. Jüterbog, etwa eine Leuge davon entfernt, wurde gebrandschatzt. 30000 Taler und im Wert davon wurden aus denen von Lübbenau herausgeholt. Seine Reiter hatten auch die kleine Stadt Schlieben eingenommen in der Gerichtsbarkeit von Herzberg, sowie schließlich alle Städte zwischen den Flüssen Elbe und Elster – nämlich Cotwitz[116] *[Kolkwitz]*, Spremberg, Hoyerswerda, Finsterwalde etc. All das wurde getan vor dem Michaelistag *[29. September]* und in der Niederlausitz.

In der Zwischenzeit hatte sich Feldmarschall Tiefenbach

---

[116]*[Cottbus wurde von Götze bereits am 29. Juni 1631 erstürmt und geplündert]*

die Oberlausitz vorgenommen, welche der Sonne näher lag als die Niederlausitz. Dieses kleine Land wurde gewöhnlich 'Die sechs Städte' genannt, wegen so vieler hervorragender Städte darin, welches waren: Bautzen, Görlitz, Zittau, Kamenz, Lauban und Löbau. Diese alle gehörten dem Kurfürsten von Sachsen. Um Bautzen aufzufordern, wurde Oberst Four ausgeschickt. Und Oberst Illo nach Zittau. Diese zwei Städte – zusammen mit den anderen drei auf der Westseite der Spree – waren gezwungen, zu akzeptieren, was sie nicht vermeiden konnten: Die Aufnahme der kaiserlichen Garnisonen. Nach Görlitz (auf der anderen Seite der Spree, unmittelbar neben Schlesien) sandte Tiefenbach zuerst einen militärischen Kommissar. Als dieser sich nicht durchsetzen konnte, zeigten einige seiner bewaffneten Truppen ihre Artillerie vor der Stadt, zwangen die Bürger ihre sächsische Garnison zu entlassen und aufzunehmen, wen er für sie bestimmte. Somit waren bis Mitte Oktober alle sechs Städte kaiserlich geworden. Genauso wenig war die eigene Heimstätte (wie ich sagen könnte) des Herzogs von Sachsen vor ihnen sicher. Am 30. September fielen fünfhundert Krabaten nach Meißen oder Misnia ein, näherten sich dem alten Dresden, gelegen am Ostufer der Elbe und innerhalb weniger als einer deutschen Leuge von Neu-Dresden, wo sich des Kurfürsten eigener Palast befand. Hier hatten sie gedacht, das alte Jagdschloss *[Moritzburg]* zu überraschen. Aber sie wurden entdeckt und von der darin befindlichen Artillerie weggetrieben. Danach wurden sie von der sächsischen Armee aus dem Land davongejagt. Als einstweilen der Kurfürst Nachricht von alledem erhielt, zog er am 27. September zum ersten Mal mit seiner Armee aus, von Leipzig in Richtung Torgau an der Elbe, die nächste Grenzstadt in Richtung Lausitz. Das Gerücht lautete auf 22000 Mann in der Armee und dass die Kräfte des Herrn Marquis von Hamilton (damals bei Cüstrin und bei Frankfurt an der Oder) sich ebenso mit diesen verbinden sollten.

Auf die Neuigkeit vom Kommen Arnheims und der Sach- [LY]

sen hin machten sich die Kaiserlichen auf zur Herzberger Brücke, wo die Sachsen über die Elster gehen mussten, um gegen sie anzugehen. Arnheim erzwang hier seinen Übergang und schlug Götze von dort zurück. Jener war daraufhin gezwungen, alles zurückzulassen, was er in der Niederlausitz bekommen hatte, und sich mit seiner ganzen Armee in die Oberlausitz zurückzuziehen. Bis zum siebten Oktober hatte Arnheim wieder alle Städte der Niederlausitz zurückgeführt. Dann folgte er Götze in die Oberlausitz. Als jener von dessen Kommen hörte, ließ er Tiefenbachs Garnisonen nur in den sechs Städten. Und er zog seine Streitkräfte teilweise nach Böhmen und teilweise wieder nach Schlesien zurück. Diejenigen, die nach Böhmen gingen, verursachten viel Ruin auf dem Weg durch Wallensteins Herzogtum Friedland (welches an der Grenze zwischen der Lausitz und Böhmen liegt), nicht seine eigenen Ländereien und Territorien schonend. Sie wurden hinterher in der Grafschaft Glatz einquartiert. Diejenigen, die sich in Richtung Schlesien aufgemacht hatten, deren Verfolgung nahm Arnheim jetzt auf. Er presste so hart auf sie, dass sie, als sie in Unordnung den Fluss Neiße bei Görlitz überquerten, aus Eile gezwungen waren, ihre Artillerie in dieser Stadt zu lassen.

Dann fiel Arnheim über die Kaiserlichen in den sechs Städten her. Da diese keine von den Stärksten waren und die Stadtbewohner obendrein willens, wurden sie jetzt genauso bald zurückgeführt, wie sie vorher überrascht worden waren. All dies wurde bis zum zwanzigsten Oktober durchgeführt, bis zu dem der Herzog von Sachsen mit dem anderen, unbedeutenderen Teil der Armee persönlich nach Bautzen gekommen war. Und Arnheim, der somit beide Lausitzen gereinigt hatte, bereitete sich vor, in Böhmen einzufallen.

[LZ] Am 25. Oktober rückte er zum ersten Mal vor. Er nahm als allererste die Stadt Schluckenau ein, wo der Fluss Spree seinen Ursprung hat. Das war eine römisch-katholische Stadt an der Nordgrenze Böhmens, welche der Kaiser bis dato dem Grafen von Mansfeld gegeben hatte.[117] Von dort aus marschierte er weiter nach Tetschen, wo der Fluss Polzen in die Elbe mündet. Da dies ein wundervoll versorgter Ort war, nahm er die Haltung des Widerstands ein. Aber er änderte dieses Abbild Stück für Stück, sobald sich Arnheims Artillerie und das Gros der Armee davor zeigten. Die Elbe an diesem Ort überquerend kam er nach Ausich oder Aussig, zweieinhalb deutsche Leugen entfernt. Auf die ersten [MA] Neuigkeiten hin, dass die Sachsen die Elbe überquert hatten, galoppierten sofort einhundert Reiter aus diesem Aussig und erzählten es denen aus Teplitz, eine Stadt auch gerade so weit entfernt in Richtung Westen. Als diejenigen aus Stara Hora *[alter Berg, vermutlich Teplitzer Daubersberg]*, einer starken Burg auf einem Hügel und gehalten von vierhundert Kaiserlichen, genauso von den gleichen Neuigkeiten hörten, verließen sie armselig die besagte Festung oder die Hügelburg. Von dort aus eilte er am 28. Oktober nach Leitmeritz auf der Ostseite der Elbe, innerhalb von 7 deutschen Meilen oder 28 englischen von der Stadt Prag. Dorthin hatten sich die Haupt-Bürger und die Garnison von Leitmeritz vor Arnheims Kommen zurückgezogen. Am nächsten Tag weiter südlich die Elbe hoch marschierend, wurde der österreichische Baron Hofkirchen von ihm mit 1000 Reitern nach Raudnitz gesandt, zehn oder zwölf englischen Meilen weiter und auf der anderen Seite des Flusses. Diese überraschte er. Da die Einwohner allesamt Papisten waren, wurden ihre Häuser geplündert, einige der Haupt-Bürger wurden als Gefangene abtransportiert – für ihr Lösegeld und für die Treue ihrer Kameraden.

Nachdem Arnheim so weit nach Böhmen hinein vorgerückt war, begann auch Heinrich Matthias Graf von Thurn, der Alte, sich zu regen. Seine Stadt Thurn liegt genau auf der Grenze zwischen dem Meißen des Herzogs von Sachsen

---

[117] *[Nach der Schlacht am Weißen Berg hatte Wolfgang von Mansfeld diese Güter des Otto von Starschedel für die geleisteten Dienste erhalten, zusammen mit 122.500 Florintinern]*

und Böhmen. Und in dieser Gegend (erkenne ich) begann er
[MB] sich als Erstes zu erheben. Er hatte seine Beauftragung als
Generalleutnant und einige Kräfte vom König von Schweden. Einige Hilfe erhielt er vom Herzog von Sachsen – neben
einer Gruppe von diversen verbannten und unzufriedenen
Herren und Ehrenmännern mit deren Lehensleuten, welche
er in die Handlung hineinzog. So dass da gegen Ende Oktober zwei verschiedene Armeen in Böhmen waren. Und diese
verschiedenen wurden auch geführt von Arnheim und dem
alten Thurn, wie ich ausdrücklich finde. Mit den schwedischen Truppen nahm Graf Thurn als Erstes Joachimsthal
ein, eine Stadt mit einer hübschen zugehörigen Gerichtsbarkeit, an der Westgrenze von Böhmen, auf halbem Weg
zwischen Thurn und Eger. Hier wählten die Leute den alten Grafen als ihren Statthalter. Der brachte das Land in
seinem Vorrücken unter Kontribution und marschierte in
Richtung Prag, um sich mit Arnheim zu vereinigen.

Als diese große und kaiserliche Stadt Prag (welches in
der Tat drei Städte in einer sind) von diesen Geschehnissen
hörte, begann sie, die Gesellschaft der großen Offiziere des

Kaisers und der Jesuiten zu verlieren, die dort residierten: Alle begannen zu packen, zuerst weg in Richtung Budweis und dann so weiter nach Passau und Wien. Genauso wenig blieben Wallenstein, Herzog von Friedland, Don Balthasar (damals General in diesen Landesteilen), der Graf von Michna und Oberst Wangler zurück. Aber als sie gezwungen waren, aus der Stadt auszuziehen, sich mit Graf Thurn zu treffen und ihm gegenüber zu kapitulieren, begaben sie sich für sich alleine anderswo hin. Diese Befehlshaber wurden sogleich von den Soldaten gefolgt (die kürzlich zur Verteidigung der Stadt dorthin geschickt worden waren und von denen gesagt wurde, dass es zweitausend Mann waren). Dadurch wurden die Bürger sich selbst überlassen. Sie ergaben sich sofort Arnheims ersten freundlichen Briefen und Aufforderungen, welche ihnen am ersten November durch eine Trompete zugeschickt wurden. Bei seinem Eintreffen gewährte er selbst ihnen die ganze Sache auf folgende Bedingungen hin *[Vgl. [28, S.496]]*:

1. Erstens, dass sich die sächsischen Soldaten von ihrem [MC] ersten Einlassen in die Stadt an friedlich und ruhig verhalten sollten, ohne irgend jemandem Gewalt oder Ungerechtigkeit anzudienen.

2. Dass keine der drei Städte von Prag auf irgendeine Weise bezahlen müsste, noch dass irgendwelche Klöster, Kollegien oder Kirchen geplündert werden sollten. Und dass den Mönchen und anderen kirchlichen Personen freie Erlaubnis erteilt werden sollte, in der Stadt weiterzumachen. Dass diesen vom Militär auf keine Weise Schaden zugefügt werden solle.

3. Was die Oberschicht und die Magistrate der besagten drei Städte betraf, sollte keiner von denen mit irgendwelchen Einquartierungen oder durch Gewähren von Unterkunft belastet werden. Noch sollte von ihnen irgendein Lösegeld oder eine Beschlagnahmung abgewrungen werden. Und in dem Fall, dass irgendwelche von denen (was nicht anzunehmen ist) derart von den Soldaten missbraucht wer-

den sollten, dann sollten sie von Herrn Arnheim beschützt werden, oder von wem auch immer, der residierender Statthalter in der Stadt war, wo sie so belästigt werden sollten.

4. Da die drei besagten Städte eine ernsthafte Anfrage gemacht hatten, dass ihnen zugelassen werden möge, in ihrer Huldigung weiterzumachen, welche sie einst als Eid gegenüber dem Kaiser auf sich genommen hatten, und dass es frei für jedermann sein solle, die Stadt zu verlassen, ohne dafür ein Lösegeld oder eine Strafe zu zahlen, wurde diese Bedingung vorerst von Lord Arnheim akzeptiert – bis dass seine Hoheit, der Kurfürst von Sachsen, anderweitig darüber entscheiden sollte.

5. Da die verschiedenen Befähigungen der Bürger ihren eigenen Magistraten höchst ausdrücklich bekannt waren, sollte es ihrer Wahl überlassen bleiben, in welchen Häusern die sächsischen Soldaten einzuquartieren oder nicht einzuquartieren waren.

6. Dass die Juden genauso wie die Christen Religionsfreiheit genießen sollten – und alle freien Schutz, sowohl für ihre Leben als auch ihre Güter.

7. Dass die drei Städte sich selbst dem Schutz seiner Hoheit, des Kurfürsten von Sachsen, unterstellen sollten. Und dass jedermann das Versprechen geben sollte, friedvoll zu leben und keine Gelegenheit einer Aufwiegelung zu geben, sondern mit einem guten und wahrhaftigen Sinn zu befolgen, was auch immer in diesen Artikeln enthalten war, welche von beiden Seiten so unterzeichnet wurden.

Johann Georg Arnheim.
Die alte/neue/kleine Stadt.

[MD] Innerhalb von einer Woche nach Übergabe kam der Herzog von Sachsen in die Stadt. Er nahm seine Unterkunft in diesem stattlich angemessenen Palast, der vor Kurzem durch den Herzog von Friedland auf den Ruinen von hundert Häusern erbaut worden war. Der Graf von Thurn gab sich mit der Wiederinbesitznahme seines eigenen Hauses zufrieden, welches der Kaiser dem Grafen von Michna geschenkt hatte. Er ließ unverzüglich die Köpfe und Gliedmaßen derjenigen protestantischen Herren und anderer, die vom Kaiser hingerichtet worden waren, abhängen und ehrenvoll beerdigen.[118] Die katholischen Herren, Ehrenmänner und kaiserlichen Offiziere der benachbarten Städte machten aus ihren Ländereien so viel Geld, wie sie konnten, und die meisten von ihnen verließen das Königreich. Denjenigen, die zurückblieben, wie auch den nachrangigen Leuten, die vor dem üblen Gebrauch durch die Soldaten Angst hatten, gab der Graf von Thurn einen generellen Schutzbrief im Namen des Königs von Schweden aus, zur Sicherheit der Untertanen. Und zwar so:

Wir Heinrich Matthias, Graf von Thurn, Baron von Val- [ME] sassina und zum Heiligen Kreuz, Generalleutnant seiner Majestät von Schweden etc. geben in seiner besagten Majestäts Namen dem noblen Ehrenmann John Hoost Theyfel freie Erlaubnis, Macht und Befugnis, euch und alle Untertanen Böhmens zu beschützen und vor allen Beeinträchtigungen etc. zu verteidigen. Die Bauern begannen, an der schwedischen und sächsischen Seite aufzutauchen und so viele kaiserliche Soldaten zu töten, wie sie einzeln antreffen und gleichwohl überwältigen konnten. Sie plünderten Postelberg am Fluss Eger, zusammen mit Brustwald und anderen Städten in dieser Gegend. Sie ermordeten zwei große kaiserliche Geheimräte, den Grafen von Thallenberg, Kammerpräsident, und den Grafen von Trauttmannsdorff. Der verdrießliche Zustand des Landes ist im Rückgriff am besten in des Grafen von Thurns Proklamation nachzulesen:

Wir, Heinrich etc. Graf von Thurn etc., verstehend, wie [MF] verschiedene Bauern begonnen haben, nicht nur auf den Seiten der Landstraßen zu rauben, sondern auch Burgen und Häuser von Ehrenmännern zu plündern, und dass kein ehrlicher Mann in der Lage ist, seinem Geschäft nachzu-

---

[118] *[Die Köpfe von zwölf der siebenundzwanzig am 21. Juni 1621 enthaupteten böhmischen Herren, sowie die Hand des Grafen Andreas von Schlick waren an den Altstädter Brückenturm genagelt]*

gehen, aus Angst, von ihnen beraubt zu werden. Deshalb erbitten wir zuerst hiermit deutlich und raten ihnen, diese Gleichgültigkeiten aufzugeben. Und stattdessen eher zu Gott zu beten, ihnen einen guten Friedensrichter zu senden, unter dem sie Frieden und Ruhe genießen mögen. Auf dass jedermann wieder furchtlos zu seiner Berufung zurückkehren und diese untätigen Wege aufgeben möge. Denn diese Armee ist nicht gekommen, um zu ruinieren oder zu zerstören, sondern, um stattdessen das Land wiederherzustellen gegenüber solchen Schädigungen, wie es sie bis jetzt ausgehalten hat. Meine Hoffnung ist deshalb, dass Ihr nicht Euer vormaliges Unrecht an diesen unseren Soldaten rächt. Und ich für meinen Teil werde immer noch weitermachen, wie ich bis jetzt gewesen bin, als Euer guter Patron und Beschützer. Was diejenigen aus dem niederen Adel betrifft: Keine von diesen, hoffe ich, werden bei jenen ausschweifenden Zeitgenossen Teilhaber werden, sondern eher ein Mittel und eine Hilfe sein, sie in ihren ungehörigen Vorhaben zurückzuhalten und zu behindern. Meine weitere Hoffnung ist, dass sowohl der eine als auch der andere sich dieser unserer wohl gemeinten Ermahnung widmen wird, was (man lasse mich ihnen das sagen) um einiges besser sein wird, sowohl für deren Ungestörtheit als auch ihren Nutzen. Aber wer auch immer es sein mag, der hiernach wieder für die gleichen Verschulden aufgegriffen werden sollte, dem sei versichert, dass ich mit dieser Härte gegen ihn vorgehen werde, wie seine Verwerflichkeiten es erfordern – ihn dabei zu einem Beispiel für die Übrigen machend, so dass danach niemand seine Bestrafung irgendetwas anderem als seinem eigenen Ungehorsam zuschreiben möge. So viel soll der Herr Adam von Wchinitz und Tettau veranlassen, euch bekannt werden zu lassen.

[MG] Bis zu dieser Zeit hatte Thurns Teil der Armee den ganzen nordwestlichen Teil des Königreichs eingenommen – vom vorher erwähnten Joachimsthal, den Fluss Eger entlang bis zum Bezirk Saaz, genannt Saazer Kreis, zusammen mit den Städten Saaz, Komotau, Priesen und dem Rest im Westen der Stadt Prag. An den Flüssen Elbe und Moldau an der Süd- und Ostseite der Stadt tat Arnheim mit seinen Sachsen das, was ihm gefiel. Was er leicht genug tun konnte, da dort weder eine kaiserliche noch eine starke Stadt war, ihm zu widerstehen. So leicht war dieses gute Königreich einzunehmen. Gegen Mitte November wurde der kaiserliche Oberst Gallas mit einigen Truppen gegen ihn hineingeschickt. Am Ende des Monats, als Tilly nach seinem Aufbruch von Nürnberg einen Teil seiner Armee in die Oberpfalz – in Richtung Weiden und Eger – geschickt hatte, wurde dieser angefragt, mit seinen Truppen auf der westlichen Seite einzufallen. Währenddessen sollten Don Balthasar, Tiefenbach, Gallas und Götz auf der nordöstlichen Seite auf sie losgehen. Als Arnheim vom Kommen Tiefenbachs, Gallas' und Götzes aus Schlesien und von deren Vereinigung mit Don Balthasar hörte, entschied er sich, gegen sie anzugehen, bevor die Tillyschen zu weit in das Land marschiert wären und er sich in Gefahr befände, in deren Mitte eingeschlossen zu werden. Am 26. November hatten sich [MH] 15000 Kaiserliche (sowohl aus Böhmen als auch aus Schlesien) zusammen bei Nimburg an der Nordseite des Flusses Elbe getroffen, etwa 25 englische Meilen von der Stadt Prag. Gegen diese schritt Arnheim am 28. November vor, in aller Stille und in der Nacht, ohne den Klang der Trommeln oder Trompeten. Aber dennoch nicht so still, so dass die Kaiserlichen durch ihre Kundschafter Nachricht von deren Annäherung hatten. Arnheim, der jetzt innerhalb von 2 oder 3 englischen Meilen von Nimburg war, begann, seine Männer in Ordnung aufzustellen und Anordnungen zu geben für das Überfallen des Feindes (wie er dachte) in deren Quartieren. Während er das tat, wurde der Alarm heim zu ihm gebracht, sowie die Nachricht, dass der Feind bereits seine Vorhut angegriffen und in Unordnung gestürzt hatte. Hierdurch mochte er erkennen, dass die Kaiserlichen in ordentlicher Schlachtordnung waren und dass seine eigenen

Leute begannen, sich davon in die Flucht schlagen zu lassen. Er überredete daraufhin die Regimenter neben ihm, sich der Sache der Religion und der allgemeinen Freiheit zu erinnern, für welche zu kämpfen sie hierher gekommen waren, des militärischen Eids gegenüber ihrem Herrn, dem Herzog von Sachsen, und ihren eigenen Ehren und vormaligen Siegen. Sofort führte er sie gegen die Kaiserlichen an. Obendrein zog er sein Schwert gegen die, welche er nun fliehend antraf, und gelobte, seine Artillerie zwischen sie fliegen zu lassen, es sei denn, sie kehrten in die Schlacht zurück. Er brachte wieder alle in Ordnung und ließ das Gefecht gänzlich aufleben. Der Kampf dauerte lang. Aber da die Kaiserlichen keine Artillerie mit sich gebracht hatten (ihr Plan war nur gewesen, Arnheim auf seinem Marsch zu überraschen) und die sächsische Artillerie so viel Verderben auf der anderen Seite unter ihnen anrichtete, waren sie gezwungen, sich in großer Unordnung nach Nimburg zurückzuziehen. Viele von denen wurden durch die sie verfolgenden Sachsen niedergehauen und die meisten ihrer Regimenter vernichtet.

[MI]

Als Arnheim Nimburg auf faire Bedingungen hin aufforderte und zurückgewiesen wurde, schoss er Granaten und Feuerwerk in die Stadt hinein. Daraufhin verließen die Kaiserlichen, die es als wahrscheinlich ansahen, dass alles niedergebrannt wurde, die Stadt und steckten die Brücke hinter ihnen in Brand – aus Angst, verfolgt zu werden. Aber die Sachsen, die nahebei eine geeignete Furt oder Passage über den Fluss fanden, verfolgten sie auch auf dieser Seite. Es wurde gesagt, dass einige 6000 oder 7000 Mann in dieser Schlacht erschlagen wurden. Wovon da vielleicht etwas mehr als halb so viele gewesen sein mögen. Von Tiefenbach wurde zunächst berichtet, dass auch er getötet worden war. Aber er rettete sich selbst durch die Flucht und zog sich mit Götze nach Schlesien zurück. Don Balthasar entkam nach Budweis auf der anderen Seite des Landes.

[MJ]

Der Herzog von Sachsen – in der Zwischenzeit selbst in Prag – hatte die Stadt Melnick an der Elbe, nördlich von

Prag genommen. Und die Städte der Bezirke Podberder *[Berauner Kreis]* und Moldau südlich von Prag waren ihm übergeben worden. Während Arnheim wieder zurückkam, machten sich die aus der Armee beim Herzog mit einigen aus Thurns Kräften nach Westen auf in Richtung Eger, um dort die Tillyschen zu behindern. Einige wenige Korrespondenten und Wohlgönner für seine Sache hatte der Herzog damals innerhalb der Stadt – der Rest war hauptsächlich papistisch. In Vertrauen auf diese zeigte er am Samstag, den 3. Dezember, alter Stil, auf dem Galgenhügel vor deren Stadt (miteinander) etwa 900 Reiter und Fußsoldaten. Als die Magistrate das bemerkten, ließen sie erst Alarm schlagen und befahlen allen Männern, die Waffen tragen konnten, sich auf ihre Wachposten zu begeben. Aber nur sehr wenige waren da, die eine Musterung von sich selbst machen wollten. Die Magistrate beriefen ihren Gemeinrat zusam- [MK] men in ihr Stadttagsgebäude, um entweder über die Mittel des Widerstands zu beraten oder über eine einvernehmliche Regelung: Sie hätten die Stadt eher retten können, wenn sie ihre helfenden Hände zusammengetan hätten, statt ihre Köpfe zusammenzustecken. Denn während sie berieten, rief einer der sächsischen Korrespondenten durch das Entladen eines Warnschusses sowohl diejenigen außerhalb, gegen das Brückentor anzurennen, als auch die Mit-Verbündeten innerhalb, das besagte Tor für sie aufzubrechen *[13, S.1925]*. Die Sachsen marschierten sofort auf dem Marktplatz auf. Dort machten sie zu einem Gefängnis, was der Haupt-Bürgermeister und seine Genossen zu einem Parlamentsgebäude gemacht hatten: Sie sperrten alle ein und setzten eine Wache auf sie an. Die Soldaten fielen sofort her, das Judenviertel oder Straßen und Häuser der Juden auszuplündern, wie auch jene absoluteren und praktischeren Papisten, die sie beliebten, mit Juden zu verwechseln. Um der Protestanten und ihrer Korrespondenten willen übten sie Nachsicht mit dem Rest der Bürger und waren zufrieden, solche Unterkünfte und Quartiere zu akzeptieren, wie die immer noch eingepferchten Magistrate (mehr aus Angst denn Liebe) gezwungen waren, ihnen zuzuweisen. Zwei Tage danach, leisteten die Bürger den Eid auf den Herzog von Sachsen, dass sie fest zum Kurfürsten, die Sache und protestantische Religion stehen würden. Um diese Stadt herum wurden einige 8000 Sachsen für einige Zeit behalten, bis sie sahen, wo herum die Tillyschen sich niederlassen würden. Da sie einige Zeit später hörten, wie Tiefenbach besiegt worden war, ergriffen sie die Flucht in ihre Winter-Garnisonen, wobei Tilly selbst nach Nördlingen zurückkehrte.

Der Graf von Thurn zog nun aus, um Budweis zu belagern, eine gute, starke Stadt an der äußerst südlichsten Grenze des Königreichs, sechzig englische Meilen von Prag. Hierhin hatte sich Don Balthasar zurückgezogen, und die- [ML] sen Ort hielt er mit zweiundzwanzig Fahnen. Aber der Graf von Thurn wurde nicht lange darauf krank, und die Belagerung führte zu nichts. Während der Herzog und Arnheim und Thurn mit den Armeen außer Landes waren, war der österreichische Baron Hofkirchen als Statthalter der Oberen Stadt von Prag belassen worden – und Philipp Reinhard Graf von Solms der Niederen *[Kleinseite]*. Die kaiserlichen Reiter (und insbesondere die Krabaten) unternahmen diverse Exkursionen im Land herum, ja, in der Abwesenheit der Armeen sogar nahe bei Prag selbst. Denn der Herzog von Sachsen bereitete sich jetzt vor, zu gehen, um sein Weihnachten zu Hause abzuhalten. Wobei er in Dresden am 16. Dezember ankam – und sein Feldmarschall Arnheim mit ihm.

[MM] Am 13. Dezember (alter Stil) zeigten sich diverse Truppenteile an Krabaten vor dem Tor zum Weißen Berg der Oberen Prager Stadt. Sie hofften auf einige Korrespondenten oder Tumulte innerhalb, die ihnen hätten helfen können, sie zurückzugewinnen. Daraufhin feuerte der Baron von Hofkirchen drei Stück Artillerie ab (was das Zeichen für die Soldaten war, sich in Alarm zu setzen) und schickte einige Reitertruppen gegen sie aus. So trieb er sie in den Rückzug. Am nächsten Tag (was entsprechend dem neuen Stil der Weihnachtsabend in Prag war) kamen die Kaiserlichen mit stärkeren Truppen an: Die leichten Reiter der Krabaten wurden unterstützt von 1000 Musketieren und flankiert von genauso vielen Dragonern. Die Sachsen, die über deren Kommen wohl Bescheid wussten, hatten zunächst für diese einen Hinterhalt aus Musketieren in einem tiefer gelegenen Ort der Deckung gelegt und dann zwei Truppenteile von Arnheims eigenen Wachen und einige andere ausgeschickt, um sie zu unterhalten. Als diese gezwungen waren, zu fliehen, zogen sie die Kaiserlichen in den Hinterhalt, wo viele von denen durch diesen altbackenen Trick überlistet wurden. Bis dahin erschienen mehr der Kaiserlichen in Sichtweite und das mit einer ziemlich guten Armee. Daraufhin zogen sich die Sachsen in die Stadt zurück, erwartend, dass sie unverzüglich angegriffen werden würden. Aber als der Graf von Sulz und Oberst Gallas (welche die Kaiserlichen anführten) bemerkten, dass die Mauern und Bollwerke bereits bemannt waren und die Artillerie fleißig inmitten von ihnen, riefen sie ihre Männer zurück und machten kehrt zur rechten Seite hin. Die das erkennenden Reiter der Stadt fielen (wie sie es üblicherweise tun) aus und über die Nachhut der Kaiserlichen her. Als sie gerade dabei waren, das zu tun, begannen urplötzlich die Glocken in den zwei Jesuiten-Kollegien (eines in der Altstadt und eines in der Kleinseite) zu läuten. Als die Kaiserlichen dieses Signal hörten, dienten [MN] sie sofort an, wieder in Richtung der Stadt zurückzukehren. Aber weil die Artillerie nun auf sie eindonnerte, keine Korrespondenten erschienen und der kurze Wintertag weitgehend verbracht war, besonnen sie sich und marschierten wieder ab.

Die Statthalter und Magistrate sandten eilends zu den Jesuiten-Kollegien, um den Grund für das Läuten ihrer Glocken zu erfahren. Sie fanden dort diverse Waffen und Musketen versteckt, welche bereit waren, um sowohl von den Jesuiten (welche zu dieser Zeit auch Ex-Miliz gewesen wären) als auch den kaiserlich Gesinnten innerhalb der Stadt verwendet zu werden, wenn ihre Freunde draußen sich nur einmal zu den Herren über irgendein Tor oder Bollwerk gemacht hätten. Diese Waffen wurden weggenommen, die militärischen Jesuiten drei Tage danach aus der Stadt vertrieben und ihre 2 Kollegien an die Karmeliter und Franziskaner weggegeben, zwei Arten von weniger pragmatischen Bruderschaften. Weil die Sachsen erkannten, wie oft es möglich war, dass sie angegriffen werden konnten, standen sie besser auf ihren Wachpositionen. Der Graf von Solms ließ die Bürgerwacht jeden Tag das Eis auf dem Fluss Moldau aufbrechen – aus Angst, dass der Feind da hinüber kommen könnte.

Am 22. Dezember hatte Baron Hofkirchen in der deutschen Kirche der Altstadt die erste protestantische Kanzelrede mit Abendmahl, die seit den vorigen zehn Jahren [MO] öffentlich in der Stadt gepredigt wurde. Und zu dieser Zeit waren die ins Exil geschickten Protestanten (sowohl Geistlichkeit als auch Laienstand) in den meisten Orten des Königreichs wieder zurückgekehrt und die Religionsfreiheit wiederhergestellt.

Den 24. Dezember fielen die Kaiserlichen und unter denen drei Fahnen an Wallonen über fünf Truppenteile der Reiter des Obersten Steinau her, die damals bei Rakonick la- [MP] gen, dreißig englische Meilen westlich der Prager Stadt. Die überraschten Sachsen wurden niedergehauen. Kaum 120 von ihnen entkamen mit ihren Leben[119] und unter dem Ver- [MQ] lust von zwei Kornetts. Als die Kaiserlichen näher auf Prag vorrückten, nahmen sie kurzerhand zwei andere sächsische Leutnants (Haugwitz und Wentzora, wie ich sie genannt finde). Sie waren auf Kundschaft ausgezogen, um diese Kaiserlichen zu entdecken, und fanden diese zu bald. Für ihre Mühen verloren sie ihre eigene Freiheit und die Leben ihrer Kameraden. Viele solche Exkursionen und Versuche wurden auf beiden Seiten bei dieser kalten Witterung gemacht

---

[119]*[Nach [1, S.267] waren diese 120 die Getöteten]*

– kaum Wert der Erwähnung. Die Sachsen (von denen jetzt siebentausend in und um Prag herum waren), die ihnen eine Hand voraus waren, rührten sich wenig nach draußen. Aber indem sie in den warmen Ofenstuben den ganzen Tag lang still saßen und unmäßig tranken, erwiesen sie sich als so faul, dass sie von Zeit zu Zeit (wenn auch in kleiner Anzahl) von ihren aktiveren Feinden überrascht wurden. Gallas und der Graf Sulz lagen immer noch auf sie auf der Lauer, sogar so nahe wie Beraun am Fluss Watta *[Beraun]*, innerhalb von zwölf oder vierzehn englischen Meilen von Prag und im Westen davon. Andere von ihnen lagen zu dieser Zeit mehr westlich, in Richtung Oberpfalz. Aus diesem Grund war der Herzog von Sachsen gezwungen, mehr neu ausgehobene Kräfte mit etwas Artillerie in Richtung der guten Stadt Pilsen und in jene Gegenden zu senden, welche einige sechs oder sieben Leugen weiter südwestlich liegen, in Richtung der Quelle desselben Flusses und inmitten der Quartiere des Gallas. Diese starke Stadt Pilsen (wie ich Euch gesagt haben sollte) wurde dem Herzog im Akkord übergeben, bevor er aus Böhmen auszog. Oberst Schwalbach, General der Artillerie der Sachsen, lag nun im Bezirk Leitmeritz.

Da die Jahreszeit zu kalt zum Kämpfen war, sandte der **[MR]** Kaiser zum Herzog von Sachsen, um zu unterhandeln. Julius Heinrich, einer der Herzöge von Sachsen-Lauenburg (der einige Jahre zuvor zum Papisten geworden war), war der Mann, der verwendet wurde. Und gegen Weihnachten war die Zeit. Seine Kaiserliche Majestät beteuerte durch diesen Botschafter, dass er sehr bedaure, irgendeinen Anlass zu haben, seine Gewogenheit von so einem würdigen und so geliebten Fürsten zurückzunehmen. Dabei riet er dem Herzog freundlich, dass im Fall, dass er immer noch beständig seiner Zwecke weitermachen würde, und falls dafür irgendein Elend des Krieges oder Urteil von Gott auf ihn fallen sollte, er (der Kaiser) daran vollkommen unschuldig sein solle. Aber das Wetter war kalt – und so war auch die Antwort Sachsens. Diese Vorstöße wurden mehrere Male vom Kaiser erneuert, sowohl durch diesen als auch andere Boten.

[MS] Gegen Anfang Januar besiegten die Sachsen – unter der Führung des Baron Hofkirchen – 900 Krabaten und nahmen 11 Kornetts von diesen, welche sie zu ihrem Herzog in Dresden schickten. Nach dieser Niederlage wurde Prag viel ruhiger gehalten.

[MT] Um den 15. Januar herum hatten die Kaiserlichen aus Merodes Regiment einen Plan, Schlackenwalde im Bezirk Eger zu plündern und niederzubrennen. Als Fürst Ernst von Anhalt (der damals einige gute sächsische Kräfte in der Gegend hatte) davon hörte, ging er sofort auf sie los und trieb sie dazu, Zuflucht in der starken Burg von Petschau (von wo einige von ihnen kamen) zu nehmen, etwa 2 engli-

[MU] sche Meilen südlich von Schlackenwalde. Andere Kaiserliche machten zur gleichen Zeit tägliche Exkursionen, selbst bis

[MV] genau zu den Toren Prags. Unter anderem wurde von jenen 3 Fahnen an Wallonen, die zuvor 5 von Oberst Steinaus Kompanien bei Rakonick abgeschnitten hatten, fast jeder Mann vor den Toren Prags in Stücke geschlagen – durch jene aus Oberst Bindthauffs Regiment. Dieses Bindthauffsche Regiment (welches bei der Schlacht von Leipzig abgeschlachtet wurde) war nun an Ulrich, Prinz von Dänemark und Herzog von Holstein, übertragen worden.

Der Herzog von Sachsen warb nun mehr neue Kräfte in der Gegend von Torgau in seinem eigenen Land. Am 18. Januar schickte er einige 10 Stücke an Artillerie dorthin: 4 davon waren Halbkanonen und gezogen von 10 Pferden pro Stück. Diese hatte Tilly bei Leipzig hinter sich zurückgelassen. Er selbst war die ganze Zeit über zu Hause in Dresden und Arnheim mit ihm, wohin ebenso der Herr Kanzler Oxenstierna vom König von Schweden kam. Die Stadt Eger verlangte zu dieser Zeit vom Kurfürsten, sie

[MW] von seiner unbändigen Garnison zu befreien. Prag selbst war ebenso derart schlimm von den Sachsen unterdrückt, dass die armen böhmischen Protestanten, die kürzlich aus ihrem Exil zu ihren eigenen Heimen zurückgekehrt waren, eher wählten, ihr Heimatland wieder zu verlassen, als die Schwere solcher Besteuerungen auszuhalten, wie sie ihnen die herrischen Sachsen aufzwangen. Somit wurden da zu Mitte Februar in den 3 Städten 1700 Häuser leer gefunden. Die Linderung dieses Elends, das Abhalten des Herzogs und Arnheims vom Hören auf den Kaiser und Wallenstein (welche sich hart an sie richteten), die sächsischen Rekrutierungen vorwärts zu beschleunigen und die vorherige Liga mit dem Herzog zu erneuern, war der Hauptteil von Kanzler Oxenstiernas Gesandtschaft.

Zu Beginn des Februars machte Fürst Ernst von Anhalt mit 8000 Sachsen, die er in und um Eger herum hatte, den Anschein, sich von dort zu erheben und gegen Cratz in die Oberpfalz hinein vorzugehen. Sein Anlass war eine gehegte Angst aufgrund des Verlassens von Böhmen durch den Grafen von Sulz. Er dachte, dass es dazu gewesen war, Cratz dorthin herbeizuholen. Das brachte ihn dazu, eine drohende Haltung zu zeigen. Aber als er hörte, dass Cratz und Sulz zur Befreiung Forchheims gegangen waren (ein ihm total entgegengesetzter Weg), stellte er seine Expedition ein und warf seinen Blick auf die Kaiserlichen nahebei. Innerhalb von Eger wurde Oberst Starschedel als Statthalter gelassen. Am 3. Februar (alter Stil) wurde da ein großer Tumult von Brandeis aus (eine Stadt an der Elbe, einige 10 englische Meilen nördlich davon) nach Prag hineingeschickt, dass die Kaiserlichen mit diversen Stücken an Artillerie sehr stark gegen sie angehen würden. Daraufhin machte sich Baron Hofkirchen auf in Richtung Brandeis, um den Feind abzuhalten. Als diese am 8. Februar über die Stadt fielen, wurden sie von ihrem Plan abgehalten und zogen sich zurück. Am nächsten Tag wollte ein Reiterre- [MX] giment der Krabaten (mit einigen Fußsoldaten) unbedingt eine weitere Prahlerei vor der Stadt machen, als ob sie gedachten, es sofort zu versuchen. Wie der Statthalter das erkannte, warf er einige Gruppen an ausgewählten Musketieren (für einen Hinterhalt) in die Burg (auf derselben Seite wie die Stadt, neben den Feinden) und fiel mit einigen wenigen der Verbliebenen (mit Strategie) auf die Krabaten aus. Diese bemerkten, dass die Ausfallenden nichts anderes als schwach waren, fielen unversehens über sie her und schlugen sie zurück bis genau zu den Mauern der Burg. Indem daraufhin die sächsischen Musketiere sofort herauskamen und die, die zuvor den Ausfall gemacht hatten, wieder auf die Krabaten zurückkehrten, töteten sie 300 an dem Ort, besiegten das ganze Regiment und trieben es auseinander. Hier wurde (wie sie in Prag hörten) der Graf von Schlick entweder verwundet oder zum Gefangenen genommen. Am selben 3. Februar begaben sich einige lose Truppen an Krabaten und anderen (auf der Suche nach Plünderung) über den Fluss Moldau in Richtung Pilsen. Als die Bauern davon Nachricht erhielten, sammelten sich 600 von diesen, versenkten zuerst die Boote, in welchen die Krabaten den Fluss überquert hatten. Sie griffen sie dann an und schlitz-[MY] ten die Hälse der Plünderer. Derart bedienten die Bauern die Krabaten des Öfteren, deren bloßer Name ihnen mehr verhasst war, als irgendein anderer der Kaiserlichen. Diese Bauern übernahmen das Halten des westlichen Ufers der Moldau, welches sie zu dieser Zeit auf insgesamt 40 englischen Meilen gesäubert hatten.

[MZ] Am 13. Februar wurde Oberst Marrezan (jetzt kürzlich von Wallenstein mit 8000 Mann nach Böhmen zurückgekehrt) von Don Balthasar ausgeschickt, um über die Stadt Saaz herzufallen, im Norden des Flusses Eger und etwa 40 englische Meilen weiter westlich von Prag. Marrezan brachte kaum 1000 Musketiere und 500 Reiter, um gleichwohl diese Meisterleistung zu vollbringen Seine Zuversicht lag auf seinen Korrespondenten innerhalb der Stadt, welche in der Tat während der Nachtzeit die Tore für ihn öffneten. Die Sachsen, welche von Bindthauffs altem Regiment waren, gerieten in Angst und hatten drei verschieden Anstürme mit den Kaiserlichen. In diesem Dienst verloren 1200 von ihnen

[NA] ihre Leben. Die Stadt wurde gewonnen. 6 Fahnen wurden

nach Prag *[Wien]* zum Kaiser geschickt.

Und diese Rückkehr des Don Balthasar gab den ersten Aufrüttler, welcher das Glücksrad in Böhmen wieder herumdrehte. Einige sächsische Streitkräfte (als ob sie es gemeint hätten, ihren Feinden und ihrem Ungemach zu weichen) waren auf eine vergnügte Reise nach Schlesien gegangen, sicherlich um zu plündern und zu triumphieren. Dort fielen sie gegen Mitte Februar schmutzig über Oberst Illo und dessen Regiment her, welches sie fast vollständig vernichteten. Sie überraschten andere Kaiserliche bei Politz. Und mit einer ununterbrochenen Anstrengung hätten sie genauso Glatz eingenommen. Einige von ihnen flogen so weit wie Görlitz aus. Während die Soldaten einige geringfügige Plünderungen in Schlesien ansteuerten, verlor somit der Herzog, ihr Herr, was sie ihm zuvor in Böhmen errungen hatten. Denn schnell hatte jetzt Don Balthasar [NB] andere der Sachsen aus Komotau, Priesen, Rodenau und Kaaden herausgetrieben, wobei die Karte dieses letztere fälschlich als Lada schreibt. Der Markgraf von Gran warf sie auch aus Schlackenwalde und Karlsbad heraus.

Und so war (jetzt in der Abwesenheit ihres Herzogs und Arnheims sowie der Erkrankung des Grafen von Thurn) durch die Untätigkeit, die Begierde und die tiefe Sicherheit der Sachsen all diese nordwestliche Ecke von Böhmen – angrenzend an Meissen und die Oberpfalz – ziemlich von den Kaiserlichen zurückerobert worden. Da jene jetzt die Herren über diese bewaldete Grenze waren, fällten sie alle Bäume an allen Pässen in dieser Gegend, um durch dieses Mittel den Herzog von Sachsen daran zu hindern, irgendwelche Reiter, Artillerie oder Munitionswagen auf diesem Weg nach Böhmen hineinzuschicken. Ja, und hätte jetzt nicht der Schnee die Kaiserlichen behindert, dann wären sie damals sogar nach Meissen hineinmarschiert. Die Pest und Hungersnot vergrößerte sich jetzt in Prag und anderen Orten. Und alle Dinge schienen eine Veränderung zu bedrohen. Die Sachsen hatten sich nicht ihrer Bruder-Protestanten so freundlich bedient, wie sie sollten oder hätten machen können. Das verprellte die Herzen der Böhmer, die ihnen zur Seite stehen sollten.

Gegen Ende dieses Februars war seine Hoheit, der Kurfürst selbst, auf einem Treffen oder einer Versammlung in Torgau. Dort war auch sein Arnheim. Hier gab es auch den Markgrafen-Kurfürsten von Brandenburg in Person und jenen weisen Staatsmann, den schwedischen Kanzler Axel [NC] Oxenstierna. Der Kaiser zusammen mit anderen Ligisten hatte seine Botschafter auch dort. Somit wurde da, während ein kaiserlicher General (Wallenstein) sich bereitstellte und ein anderer (Don Balthasar) schon gegen Sachsen in Böhmen eingefallen war, ein kaiserlicher Botschafter in Richtung Sachsen nach Torgau geschickt. Jetzt, während die Kriege am heißesten waren, machten die Ligisten und Kaiserlichen Vorstöße hin zu einem Frieden (das war ihr Geschäft), welche durch die Forderungen Oxenstiernas und der Protestanten, die Kosten des Krieges erstattet zu bekommen, fürs Erste beiseitegelegt wurden.

Am 29. Februar überquerten 400 Truppen von Polacken den Fluss Moldau nahe bei Seltschan und Pribram (einige 30 englische Meilen südlich von Prag), um in Richtung Pilsen zu gehen. Siebenhundert mehr von denen waren so verwegen, ihre Passage über denselben Fluss auch bei Königsaal, innerhalb von fünf englischen Meilen von Prag, zu riskieren. Gegen diese wurden drei sächsische Hauptmänner, Stram, Lüschwitz und Donner ausgeschickt mit fünf Reitertruppen und drei Kompanien an Fußsoldaten, um – falls es so sein sollte – ihre Passage zu behindern. Gegen Anfang März waren fast alle Übergänge um Prag herum blockiert. Mit Ausnahme nur derjenigen in Richtung Dresden, welche offen zu halten, die Sachsen eine Verlagerung machten.

Und nun begannen sie (und es war mehr als höchste Zeit), besser auf sich in Prag zu schauen. Sie befestigten den Pferdemarkt, warfen dort eine Schanze über die dortige Brücke auf, pflanzten einiges an Artillerie an allen vorteilhaften Orten und insbesondere in Richtung der Seite des Gewässers. Nun begannen die Sachsen, auf die katholischen Bürger in [ND] allen drei Stadtteilen der Stadt misstrauisch zu werden. Viele von denen wurden eingesperrt, weil einige verdächtige Briefe bei ihnen gefunden wurden. Andere wurden dafür hingerichtet, dass sie Briefe nach Budweis geschickt hatten, sowie Gepflogenheiten und Korrespondenzen mit den Kaiserlichen unterhielten. Allen Katholiken wurde durch den Schlag einer Trommel verboten, bei irgendwelchen Alarmen draußen auf den Straßen zu erscheinen. Ja, oder – unter Androhung schwerer Strafe – außen an ihren Fenstern, Terrassen oder Balkonen gesehen zu werden. Aber alle Protestanten sollten im Fall eines solchen Ereignisses bei dem kleinen Seitenring auf dem besagten Pferdemarkt-Platz Zuflucht nehmen.

Als die Versammlung in Torgau zu Ende war, zog der Herzog von Sachsen seine neu angeworbenen Kräfte an den Grenzen zusammen, um bereit zu sein, mit dem Ersten des Frühlings nach Böhmen einzumarschieren. Diese Liste sei- [NE] ner Armee wurde nach draußen gegeben: Von seinen Reiterregimentern gab es diese 8 Obersten mit je 1000 Reitern unter ihm: Der Herzog von Sachsen-Altenburg. Ulrich, Herzog von Holstein und Prinz von Dänemark. Ernst Fürst von Anhalt. Baron Hofkirchen. Oberst Taube. Oberst Steinau. Oberst Kalckstein. Und Oberst Vitzthum. Daneben 2000 Reiter der Ehrenleute des Landes. Und weitere zwei Truppen von jeweils 150 unter Vitzthum und Truchsess. Insgesamt 10300. Von den Kompanien an Fußsoldaten gab es da 9 Regimenter unter diesen Obersten, von denen acht 3000 pro Stück und das letzte 2500 hatten: Das Leibregiment. Arnheim. Schwalbach. Starschedel. Löser. Klitzing. Wolfersdorf. Vitzthum. Und Maschnitz. Zu diesen wurden 500 Freiwillige unter Oberst Appelman und weitere 600 unter drei anderen Hauptmännern hinzugefügt. Zusammen 27600. Reiter und Fußsoldaten zusammen 37900.

Diese Rekrutierungen, wenn sie jemals aufgefüllt und die

Kräfte gemustert und zusammengebracht worden wären, dann hätten die Sachsen schwerlich von der Unterstellung entschuldigt werden können, fehlgeleitete Feiglinge und Kujone zu sein, dass sie so schnell ein so stattliches Königreich wie Böhmen verloren hatten. Und dass sie erlaubten, dass die Kriege so plötzlich zu ihnen nach Hause gebracht wurden – in ihr eigenes Meissen und in die Lausitz. Aber Wallenstein fiel früher auf sie ein, als erwartet worden war. Auch der Kurfürst von Brandenburg hatte jetzt einige 8000 Männer in Bereitschaft. Als danach der schwedischen Oberst Taupadel mit ihm zusammengeführt war, leisteten diese Wenigen in Schlesien bessere Werke, als all die Sachsen in Böhmen getan hatten. Das führte dazu, dass sowohl der Herzog als auch sein Feldmarschall Arnheim etwas verdächtigt wurden, an dem sie in keiner Weise Schuld [NF] hatten. Die Verdächtigung wurde teilweise hervorgerufen durch Arnheims Abreise vom Herzog, um mit Wallenstein zu verhandeln. Aber der Herzog antwortete ehrenhaft. Und Arnheim hatte sich selbst als ein ehrlicher Mann erwiesen, indem er solche Bedingungen ablehnte, wie Wallenstein (so wird gesagt) sie ihm anbot.

Während Sachsen sich das Gefieder zurechtstutzte, waren die Kaiserlichen wieder im Flug. Am 3. April stürmten sie gegen Elbogen am Fluss Eger an, ein bisschen nördlich von Schlackenwalde und dem zuvor erwähnten Falkenau. Zwölfhundert Mann brachten sie gegen es auf. Und sie bombardierten es für zusammen zwei Tage und Nächte. Während all dieser Zeit verteidigte Vitzthum die Stadt mit seiner Garnison und der Hilfe der Bürger. Er schlug einen oder zwei Angriffe sehr mannhaft zurück. Am 5. April fielen die Kaiserlichen wieder sehr wütend her und wurden wiederum [NG] sehr tapfer zurückgeschlagen. Zu dieser Zeit entschieden die benachbarten Regimenter des Sachsen-Altenburg und Anhalt, entweder die Belagerung zu brechen oder ansonsten ein Quartier zusammenzuhauen und einige Hilfe in die Stadt zu werfen. Auf deren Eintreffen hin gaben die

Kaiserlichen es auf und zogen sich zurück.

Der Rest des Aprils wurden bei den Sachsen mit Verlusten verbracht. Gegen dessen Ende schritt der Kurfürst von Sachsen mit einem Teil der Armee nach Böhmen voran. Und am 3. Mai marschierten Arnheim und Philipp Reinhard von Solms hinter ihm mit dem Rest auf. Arnheims Auftrag war, auf Pilsen zu gehen. Und der Graf von Solms sollte wieder nach Prag zurückkehren. Am 7. Mai richteten sich die Sachsen auf Falkenau ein, am östlichen Ufer des Flusses Eger und zwischen Eger und Elbogen gelegen. Die [NH] Stadt nahmen sie im Sturmleiter-Angriff ein und bereiteten sich genauso vor, die Burg zu erstürmen. Während sie [NI] dabei waren, dies zu tun, setzten die Kaiserlichen von dort (mit Feuerwerk, das sie hinunterschleuderten) die Stadt in Brand und zwangen die Sachsen, auch diese zu verlassen.

Gegen den vierten des Monats Mai hatten die sächsischen Regimenter des Herzogs von Holstein und Klitzings mit anderen ihrer Verbündeten drei von Wallensteins neuen Regimentern nahe bei Komotau besiegt. Die Sachsen aus Schwalbachs Regiment, das in Leitmeritz an der Elbe lag, brannten nun ihre dortige Brücke nieder, um die Wallensteinischen davon abzuhalten, gegen sie anzurücken. Diese lagen damals in Budin, etwa zwei Leugen von ihnen in Richtung Prag.

Wallenstein war Anfang April 1632 mit seiner ganzen, [NJ] großen Armee auf seinem Marsch in Richtung Böhmen. Er eroberte Prag schnell zurück und zwang den Herzog von Sachsen und Arnheim heimwärts nach Meissen – wie wir Euch in 'Seinem Vorgehen' *[Seite 281]* erzählen sollen.

Und da wir somit in diesem Augenblick den Sachsen keine größere Ehre erweisen können, als nicht weiter über sie zu erzählen, heben wir den Rest ihrer Verluste auf, in Wallensteins Geschichte weiter zu verfolgen. Und die Wiedererlangung ihrer Ehren in Schlesien und sonstwo überlassen wir dem *Dritten Teil.*

VII. Die militärischen Vorkehrungen des Herrn Albert Wallenstein, Herzog von Friedland etc. gegen den Herzog von Sachsen und den König von Schweden

Mitte Oktober 1631 erkannte seine Kaiserliche Majestät, dass die von ihm gehegten Hoffnungen klein waren, den Herzog von Sachsen durch die Schmeicheleien einer Gesandtschaft wieder auf seine Seite zu ziehen. Und dass die Kräfte des besagten Herzogs zu dieser Zeit die kaiserliche Armee unter Götz aus der Lausitz getrieben hatten, dass sie in Schlesien zu stark für Tiefenbach waren und dass sie jetzt für die des Don Balthasar in Böhmen zu einem Schrecken geworden waren. Er begann (denn es war höchste Zeit), über die Aufstellung einer weiteren Armee zu konsultieren, um ihm entgegenzutreten. Diejenigen, die Ratgeber waren, wurde auch zu den Darlehensgebern für seine Ratschlüsse.

[NK] Seine Majestät, der König von Spanien, beteiligte sich mit 300000 Doppelpistolen. Seine Majestät König Ferdinand von Ungarn legte so viele Reichstaler hin. Fürst Eggenberg, Herzog von Krumau (der Haupt-Berater des Kaisers), unterschrieb für 100000 Taler. Der Kardinal und Fürst von Dietrichstein für so viele Gulden. Der böhmische Graf von Michna für 100000 der Taler seines Landes. Der neue Bischof von Wien (der letzte Abt von Kremsmünster) für 80000 Reichstaler und der Herr Strahlendorff, Vizekanzler des Kaiserreichs, verbürgte sich für 18000 Dukaten. Andere Ehrenleute auch, die entweder irgendwelche Gefälligkeiten oder Bevorzugungen am Hof erhalten hatten oder jetzt erwarteten, wollten auch nicht mit ihrer Freigebigkeit im Hintertreffen sein.

Um den Schatz des Papstes anzufragen (mehr als dessen Segnung), wurde der ungarische Kardinal Pasman[120] eingesetzt. Weil er ein Kardinal war, mochte der Hof in Rom diesen nicht als Botschafter anerkennen, noch, dass der Krieg, wegen dem er kam, ein Religionskrieg war. So dass der Nachfolger des heiligen Petrus, der keine gefällige Neigung gegenüber Cæsar hatte, mit diesem Trick seinen Geldbeutel rettete und (in sehr römischer Manier) die Verhandlung mit dem Kardinal über dieses lästige Thema vermied. Der Herr Rabatta, Statthalter von Gradiscia in Ungarn *[Gradisca d'Isonzo (Friaul)]*, ging zur selben Zeit wie Pasman zu den Fürsten und Edelleuten Italiens. Er trug Blanko-Beauftragungen mit sich, um sie solchen zu geben, die für den Kaiser anwerben wollten. Und einen leeren Geldbeutel für solche, die dazu beitragen wollten. Nach diesen ging im folgenden Mai der junge Herzog von Eggenberg nach Florenz, um zu mustern und die italienischen Kräfte nach Deutschland zu bringen. Und somit war das erste der drei Prinzipien des Krieges (die Bedeutung des Geldes) in Auftrag gegeben. Dieses wird würdig dessen 'Sehne' genannt: Weil durch die Trägheit oder die dynamische Aktivität dieses gleichen Geldes, der Krieg entweder zu einem Giganten oder einem lahmen Soldaten wird.

Die ganze Zeit war kein armseliger General genannt worden als des Kaisers eigener Sohn, Ferdinand, König von Ungarn. Egon Graf von Fürstenberg, der einen guten Freund seines Verwandten, Präsident Fürstenberg, am Hof hatte, hoffte auf die Beförderung – oder zumindest Adjutant zu oder Direktor bei König Ferdinand zu sein. Er hatte seine Truppen bei Tilly gelassen, sofort nach deren gemeinsamen Sturz *[bei Breitenfeld]*. Und als er hörte, dass ein anderer Mann kurz danach auf den Posten berufen wurde, verließ er die Kriege und zog sich in seine Privatsphäre zurück.

---

[120]Aus Strigonium oder Gran in Ungarn

Denn der Herr Albert Wallenstein, Herzog von Friedland, war der Mann, der dafür die Stimmen der Höflinge hatte. Speziell jene Räte, die Liebhaber seiner großen Prämien waren, wussten aus Erfahrung, dass, falls der Friedländer einen guten Einsatz riskieren und dabei eine glückliche Hand landen würde, er die Kasse wohl gut dafür zahlen würde. Wallenstein (wussten sie) war kein solch unbedeutender Feldherr, wie die, die kaum von ihm gehört hatten, annahmen. Er hatte bis jetzt gute Dienste geleistet gegen die Türken, mehrmals im Jahr 1626 den Grafen von Mansfeld sowie den Herzog von Braunschweig geschlagen und seitdem alles vor ihm in Mecklenburg und Pommern überwältigt. Cæsars Gedächtnis musste nicht durch irgendwelche Erwähnung der alten Dienste Wallensteins aufgefrischt werden (der Kaiser wusste, dass er *[der Richtige]* für seine Wendung war). Aber die Unzufriedenheit, die Bavaria und andere Fürsten (die seine Majestät gerade benötigte) aus seiner neuerlichen Berufung ziehen würden, wurde zur Schwierigkeit. Diese jedoch wurden durch die Künste anderer entweder schnell gemindert oder herab-argumentiert, insofern dass persönliche Ansichten aus der Pflicht heraus öffentlichen Notwendigkei-[NL] ten den Vorrang geben müssen. Derselbe Herr Questenberg, der vom Kurfürstentag in Regensburg *[Juli bis November 1630]* gesandt worden war,[121] ihn des Amtes zu entbinden, wurde nun wieder geschickt, um ihn einzuladen. Es war zu Beginn des Novembers, einer Zeit von Wallensteins gutem Müßiggang, als er damals in seiner eigenen, stattlichen Burg von Znaim in Mähren lebte, alsda er von den Sachsen des anderen Tags aus Böhmen herausgejagt worden war.

Sein alter Freund Questenberg konnte sich (wie es scheint) zuerst nicht bei ihm durchsetzen. Es war erst im Monat Dezember, dass Wallenstein es akzeptieren wollte. Und damals (wie er selbst bekannte) auf die Überzeugungsversuche des Fürsten Eggenberg hin. Und hierin (denke ich)

---

[121] *[Die Absetzungsmitteilung wurde Wallenstein am 6. September 1630 im Fuggerbau der Stadt Memmingen überreicht]*

offenbart sich in diesem Wallenstein eine fremde Mixtur des Geistes. Obwohl er als arrogant und begierig nach der Befehlsführung angesehen wurde, wie jeder Mann auf der Welt, war er dennoch so weit hinaus der Herr über die Größe seiner eigenen Wünsche, dass er mit genauso viel Maßhaltung jetzt das Generalsamt abweisen konnte, mit der er es vorher abgelegt hatte. Er wollte keine Befehlsgewalt haben, außer mit Freiraum und unter seinen eigenen Bedingungen. Andere haben das als den Stolz in ihm gewertet. Obwohl nichts (denke ich) der Ehre ähnlicher sieht. Wallenstein hätte sich (sicherlich) als ein exzellenter Schüler erwiesen – er hielt sich so gut an seine Konditionen. In seinem Akzept-Brief war er somit frei mit dem Kaiser: Dass seine Verdienste so viel voller von Begründetsein waren als seine Verwendung voll von Belohnung oder Anerkennung. Diesen wenigen Antrieb hatte er folglich, seine Ruhe, seinen Status, seine Ehre oder seine Person für irgendeinen Dienst gegenüber dem Kaiser aufs Spiel zu setzen. Aber dennoch übte Fürst Eggenberg so eine Verpflichtung auf ihn aus, dass er auf dessen Anfrage hin zustimmte, wieder hervorgebracht zu werden. Jedoch nicht so, dass er das Generalsamt [NM] absolut akzeptierte. Stattdessen tat er das damals nur auf bestimmte Bedingungen hin. Und er mochte sich die Freiheit nehmen, diese selbst vorzubringen:

1. Erstens würde er den Posten unterhalten, aber nur für drei Monate. Noch würde er seine Beauftragung länger als bis zum ersten des folgenden März annehmen.

2. Er würde nicht haben, dass es erwartet werde, dass er in dieser Zeit mit dem Feind eine Schlacht führte.

3. Der Dienst, den er für den Kaiser leisten würde, wäre, so viele Soldaten für ihn zu werben, wie sich unter seine Fahnen begeben würden.

4. Nach all diesem würde er froh sein, dass ein anderer Mann zum General über diese ernannt werde. Oder eher (was seine persönlicher Wunsch war), dass ein guter Frieden

ausgehandelt werde.

Als die kaiserliche Beauftragung zu ihm nach Znaim in
Mähren geschickt worden war, begann er dort, seine Fah-
nen auszuhängen, seine Trommeln zu schlagen und seine
Patente für eine Werbung auszugeben. Noch nicht als Ge-
neral, denn König Ferdinand (was der Aktion noch mehr
Anerkennung gibt) behielt immer noch den Titel des Gene-
ralissimo für sich selbst. Um den Grundstein für die neue
Armee zu legen, wurde Tiefenbach (entweder freiwillig oder
auf Befehl) dazu gebracht, seine schlesischen Truppen an
Wallenstein zu übergeben.

[NN]   Die Rekrutierungen gingen weiter. Und als Zweck war
die Wiedergewinnung Böhmens bekannt. Für diese Groß-
tat wurden Wallenstein goldene Berge versprochen. Aber
für ein solches Werk gingen nicht alle Dinge so voran, wie
er sich wünschte. Er wollte ins Feld kommen, wie er selbst
[es sich vorstellte] oder überhaupt nicht. Die bereits aufge-
brachten Gelder machten eine für ihn zu kleine Summe, und
er wollte, dass seine Männer auf die beste Art und Weise
untergebracht würden. Er forderte drei Millionen an Gold
für die Rekrutierung von 70000 Mann. Er brachte vor, dass
5000 Kürassiere oder Männer an den Waffen in den Niederlanden angeworben werden sollten, und dass Baron Dohna
ihm 10000 *[Saporoger]* Kosacken bringen sollte. Er wünschte Quartiere für zwölf Regimenter in Mähren, für vierzehn
in Schlesien, für sechs in Ober- und Niederösterreich und
für den Rest in Böhmen, bis die Armee bereit war, ins Feld
zu ziehen. Ende Januar gab er einen Befehl an alle seine
Obersten und Hauptleute aus, ihre Regimenter und Kompanien bis zum Ersten des folgenden März vollständig zu
haben. Am ersten Februar veröffentlichte er eine Proklamation, um alle solchen Soldaten einzuberufen, die damals
im Dienst für den Feind standen. Das war die Kurzfassung
davon *[Vgl.[29, S.86 (II.57)]]*:

[NO]   Wir, Albrecht[122], durch die Gnade Gottes, Herzog von

---

[122]Albert

Mecklenburg, Friedland und Sagan, Fürst zu Wenden oder von den Vandalen,[123] Graf von Schwerin und der Länder von Rostock und Stargard etc. Angesichts dessen, dass wir von verschiedenen Offizieren und einfachen Soldaten hören, die bis jetzt zu den Armeen seiner Kaiserliche Majestät gehört haben, dass sie in diesem Moment in Diensten des Feindes stehen, so geben wir denen jetzt folgende Mitteilung zur jetzigen Zeit: Dass, wer immer von ihnen innerhalb von 6 Monaten zurückkommt, begnadigt und unterhalten werden soll. Und wir befehlen allen unseren Kriegsoffizieren, diese zu unterhalten, und ihnen niemals ihre früheren Vergehen zum Vorwurf zu machen, sondern sie eher noch wohlgesinnter zu ersuchen.

Gegeben in Znaim, 1. Februar 1632. Stylo novo.

Ende Dezember und Anfang Januar hatte es ein Treffen der Staaten in Wien gegeben, wo man sich auf eine Ausweitung der Kontributionen für die Armee geeinigt hatte. Denn das Geld war jetzt schon knapp, doch noch waren die Soldaten kaum zur Hälfte bewaffnet. Am 11. und 12. des Januar (alter Stil) wurden die bereits in Mähren angeworbenen Soldaten aus Brünn und Olmütz nach Znaim zusammengezogen. Sie wurden dort gemustert und dann unter die Lehensmänner des Kaisers von Österreich geschickt, um einquartiert zu werden. Als jene sich darüber bei seiner Kaiserlichen Majestät beschwerten, wurden sie zu ihrer Entschädigung an Wallenstein verwiesen. Es scheint da einen gewissen Haken in dem Geschäft gegeben zu haben, welcher gegen Mitte dieses Januars unseren Herzog von Friedland unzufrieden machte. Woraufhin er dreist ausgab, [NP] dass er bis zum folgenden Mai-Tag General bleiben würde. Gelder (scheint es) kamen gegenwärtig nicht herein – und auch nicht die Hilfen, die er aus Ungarn erwartete. Denn die Ungarn hatten ihre Versammlung oder Landtag in Tyrnau ohne eine Geldhilfe gegenüber dem Kaiser abgebrochen. Es-

---

[123]Das heißt von Rügen, Usedom und Wollin, drei Inseln in Pommern, genannt *die Inseln der Vandalen.*

terházy, dem ungarischen Palatin, wurde von den Staaten geantwortet:

1. Dass sie für ihr eigenes Geld und ihre eigenen Streitkräfte offenkundigen und sofortigen Einsatz hatten. Denn die Türken ständen bereit, um in ihr Land einzufallen.

2. Dass sie nicht verpflichtet waren, irgendwelche Kräfte aus ihrem Königreich zu ihrem König zu schicken, denn sie wussten von keinem Feind, den der hatte. Und es betreffe sie mehr, ihre eigenen Grenzen zu stärken.

3. Dass sie keinen anderen Feind kannten als einzig die Türken, sowohl innerhalb als auch außerhalb des Königreichs.

Aber Wallenstein hatte gegen Ende Januar eine höhere Zufriedenheit (so scheint es). Es wurde gesagt, dass sein Name vor dem des Herzogs von Bayern in die Beauftragung gesetzt worden war. Und der Staatssekretär Arnold wurde aus Wien zu ihm nach Znaim geschickt. Von wo aus er weiterging, um den alten König von Polen anzufragen. Die kaiserlichen Rekrutierungen gingen danach etwas munterer voran, sowohl in Mähren und Österreich, wie auch in Böhmen. Erzherzog Leopold erhob dafür ein Reiterregiment. Und der Graf von Michna ein anderes. Dieser letztere Mann wusste gut genug, wie er sich selbst einen Gefallen tun konnte, denn er wurde jetzt zum Generalkommissar der Armee ernannt. Gegen Ende Januar veröffentlichte Wallenstein seine Proklamation zur Versorgung der Armee: Durch diese wurde jeder Freisasse aufgefordert, ihn täglich mit 2 Pfund Brot, eines an Fleisch, 2 Halbliterkrüge an Wein und 2 Kronen im Monat Kontribution auszustatten, zusammen mit Unterkunft für die Soldaten. Daneben 2 Bündel an Heu und genauso viel Stroh am Tag, mit 2 Büscheln an Hafer jede Woche und 5 Kronen im Monat nebenbei für jeden Reiter. Daran hatten viele der armen Bauern Österreichs schwer zu leiden. Die Staaten Schlesiens sandten ihre Gelder für die Unterhaltung der ihnen auferlegten Regimenter, damit sie somit von deren wilden Gesellschaft frei sein mochten.

Zu Beginn des März hatte Friedland 20000 Mann zusammenbekommen. Und in der ersten Woche dieses Monats befahl er allen seinen Militäroffizieren, für seine Anweisungen auf ihn in Znaim zu warten.

Sofort danach begann die Armee, sich anzusammeln und zusammenzukommen. Brünn, die hauptsächliche Stadt in Mähren, war der erste Ort ihres Rendezvous. Nachdem sie dort gemustert worden waren, wurden sie ausgeschickt, um woanders einquartiert zu werden. Der König von Ungarn hatte die ganze Zeit über den Titel des Generalissimo noch nicht übergeben. Aber immer noch ging das Gerücht um, dass er *[Wallenstein]* ins Feld ziehen würde. Im April wurde ein weiterer Kriegsrat abgehalten. Und als die Beauftra- [NQ] gung des Herzogs von Friedland erneuert wurde, wurde ihm der Titel eines Generalissimo, oder Generals der Generäle, übertragen. Von seinem in Erwägung-Ziehen des Generalsamts gingen diese Bedingungen nach draußen. Aufgrund ihrer Fremdheit könnten sie einige weise Männer dazu bewegen, diesen zu misstrauen. Da ich abgeneigt sein würde, für die Verheimlichung irgendeines sicheren Teils meiner Kenntnisse vor meinen Lesern getadelt zu werden, so will ich deshalb nicht die Glaubwürdigkeit irgendeines Mannes durch Argumente unterdrücken. Hier werden sie knapp dargelegt, so wie sie Wort für Wort aus der gedruckten, hochdeutschen Kopie übersetzt wurden. Welche ich nicht anzweifle, es sei denn, dass ich sie in gewissen nachträglichen Geschichten finden werde.

Der Inhalt der Bedingungen, auf deren Basis der Herzog von Friedland das Generalsamt erneut angenommen hat, welches ihm im Namen seiner Kaiserlichen Majestät durch diverse private Räte (sowohl Kriegs- als auch Staatsräte) angeboten wurde, aber insbesondere auf höchst ehrwürdige Weise durch den Herzog von Krumau und Eggenberg *[14,*

S.13ff].[124]

1.

[NR] Der Herzog von Friedland soll Generalissimo sein, nicht ausschließlich für den Kaiser, sondern auch für den König von Spanien und das gesamte Haus Österreich. Und es soll für immer so fortdauern.

2.

Das Generalsamt soll dem Herzog von Friedland vollständig und vollkommen übertragen werden, in der absolutest möglichen Form.

3.

Seine königliche Majestät Ferdinand der Dritte soll nicht persönlich in der Armee anwesend sein und noch weniger jeglichen Befehl darüber haben. Wenn das Königreich Böhmen aber zurückgewonnen sein wird, dann soll seine Majestät persönlich in Prag Hof halten. Und Don Balthasar di Marradas soll für dessen bessere Sicherheit mit 12000 Mann in Böhmen auf ihn warten, bis da ein umfassender Friede in Deutschland etabliert ist. Denn der Herzog von Friedland erkennt wohl, dass die Böhmer ihren König persönlich unter ihnen residierend haben müssen und wollen. Durch dieses Mittel sollen sowohl der Kaiser als ebenso sein General auch besser versichert bleiben, dass dort keine Rebellion versucht wird.

4.

Seine Kaiserliche Majestät soll ihm auf bestmögliche Weise die Sicherheit geben, dass ihm als eine gewöhnliche Entlohnung in Österreich eine Herrschaft in Erbbesitz gegeben werde.

5.

In jedem der wiedergewonnenen Länder Deutschlands soll er als seine außergewöhnliche Entlohnung die höchsten Tan-

---

[124] *[Göllersdorfer Vereinbarung, 13. April 1632: Hierüber kursierten in Flugschriften Gerüchte, aber sie ist in keinem Archiv erhalten. Deshalb wird angenommen, dass es (wenn überhaupt) eine mündliche Absprache zwischen Eggenberg und Wallenstein war.]*

tiemen haben.

6.

Er soll in höchst absoluter Weise über all die Konfiszierungen[125] im Kaiserreich verfügen. So dass weder die kaiserliche Ratsversammlung, noch das Schatzamt, noch die Kammer in Speyer *[Reichskammergericht]* irgendeinen Anspruch an ihnen vorgeben sollen, weder in Teilen noch im Ganzen. Noch sollen sie mit der Entscheidung darüber etwas zu tun haben.

7.

Der Herzog von Friedland soll die absolute Macht haben, nicht nur über Angelegenheiten der Konfiszierung, sondern auch über Begnadigungen zu verfügen. Und auch wenn vom Hof des Kaisers irgendwelche Briefe über freies Geleit oder Straferlass ausgestellt werden sollten, dann sollen sie ohne die Bestätigung durch den Herzog von Friedland dennoch wertlos sein. Und sie sollen sich nicht über Leben und Ehre hinaus erstrecken und nicht auf Güter oder Ländereien. Die reale und absolute Begnadigung soll dafür nur von ihm gewährt werden. Denn seine Kaiserliche Majestät ist zu barmherzig und zu gut und begnadigt jeden, der sich dazu an seinen Hof wendet. Wenn dies immer noch so *[üblich]* sein sollte, dann sollen den höheren und niederen Obersten und Offizieren der Armee ihre Belohnungen weggenommen werden und den Soldaten das, was ihnen Zufriedenheit gibt.

8.

Und wenn es bald geschehen sollte, dass im Kaiserreich ein Frieden ausgehandelt wird, dann sollen die eigenen Interessen des Herzogs von Friedland am Herzogtum Mecklenburg in der Kapitulation enthalten sein.

9.

Alle Kosten und Ausgaben für die Weiterführung des Krieges sollen ihm erstattet werden.

---

[125]Er meint nur aus den Ländern und Gütern, die er selbst erobern wird.

10.

Alle Erb-Herrschaftgebiete seiner Kaiserlichen Majestät sollen ihm und seiner Armee zu jeder Zeit offen stehen, um sich bei Bedarf dorthin zurückzuziehen.

Falls irgendetwas diese Artikel weniger glaubwürdig erscheinen lassen könnte, dann ist es das, dass viele schwer dazu gebracht werden können, anzunehmen, dass der Kaiser jemals der Schaffung eines solchen militärischen Diktators zustimmen sollte – denn damit liegt er punktrichtig. Aber wenn man einmal den mächtigen, gewaltigen Geist des Herzogs von Friedland in Betracht zieht, des Kaisers derzeitigen und drückenden Notwendigkeiten abwägt, sich an das Aufgeben des Königs von Ungarn erinnert, sich die von den Generälen ausgeübte, absolute Autorität anschaut und andere Unglücksfälle und Umstände betrachtet, dann wird der Glaube daran nicht so unmöglich daher kommen, wie er auf den ersten Blick erscheint. Es mag als zu dieser Zeit für das Kaiserreich dienlich eingeschätzt werden, dass ein Diktator geschaffen wurde. So wie es oft für den alten Staat Rom dienlich war, der genau das tat – jedes Mal in seiner äußersten Not. Aber ich lasse hier jedermann bei seinem eigenen Einfallsreichtum. Für meinen eigenen Teil begreife ich, dass seine Kaiserliche Majestät daran nicht schwach, sondern weise, ja, sehr weise tat. Das machte den General einerseits fürchterlicher für das Land und seine eigenen Soldaten. Und es sorgte andererseits vor: Gegen den Verlust von vielen hübschen Chancen, denn ansonsten hätte bei jeder Gelegenheit für neue Befehle erst nach Wien geschickt [NS] werden müssen. Sofort danach und gegen Anfang April wies er einige der Seinigen an, nach Böhmen einzutreten. Deren erstes Rendezvous war bei Königgrätz an der Elbe, fast genau östlich von Prag. Er selbst traf sich etwa zur gleichen Zeit mit dem Rest seiner Armee in Schweidnitz in Schlesien. Für diese waren Lebensmittel in Breslau eingekauft worden.

[NT] Von ihm wurde berichtet, dass er zusammengenommen

eine Armee von 50000 Mann hatte. Und um sicher zu sein: Wallenstein würde nicht ins Feld ziehen ohne so gute Vorkehrungen, wie sie ihnen das Kaiserreich zu dieser Zeit gewähren konnte. Es kamen Listen nach draußen von 99600 Mann in 42 Regimentern, die er in seiner Armee haben sollte. Aber vielleicht wurden diese nur aus Angst ausgegeben. Noch denke ich, dass er volle 40000 zusammen in einer Armee hatte. Um kleinere seiner feindlichen Begegnungen auszulassen: Gegen Ende April fegte er entlang der nördlichen Teile des Königreichs, zwischen den neuen Eroberungen des Herzogs von Sachsen in Böhmen und seinem eigenen Erbland Mähren. Er setzte seine Männer bei Budin über die Elbe, einige zwanzig englische Meilen nördlich der Stadt Prag und nahe des Orts, wo der Fluss Eger in die Elbe mündet. Dieses Budin hatte entweder Widerstand geleistet oder ihm irgendeinen Widerwillen oder anderes angedient. Und des- [NU] halb, um anderen Orten zu zeigen, wie gesinnt er war, gleiche Gewohnheiten übel zu nehmen, verwandelte er Budin in Asche. Von dort aus schritt er südwärts voran nach Schlan, die Stadt einer Grafschaft, fast rechts *[links]* gegenüber von Prag. Diese nahm er ein und lagerte dort. Mithin sandte er eine Trompete mit Briefen an den Herzog von Sachsen, um ihn über die Beauftragung zu informieren, die er von seiner Kaiserlichen Majestät hatte, vollständig darüber zu verhandeln und einen fairen Frieden mit ihm abzuschließen. Wozu sein Ratschlag war, dass einige Bevollmächtigte auf beiden Seiten entsandt werden sollten, um sich zu treffen und über die Bedingungen davon zu verhandlen. Der Kurfürst von Sachsen schickte seinen Feldmarschall Arnheim (der ein exzellenter Redner war) zu Wallenstein, damals in Schlan. Und Wallenstein schickte Oberst Sparr mit Arnheim zurück zum Kurfürsten. Die Bedingungen, die Sparr brachte, hatten fast die gleichen Absichten wie jene, die der spanische Botschafter zuvor vorgebracht hatte: Nämlich für ein geheimes Bündnis zwischen den Häusern von Österreich und Sachsen – und in keinster Weise in Richtung eines umfas-

senden Friedens für das Kaiserreich oder unter Nennung
[NV] irgendwelcher anderer protestantischer Fürsten. Des Herzogs Antwort war, dass er erst sehr kürzlich sein vormaliges Bündnis mit dem König von Schweden erneuert und
sich dazu verpflichtet habe, nichts ohne das Mitwissen und
die Zustimmung der besagten Majestät zu beschließen. Als
Sparr mit dieser Antwort zurückkam, wurde er wieder für
eine bessere dorthin zurückgeschickt. Aber Sachsen bat seine Exzellenz, den Herzog von Friedland, sich mit der vorigen zufriedenzugeben – angesichts dessen, dass, außer wenn
es einen Waffenstillstand geben sollte, er nicht in der Lage
sei, eine andere zu geben, bis der Gefallen des Königs von
Schweden bekannt sei.

Während der ganzen Zeit erfrischte Wallenstein seine Armee. Und als er des Herzogs Entschlossenheit erkannte,
schritt er an einem der ersten Tage des Mai in Richtung
der Stadt Prag vorwärts. Er zeigte sich zuerst auf der Seite, welche am einfachsten war, sich dort anzunähern – am
Starre-Park, gerade vor der Kleinseite. Einige 7000 Sachsen (oder nahe daran) gab es da in allen drei Städten.[126]
[NW] Von denen waren nun 2000 in dieser Kleinseite. Als Aufforderungen ergangen und abgelehnt worden waren, begann
Wallenstein seine Annäherungen. Einige Ausfälle und Ge-
fechte passierten da. Trotz alledem hob Wallenstein eine
sehr große Batterie empor und stellte zwanzig Stücke an
stattlicher Artillerie darauf auf. Er erzeugte eine breite und
erstürmbare Bresche und befahl, sie zu stürmen. Die Sachsen behaupteten sie sehr beherzt und schlugen die Angreifer viele Male (zehn Mal, sagen einige) von ihren Mauern
zurück. Aber Wallenstein entschied, keinen Mannes Fleisch
zu schonen. Er ließ seine Reiter anrennen und nicht mit
[NX] den Fußsoldaten aufhören. Und so überzog er die Verteidiger mit zahlreichen und wiederholten Versuchen, so dass er

---

[126][Erst 1784 wurden alle vier unabhängigen Stadtteile Hradschin
(Hradčany), Kleinseite (Malá Strana), Altstadt (Staré Město) und
Neustadt (Nové Město) als eine Stadt 'Prag' proklamiert]

durch gute Kraft in diese Kleinseite hineinkam. Als die in [NY] der Neu- und Altstadt das erkannten, stürzten sie auf die ersten Aufforderungen hin zur Kapitulation. Aber von ihm, der um die Schwäche der Städte so gut wie sie wusste, konnten sie keine anderen Bedingungen erhalten, als dass sie ausziehen sollten mit ihren Leben, ihrem Gepäck, nur mit den Schwertern an ihrer Seite – ihre Fahnen, andere Waffen und Artillerie hinter sich zurücklassend. Die Sachsen, die zur Zustimmung gezwungen waren, ließen dem Eroberer einundzwanzig Fahnen, sagen einige, vierundzwanzig, sagen andere *[3, S.595]*. Er schickte diese umgehend zum Kaiser nach Wien, welcher ihm – um seinen General dafür zu belohnen und um ihn für zukünftige Dienste zu ermutigen – dafür den Titel eines Herzogs von Groß-Glogau in Schlesien sandte. Die sächsischen Garnisonen wurden aus Prag heraus nach Leitmeritz eskortiert.

Als Prag somit um den vierten Mai herum, alter Stil, ge- [NZ] nommen war, schickte der Eroberer noch einen Boten zum Herzog von Sachsen, um das vorherige Abkommen zu erneuern. In der Zwischenzeit warfen seine Kräfte hübsch andere der Sachsen aus den angrenzenden böhmischen Städten. Die Kuriere passierten hin und zurück zwischen Prag und Dresden. Zuletzt stimmte Sachsen zu, einen Blick auf die kaiserlichen Vorschläge zu werfen, welche die leichte Einnahme Prags, wie er erkannte, viel härter gemacht hatte. Es wird gesagt, dass es diese vier waren. Und Sparr trug sie hin:

1.

Dass, in Anbetracht dessen, dass der Kurfürst die Erstat- [OA] tung der Schäden gefordert hatte, welche die Tillyschen in seiner Stadt Leipzig und andernorts in seinem Land angerichtet hatten, er dann auch jene Verwüstungen berechnen sollte, die seine sächsische Armee dem Kaiser in Böhmen angetan hatte, und die Aufrechnung gegenüber den anderen machen müsste.

2.

Dass er der kaiserlichen Armee eine Anzahlung machen soll in Höhe der Mittel für zwei Monate.

3.

Und er soll freiwillig und rasch die Bistümer, Kirchen-Ländereien und Klöster übergeben, die er jetzt noch widerrechtlich angeeignet hält.

4.

Und er soll sich nach Kräften bemühen, den König von Schweden aus Deutschland heraus zu bekommen.

Falls er ihn in diesen vier Forderungen zufriedenstellen würde, dann würde seiner Kaiserlichen Majestät belieben, dem Gewähren einer freien Ausübung der evangelischen Religion im gesamten Königreich Böhmen zuzustimmen.

[OB] Aber der Herzog von Sachsen, der sich durch die Einnahme einer einzigen Stadt noch nicht selbst für so tief gesunken hielt, sich auf solch ungünstige Bedingungen herabzulassen, lehnte es ganz und gar ab, daraufhin zu unterhandeln. Es ist eine alte Staatslist, wenn ein stärkerer Feind vorhat, entweder mit einem Schwächeren einen Streit vom Zaun zu brechen oder ihn anderweitig zu übertreffen, diesem unmögliche oder extrem unehrenhafte Konditionen [OC] vorzuschlagen. Und so bediente der Herzog von Friedland nun den Herzog von Sachsen, bot ihm solche Bedingungen an, als da er geringe Erwartungen hatte, dass der andere sich diesen jemals unterwerfen würde.

Die Verwendung, die Wallenstein von der Zeit machen wollte, die das Abkommen in Anspruch genommen hätte, war eine sehr stattliche. Die sächsischen Soldaten, die nun in Böhmen überwältigt wurden, begannen ihre Sache anhand der Beschleunigung *[der Dinge]* zu bewerten. Und eine kleine, eindringliche Bitte hätte viele von denen dazu gebracht, zu den Stärkeren zu wechseln. Das war einer der geheimen Pläne, den Wallenstein für die Sachsen hatte, um Vorteil aus den Rebellionen oder Unzufriedenheiten der Soldaten des Herzogs von Sachsen zu ziehen und sie von jenem wegzulocken. Aber sein zweiter Plan war noch besser. Da die Sachsen zu dieser Zeit die meisten der entfernteren Städte Böhmens aufgegeben und ihre Streitkräfte nach Leitmeritz an der Elbe gezogen hatten – genau zwischen ihrem eigenen Land und der Stadt Prag –, war Wallenstein nun fast schon zwischen sie und ihr Zuhause gekommen, bevor sie seiner gewahr geworden waren. Hätte er das erreicht, dann hätte er entweder alle ihre Hälse durchgeschnitten, oder er hätte den Herzog und jene zu jeglicher Art von Bedingungen gezwungen. Zu diesem letzten Zweck hatte er im Geheimen einige Regimenter ausgeschickt, einen Zirkel herum in Richtung Norden zu schlagen, den Fluss Polzen [Eger bzw. Biela] zu überqueren, sowie Brüx einzunehmen. Und als Nächstes ganz plötzlich in Aussig an der Elbe einzufallen, zwischen Leitmeritz (wo die Sachsen noch waren) und Dresden. Dann wäre er der Meister beider Ufer der Elbe gewesen – und sie wären im Kittchen gesessen. Aber [OD] Arnheim begann – durch die Bewegungen der Kaiserlichen – des Friedländers Richtung zu vermuten. Er trickste sich in seiner eigenen Gewandtheit heraus: Arnheim schien sehr dreist, damit das Abkommen weiterging. Er plagte Friedland täglich mit Kurieren und ließ zu, dass die Leute glaubten, dass er es ernst meinte. Aber stattdessen sandte er in der Zwischenzeit heimlich einige Truppen voraus, um Aussig und die Elbe zu sichern. Er lud sein Gepäck und seine Kanonen auf und ganz plötzlich, am Samstag, den 26. Mai, abends, schickte er diese weg bis vor Aussig und so weiter nach Pirnau an der Elbe in Meißen [Sachsen], nahe bei Dresden. Am nächsten Morgen marschierte Arnheim selbst [OE] mit seiner ganzen Armee ab. Dort (in Pirna) legte er eine Brücke über die Elbe und verschanzte sich stark.

Wallenstein schwor feierlich (er war nicht gewohnt, an so etwas [am Schwören] festzuhalten), sich selbst derart heftig reagieren zu sehen: Und er entschied, sich am Rest der sächsischen Garnisonen zu rächen, die noch im Land waren. Daher schickte er in der ersten Juniwoche einen Teil seiner

Armee unter Oberst Holck ab, um Eger einzunehmen. Und
so seinen Weg hinauszuschlagen in die Oberpfalz hinein,
um sich mit dem Herzog von Bayern gegen den König von
Schweden zu vereinen. Bis zur Stunde hielt der sächsische
Oberst Starschedel Eger. Dort hatte er schon einmal zuvor eine Belagerung ausgehalten, so wie Euch im Kapitel
zum Sächsischen Vorgehen berichtet wurde. Als Holk seine
Belagerung gelegt hatte, verlor er 200 Mann in den Annähe-
[OF] rungen. Aber neun kaiserliche Regimenter umschlossen nun
die Stadt. Starschedel war sich zuerst der Unmöglichkeit der
Verteidigung des Ortes bewusst. Und ohne alle Hoffnung,
entsetzt zu werden, verhandelte er und gab am Barnabas-
Tag *[11. Juni]* auf. Er marschierte unter soldatischen Bedingungen aus und wurde nach Sachsen eskortiert.

[OG]   Holck wandte sich danach nordwärts und belagerte Elbogen. Die Stadt wurde gehalten vom sächsischen Oberst
Vitzthum mit einem Teil dieser rohen und neu ausgehobenen Kräfte. Und obendrein war sie gänzlich unversorgt
mit Munition und dem, was für eine Belagerung nötig war.
Dennoch machte er etwas an Darbietung von Widerstand,
wenn auch nicht mit der Absicht, die Stadt zu halten, sondern um bessere Bedingungen zu erhalten. Auch hatte er
eine schlafende Vollmacht in seiner Tasche, die Stadt aufzugeben, wenn er dazu gedrängt würde. Somit wurde Holck
auch diese Stadt übergeben – am Donnerstag, den 14. Juni.
Vitzthum wurde heim nach Sachsen geführt.

[OH]   In der Zwischenzeit zog Friedland mit dem anderen Teil
der Armee von Prag ab und nahm Leitmeritz, welches die
Sachsen (wie wir Euch erzählt hatten) freiwillig aufgegeben hatten. Aus Angst, er könne in ihre Landesteile einfallen, bewirkte das so viel Schrecken in Meißen, dass die
aus Leipzig und anderen Handelsstädten ihre Güter auf die
Elbe verschifften und so nach Hamburg wegbrachten. Der
Herzog von Sachsen kam in das oben genannte Bernau und
befestigte dort alles, um Wallenstein draußen zu halten.
Der hatte jetzt aber andere Eisen auf dem Amboss liegen.

Seine Gedanken waren nun gegen den König von Schweden gerichtet, welcher, wie er bis dahin gehört hatte, in der Verfolgung der Herzogs von Bayern schon weit in die Oberpfalz hinein vorwärts geschritten war. Dieser Herzog hatte nun wieder aufrichtig seine rasche Hilfe angefragt. Jener wiederum ließ, nachdem er (zur Verwunderung der Welt) eine [OI] so schnelle Entsendung nach Böhmen gemacht hatte, jetzt einige Regimenter in Leutmeritz und wandte sich mit dem Rest in Richtung der Grenzen, nach Eger – viel näher an Bayern.

Das war etwa um den 16. oder 17. Juni herum. Die Armee, die er jetzt mit sich führte, scheint aus ungefähr 110 oder 112 Kornetts an Reitern bestanden zu haben, neben einigen Truppen an krabatischen leichten Kavalleristen. Und etwa 140 Fahnen an Fußsoldaten. In der Hälfte von denen (falls die Liste seiner Armee, die ich gesehen habe, wahr war) sollten 300 in jeder Kompanie sein. Diese Zahlen rech- [OJ] ne ich zusammen aus der generellen Sicht auf sowohl seine wie auch Bavarias Armee bei ihrem ersten Erscheinen vor Nürnberg. Dort wurde berichtet von 246 Reitertruppen [OK] (neben den Krabaten) und 197 Kompanien an Fußsoldaten. Von diesen hatte der Herzog von Bayern bei seiner Vereinigung mit Wallenstein 134 Truppen an Reitern und nur 58 Fußkompanien, so dass der Rest Wallensteinische waren. Sachsen, das so von der befürchteten Invasion befreit war, sandte Arnheim zunächst in die Lausitz und so – nachdem diese gereinigt war – nach Schlesien. Dort gewann er die in Böhmen verlorene Ehre der Sachsen wieder zurück. Und innerhalb von 2 Monaten warf er Tiefenbach und Götz mit der gesamten kaiserlichen Armee nieder.

Der Herzog von Bayern hatte Regensburg unter einem Vorwand überrascht, seine Soldaten direkt daneben zu trainieren. Sobald Cratz von Weißenburg zurückgekehrt war, [OL] schritt er in die Oberpfalz in Richtung Eger vor, um sich mit Wallenstein zu vereinigen. Als er Anfang Juni von Regensburg aus voll nordwärts ganz durch die Oberpfalz marschierte, ging er zuerst nach Amberg, der Hauptstadt dieser Pfalz. Einige fünf englische Meilen linkerhand von diesem Amberg lag die Stadt Sulzbach. Sie gehörte dem Pfalzgrafen August von Sulzbach, der bis jetzt so oft erwähnt wurde. Zu dieser Stadt schickte er einen hinreichenden Teil seiner Armee – und Johann Eberhard Graf von Schomburg [OM] war ihr Anführer. Als er den Ort belagerte, wurde er ihm nach ein paar Tagen Widerstand auf diese Bedingungen hin übergeben:

1. Dass zwei Hauptmänner *[Kompanien]* der Fußsoldaten mit ihren Hauptmännern als Garnison in die Stadt gelassen werden sollten.

2. Dieses bayerische Militär sollte mit solcher Rechtsprechung und militärischer Disziplin geführt werden, dass sie in keiner Weise irgendeinen Bürger belästigen oder einem solchen Versehrungen zufügen sollten.

3. Die Räte, Offiziere und Diener des Fürsten sollten die Freiheit haben, die Stadt zu verlassen – mit all ihren Gütern, Frauen und Kindern.

4. Die Burg des Fürsten sollte von der Plünderung befreit sein.

5. Quartier und Unterkunft sollten der Garnison entsprechend dem zugewiesen werden, worauf sich die Bürger untereinander verständigen konnten

Die Bayerischen, die so zu den Herren über die Stadt geworden waren, standen nicht so zu ihren eigenen Worten. Denn erstens warfen sie 700 Fußsoldaten und 400 Reiter statt der zwei Kompanien in die Stadt. 2. Die Häuser der fürstlichen Berater und der reichsten Bürger wurden nicht nur geplündert und durchwühlt, sondern auch ruiniert. Was auch immer wert zu tragen war, wurde vorgesehen, von dort nach Amberg geschickt zu werden. 3. Die Burg des Fürsten wurde schmutzig geplündert und missbraucht. 4. Und 6000 Florentiner *[Goldmünzen]* wurden mit viel Schrecken und Drohungen den fürstlichen Dienern und den Bürgern abgenötigt. Das war keine griechische Treue *[Græca fides –*

Wortbrüchigkeit], sondern bayerische. Und das konnte ihnen wohl zugetraut werden, denn so hatten sie kürzlich zuvor Weißenburg bedient. Das war um den 6. oder 7. Juni geschehen. Der Herzog von Bayern ging mit dem anderen Teil der Armee und nahm Amberg, wo nicht viel Widerstand war. Von dort schritt er nach einigen wenigen Tagen [ON] über den Fluss Naab voran in Richtung Tirschenreuth – auf dem Weg nach Eger und Böhmen. Der König von Schweden (so hörte er) zog zu dieser Zeit aus der Nähe von Nürnberg herum gegen ihn aus. Und er hielt es nicht für das Beste, dessen Kommen auszuharren. Einige 36 Kornetts von Wallensteins Reitern waren ebenso ganz in der Nähe, sich mit ihm zu verbinden. Und nebenbei ging er jetzt, diese zu treffen.

Und in der Tat zog der König von Schweden jetzt gegen ihn. Dessen Aufmarsch und abermaligen Rückzug werden [OO] wir jetzt in unserer Geschichte Wallensteins kurz ansprechen – weil Wallensteins Kommen ihn nun dazu brachte. Der König kam am Donnerstag, den 7. Juni, in Fürth an, 3 oder 4 englische Meilen von Nürnberg. Freitag und Samstag hielt er dort einen Generalappell ab. Die Zahlen, die er vorfand, sollen wir Euch nach und nach mitteilen. Samstag Abend ging er nach Nürnberg hinein, wo der König von Böhmen eine Woche vor ihm gewesen war. Am nächsten Tag ruhten sich die zwei Könige zusammen mit dem Herrn Markgraf von Hamilton, Johann Herzog von Holstein etc. dort aus und hörten eine Predigt in St. Lorenz. Am 11. Juni, dem Barnabas-Tag, gegen ein Uhr am Morgen, ging der König wieder hinaus zu seiner Armee in Fürth. Und dort legte er dar, auszuziehen, um den Bayerischen zu verfolgen. Die Armee rückte vor und zog an diesem Montag in dieser Reihenfolge am Nürnberger 'Laufer Tor' *[Schwarz-M]* vorbei. Zuerst marschierten 10 Regimenter von Reitern, dann [OP] 20 Stücke an schwerer Artillerie, Kanonen, Halbkanonen und Stücke von Geschützen. Und 20 kleinere Feldstücke hinter diesen. Die größten wurde gezogen von 20 oder 22

Pferden pro Stück, die kleineren von 6 oder 8. Als Nächstes marschierten 100 tapfere Kornetts an Reitern. Und die Gepäck- und Munitionswagen zu guter Letzt. Entlang des Krankenhaus-Tors *[Spittlertor 'Rot-Q']* auf der anderen Seite der Stadt marschierten weitere 50 Kornetts an Reitern, 60 Fahnen Fußsoldaten und 30 kleinere Feldstücke. Sie marschierten den ganzen Montag vorbei. In dieser Nacht lag der König bei Lauf am Fluss Pegnitz, einige 9 englische Meilen nordöstlich von Nürnberg. Am 12. Juni kam die Armee in Hersbruck an, genau östlich am selben Fluss und genauso viel weiter. All das war auf seinem Weg nach Amberg. An diesem Tag sandte der König den Leutnant *[Hofmeister]* des Pfalzgrafen August von Sulzbach (Fürst August selbst war zuvor ausgeschickt worden, um den Herzog von Sachsen zu beflügeln) aus, um seines Herrn Stadt Sulzbach wieder zurückzugewinnen. Vierhundert Reiter hatte er mit sich. Als diese sich gegen Abend auf einem Hügel vor der Stadt zeigten und deren Übergabe forderten, antworteten ihnen [OQ] die Bayern mit ihrer Artillerie. Aber als jene nach einer Weile erkannten, dass einige Kompanien an Fußsoldaten nach vorne gekommen waren, um die Reiter zu unterstützen, verhandelten sie, ergaben sich und zogen am nächsten Tag aus. Der bayerische Statthalter wurde bei seinem Auszug totgeschossen – und das aus Rache für die vormalige Behandlung dieser Stadt und Weißenburgs durch die Bayern. Seine schuldigen Soldaten, welche die gleiche Strafe fürchteten, warfen ihre Waffen weg, fielen hinab auf ihre Knie und boten an, des Königs Soldaten zu werden. Am 13. Juni setzte sich der König in Richtung Sulzbach in Bewegung, 15 Meilen von Hersbruck. Auf halbem Weg zwischen diesen 2 lag die Stadt Hartmannshof. Nicht groß, aber sehr vorteilhaft gelegen als ein Übergang von Stärke, alsda dort stehend, wo 2 kleine Flüsse in die Pegnitz münden. Und sie hatte einen Wald und einen Hügel genau vor sich. Der König war sehr verwundert, dass Bavaria diesen Übergang außer Acht gelassen hatte. Diese hatten ihn aber alles andere als vergessen und schickten noch an diesem Tag einige Truppenteile, um den König dort zu hindern. Aber sie kamen eine Stunde oder 2 zu spät.

In dieser Nacht wollte der König in der Sulzbacher Burg logieren. Aber er wurde neben sein Kopfkissen gestellt durch [OR] die Nachricht, dass der Feind um Hahnbach herum gesehen worden war, vier Meilen nordwärts. Das bewegte ihn dazu, einige leichte Reiter auszusenden, um die Gesichter und Bewegungen des Feindes zu erspähen – und mit seiner gesamten Armee in Schlachtordnung in Richtung dieser Gegend zu ziehen. Jene waren die bayerischen Vorboten. Von einigen von denen, die gefangen genommen worden waren, lernte der König, dass ihr Herzog bereits 16000 Wallensteinische empfangen hatte. Und dass Friedland selbst bereits in der Oberpfalz war. Diese Neuigkeit veranlasste den König, auf [OS] den Rückzug zurück nach Nürnberg zu entscheiden. Einige leichte Scharmützel zwischen seinen Männern und den Krabaten lasse ich aus. Denn all das über den König war keine Hauptangelegenheit, sondern nur eine Nebensache – und eingeworfen, um Wallenstein mehr systematisch herunterzubringen.

Der König marschierte in umgekehrter Richtung. Am [OT] Dienstag, den 19. Juni, zog er sich wieder nach Nürnberg in die Ausgangsstellung zurück. Dort entschied er jetzt, seinen Feind zu erwarten, für den er obendrein (an Anzahl) viel zu schwach war, ihn in einer offenen Feldschlacht zu treffen. Von dort sandte er aus, um seine Generäle zu ihm eilen zu lassen. Hätte sich der König nicht in irgendeiner freundlich gesinnten Stadt niedergesetzt, dann wäre ihm Wallenstein für immer gefolgt. Und von allen Städten war dieses Nürnberg die beste für des Königs Zwecke: Es war die naheste. Des Königs royales Wort war verpflichtet, sie zu verteidigen. Sie war stark. Und außerordentlich gut verpflegt, sowohl für ihre eigene Verwendung als auch für die Versorgung seiner Armee. Er ritt um die Stadt herum, sowohl um die Befestigungen der Stadt anzuschauen als auch

den Boden für seine eigenen Verschanzungen zu trassieren.
[OU] Diese begannen am Fluss und waren eine Meile rund herum
um die Stadt – mit Schanzen und Redouten, wo immer es
nötig war. Seine Werke waren an der Südseite am stärksten, denn er schätzte, dass der Feind auf dieser Seite lagern
würde, wie der es in der Tat tat. Der Graben oder Wassergraben um seine Kopf-Werke war 12 Fuß weit und 8 tief
[Vgl. [7, S.54ff]]. Achttausend Mann arbeiteten täglich an
den Befestigungen. Und immer noch war nicht alles fertig,
als Wallenstein gegen ihn aufzog. Aber davon nur wenig, da
außerhalb meines Rahmens.

[OV]   Nachdem Don Balthasar mit den Hilfstruppen Wallensteins zu ihm gekommen war, kehrte der Herzog von Bayern kühn über den Fluss Naab nach Nabburg zurück und
trat dort der Armee des Königs entgegen. Einige schickte er auch weiter südlich so weit wie Schwandorf am selben Fluss. Diejenigen seiner Kräfte, von denen der König
um Hahnbach herum gehört hatte, wurden von dieser Ein-
heit seiner Armee weg nach Nabburg geschickt. Sie hatten
einige Scharmützel mit 2 oder 3 Truppen, die der König
ausgeschickt hatte, um sie auszuspähen, und wurden nach
2 oder 3 Angriffen zu ihren Kameraden zurückgetrieben.
[OW] Doch die Schweden, die sie zu weit verfolgten, gerieten in
einen Hinterhalt und wurden fast bis auf einen Mann in
Stücke geschlagen.
[OX]   Gegen Mitte Juni war Friedland selbst in die Pfalz eingefallen. Und um zu zeigen, wer es war, der jetzt erschien,
kam er wie Jupiter bei den Dichtern – ganz in Donner und
Blitzen. Wallenstein musste sehr gefürchtet werden. Ganz
in Feuer & Sturm nahm er und zerstörte die Herrschaftsgebiete des Fürsten von der Pfalz und andere, vor ihm lie-
[OY] gende, arme, protestantische Städte. Die gleiche Vernich-
tung hatte Don Balthasar in der oberen Markgrafschaft von
Bayreuth begangen, welche einem Fürsten des kurfürstlichen Hauses von Brandenburg gehörte. Dort wurde Kem-
nath wieder eingenommen, welches der verbannte österrei-

chische Baron Khevenhüller etwas zuvor zusammen mit des Königs Kräften eingenommen hatte. Wunsiedel und Thierstein wurden überrannt und dieses letzte zu Asche verbrannt. Jetzt wurden da in allen Kirchen und Klöstern in Österreich und anderen katholischen Ländern Gebete gesprochen für den guten Erfolg der Armeen. Deren Begeisterung war (scheint es) so heiß, dass sie (wie ein Brennglas aus einem Abstand) Feuer in die Oberpfalz legte.

Als sich diese 2 Armeen vereinigt hatten, setzten sie sich [OZ] für eine Weile um Amberg und Sulzbach herum nieder. Dort musterten sie und klügelten ihre Angelegenheiten aus. Am Dienstag, den 26. Juni, um eins am Morgen erhoben sich die Armeen. Sie marschierten in großer Stille in Richtung Neumarkt, ganz südwestlich von dort und in etwa 18 englischen Meilen Abstand. In Sindlbach auf dem Weg, 6 Meilen kurz vor Neumarkt, fielen 7 ihrer Regimenter gegen 6 Uhr am Morgen über ein schwedisches Regiment von Dragonern her – bestehend aus 7 Kornetts, welche von Oberst Taupadels Leuten waren, und 4 Reitertruppen des Obersten Sperreuther. Zuerst leisteten die Schwedischen durchschnittlich gute Arbeit mit ihnen und legten einige 40 Krabaten zu Boden, welche den ersten Reiterangriff gemacht hatten und in ihre Quartiere eingefallen waren. Aber als sie [PA] von solcher Vielzahl umzingelt waren, wurden sie fast alle erschlagen und der ritterliche Taupadel gefangen genommen. Diesen ließ Wallenstein sehr ehrenvoll sofort wieder [PB] ohne Lösegeldzahlung frei. Dieser Kampf fand fast 20 Meilen von Nürnberg statt. Als bis Mittag Nachricht dorthin zum König getragen war, wählte er in höchster Eile seine besten Reiter aus und schritt an genau diesen Abend vor, um die Rettung durchzuführen. Aber die Neuigkeiten von der Niederlage ließen ihn wieder umkehren. Verschiedene solche Treffen passierten zwischen den Reitern beider Seiten mit wechselndem Kriegsglück, bevor Wallenstein dazu kam, sich niederzusetzen *[vgl. [26, II.144f]]*.

So kamen die Armeen daher. Ihre Aufgabe war, den König

von Schweden zu belagern und auszuhungern. Seine anderen Generäle mit ihren Streitkräften waren noch nicht zu ihm gekommen. Und sie [die Armeen Wallensteins] wussten selbst, dass sie für ihn zu stark waren. Ein Teil ihrer Armee streifte den ganzen Fluss Pegnitz entlang, welcher durch Nürnberg floss. Diese gingen genau westlich von Sulzbach, nahmen Hersbruck, Lauf und Altdorf, um den König auf dieser Seite einzuengen und um seine Lebensmittel und Hilfen von ihm weg zu halten. An die Südseite Nürnbergs kam der andere Teil der Armee und beide Herzöge mit dabei. Gegen den 27. oder 28. schickten die von Neumarkt zuerst nach Freystadt aus, eine Stadt in einem Sumpf, etwa 10 Meilen in Richtung Südwesten. Dorthin bestimmten sie ihr Hauptmagazin. Die Armee schritt bis nach Roth vor, genau südlich von Neumarkt [von Nürnberg] und 15 englische Meilen nördlich von Nürnberg [westlich von Neumarkt]. Hier war einst Tillys Magazin, als er Nürnberg belagerte, und es ist da, wo sein Schießpulver misslang. Auch [PC] hier wurden einige Regimenter gelassen. So war dies Wallensteins erstes Hauptquartier. Hier überquerte er die Rednitz, welche von hier aus innerhalb 4 englischen Meilen westlich von Nürnberg fließt und so nordwärts nach Forchheim und bei Bamberg in den Main. Diesen Fluss wollte Wallenstein jetzt in Besitz nehmen. Er ging deshalb entlang des westlichen Ufers hinunter bis Schwabach, 7 Meilen von Roth und 8 oder 9 von Nürnberg. Auch hier hatte Tilly manchmal gelagert. Und hier errichteten die Herzöge jetzt ihr zweites Hauptquartier. Zwischen dieser Stadt und Fürth (fast 10 englische Meilen weiter, über Nürnberg hinaus und weit davon entfernt) lagen seine Reiterwachen den ganzen Weg mit einigen Regimentern an Fußsoldaten hier und da. Deren Sicherheit war der Fluss Rednitz, welcher sie von des Königs Armee trennte. In dieses Schwabach kamen sie am 30. Juni, wo sie 17 stattliche Fuß-Regimenter in Schlacht- [PD] ordnung aufstellten. Um diesen entgegenzutreten, brachte der König seine Reiter nach draußen. Aber dass der Fluss zwischen ihnen war, verbot jegliches Aufeinandertreffen.

Wallensteins Hauptquartier war in Fürth, wo er sich am 4. Juli niedersetzte und verschanzte. Dort machten die Feste des Waldes, die Kuppen der Hügel und der Vorteil, sich zwischen den 2 Flüssen Rednitz und Pegnitz (welche ein bisschen von dort eine Verbindung zwischen sich machten) zu befinden, sein Lager sehr viel stärker. So setzten sich die Herzöge zwischen das Lager des Königs und das Land Franken, von wo seine Streitkräfte und Lebensmittel kommen sollten. All die Städte auf der anderen Seite hatten sie eingenommen und ihm um seine Quartiere herum nur 4 englische Meilen Raum zum Atmen gelassen. Er musste jetzt darauf vertrauen, aus Nürnberg heraus verpflegt zu werden. Und es war nicht weit weg von einem Wunder, dass eine Stadt so gut versorgt sein sollte, das zu tun. Der [PE] König hatte nun 132 Fahnen an Fußsoldaten, welche 10767 in der Musterrolle machten. Und 152 Reitertruppen, was auf 7676 kam. Zusammen 18443 Männer, wie ich es aus der Armee heraus habe geschrieben sehen. Dies waren für die Stadt zu viele, sie zu unterhalten. Und dennoch zu wenige, um nicht von 2 solchen Armeen zur Schlacht gebeten zu werden. Aber da ihr Vorhaben war, Ihn auf Diät zu setzen und Blutvergießen unter sich selbst zu vermeiden, verbaten sie sich, ihn anzugreifen. Nicht zufällig, weil Wallenstein es nicht wagte, sondern weil er es nicht wollte. Er wagte es nicht, ganz Deutschland und Italien auf das Glück einer einzigen Schlacht zu setzen. Doch um ihnen ihr Willkommen [PF] auf dem Feld zu schenken, hieb der König in der allerersten Nacht und am nächsten Tag, den 5. Juli, 3 ihrer Reitertruppen in Stücke und nahm 3 ihrer Kornetts aus dem Spiel. Und hier verlasse ich sie.

FINIS

	Der König	Tilly	Gustav Horn
September 1631	16. Setzt sich in Marsch	8. Flieht nach Halle	
	18. Nimmt Erfurt in Thüringen	9. Nach Aschersleben	
	26. Liegt bei Arnstadt	13. Verlässt Halberstadt	
	27. Kommt nach Ilmenau	17. Kommt nach Alfeld	27. Wird gegen
	28. Passiert den Thüringerwald	25. Überquert die Weser	Aldringen ausgeschickt
	29. Kommt nach Schleusing	26. Geht nach Warburg	29. Nimmt Gotha
	30. Belagert Königshofen in Franken	30. Kommt nach Fritzlar in Hessen	30. Kommt zum König
Oktober 1631	1. Nimmt Schweinfurt		
	2. Tritt dort ein	2. Geht aus Fritzlar weg	
	3. Schreibt Briefe an Bamberg	3. Verwüstet Städte in Hessen	
	4. Kommt vor Würzburg	4. Vereinigt sich mit Aldringen	
	8. Nimmt es ein	6. Mustert in Fulda	
	10./11./12./etc. Wirbt Kräfte um	10. Ist in Aschaffenburg	
	Würzburg	11. Sendet Aldringen zu den Lothringern	
	Sendet Truppen, um Städte in den		
	Diözesen Würzburg und Bamberg		
	einzunehmen		Den ganzen Monat mit
	16. Besiegt Tillysche und nimmt	16. Sendet 3000 nach Wertheim	dem König
	Wertheim	17. Die Lothringer vereinigen sich mit	
	17./18./etc.	ihm	
	Seine Kräfte immer noch im Land	18. Geht in Richtung Pfalz	
	21. Besiegt weitere Tillysche und nimmt	20. Ist im Raum Darmstadt	
	Rothenburg	21. Einige der Seinen bei Rothenburg	
	22. Besiegt einige wenige Lothringer	besiegt	
	23./24./25. etc.	22. Nimmt Babenhausen	
	Bischofsheim, Mergentheim und andere	23. Fragt Frankfurt an und geht in die	
	Städte eingenommen	Bergstraße	
	26. Seine Deklaration in Würzburg	30. Tilly immer noch um die Pfalz herum	
November 1631	1. Hanau eingenommen		
	5./6./7./8. Der König in Ochsenfurt,	5. Kehrt aus der Pfalz zurück	
	kommt in Richtung Frankfurt	6. Ist bei Ochsenfurt	5./6. Um Würzburg
	10. Aktionen bei Steinheim	7./8./9. Nimmt Städte auf dem Weg	herum gelassen
	10./11./12./13. Der König kommt den	nach Nürnberg	
	Main hinunter, nimmt Prozelten,		
	Miltenberg, Klingenberg, Trennfeld und		
	14. Aschaffenburg	13. Nimmt Rothenburg	
	15. Tritt in Hanau ein	14./15. Nimmt Windsheim und	
	16. Bleibt in Offenbach	Gunzenhausen und Weissenburg	
	17. Tritt in Frankfurt ein	16. Ist bei Ansbach	
	19. Nimmt Höchst	17. Kommt nach Schwabach	
	20. Kehrt nach Frankfurt zurück	18. Vor Nürnberg	
	22. Sein Erntedank in Höchst		
	23./24. Seine Liga mit den Grafen der	22./23. Erhebt sich von Nürnberg weg	
	Wetterau	24./25. Liegt zwei Nächte in Roth	
	25./26./27. Das Lager bei Kostheim mit	26./27./28. etc. Legt seine Männer in	29. Ist noch in Franken
	Aktionen im Rheingau & Bingen	Garnisonen, geht nach Donauwörth	
Dez. 1631	1. Durchquert Frankfurt, um Heidelberg	1. Trifft den Herzog von Bayern	
	zu belagern		
	2./3. Nimmt Städte in der Bergstraße		
	4. Belagert Fort Oppenheim	4. Geht nach Nördlingen, wo er bleibt	4. Nimmt Kitzingen
	7. Überquert den Rhein		
	8. Nimmt Oppenheim		

	Der König	Tilly / Bayern	Gustav Horn
Dezember 1631	13. Nimmt Mainz 14. Einzug nach Mainz im Triumph 16. Seine Danksagung 18. Friedberg eingenommen 21. Königstein eingenommen 22./23./24. Spanier verlassen einige Städte in der Pfalz 26. etc. Rheingraf besiegt Spanier um die Mosel Die Stadt Speyer akkordiert mit dem König	12. Der Herzog von Bayern auf dem Ingolstädter Landtag Bayern schickt einen Botschafter zum Kaiser und einen anderen zum König	10. Und nimmt Windsheim *um diese Zeit* 12. Und Gebsattel 16. Und Mergentheim und Rothenburg *um diese Zeit* 20. Nimmt Heilbronn 26. Kehrt nach Franken zurück 30. Nimmt Gunzenhausen
Januar 1632	1. Mannheim überrascht 3./4./5. Heidelberg & Frankenthal leicht blockiert 10. Start der 14 Tage Waffenstillstand 11. Der König geht nach Gelnhausen, während des Waffenstillstands überqueren die Spanier die Mosel 20. Der König kehrt nach Frankfurt zurück 22./23./24. etc. Aktionen zwischen dem Rheingrafen und den Spanischen, Herzog Bernhard nimmt Städte um Mainz	1. Aldringen bereitet sich vor, Rothenburg zu entsetzen 3./4. etc. Tilly geht nach Donauwörth und nach Amberg, um gegen die Sachsen zu schicken 9. Cratz wird Feldmarschall in der Oberpfalz 10./11. Tilly kehrt nach Nördlingen zurück 18. Sendet Artillerie aus Wülzburg zu Ossa Bayern sendet Kräfte nach Amberg	1. Um Windsheim 2./3./4. Beschäftigt mit seinen Musterungen 10. Start Waffenstillstand 14. Bei Iphofen 16. Geht nach Nürnberg 21. Kehrt nach Schweinfurt zurück 25. Bereitet sich vor, gegen Bamberg zu gehen 29. Nimmt Höchstadt
Februar 1632	4. Bereitet sich vor, gegen die Spanier zu gehen 10. Der König von Böhmen kommt 12. Festlichkeit 16. Geht, Kreuznach zu belagern 17./18. Anwerbungen durch Pfalzgraf Birckenfeld 22. Kreuznach eingenommen 23. Der König kehrt nach Frankfurt zurück 24./25./26. Aktionen um Speyer	2. Cratz geht, Forchheim zu helfen 4./5./6. etc. Tilly mit Befestigungen an Donau beschäftigt 20. Geht in die Oberpfalz 22. In Neumarkt 23. Vorbereitungen, gegen Horn vorzugehen 24. Marschiert nach Altdorf 27. Tritt nach Forchheim ein 28. Kommt vor Bamberg	1. Nimmt Bamberg *Regnerisches Wetter, so dass er nichts tun kann* 20. Vorbereitung, um Forchheim zu belagern 28. Tilly zieht gegen ihn
März 1632	2. Erhält Neuigkeiten von Horns Machen 3. Ruft seine Armee zusammen 4. Schickt sie voraus gegen Tilly 5. Er selbst rückt von Frankfurt ab 6. Liegt bei Aschaffenburg 7. Bei Lohr 9. Bei Wernfeld 10. Kommt nach Arnstein 11. Nach Dettelbach 12. Nach Kitzingen und Hepburn nach Ochsenfurt 16. Nach Windsheim 19. Nach Dinkelsbühl 20. Lagert bei Fürth 21. Tritt in Nürnberg ein. 23. Einige Scharmützel mit Tillyschen 24. Kommt nach Öttingen und Pleinfeld 26. Nimmt Kaisheim 27. Nimmt Donauwörth 28. Hepburn ausgeschickt und Fuggers Burg genommen 29. Fürst August ausgeschickt 30. Banér nach Neuburg geschickt 31. König durchquert Donauwörth	1. Tritt nach Bamberg ein Bleibt bei Haßfurt im Bistum Bamberg 12. Beruft Kriegsrat in Forchheim ein 13. Mustert bei Forchheim und marschiert in Richtung Oberpfalz 15. Bei Erlangen 16. Bei Neumarkt 18. Immer noch bei Neumarkt 20. Zieht in Richtung Donau 26. Um Ingolstadt herum 30. Tritt nach Bayern ein	Verlässt Bamberg und überquert den Main 2. In Sichtweite der Feinde 3. Er besiegt zwei Regimenter 4. Wieder in Sichtweite des Feindes 5. Geht nach Schweinfurt 6. Beschäftigt, seine Armee unterzubringen 7. Schreibt dem König 11. Kommt zum König 15. Geht mit der Vorhut nach Windsheim Bleibt beim König

	Der König	Tilly / Bayern	Gustav Horn
April 1632	1. Armee nach Nordheim abgezogen 2. Herzog Wilhelm von Weimar kommt 3./4. Ort für die Brücke über den Lech gesucht & gefunden 5. Tag des großen Kampfes 6. Der König quert nach Bayern 7. Geht nach Augsburg 8. Lagert bei Lechhausen 9. Fordert Augsburg auf 10. Nimmt es 14. Tritt ein 15. Geht nach Aichach, in Richtung Ingolstadt 16. Kommt davor an 17./18. Verbracht mit Arbeiten 19. Ein Ausfall 20. Des Königs Pferd erschossen & Markgraf von Baden getötet 22. Geht nach Neuburg 24. Erhebt sich von Ingolstadt 25. Nimmt Moosburg 29. Der König geht nach Landshut	3./4. Lagert entlang des Lechs 5. Am Lech besiegt. Verwundet weggetragen nach Neuburg 6./7./8. Bayern mit seiner Armee flieht nach Ingolstadt 18. Bayern überrascht Regensburg 20. Tilly stirbt in Ingolstadt	7. Ausgeschickt, um Tilly zu verfolgen 23. Von vor Ingolstadt ausgeschickt, um Bayern zu verwüsten 25. Kommt wieder zum König 27. Er und Hepburn nehmen Landshut
Mai 1632	4. Wendet sich zurück nach Moosburg 5. Nimmt Freising 6. Schreitet in Richtung München 7. Tritt ein 9. Mustert dort 20. Bei Augsburg, um gegen Ossa vorzugehen 25. Befreit Biberach 27. Zurückgekommen nach Augsburg	20. Cratz fällt nach Bayern ein 27. Nimmt Weissenburg	
Juni 1632	1. König schreitet in Richtung Nürnberg 3./4./5. Nimmt Eichstätt & Pappenheim 7. Kommt in Fürth an 8./9. Musterungen 10. In Nürnberg 11. Bei Lauf 12. Bei Hersbruck 13. Sulzbach zurückgewonnen 14. Zieht sich nach Nürnberg zurück 19. Lagert bei Nürnberg	Bayern geht in die Oberpfalz 5./6. Nimmt Sulzbach und Amberg 10. Geht in Richtung Wallenstein 13./14. Kehrt zurück auf den König zu 15. Wallenstein kommt 26. Geht von Amberg herum 27. Besiegt Taupadel 28. Bei Freystadt 30. Bei Schwabach **4. Juli** Lagert bei Fürth	In Richtung Pfalz geschickt

Index

Personenregister

In aufsteigender Reihenfolge der ersten referenzierten Seite:

◇ *Sir Albertus Morton*, englischer Diplomat und Staatssekretär [*ca.1584,†1625]: S.17.

◇ *Ruprecht von der Pfalz*, Herzog von Cumberland, Sohn Friedrichs V. von der Pfalz, genannt "der Kavalier", Generalissimus der englischen Armeen [*1619,†1682]: S.17.

◇ *Friedrich V. Kurfürst von der Pfalz*, Pfalzgraf, König von Böhmen (1619/20), genannt "Winterkönig" [*1596,†1632]: S.39, 113,239.

◇ *Johann Georg I. von Sachsen*, Kurfürst von Sachsen [*1585,†1656]: S.20,253,281,292.

◇ *Ludwig von Anhalt-Köthen*, Fürst, Gründer der "Fruchtbringenden Gesellschaft" [*1579,†1650]: S.21.

◇ *Johann Schneidewind (Schneidewin)*, Generalmajor, genannt "der Wegräumende" [†1639]: S.21,188.

◇ *Christian Wilhelm Markgraf von Brandenburg*, Administrator des Bistums Magdeburg [*1587,†1665]: S.21,101.

◇ *Ottheinrich Fugger*, Graf zu Kirchberg und Weißenhorn, kurbayerischer Heerführer [*1592,†1644]: S.21,153,154,205.

◇ *Günther XLII.* Graf von Schwarzburg-Sondershausen [*1570,†1643]: S.26.

◇ *Ernst I. Herzog von Sachsen-Gotha-Altenburg*, genannt "der Fromme" [*1601,†1675]: S.29,135,143,146.

◇ *Franz von Hatzfeld*, ab 7. August 1631 Fürstbischof von Würzburg [*1596,†1642]: S.32,127.

◇ *Johann Georg II. Fuchs von Dornheim*, Fürstbischof von Bamberg [*1586,†1633]: S.31,54,164

◇ *Adam Heinrich Keller von Schleitheim*, Baron von Isenburg und Nordstetten [*1577,†1663]: S.34.

◇ *Alessandro Massoni*, Kriegskommissar in kurbayerischen und kaiserlichen Diensten [*1592,†1645]: S.43.

◇ *Johann Adolph von Wolfstirn (Wolfstein)*, kaiserlicher Rat, Reichspfennigmeister: S.44.

◇ *Philipp Wolfgang von Hanau-Lichtenberg*, Graf [*1595,†1641] S.47.

◇ *Philipp Moritz von Hanau-Münzenberg*, Graf von Hanau [*1605,†1638]: S.47.

◇ *Christoph Graf von Houwald (Hubald)*, Statthalter von Hanau [*1601,†1661]: S.47,89.

◇ *Winand Freiherr von Eynatten (Eynot)*, Oberst [†1637]: S.50.

◇ *Franz Freiherr von Mercy (Merci)*, Oberstwachtmeister unter
   Piccolomini [*1597,†1645]: S.52.
◇ *Sir John Hepburn (Hebron)*, Befehlshaber der Grünen Briga-
   de, [*ca.1598,†1636]: S.53,55,72,174,196,221.
◇ *Sir James Lumsden von Innergelly (Lumsdell)*, Oberst in schwe-
   dischen Diensten [†1660]: S.54,76.
◇ *Henry Muschamp*, Oberstleutnant [†1634]: S.54.
◇ *Monipenny*, Oberstwachtmeister: S.54.
◇ *Gustaf Karlsson Horn*, Graf von Björneborg, schwedischer
   Feldherr [*1592,†1657]: S.54,129,166,174,221.
◇ *Maximilian Teuffel*, Freiherr (Baron) von Guntersdorf, Kom-
   mandeur der Gelben Brigade [†1631]: S.55.
◇ *Nils Abrahamsson Brahe (Graf Neles)*, Graf zu Visingsborg,
   Kommandeur der Gelben Brigade [*1604,†1632]: S.55,72.
◇ *Johann Vitzthum von Eckstädt (Vitzthimb)*, Kommandeur
   der Weißen Brigade und des Orangen Infanterieregiments
   [*1595,†1648]: S.55,60,74,173.
◇ *Johann Georg aus dem Winkel (Winckle)*, Oberst des Blauen
   Regiments [*1596, †1639]: S.55,72,119.
◇ *Gijsbrecht van Hogendorp (Hogendorff)*, Oberst in schwedi-
   schen Diensten, Kommandant von Mainz [*1589,†1639]:
   S.55,74,173.
◇ *Adolf Theodor von Efferen-Hall*, Oberst Kürassierregiment
   [†1631]: S.55.
◇ *Georg Kastriota (Scanderbeg)*, Verteidiger Albaniens gegen
   die Osmanen [*1405,†1468]: S.56,220.
◇ *Heinrich Wilhelm Graf zu Solms-Laubach-Sonnenwalde*,
   Oberst [*1583,†1632]: S.59,130,142,144,161,161.
◇ *Christian II. von Braunschweig-Wolfenbüttel*, Herzog von
   Braunschweig und Lüneburg, Bischof von Halberstadt ge-
   nannt "der dolle Bischof von Halberstadt" [*1599,†1626]:
   S.60,150,283.
◇ *Bernhard von Sachsen Weimar*, Feldherr, Herzog von Franken
   [*1604,†1639]: S.62,94,112,226,235.
◇ *Johann von Nassau-Idstein*, Bruder des Wilhelm Ludwig, Sol-
   dat im Reiterregiment des Rheingrafen [*1603,†1677]: S.63.
◇ *Sir John Hamilton von Trabourn*, Anführer eines Schottenre-
   giments [†1638]: S.69,36.
◇ *Sir Henry Vane, der Ältere*, englischer Botschafter
   [*1589,†1655]: S.71.

⋄ *Donald Mackay*, 1. Lord Reay, [*1591,†1649]: S.76,114.

⋄ *Robert Marsham (Masham)*, englischer Freiwilliger in schwedischen Diensten: S.77,119,188.

⋄ *Axel Gustafsson Graf Lille von Löffstad*, schwedischer General und Feldmarschall [*1603,†1662]: S.79.

⋄ *Anselm Casimir Wambolt von Umstadt*, Erzbischof von Mainz [*1579,†1647], S.80.

⋄ *Walraven Wilhelm von Wittenhorst*, Oberst in kaiserlichen Diensten [†1633]: S.80,91.

⋄ *Johann Schweikhard von Kronberg*, Erzbischof von Mainz und Erzkanzler, [*1553,†1626]: S.81.

⋄ *Ambrosio Spinola Doria, Marqués de los Balbases*, spanischer Heerführer [*1569,†1630]: S.81.

⋄ *Osseland*, Oberst in lothringischen Diensten: S.83.

⋄ *Henri Hareaucourt de St. Simon (Harincourt)*, Marquis de Faulquemont, Generalwachtmeister in lothringischen Diensten [†1632]: S.84,228,233.

⋄ *Ascanio Albertini von Ichtratzheim zu Hochfelden*, kaiserlicher Rat, Landvogt von Germersheim, Kommandant von Breisach, Statthalter in Hagenau [*1564,†1639]: S.85

⋄ *Louis de Guise*, Baron d'Ancerville, Comte de Boulay, Prince de Phalsbourg et Lixheim, illegitimer Sohn des Kardinals von Lothringen, Ehemann der Henriette, Schwager Karls IV. [*1588,†1631]: S.84,140.

⋄ *Alwig Graf von Sulz (Sultz)*, Landgraf im Klettgau [*1586,†1632]: S.85,135,147,153,163,274.

⋄ *Don Felipe da Silva (Philip de Sylva)*, portugiesischer Feldherr in Diensten der Spanier [†1644]: S.89,92,124.

⋄ *Louis de Verreicken*, Flame, spanischer Statthalter von Friedberg: S.88.

⋄ *Otto Ludwig von Salm*, Wild- und Rheingraf zu Kyrburg und Mörchingen [*1597,†1634]: S.90,108,111,173.

⋄ *Albert de Ligne, Prinz von Barbançon (Barbanson) und Arenberg*, Ritter des Ordens vom Goldenen Vlies [*1600,†1674]: S.91.

⋄ *Ludwig Philipp von Pfalz-Simmern*, Bruder des "Winterkönigs" Friedrich V. [*1602,†1655]: S.91,113,212.

⋄ *Wolff Ebert von Horneck*, Oberst in schwedischen Diensten [†1638]: S.93.

⋄ *Maraval (Maravelli)*, spanischer Hauptmann: S.94.

◇ *Hercule Girard Baron de Charnacé*, französischer Diplomat [*1588,†1637]: S.96.

◇ *Philipp Christoph Reichsritter von Sötern*, Erzbischof von Trier [*1567,†1652]: S.105,107,108.

◇ *Wallenstein*, Herzog von Friedland [†1634]: S.105,170,172,222.

◇ *Jacques Nompar de Caumont*, Duc de La Force [*1558,†1652]: S.108.

◇ *Wolfgang Wilhelm von Pfalz-Neuburg*, Herzog von Neuburg [*1578,†1653]: S.109,189,203.

◇ *Graf von Nassau*: S.111.

◇ *Torquato Conti*, Marchese di Guadagnola, Duca di Pola [*1591,†1636]: S.111.

◇ *Thomas Hume*, schottischer Rittmeister in schwedischen Diensten: S.111.

◇ *Wilhelm Ludwig von Nassau-Saarbrücken*, Oberstleutnant im Reiterregiment des Rheingrafen [*1590,†1640]: S.111.

◇ *William Lord Craven*, 1. Earl von Craven, Vertrauter der Kurfürstin von der Pfalz Elizabeth Stuart [*1608,†1697]: S.113,119,187.

◇ *Georg II. von Hessen-Darmstadt*, Landgraf von Darmstadt [*1605,†1661]: S.113.

◇ *Sir Jacob Astley*, 1. Baron Astley von Reading [*1579,†1652]: S.114.

◇ *George Douglas von Torthorwald-Mordington*, Oberstleutnant [†1636]: S.115.

◇ *Talbot*, Oberstleutnant [†1632]: S.119.

◇ *Henry Wind (Wynd)*: S.119.

◇ *Sir Francis Vane*, Bruder des Earls von Westmoreland (nach [34]): S.121.

◇ *Alexander Ramsay*, Hauptmann, Kommandant von Kreuznach [†1634]: S.121.

◇ *Egon VIII. Graf von Fürstenberg-Heiligenberg*, vollzog 1631 das Restitutionsedikt in Franken und Württemberg [*1588,†1635]: S.122,149,165,230,282.

◇ *Christian I. von Pfalz-Birkenfeld-Bischweiler*, warb 1632 in Baden-Durlach eine Armee an, die er bei Würzburg mit der Gustav Adolfs vereinigte [*1598,†1654]: S.122.

◇ *Wilhelm Markgraf von Baden-Baden* [*1593,†1677]: S.123.

◇ *Ferdinand von Bayern*, Kurfürst und Erzbischof von Köln [*1577,†1650]: S.125.

◇ Johann Georg II. Graf von Solms-Laubach [*1591,†1632]: S.161.

◇ Andreas Freiherr von Kochczitz (Kochtitzky), der Jüngere, [†1633]: S.130,145,189.

◇ Johann von Bülow (Bilaw), Oberstleutnant, führte 1632 in Bamberg das Baudissinsche Regiment: S.130.

◇ Hans Christoph Muffel von Ermreuth (Muffler), [†1648]: S.131.

◇ Georg Waldemar Graf von Fahrensbach (Fahrenbach), Offizier mit wechselnden Dienstherren, Kommandant Ingolstadts [*1586,†1633]: S.132.

◇ Johann Jakob Graf von Thurn, Oberst des schwarzen Regiments [†1643]: S.132.

◇ Johann Wilhelm Blankart von Ahrweiler zu Enzen (Planckharts), Generalwachtmeister [†1636]: S.133.

◇ Johann II. Graf von Mérode-Waroux (Merodi), Beiname "der Junge", Generalfeldzeugmeister [*1584/89,†1633]: S.133, 163.

◇ Carl Hård af Segerstad (Hord), schwedischer Oberst [*1591,†1653]: S.134.

◇ Wolf Dietrich Truchsess von Wetzhausen auf Weißendorf und Weisenbach, Oberst [†vermutlich 1645]: S.134.

◇ Johann Graf von Aldringen (Altringer), Kaiserlicher Feldmarschall [*1588,†1634]: S.139,149,153,255.

◇ Ludwig von Schmidberg (Schmidberger), Stadtkommandant von Heilbronn, später Feldmarschall in französischen Diensten [*1594,†1657]: S.142.

◇ Balthasar Jakob von Schlammersdorf auf Plankenfels und Hopfenohe, [†1637]: S.144,161.

◇ Raymond d'Espaigne (D'Espagni), Oberst [†1640]: S.144.

◇ Johann Philipp Cratz von Scharfenstein, Generalleutnant, Statthalter Ingolstadt, später zu Schweden gewechselt [*ca.1590,†1635]: S.147,222,163,172,206,225,235,274,298.

◇ Johann Reinhard von Metternich zu Streichenberg [†1638]: S.151.

◇ Sophie von Solms-Laubach, Markgräfin von Brandenburg-Ansbach [*1594,†1651]: S.159.

◇ Slabata, Oberst der Krabaten: S.161.

◇ Johann (Hans) Rudolf Freiherr von Bredau (Breda), kaiserlicher Feldmarschallleutnant [*ca.1595,†1640]: S.163,205.

◇ Johann von Götz (Gotze), kaiserlicher General, verantwortlich für das Massaker von Pasewalk [*1599,†1645]: S.165,257,

266,281,298.

◇ *Don Baltazar (Balthasar) de Marradas et Vique* [*1560,†1638]:
S.165,175,262,266,269,275,281,289,303,303.

◇ *Rudolf von Tiefenbach (Diepenbach)*, kaiserlich-habsburgischer
Feldherr [*1582,†1653]: S.165,255,257,266,281,298.

◇ *Hans Georg von Arnim-Boitzenburg (Arnheim)*, brandenburg-
isch-kursächsischer Feldherr [*1583,†1641]: S.165,258,266,
292.

◇ *Wolf Rudolf Freiherr von Ossa*, kaiserlicher Kriegskommissar,
später Feldmarschall [*ca.1574,†1639]: S.166,225,226,227.

◇ *Adam Philipp Freiherr und Graf zu Cronberg und Hohenge-
roldseck (Cronenberg)*, Oberst eines kaiserlichen Küras-
sierregiments, später Generalwachtmeister [*1600,†1634]:
S.166,225.

◇ *Joachim Freiherr von Donnersberg*, [*1561,†1650]: S.170.

◇ *Graf Axel Gustafsson Oxenstierna*, [*1583,†1654]: S.173,273,
277.

◇ *August von Pfalz-Sulzbach*, Herzog, Bruder des Wolfgang Wilhelm von Pfalz-Neuburg, [*1582, †1632]: S.173,188,189,
211,223,299,301.

◇ *Matthias Gallas (Matteo Gallasso)*, kaiserlicher Oberst, später
Generalleutnant [*1588, †1647]: S.175,266,270.

◇ *Heinrich Graf von Holk zu Eskildstrup (Holck)*, (ab 1630)
Oberst in kaiserlichen Diensten, genannt 'Schinder des
Vogtlands', später Feldmarschall [*1599, †1633]) S.175,297.

◇ *Pappenheim der Jüngere*: S.159,183.

◇ *Claus Dietrich von Sperreuth (Sperreuter)*, [*ca.1600,†1653]:
S.183,233,235,304.

◇ *Rudolf II., Kaiser*, [*1552,†1612]: S.184.

◇ *Nicholas Slanning (Slanring)*, englischer Soldat und Politiker
[*1606,†1643]: S.187.

◇ *Melchior von Wurmbrand*, Oberst, Erfinder der Lederkanone
[†1637]: S.188

◇ *Anna von Jülich-Kleve-Berg*, Pfalzgräfin zu Neuburg, Mutter
des Wolfgang Wilhelm [*1552,†1632]: S.190

◇ *Forbes*, Hauptmann: S.196.

◇ *Péter Pázmány (Pasman)*, Erzbischof von Gran, Hauptfigur
der Gegenreformation, des Kaisers Fürsprecher beim Papst
[*1570,†1637]: S.199,282.

◇ *Kajaphas (Kaiphas)*, Hoherpriester zur Zeit Jesu: S.199.

◇ *Giovanni Giustiniani Longo*, genuesischer Befehlshaber bei der Verteidigung Konstantinopels gegen die Janitscharen [*1418,†1453]: S.200.

◇ *Goswin von Spiering (Spierinck)*, bayerischer Diplomat: S.204.

◇ *Landsberger*, Oberstleutnant: S.204.

◇ *Bengt (Benedikt) Bengtsson Oxenstierna*, schwedischer Diplomat, Cousin des Axel Oxenstierna [*1591,†1643]: S.209.

◇ *Georg Friedrich von Hohenlohe-Neuenstein-Weikersheim*, schwedischer Statthalter des Schwäbischen Kreises [*1569,†1645]: S.209.

◇ *Hobb*, Hauptmann: S.210.

◇ *Johann Herzog von Holstein* (nach [34]): S.211,300.

◇ *Christoph von Baden-Durlach*, Markgraf, [*1603,†1632]: S.211, 215,219.

◇ *Jakob Fabricius*, Feldprediger des Gustav Adolf [*1593,†1654]: S.211.

◇ *Jakob Philipp Sattler (Sadler)*, Staatsrat und Sekretär: S.211.

◇ *Marquard Fugger*, Herr von Kirchberg und Weissenhorn, kaiserlicher Rat und Kämmerer [*1595,†1655]: S.212.

◇ *Albrecht VI. von Bayern-Leuchtenberg*, Herzog von Bayern-Leuchtenberg aus Haus Wittelsbach [*1584,†1666]: S.212.

◇ *Louise Juliana von Oranien-Nassau*, Mutter des Kurfürsten Friedrich von der Pfalz [*1576,†1644]: S.212.

◇ *Elisabeth Renata von Lothringen*, Herzogin von Bayern [*1574,†1635]: S.213

◇ *Georg-Friedrich von Baden-Durlach*, Markgraf [*1573,†1638]: S.215.

◇ *Monsieur de St. Étienne*, französischer Botschafter beim Herzog von Bayern: S.217.

◇ *Charles de Héraugière*, Oberst, Eroberer von Breda [*1556,†1601]: S.220.

◇ *William Burt*, Oberst in schwedischen Diensten [†1632]: S.221

◇ *Thomas Sigmund von Schlammersdorf*, Oberst, genannt "der schwarze Schlammersdorf" [†vermutlich 1637]: S.221.

◇ *Jakob Hannibal II.*, Graf von Hohenems [*1595,†1646]: S.226.

◇ *Erzherzog Leopold V. von Österreich-Tirol* [*1586,†1632]: S.227,287.

◇ *Sir Patrick Ruthven von Ballindean*, 1. Earl von Forth, 1. Earl von Brentford, genannt "Pater Rotwein - Herr der Flaschen und Gläser" [*1573,†1651]: S.227,231,233.

◇ *Julius Friedrich von Württemberg-Weiltingen*, Administrator des Herzogtums von Württemberg [*1588,†1635]: S.227,234.

◇ *Konrad von Rehlingen (Rhelenger)*, Rittmeister im schwedischen Heer, Handlanger des Sir Patrick Ruthven [†1634]: S.230,234.

◇ *Hans-Ludwig von Ulm*, Geheimrat und Reichskanzler, ab 1622 Reichsfreiherr von Ulm zu Erbach [*1567,†1627] S.232.

◇ *Schwenden (Schweaden, Schwendi)*, kaiserlicher Oberst: S.232, 233.

◇ *Friedrich Truchsess von Waldburg (Druches)* [*1592,†1636]: S.234.

◇ *Freiherr von Orpfing*, Sekretär des Königs Gustav Adolf: S.234.

◇ *Ludwig Eberhard Graf von Hohenlohe* [*1600,†1650]: S.234.

◇ *Attila*, König der Hunnen [*ca.400,†453]: S.250.

◇ *Sankt Nicasius von Reims*, Bischof [†407 oder 451]: S.250.

◇ *Obadja (Obadiah)*, 'Anbeter JHWSs', biblischer Prophet mit Schrift im Zwölfprophetenbuch (Tanach): S.251.

◇ *Cadreita (Cadaraita)*, Markgraf, spanischer Gesandter in Wien: S.254.

◇ *Enrique della Saga von Paradis (Paradeis)*, Freiherr von Erscheide (Echaide), Oberst und Diplomat im Dienst Wallensteins und der spanischen Botschaft [†1638]: S.254.

◇ *Nikolaus Freiherr Des Fours du Mont et Athienville*, Oberst in kaiserlichen Diensten, später Generalwachtmeister [*ca.1590,†1661]: S.258.

◇ *Christian Freiherr von Ilow (Illo)*, Oberst in kaiserlichen Diensten, später Feldmarschall, gilt als Drahtzieher des 'Pilsener Schlusses', wurde von den Wallenstein-Attentätern umgebracht [*ca.1585,†1634]: S.258,276.

◇ *Lorenz II. Freiherr von Hofkirchen*, kursächsischer Generalleutnant [*ca.1606,†1656]: S.260,269,274,278.

◇ *Dietrich von Starschedel*, Oberst in sächsischen Diensten, Kommandant von Eger: S.260,274,297.

◇ *Heinrich Matthias Graf von Thurn* [*1567,†1640]: S.260.

◇ *Johann der Ältere Freiherr von Wangler*, kaiserlicher Oberst, ab 1635 Generalwachtmeister [*1561,†1639]: S.262.

◇ *Paul Graf Michna von Waizenhofen*, Generalkriegskommissar in Böhmen [*ca.1572,†1632]: S.262,281,287.

◇ *Adam Graf Kinský von Wchinitz und Tettau*, Rittmeister unter Mansfeld: S.265.

◇ *Philipp Reinhard Graf von Solms-Hohensolms*, Hofrat, Generalkriegspräsident, Oberst [*1593,†1635]: S.269,280.

◇ *Wolf Adam von Steinau*, genannt 'Steinrück', kursächsischer, später schwedischer Oberst [†1632]: S.271,278.

◇ *Haugwitz (Hauguis)*, sächsischer Oberst: S.271.

◇ *Wentzora (Wenzor)*, sächsischer Oberst: S.271.

◇ *Johann Melchior Ritter von Schwalbach*, kursächsischer Oberst, Generalfeldzeugmeister [*1581,†1635]: S.272.

◇ *Julius Heinrich von Sachsen-Lauenburg*, Herzog, kaiserlicher Feldmarschall [*1586,†1665]: S.272.

◇ *Ernst Fürst von Anhalt-Bernburg*, Oberst in kursächsischen Diensten [*1608,†1632]: S.273,278.

◇ *Hans Rudolf von Bindtauf (Bindthauff)*, Oberst in kursächsischen Diensten [*1593,†1631]: S.273.

◇ *Ulrich III. von Dänemark, Herzog von Holstein*, Sohn Christians IV., Oberst [*1611,†1633]: S.273,278.

◇ *Graf von Schlick*, Offizier in kaiserlichen Diensten: S.275.

◇ *Francesco Freiherr de Marazzani (Marezan)*, kaiserlicher Oberst: S.275.

◇ *Georg Wilhelm*, Kurfürst und Markgraf von Brandenburg und Herzog in Preußen, [*1595,†1640]: S.277.

◇ *Stram*, Rittmeister in kursächsischen Diensten: S.277.

◇ *Hans Reinhard von Lüschwitz (Liechwies)*, kursächsischer Rittmeister, Oberstleutnant [†1648]: S.277.

◇ *Donner (Toner)*, kursächsischer Rittmeister: S.277.

◇ *Dietrich Freiherr von Taube (Tauben)*, Oberst [*1594,†1639]: S.278.

◇ *Albrecht Graf von Kalckstein (Kalkstein)*, Generalleutnant in kursächsischen Diensten [*1592,†1667]: S.278.

◇ *Eustachius von Löser (Loser)*, Generalmajor [*1585,†1634]: S.278.

◇ *Siegmund von Wolfersdorf (Wilbersdorff)*, Oberst [*1588,†1651]: S.278.

◇ *Georg Christoph von Taupadel (Dubalt)*, Generalleutnant in schwedischen Diensten [*ca.1600,†1647]: S.279,304.

◇ *Hans Kaspar von Klitzing*, Generalmajor [*1594,†1644]: S.278, 280.

◇ *Ferdinand III. von Ungarn*, Sohn Ferdinands II., König von Ungarn und Böhmen, ab 1637 Kaiser [*1608,†1657]: S.281.

◇ *Hans Ulrich Fürst von Eggenberg*, Herzog von Krumau, Oberst-
hofmeister und Direktor des geheimen Rats am Hof des
Kaisers [*1568,†1634]: S.281.

◇ *Franz Seraph von Dietrichstein*, Kardinal, Bischof von Olmütz
und Reichsfürst [*1570,†1636]: S.281.

◇ *Anton Franz Wolfradt*, Fürstbischof von Wien, Hofkammer-
präsident [*1582,†1639]: S.281

◇ *Peter Heinrich Freiherr von Strahlendorff (Stralendorf)*, Reichs-
vizekanzler, kaiserlicher Geheimer Rat [*1580,†1637]: S.281.

◇ *Antonio Baron Rabatta*, Statthalter Gradisca d'Isonzo, 1632
Sondergesandter bei den italienischen Fürsten [†1650]:
S.282.

◇ *Johann Anton I. von Eggenberg*, 2. Herzog von Krumau
[*1610,†1649]: S.282.

◇ *Wratislaw I. von Fürstenberg*, Diplomat, Präsident des Reichs-
hofrats [*1548,†1631]: S.282.

◇ *Peter Ernst II. von Mansfeld*, Heerführer und Söldnergeneral
gegen den Kaiser [*1580,†1626]: S.283.

◇ *Gerhard von Questenberg-Jarmeritz*, Diplomat und Staatsmann, kaiserlicher Geheimer Rat, Berater Wallensteins
[*ca.1586,†1646]: S.283.

◇ *Karl Hannibal Burggraf von Dohna*, Landvogt der Oberlausitz
[*1588,†1633]: S.285.

◇ *Niklas Esterházy*, ungarischer Palatin [*1583,†1645]: S.287.

◇ *Arnold*, Staatssekretär in Wien: S.287.

◇ *Ernst Georg Graf von Sparr zu Trampe auf Greifenberg*, Oberst
und Generalfeldzeugmeister in kaiserlichen Diensten
[*1596,†1666]: S.292,294.

◇ *Dam Vitzthum von Eckstädt (Vitzthimb)*, kursächsischer Generalmajor, Kommandant von Elbogen [*1595,†1638]:
S.297,278.

◇ *Johann Eberhard Freiherr von Schönburg auf Wesel (Schomburg)*, kurbayerischer Oberst, Kommandant von Auerbach
[†1637]: S.299.

◇ *Paulus Freiherr von Khevenhüller (Keffenhullo)*, schwedischer
Oberst [*1586,†1655]: S.304.

Literaturverzeichnis

[1] JOHANN PHILIPP ABELIN: Arma Suecica: Das ist: Eigentliche und Warhafftige Beschreibung deß Kriegs [...]. 1632.

[2] JOHANN PHILIPP ABELIN: Armorum Suecicorum Continuatio: Das ist: Fernerer Historischer Verfolg der Siegreichen Expeditionen [...]. 1633.

[3] JOHANN PHILIPP ABELIN (ET. AL.): Theatrum Europæum – Zweyter Theil, 3. Auflage (Merian). Frankfurt a.m., 1679.

[4] GOTTHART ARTUS / JOHANN PHILIPP ABELIN: Mercurius Gallobelgicus. Frankfurt a.M., 1628–1634.

[5] JAYNE E.E. BOYS: London's News Press and the Thirty Years War. Woodbridge, 2011.

[6] OTTO ELSTER: Die Piccolomini-Regimenter während des 30jährigen Krieges. Wien, 1903.

[7] STEPHAN DONAUBAUER: Mitteilungen des Vereins für Geschichte der Stadt Nürnberg, Band 13, Seiten 53–78: *Gustav Adolf und Wallenstein vor Nürnberg im Sommer des Jahres 1632*. Nürnberg, 1899.

[8] LUDWIG FROHNHÄUSER: Archiv für Hessische Geschichte und Altertumskunde, 2. Band, Seiten 1–234: *Gustav Adolf und die Schweden in Mainz und am Rhein*. Darmstadt, 1899.

[9] IGNAZ GROPP: Wirtzburgische Chronick Deren letzteren Zeiten. Würzburg, 1748.

[10] JOHANN VON HEILMANN: Kriegsgeschichte von Bayern, Franken, Pfalz und Schwaben, II. Band (1598–1634). München, 1868.

[11] WALTER HARTE: The History of Gustavus Adolphus, King of Sweden, Volume II, 3rd ed. London, 1807.

[12] GUSTAV KERN: Geschichtliche Darstellung des Vertheidigung-Standes, und der Kriegsbegebenheiten der Stadt Augsburg. Augsburg, 1823.

[13] FRANZ CHRISTOPH KHEVENHILLER: Annales Ferdinandei, eilffter Theil. Leipzig, 1726.

[14] FRANZ CHRISTOPH KHEVENHILLER: Annales Ferdinandei, zwölffter und letzter Theil. Leipzig, 1726.

[15] ONNO KLOPP: Tilly im dreißigjährigen Kriege, Band 2. Stuttgart, 1861.

[16] GOTTLIEB LÖWE: Geschichte Gustav Adolphs, Zweyten Bandes. Breslau, 1777.

[17] JOHANN GEORG VON LORI: Sammlung des baierischen Kreisrechts. 1764.

[18] JOHANN PETER VON LUDEWIG: Scriptores Rerum Episcopatus Bambergensis, Seiten 1028–1032: *Schreiben, welches der Herr Feld-Marschall Horn an Ihro Koenigl. Maiest. von Schvveden gesandt [...]*. Frankfurt/Leipzig, 1718.

[19] MATTHAEUS LUNGWITZ: Imperator Theodosius Redivivus. Das ist: Dreyfachen Schwedischen LorBeer-Krantzes Und Triumphirender SiegsKrone Ander Buch des Dritten Theils [...]. Leipzig, 1634.

[20] MICHAEL CASPAR LUNDORP: Laurea Austriaca. Frankfurt am Main, 1627.

[21] HELMUT MAHR: Oberst Robert Monro: Kriegserlebnisse eines schottischen Söldnerführers in Deutschland 1626–1633. Neustadt a.d. Aisch, 1995.

[22] JULIUS MANKELL: Arkiv till upplysning om Svenska Krigens och Krigsinrättninggarnes Historia tidskiftet 1630–1632 (andra Bandet). Stockholm 1860. Relation af Fältmarskalken Horn till Kronungen, No.715, S.371–376.

[23] JULIUS MANKELL: Uppgifter rörande Svenska Krigsmagtens, Styrka, Sammansättnig och Fördelning [...]. S.100ff. Stockholm, 1865.

[24] WILHELM MEYER: Chronik von Erfurt von der ältesten bis auf die Jetztzeit - Erstes Heft. Erfurt, ca. 1840.

[25] GEORGE HEINRICH MARTINI: Das Leben Gustav Adolphs des Großen, aus dem Englischen des Herrn Walther Harte, Kanonikus zu Windsor. Leipzig, 1761.

[26] ROBERT MONRO: Monro, His Expedition with the Worthy Scots Regiment (called Mac-Keyes-regiment) Levied in August 1626. London, 1637.

[27] ERNST MÜNCH: Geschichte des Hauses und Landes Fürstenberg, Erster Band. Aachen/Leipzig, 1829.

[28] FRANZ MARTIN PELZEL: Kurzgefaßte Geschichte der Böhmen, von den ältesten bis auf die itzigen Zeiten. Prag, 1774.

[29] OSKAR PLANER: Verzeichnis der Gustav Adolf Sammlung mit besonderer Rücksicht auf die Schlacht am $\frac{6.}{16.}$ November 1632. Leipzig, 1916.

[30] HARRIET RUDOLPH: *Fürstliche Gaben? Schenkakte als Elemente der politischen Kultur im Alten Reich.* In: Materielle Grundlagen der Diplomatie. Schenken, Sammeln und Verhandeln in Spätmittelalter und Früher Neuzeit. Konstanz, 2013.

[31] FRANZ SIGL: Geschichte der Münchner Geiseln in schwedischer Gefangenschaft. München, 1836.

[32] AUGUST VILMAR: Hessische Chronik - Wiederabdruck des in dem 'hessischen Volksfreunde' erschienen Geschichtskalenders in chronologischer Ordnung. Marburg, 1855.

[33] WILLIAM WATTS: The Swedish Discipline. London, 1632.

[34] WILLIAM WATTS: The Swedish Intelligencer. London, 1632 (Vol. I-II), 1633 (Vol. III-V).

[35] ANONYMOUS: Wahrhaffte und Gründtliche Relation, Welchergestalten Ihr Excell. Herr General Graf Johann Tscherclaes von Tilly / [...] den 9. und 10. Martij / Anno 1632. den Schwedischen VeldtMarschall Gustavum Horn / vor und in Bamberg attaquirt, zertrennt / und in die Flucht getriben hat. Ca. 1632.

[36] ANONYMOUS: Mercurius Belgico-Germanus. Das ist Wahrhafftige Beschreibung Was in Nieder- und Ober- Teutschland [...], 1633.

[37] ANONYMOUS: Copia Resolutionis; Welche Churf. Durchl. zu Sachsen etc. dem Königl. Hispanischen subdelegirten Gesandten gegeben / den 19. Octobris Anno 1631. Sampt darzu gehörigen Beylagen / [...], 1632.